Simone de Beauvoir ist die intellektuelle Frau des 20. Jahrhunderts schlechthin. Als Romanschriftstellerin wie als feministische Theoretikerin in aller Welt berühmt, bot sie das Bild der erfolgreichen, unabhängigen Frau, deren Faszination durch die Beziehung zu Sartre noch verstärkt wurde. In Toril Mois kritischer, aber auch mitfühlender Untersuchung lernen wir Simone de Beauvoir als eine Frau kennen, deren Persönlichkeit von Widersprüchen und Konflikten geprägt war.

Toril Moi nähert sich der großen Wegbereiterin des Feminismus in der Auseinandersetzung mit literarischen, autobiographischen und philosophischen Texten Simone de Beauvoirs. Sie spürt den Brüchen, den »blinden Flecken« nach, die in ihrem Werk zutage treten: Im Zusammenhang mit biographischen Bezügen und psychologischen Analysen ergibt sich ein höchst differenziertes Bild der Psyche Simone de Beauvoirs.

Die Autorin untersucht den Einfluß der französischen Bildungsinstitutionen auf Beauvoir, ihre Auffassung von Liebe und Sexualität und legt die Widersprüche und Konflikte frei, die das Leben intellektueller Frauen auch heute noch prägen. Sie kommt zu einer neuen Interpretation der Beziehung Beauvoirs zu Sartre sowie ihrer Beziehungen zu Frauen und deutet Beauvoirs literarisches Werk als »Schreiben der Depression«. Und schließlich: Im Unterschied zu anderen feministischen Theoretikerinnen erklärt Toril Moi ›Das andere Geschlecht‹ zum Grundlagenwerk des materialistischen Feminismus.

Das in mehrere Sprachen übersetzte Buch wird der bedeutenden, häufig aber auch diffamierten Simone de Beauvoir in ihrer Vielschichtigkeit durch brillante intellektuelle Analyse gerecht.

Toril Moi ist Professorin für Literaturwissenschaft und Romanistik an der Duke University (USA) und außerordentliche Professorin für vergleichende Literaturwissenschaft an der Universität Bergen (Norwegen). Ihr erstes Buch, ›Sexus – Text – Herrschaft. Feministische Literaturtheorie‹, eine kritische Auseinandersetzung mit feministischer Literaturtheorie, wurde 1989 in Deutschland veröffentlicht. Toril Moi beschäftigt sich mit feministischer Theorie und der französischen Literatur und Kultur des 20. Jahrhunderts. Sie lebt in Durham, North Carolina.

Toril Moi

Simone de Beauvoir
Die Psychographie einer Intellektuellen

Aus dem Englischen von
Ingrid Lebe

Fischer Taschenbuch Verlag

Die Frau in der Gesellschaft
Herausgegeben von Ingeborg Mues

Wir danken dem Rowohlt Verlag
für die freundliche Genehmigung,
aus den Werken Simone de Beauvoirs
zitieren zu dürfen.

Deutsche Erstausgabe
Veröffentlicht im Fischer Taschenbuch Verlag GmbH,
Frankfurt am Main, September 1996

Die Originalausgabe erschien 1994 unter dem Titel
›Simone de Beauvoir. The Making of an Intellectual Woman‹
bei Blackwell Publishers, Cambridge, USA, und Oxford, England
© Toril Moi 1994
Für die deutschsprachige Ausgabe:
© Fischer Taschenbuch Verlag GmbH, Frankfurt am Main 1996
Gesamtherstellung: Clausen & Bosse, Leck
Printed in Germany
ISBN 3-596-12832-3

Gedruckt auf chlor- und säurefreiem Papier

Für Geir Arne

Inhalt

Editorische Notiz

Im Einverständnis mit der Autorin wurde die deutsche Ausgabe um das Kapitel 3 der englischen Originalausgabe – »Politics and the Intellectual Woman: Clichés and Commonplaces in the Reception of Simone de Beauvoir« – sowie im Anmerkungsteil gekürzt.

Es entfielen folgende Anmerkungen des Originals oder wurden gekürzt (*gk*; die Kapitelnummern beziehen sich ab Kap. 3 auf die deutsche Ausgabe, die Anmerkungsziffern auf die Numerierung in der englischen Ausgabe):

Einleitung: 1, 6, 8*gk*, 9*gk*, 11

Kap. 1: 1*gk*, 2, 5, 8–10, 12, 15*gk*

Kap. 2: 2*gk*, 6*gk*, 7*gk*, 8, 9, 11, 12, 16*gk*, 17, 18*gk*, 19*gk*, 21*gk*, 22, 25*gk*, 30*gk*, 31, 35*gk*, 41*gk*, 43

Kap. 3: 3*gk*, 4, 5, 7–10, 12, 13, 14*gk*, 19–21, 23, 24*gk*, 25–28, 33

Kap. 4: 1*gk*, 3–9, 11*gk*, 15, 18*gk*, 23*gk*, 24, 30

Kap. 5: 3–6, 9, 10, 13–24, 26–30, 31*gk*, 33, 38, 40, 44

Kap. 6: 1*gk*, 2, 6*gk*, 7*gk*, 9, 15*gk*, 17, 19, 20, 23, 25–30, 35*gk*, 41*gk*, 42–46, 48*gk*, 49–51

Kap. 7: 7, 8, 12–17, 19, 21, 22, 24–28, 30, 31*gk*, 32, 33, 40*gk*, 41*gk*, 42–45, 47, 48, 50, 53, 54, 56

Hinzugefügt wurden einige – als solche gekennzeichnete (*Anm. d. Ü.*) – Anmerkungen der Übersetzerin.

Danksagungen

Dieses Buch ist ein altes Projekt: In gewissem Sinne habe ich immer über Simone de Beauvoir schreiben wollen. Seit ich im Frühjahr 1988 ernsthaft an diesem Buch zu arbeiten begann, haben mir zahlreiche Menschen in Gesprächen und mit Ratschlägen geholfen. An erster Stelle möchte ich der Meltzer Foundation an der Universität Bergen und dem Norwegischen Forschungsrat für Geisteswissenschaften (NAVF) danken, die mich zweimal mit Reisekostenzuschüssen für meine Paris-Aufenthalte unterstützt haben. Die Maison des Sciences de l'Homme (MSH) in Paris stellte mich für die Zeit von April bis Juni 1988 und von März bis Juli 1991 als *directeur d'études associé* ein. Ich danke M. Clemens Heller und Mme. Elina Almasy für ihre unschätzbare Hilfe an der MSH. Auch die Norsk Faglitterær Forfatterforening (Norwegische Vereinigung der Fachbuchautoren) trug mit einem Reisekostenzuschuß zur Finanzierung meiner Paris-Aufenthalte bei. Die Universitätsbibliothek in Bergen half mir bei der Zusammenstellung der Ausgangsbibliographie. Danken möchte ich auch Mme. Liliane Phan vom Gallimard-Archiv sowie dem geduldigen Personal der Bibliothèque Marguerite Durand und der Bibliothèque Nationale in Paris. Der Sterling Memorial Library an der Yale University und der Perkins Library an der Duke University schulde ich ebenfalls Dank für vielfältige Hilfe.

Während meiner Arbeit am Manuskript dieses Buches habe ich von Simon Blackborn, Penny Boumelha, Malcolm Bowie, Peter Brooks, Dianne Chisholm, Elizabeth Fallaize, Stanley Fish, Abigail Solomon Godeau, Rakel Christina Granaas, Julia Hell, Dana Polan, Siân Reynolds, David Rodowick, Monique de Saint

Martin, Regina Schwartz, Martin Stone, Vigdis Songe-Møller, Kjell Soleim, Jennifer Wicke und Jane Winston besonders fundierte und kritische Ratschläge zu einzelnen Kapiteln oder Abschnitten bekommen. M. Maurice de Gandillac hat freundlicherweise meine Fragen zur École Normale Supérieure in den zwanziger Jahren beantwortet. Sarah Beckwith, Terry Eagleton, Diana Knight und Geir Arne Moi haben im Verlauf mehrerer Jahre das Manuskript weitgehend Stück für Stück gelesen: Ihnen möchte ich für ihren kritischen Sinn, ihre nachdrückliche Ermutigung und ihre immense Geduld danken. Im Frühjahr 1993 sparten Sara Danius, Stefan Jonsson und Eva Lundgren-Gothlin weder Zeit noch Mühe, um mir ausführliche Kommentare zum gesamten Manuskript zu liefern. Ihr aufmerksames Feedback bewahrte mich vor vielen Fehlern. Nathalie Duval hat nicht nur das gesamte Manuskript gelesen, sondern mir auch zahlreiche bibliographische Hinweise und aktuelle Informationen zur französischen Szene gegeben: Für ihre Hilfe bin ich zutiefst dankbar.

An der Duke University halfen mir meine wissenschaftlichen Assistentinnen und Assistenten bei der Organisation meiner Lehrveranstaltungen und ersparten mir so manchen Weg in die Bibliothek: Dafür danke ich Barbara Will, Deborah Chay, Jane Winston, Faith Smith und Jack Murnighan. Zu unterschiedlichen Zeiten haben meine Studentinnen und Studenten an den Universitäten Bergen, Yale und Duke meine Ansichten über Simone de Beauvoir über sich ergehen lassen müssen: Sie ließen mich deutlich klarer denken, als ich es ohne sie getan hätte. Ich habe an zu vielen Orten Vorträge über Beauvoir gehalten, als daß ich sie hier alle auflisten könnte. Im Hinblick auf meine Arbeit fühlte ich mich besonders von meinem Besuch der Concordia University in Montreal angeregt, wo ich auf dem Internationalen Frauentag im Mai 1989 über Beauvoir sprach. Meine Beauvoir-Seminare am Ormond College der Universität Melbourne im Mai 1990 brachten mich zu der Überzeugung, daß es immer noch viele Frauen und Männer auf der Welt gibt, die sich für Simone de Beauvoir und die Situation der intellektuellen Frau interessieren. Besonders herzlich möchte ich mich bei Jenna Mead, Marion Campbell und Hazel Rowley dafür bedanken, daß sie meinen Aufenthalt in Melbourne so freundlich gestalteten. Von 1990 bis 1992 hielt ich auf Einladung von Ralph Cohen am Commonwealth Center der University of Virginia eine, wie man meinen könnte, unangebracht hohe Zahl von Vorlesungen und Seminaren über Beauvoir. Libby Cohens Enthusiasmus ermutigte mich gerade zur rechten Zeit.

Einige Menschen haben mir auf unterschiedliche Weise geholfen. Michèle Le Doeuff beweist durch ihr herausragendes Beispiel, daß feministische Philosophie in Frankreich nach wie vor lebendig ist. Sie machte mich mit Mme. Hélène de Beauvoir bekannt, der ich für ihre Gastfreundschaft und die Bereitschaft danke, mir die unveröffentlichten Briefe ihrer Schwester zugänglich zu machen. Durch Michèle Le Doeff lernte ich auch Mme. Simone Martinet (geb. Keim) kennen, die in den dreißiger Jahren Studentin an der École Normale Supérieure in der Rue d'Ulm war. Mme. Martinet opferte viel Zeit und Kraft, um mir über ihre Erfahrungen an der École Normale Auskunft zu geben. Mme. Chantal Duval und Mlle. Claire Bazin besorgten mir im letzten Augenblick wichtige Literatur. Diane Elmeer und Julian D. Newman, die mir zum Schreiben ein Strandhaus zur Verfügung stellten, ermöglichten mir, im Mai 1992 dem harten Druck des Alltags zu entkommen: Kapitel 6 verdankt ihnen viel. Mein britischer Verleger Philip Carpenter hat dieses Buchprojekt konsequent unterstützt, auch wenn es so aussah, als ob es niemals vollendet werden würde.

Zwei Personen, die mein Projekt ganz unabhängig voneinander förderten, indem sie es ernst nahmen und mich darin bestärkten, in bezug auf Simone de Beauvoir meine eigene Stimme zu finden, fühle ich mich zu besonderem Dank verpflichtet. Julia Kristeva hat meine Arbeit jahrelang konsequent unterstützt. Ihre großzügigen und ungeheuer anregenden Kommentare zum vollendeten Manuskript haben mein Verständnis der dunkleren

Seite Simone de Beauvoirs vertieft. Ich bin überdies dankbar, in ihr eine so unabhängige und anregende intellektuelle Frau kennengelernt zu haben. Pierre Bourdieu hat frühe Fassungen der Kapitel 1, 2 und 4 gelesen: Seine raschen, bedachtsamen und ausführlichen Reaktionen waren eine immense Hilfe für mich. Seine Ratschläge, wo ich in Paris hingehen und wen ich kennenlernen müsse, machten meine Recherchen sehr viel ergiebiger, als sie es sonst gewesen wären.

Mehrere Abschnitte dieses Buches sind zuvor schon veröffentlicht worden. Ein kurzer Auszug einer früheren Fassung von Kapitel 1 und ein längerer Abschnitt aus Kapitel 2 erschienen unter dem Titel »Simone de Beauvoir: The Making of an Intellectual Woman« in *The Yale Journal of Criticism* 4, 1 (Herbst 1990), 1–23. Eine stark gekürzte Fassung von Kapitel 3 wurde als »L'Invitée: An Existentialist Melodrama« in *Paragraph* 14, 2 (Juli 1991), 151–169, veröffentlicht. Ein Auszug aus Kapitel 5 erschien als »Ambiguity and Alienation in *The Second Sex*« in *boundary* 19, 2 (Sommer 1992), 96–112. Eine leicht gekürzte Fassung von Kapitel 6 wurde unter dem Titel »Simone de Beauvoir's Utopia: Politics in *The Second Sex*« in *South Atlantic Quarterly* 92, 2 (Frühjahr 1993), 311–361, abgedruckt. In den Kapiteln 6 und 7 habe ich auch Material aus meiner Einleitung zu Simone de Beauvoir, *The Prime of Life* (New York [Paragon House] 1992) und aus meinen Einleitungen zu den Bänden 1 und 2 von Simone de Beauvoir, *Force of Circumstance* (New York [Paragon House] 1992) verwendet. Ich bedanke mich für die Erlaubnis zum Abdruck des hier aufgelisteten Materials.

Schließlich möchte ich meinen Eltern für ihren Glauben an ein Buch danken, das mich weniger häufig bei ihnen in Norwegen zu Gast sein ließ, als sie es gewünscht hätten. Dieses Buch ist Geir Arne Moi gewidmet. Seine Geduld, seine Standhaftigkeit und sein Mut sind beispielhaft: Keine Schwester könnte einen besseren Bruder haben.

Toril Moi

Abkürzungen

Seitenverweise auf häufig zitierte Werke Beauvoirs oder Sartres erscheinen im Text in Klammern mit den unten aufgelisteten Abkürzungen. Die benutzten Ausgaben sind im Anhang unter »Zitierte Werke« aufgeführt. Bei Texten von Beauvoir und aus Sartres *Das Sein und das Nichts* wird stets zuerst auf die deutsche Übersetzung und dann auf das französische Original verwiesen (die Seitenverweise auf die französische Ausgabe von *Das Sein und das Nichts* entsprechen den in der neuen deutschen Übersetzung von 1991 marginal gesetzten Seitenzahlen der Originalausgabe von 1943, d. Ü.). Um Platz zu sparen, wird bei solchen doppelten Verweisen auf die Abkürzung »S.« verzichtet. »ÜV« heißt »Übersetzung verändert«. Demgemäß bedeutet (BJ289; FA388; ÜV) »*In den besten Jahren*, S. 289; *La force de l'âge*, S. 388; Übersetzung verändert«. Verweise auf andere französische Texte beziehen sich *entweder* auf das französische Original – in solchen Fällen wurde aus dem Französischen übersetzt – *oder* auf die deutsche Ausgabe. Das Literaturverzeichnis enthält nur den jeweils relevanten Nachweis.

AA	*Alles in allem*
AG	*Das andere Geschlecht*
AM	*Alle Menschen sind sterblich*
BA	*Das Blut der anderen*
BJ	*In den besten Jahren*
CA	*La cérémonie des adieux*
DSa	*Le deuxième sexe*, Bd. 1
DSb	*Le deuxième sexe*, Bd. 2

EN	*L'être et le néant*
ES	*Ein sanfter Tod*
FA	*La force de l'âge*
FCa	*La force des choses*, Bd. 1
FCb	*La force des choses*, Bd. 2
I	*L'Invitée*
JG	*Journal de guerre*
KTB	*Kriegstagebuch*
LD	*Der Lauf der Dinge*
LMa	*Les Mandarins*, Bd. 1
LMb	*Les Mandarins*, Bd. 2
LSa	*Lettres à Sartre*, Bd. 1
LSb	*Lettres à Sartre*, Bd. 2
MA	*Pour une morale de l'ambiguïté*
MD	*Für eine Moral der Doppelsinnigkeit*
MJF	*Mémoires d'une jeune fille rangée*
MP	*Die Mandarins von Paris*
MT	*Memoiren einer Tochter aus gutem Hause*
SA	*Le sang des autres*
SK	*Sie kam und blieb*
SN	*Das Sein und das Nichts*
TCF	*Tout compte fait*
TH	*Tous les hommes sont mortels*
UM	*Une mort très douce*
ZA	*Zeremonie des Abschieds*

Einleitung

Inbegriff einer intellektuellen Frau

Simone de Beauvoir ist die intellektuelle Frau des 20. Jahrhunderts schlechthin. Was immer ihre bedeutenden Vorläuferinnen früherer Generationen – etwa Madame de Staël, George Sand, George Eliot und Virginia Woolf – voneinander unterschied, hatten sie doch eines gemeinsam: Sie alle waren von den entscheidenden Bildungsinstitutionen ihrer Zeit ausgeschlossen. Simone de Beauvoir dagegen gehörte der ersten Generation europäischer Frauen an, deren Ausbildung der der Männer entsprach. Auf ihrem Weg durch die kurz zuvor noch ausschließlich männlichen Institutionen akademischer Ausbildung hatte sie an der Universität wie in ihrem späteren Berufsleben stets mit Männern zu konkurrieren. In dieser Hinsicht kontrastiert ihre Laufbahn radikal zu den literarischen Karrieren ihrer berühmten älteren Schwestern. Simone de Beauvoir, eine Wegbereiterin in ihrer Zeit, war erst die neunte Frau in Frankreich, die das prestigeträchtige Examen der *agrégation* in Philosophie bestand, und, geschlechtsunabhängig, sogar die jüngste *agrégée*, die es in dieser Disziplin je gegeben hatte. Aufgrund der einzigartigen Chance, sich in einem Land und in einer Zeit, in der Intellektuelle als herausragende Mitglieder der Gesellschaft galten, voll und ganz zu einer Intellektuellen zu entwickeln, wurde Simone de Beauvoir gewissermaßen zu einer *ausgeprägteren* Intellektuellen als jede andere Frau ihrer Epoche. Gerade wegen dieser einzigartigen Position gewinnen Beauvoirs Erfahrungen an Intensität und Schärfe der Darstellung: In ihren Texten treten die Konflikte und Widersprüche, denen intellektuelle Frauen in einer patriarchalen Welt ausgesetzt sind, mit ungewöhnlicher Klarheit hervor.

Im Jahr 1908 geboren, gehört Beauvoir jener Generation intellektueller Frauen an, die in den zwanziger und dreißiger Jahren volljährig wurden, das heißt der Generation Hannah Arendts (1906–1975), Alva Myrdals (1902–1984), Åse Gruda Skards (1906–1985), Mary McCarthys (1912–1989) und Margaret Meads (1901–1978), um nur einige zu nennen. Zumindest in bezug auf ihre Ausbildung und ihre intellektuelle Laufbahn meinten diese Frauen, in einem egalitären System als Gleiche behandelt zu werden. Im großen und ganzen neigten sie dazu, sich der gesellschaftlichen Bedeutung ihrer Weiblichkeit nicht bewußt zu sein. Im Rückblick auf sich selbst als Dreiundzwanzigjährige, schreibt Beauvoir, »hielt ich mich nicht für eine ›Frau‹; ich war *ich*« (BJ 57; FA 73). Glücklicher als die wahren Wegbereiterinnen des frühen 20. Jahrhunderts (die in diesem Buch durch Léontine Zanta vertreten sind), gelang es einigen Frauen dieser Generation, spektakuläre, wenngleich etwas unorthodoxe Karrieren zu machen. Sie waren in der Tat das, was Pierre Bourdieu die *miraculées* – die wunderbaren Ausnahmen – der westlichen Bildungssysteme nennen würde. Im mittleren Alter jedoch zwang die Last ihrer Lebenserfahrung viele von ihnen zum Nachdenken über die Bedeutung des Frauseins in einer von Männern beherrschten Gesellschaft.[1] Wenn wir ihren Memoiren glauben sollen, erkannte Simone de Beauvoir erst 1946, daß die Rolle einer gebildeten Frau eben doch nicht der eines gebildeten Mannes entspricht. Und mit seltener moralischer und politischer Integrität stellte sie sich den Konsequenzen dieser Erkenntnis: Zu dem Zeitpunkt, als ihr klar wurde, daß sie eine intellektuelle *Frau* war, begann sie ihr Buch *Das andere Geschlecht* zu schreiben.

Die Situation Simone de Beauvoirs und anderer intellektueller Frauen ihrer Generation entsprach natürlich nicht der Situation gebildeter Frauen von heute: Bis zu einem gewissen Grade wa-

ren sie damals immer noch Pionierinnen, immer noch Angehörige einer kleinen Elite. Während sie selbst die Barrikaden
männlicher intellektueller Privilegien nicht mehr stürmen mußten, gehörten sie oft zu jener ersten Handvoll Frauen, denen
der Zugang zu den unlängst noch ausschließlich männlich
beherrschten Hochschulen gewährt wurde. In den folgenden
Jahrzehnten änderte sich die Situation der Frauen in der akademischen Ausbildung kaum. Universitäten und Colleges ver-
zeichneten noch bis in die sechziger Jahre hinein kein massives
Anwachsen der Zahl weiblicher Studenten. Durch den Kampf
der Frauenbewegung in den Sechzigern und Siebzigern wurde
den Frauen endlich der Zugang zu allen Ebenen und allen Arten
der Ausbildung garantiert: Heute halten die Frauen der westlichen Welt ihr Recht auf eine Ausbildung und einen Beruf eigener Wahl für selbstverständlich.

Paradoxerweise hat jedoch ebendiese Tatsache zu einem neuen
Gleichheitsmythos geführt: Ebenso wie die junge Simone de
Beauvoir glauben heute viele Frauen, in ihren Schulen und Universitäten als Gleiche behandelt zu werden. Leider wird dies
durch Statistiken nicht immer bestätigt. 1992 beispielsweise war
es für Frauen, die an englischen Universitäten Examen machten,
nur halb so wahrscheinlich, einen akademischen Grad mit der
Bestnote zu erlangen wie für Männer. »Während 10,3 Prozent
der Männer Bestnoten erhalten, sind es bei den Frauen nur 6,2
Prozent«, schreibt Katharine Viner im *Guardian*.[2] In den Vereinigten Staaten war es – trotz lautstarker Behauptungen des Ge-
genteils – bis 1990 Frauen nicht gelungen, akademische Institutionen ernsthaft zu erobern. »Der Anteil der Frauen, Feministinnen und anderer, am Lehrpersonal aller Undergraduate Colleges
beträgt nur zehn Prozent (und an den Ivy League[3] Colleges lediglich drei bis vier Prozent)«, informiert uns Susan Faludi
(S. 293). Im Januar 1993, berichtet die *New York Times*, »sind im
ganzen Land nur 11,6 Prozent aller Ordinarien Frauen; am er-
folgreichsten sind sie in Gemeinde-Colleges eingedrungen, wo

die Bezahlung am niedrigsten ist« (DePalma, S. 11). Für 1990 belegen die Zahlen amerikanischer Statistiken, daß das Einkommen promovierter Frauen um 36 Prozent unter dem promovierter Männer liegt.[4] An norwegischen Universitäten, wo nur neun Prozent aller Ordinarien Frauen sind, ist die Situation kaum besser.

Auch in den neunziger Jahren müssen Frauen, die eine intellektuelle Laufbahn anstreben, noch immer mit persönlichen, gesellschaftlichen und ideologischen Hindernissen rechnen, die normalerweise aufstrebenden männlichen Intellektuellen nicht in den Weg gelegt werden. Aus diesem Grunde bin ich davon überzeugt, daß wir von Simone de Beauvoir – positiv wie negativ – nach wie vor viel zu lernen haben. Intellektuelle Frauen können es sich heute nicht leisten, ihre Erfahrungen zu ignorieren. In diesem Kontext meine ich mit »intellektuelle Frau« jede Frau, die sich als denkender Mensch jemals ernst genommen hat, besonders in bezug auf ihre Bildung. Unabhängig davon, ob sie ihre intellektuellen Interessen zu einem Beruf machen, wissen solche Frauen, was es bedeutet, Freude am Denken zu haben. In der Regel wissen sie auch, daß überaus wirksame Stränge patriarchaler Ideologie behaupten, derartige Freuden seien nicht für sie bestimmt: Eine Frau braucht keinen Dr. phil. zu haben, um befürchten zu müssen, daß ihr reges Interesse an geistigen Themen sie zum »Blaustrumpf« oder zur »vertrockneten Paukerin« stempelt. Es ist auch keineswegs ungewöhnlich, daß intellektuelle Frauen zeitweilig Schwierigkeiten mit ihren Müttern haben oder das entwickeln, was Michèle Le Doeuff als »erotisch-theoretische Übertragungs-Beziehungen« mit männlichen Intellektuellen bezeichnet[5]. In dieser und mancher anderen Hinsicht sind Simone de Beauvoirs Erfahrungen alles andere als einzigartig.

Ich beschäftige mich jedoch mit Simone de Beauvoir nicht nur, weil sie eine emblematische intellektuelle Frau ist. Gerade weil sie in bezug auf die geistigen Diskurse ihrer Zeit eine außergewöhnliche Position einnahm, wurde sie auch zur bedeutendsten feministischen Theoretikerin unseres Jahrhunderts. Lange vor dem Auftreten der Frauenbewegung thematisierte *Das andere Geschlecht* jedes einzelne der Probleme, die Feministinnen heute immer noch zu lösen versuchen. Das Buch veränderte buchstäblich das Leben Tausender von Frauen: Ich wüßte nicht, daß ein anderes Werk im 20. Jahrhundert vergleichbare Wirkungen gehabt hätte. Historisch gesehen erinnern mich die Rezeption und die Wirkungen des *Anderen Geschlechts* an die Reaktionen auf Harriet Beecher-Stowes *Onkel Toms Hütte* oder vielleicht, in einer anderen Tonlage, an Samuel Richardsons *Clarissa*. Über Simone de Beauvoir zu schreiben, ohne *Das Andere Geschlecht* ernst zu nehmen, heißt ihr die Anerkennung als Philosophin, als Feministin und als Intellektuelle zu verweigern.

Simone de Beauvoir: ein Textkorpus

Wenn ich betone, daß mich Simone de Beauvoir als intellektuelle Frau interessiert, könnte man meinen, es gehe mir vor allem um die biographische Seite. Meine Arbeit geht jedoch von der Voraussetzung aus, daß es keinen *methodologischen* Unterschied zwischen »Leben« und »Text« geben kann. Es ist mir immer wieder aufgefallen, daß Freud in seiner *Traumdeutung* nicht imstande zu sein scheint, zwischen Psyche und Text zu unterscheiden: Wenn er uns eine Theorie der Interpretation vorlegt, liefert er uns zugleich eine Karte der menschlichen Seele. Einen Traum zu interpretieren bedeutet, gleichzeitig den Text und die Person zu interpretieren, nicht weil die »Bedeutung« des Textes die Person ist (das wäre die verkürzte Version der Erkenntnisse Freuds), sondern weil sich für Freud die Person nur in Form eines Textes offenbart: Für alle praktischen Zwecke *ist* der Freudsche Patient ein Text. Im Fall Simone de Beauvoirs, deren autobiographische Bücher und deren Briefe sich allein auf über eine Million Worte summieren, ist Freuds Entdeckung besonders zweckdienlich. Das intertextuelle Netzwerk erzählender, philosophischer, autobiographischer und brieflicher Texte, die sie uns hinterlassen hat, *ist* unsere Simone de Beauvoir. Darüber hinaus besitzen wir eine Fülle von Texten über sie: Briefe, Tagebücher, Zeitungsinterviews, Rezensionen, wissenschaftliche Untersuchungen, Filme, Biographien, persönliche Erinnerungen von Freunden und Gegnern: Sie alle tragen zum Entstehen eines Netzwerks von Bildern und Vorstellungen bei, die wir als »Simone de Beauvoir« erkennen und die zweifellos unsere Wahrnehmung ihrer Texte »an sich« bedingen.

Wenn es um Biographie und Literaturkritik geht, schließt die Unterscheidung zwischen Leben und Text in der Regel ein explizites oder implizites Werturteil ein: Biographen halten das Leben häufig für »realer« oder »wahrer« als den Text; viele Literaturkritiker neigen dazu, den Text als einen rein ästhetischen Gegenstand zu betrachten, der von dem Schmutz, den wir das Leben zu nennen pflegen, nur besudelt werden kann. Im Fall Simone de Beauvoirs ist es jedoch besonders wichtig, sich vor solchen Postulaten zu hüten. In ihrem ersten Roman, *L'Invitée* (1943; dt. *Sie kam und blieb*)[6], widmet sie ein ganzes Kapitel einer Verführungsszene, in der ihre Heldin Françoise und ein junger Mann namens Gerbert agieren. In einem späten Interview behauptet Beauvoir, daß ebendiese Szene die wahrheitsgetreue Wiedergabe einer realen Begebenheit sei, nämlich der Verführung des jungen Jacques-Laurent Bost durch sie selbst. Während ihre Autobiographie dieses Ereignis überhaupt nicht erwähnt, beschreiben ihre postum veröffentlichten Briefe an Sartre die Szene in einer Fülle von Details; einige Sätze, die zuerst in den Briefen benutzt werden, tauchen wortwörtlich im veröffentlichten Roman wieder auf. Daraus ließe sich leicht schließen, daß, alles in allem, die Briefe die »reale« Version der Ereignisse enthalten müssen. Die in den Briefen geschilderte emotionale Wirkung erweist sich jedoch als völlig unvereinbar mit der Wirkung, die dieselben Ereignisse im Roman prägen.

Überdies bestehen zwischen der Verführungsszene im Roman und einer Flirtszene, die Sartre in *Das Sein und das Nichts* (1943) beschreibt, enge intertextuelle Beziehungen. Scheinbar »allgemeine« theoretische Passagen in *Das andere Geschlecht* (1949) enthalten ebenfalls kaum verhüllte Interpretationen der Verführungsszene in *L'Invitée*. Es muß auch gesagt werden, daß der Roman ein weit überzeugenderes – weil weit komplexeres – Verständnis der Ereignisse offenbart als jeder einzelne der einschlägigen sogenannten nicht-literarischen Texte. Unter solchen Umständen würde es als absurd erscheinen, einfach zu behaupten, der einzige relevante »Text« sei der des Romans, oder andererseits den »dokumentarischen« Texten (Briefen, Tagebüchern, Interviews) im Gegensatz zu den »literarischen« höheren biographischen Wert beizumessen. Deutlich überlappen sich hier das Problem der Subjektivität (Beauvoir als sprechendes Subjekt wahrgenommen) und das Problem der Textualität (Beauvoir als Textkorpus wahrgenommen) vollständig.

Wenn man »Leben« untersucht, als bestehe es aus einer Anzahl verschiedener Texte, folgt daraus, daß literarische oder philosophische Texte nicht auf biographische Ereignisse reduziert werden können. Fast alle Arten von Texten (Gespräche, philosophische Abhandlungen, Klatsch, Romane, Bildungsinstitutionen) werde ich als Elemente betrachten, die demselben diskursiven Netzwerk angehören. Es geht nicht darum, einen Text als die implizite Bedeutung eines anderen zu behandeln, sondern vielmehr darum, sie alle mit- und gegeneinander zu lesen, um die Elemente der Spannung, der Widersprüche und Ähnlichkeiten zu enthüllen. Nichts hat unserem Verständnis Simone de Beauvoirs mehr geschadet als die weitschweifigen – und oft überaus böswilligen – Bemühungen, ihre Leistungen auf bloße Wirkungen ihrer persönlichen Lebensumstände zu reduzieren. Im Licht solcher Attacken schätze ich natürlich die moralische Integrität einer »rein ästhetischen« Betrachtung ihres Werks um so mehr. Dennoch muß gesagt werden, daß die meisten dieser Interpretationen die wahre kulturelle Bedeutung Simone de Beauvoirs übersehen, weil sie dazu neigen, sie lediglich als Autorin von *literarischen* Texten zu betrachten. Obwohl ich *L'Invitée* und *Die Mandarins von Paris* sehr hochschätze, ist es für mich ganz offensichtlich, daß Simone de Beauvoir, wäre sie ausschließlich Romanschriftstellerin gewesen, nicht zu einer mythischen Gestalt, zu einer Imago geworden wäre, deren Präsenz sich seit den frühen fünfziger Jahren in den Gedanken und Träumen jeder intellektuellen Frau der westlichen Welt bemerkbar machte. Ihr Leben als bahnbrechende Intellektuelle im Frankreich der Jahrhundertmitte wie ihre berühmte Beziehung zu Sartre sind Bestandteile des Textes, den wir als »Simone de Beauvoir« kennen.

Deshalb ist es der traditionellen Biographik in der Tat eher gelungen, einiges von der Bedeutung Beauvoirs für unser Jahrhundert einzufangen, als der Literaturkritik. Dennoch nimmt keine der bislang veröffentlichten Biographien (von Claude Francis und Fernande Gonthier, Deirdre Bair, Margaret Crosland) ihr schriftstellerisches Werk richtig ernst: Zwar unterbrechen ihre Biographinnen pflichtgemäß die Schilderungen von Liebesaffären, um einen raschen Blick auf einzelne Texte zu werfen, doch gelingt es ihnen nicht, die Kraft und die Komplexität ihrer bedeutendsten Publikationen zu erfassen. Es ist durchaus verständlich, wenn man bei der Lektüre dieser Biographien zu dem Schluß kommt, die Bedeutung Simone de Beauvoirs sei weitgehend auf ihre relativ unkonventionellen Beziehungen zu Sartre und anderen Liebhabern zurückzuführen. Aber wenn sie nicht eine der ersten weiblichen *agrégées* der Philosophie in Frankreich und überdies die Autorin des *Anderen Geschlechts* sowie einer Reihe berühmter Romane und Memoirenwerke gewesen wäre, hätte ihr Privatleben kaum zu dem Stoff werden können, aus dem Mythen entstehen. Nur die gründliche Lektüre der Texte ihrer französischen *agrégation* in Philosophie, des *Anderen Geschlechts* und einiger weiterer Werke kann uns überhaupt ein Verständnis dafür vermitteln, warum dies so ist.

Persönliche Genealogie

Ich habe lange gezögert, dieses Buch *Simone de Beauvoir: The Making of an Intellectual Woman* zu nennen. »Das klingt nach einer kritischen Biographie«, sagten meine Freunde. Da ich niemals die Absicht hatte, Simone de Beauvoirs Lebensgeschichte zu schreiben, erschienen mir ihre Einwände berechtigt: Zweifellos mußte ein anderer Titel gefunden werden. Dennoch ging mir der verworfene Titel nicht aus dem Kopf: Obwohl ich nicht an einer Biographie arbeitete, konnte ich mich von der Überzeugung nicht lösen, daß mein Thema ganz eindeutig das (Gemacht-)*Werden* Simone de Beauvoirs zu einer intellektuellen Frau war – und das in mehr als einer Beziehung. Vor allem schreibe ich buchstäblich über ihren Werdegang als Intellektuelle: indem ich ihre Ausbildung, das heißt die institutionellen Strukturen untersuche, die sie im ersten Drittel dieses Jahrhunderts als Philosophin und Intellektuelle geformt haben.

Gleichermaßen befasse ich mich mit dem Werdegang Simone de Beauvoirs als herausragende Intellektuelle des 20. Jahrhunderts in dem Sinne, daß ich sowohl diejenigen ihrer Werke, die sie »gemacht« haben, als auch jene untersuche, in denen sie berichtet, wie sie »es geschafft« hat. Meiner Meinung nach war Simone de Beauvoir bis zum Ende des Jahres 1949, dem Jahr, in dem sie *Das andere Geschlecht* veröffentlichte, wirklich und endgültig Simone de Beauvoir geworden: Persönlich und beruflich war sie »gemacht«. Ihr weiteres Leben fügt dem bis zu diesem Zeitpunkt entwickelten Repertoire von Themen und Obsessionen nur wenig hinzu: Man ist versucht zu sagen, daß *alle* Haupttexte Beauvoirs unweigerlich auf die Zeit vor 1950 rekurrieren. Der Roman *Die Mandarins von Paris* beispielsweise, 1954 veröffentlicht, stellt ihren ersten Versuch dar, in die Vergangenheit zurückzukehren, in diesem Fall zur politischen Entwicklung in Frankreich von August 1944 (der Befreiung) bis zum Sommer 1947 (dem Beginn des kalten Krieges) und zu ihrer eigenen Erfahrung von Leidenschaft und Sehnsucht in der Beziehung zu Nelson Algren, die von 1947 bis 1950 dauerte. Abgesehen von zwei relativ schmalen erzählenden Bänden aus den sechziger Jahren, *Die Welt der schönen Bilder* und *Eine gebrochene Frau*, sowie der Untersuchung von 1970 *Das Alter* schrieb Beauvoir nach 1954 fast nur Autobiographisches – das heißt, das Schreiben wandte sich der Vergangenheit zu: Der weitaus größte Teil ihrer Memoiren befaßt sich mit der Zeit vor 1950. Obwohl ich das Gesamtwerk Beauvoirs in meine Untersuchung einbeziehe, konzentriert sich mein textliches Interesse auf *L'Invitée*, *Das andere Geschlecht* und ihre Memoiren. Natürlich habe ich mir die Freiheit genommen, mich auch mit der Zeit *nach* 1950 zu befassen – namentlich in meiner Interpretation von *Der Lauf der Dinge* –, wann immer ich fand, daß dies mein Verständnis eines Problems oder eines Themas vertiefen würde.

Schließlich spreche ich vom »(Gemacht-)Werden« Simone de Beauvoirs zu einer intellektuellen Frau in einem allgemeineren Sinn. Mit diesem Begriff will ich den Gedanken des Hervorgebracht- oder Aufgebautwerdens akzentuieren, um auf diese Weise zu verdeutlichen, daß »Simone de Beauvoir« für mich das außergewöhnlich komplexe Ergebnis eines Netzwerks verschiedener Diskurse oder Determinanten ist. Deshalb läßt sich dieses Buch nicht auf die traditionellen Kategorien der Biographie oder der Literaturkritik einengen. Obwohl die folgenden Seiten viel Biographisches und sogar noch mehr Textanalyse bieten, schließt meine Darstellung auch kultursoziologische, philosophische und psychoanalytische Untersuchungen sowie feministische Theorie mit ein. Wie also soll ich mein Thema definieren? Da es keinen passenden traditionellen Begriff gibt, habe ich mich entschlossen, dieses Buch als *persönliche Genealogie* zu bezeichnen.[7]

Persönliche Genealogie ist also nicht Biographie. Der Unterschied läßt sich am besten erklären, wenn ich sage, daß sich persönliche Genealogie zu Biographie verhält wie Genealogie zu traditioneller Geschichtsschreibung bei Michel Foucault. Wie herkömmliche Geschichtsschreibung ist Biographie narrativ und linear, argumentiert in Begriffen von Ursprung und Finalität und versucht, eine eigenständige Identität sichtbar zu machen. Genealogie dagegen will ein Bewußtsein für Hervorgehen oder Hervorgebrachtwerden wecken und das komplexe Zusammenspiel verschiedener Arten von Macht verdeutlichen, die in gesellschaftlichen Phänomenen enthalten sind. Persönliche Genealogie lehnt den Begriff des »Ich« oder des Subjekts nicht ab, sondern versucht vielmehr, ebendieses Ich der genealogischen Untersuchung zu unterziehen.

Persönliche Genealogie geht davon aus, daß jedes Phänomen als ein Text gelesen werden kann, das heißt als ein komplexes Netzwerk bedeutungtragender Strukturen. In diesem Zusammenhang ist der Begriff der *Überdeterminierung* entscheidend. Als Freud in seiner *Traumdeutung* detailliert darlegte, daß die menschliche Psyche ein gespaltenes, widersprüchliches und dynamisches Phänomen ist, benutzte er diesen Begriff, um die Komplexitäten der Psyche zu erklären. Textualität als überdeterminierten Prozeß aufzufassen, heißt: Bedeutung entsteht als instabiler Kompromiß zwischen den Zwängen, die von einer Fülle von Faktoren ausgehen. Stellen wir uns diese Faktoren (»Determinanten«, »Diskurse«, »Meinungen«, »Strukturen« etc.) als entsprechende Stränge im Textgewebe vor.[8] Das Interpretieren eines überdeterminierten Textelements heißt also, auf die potentielle Pluralität der Bedeutung hinzuweisen und zu zeigen, daß es seine Bedeutungen aus mehr als einem Textstrang bezieht. Dieses Vorgehen hat nichts Abwertendes. Wenn ich feststelle, daß ein bestimmter logischer blinder Fleck in Beauvoirs philosophischen Schriften seine Existenz beispielsweise gesellschaftlichen oder psychischen Faktoren verdankt, will ich damit nicht sagen, daß das betreffende Textelement nicht mehr *als Philosophie* zu lesen sei, sondern daß wir uns dieses Textmoment als einen Bereich vorstellen müssen, in dem der Strang (»Diskurs«, »Gattung« etc.) der Philosophie mit dem der Psychologie und – sagen wir – dem Strang des damaligen französischen intellektuellen Feldes kollidiert. Als Beispiel könnte meine Interpretation der Idealisierung von Männern und Männlichkeit in *Das andere Geschlecht* dienen. Für mich ist diese Idealisierung – die in krassem Widerspruch zu Beauvoirs Beweisführung in bezug auf die Unterdrückung der Frau steht – die überdeterminierte Wirkung einer bestimmten metaphorischen Logik, ihrer Beziehung zu Sartre, ihrer Position als *agrégée* der Philosophie und des Verhältnisses zu ihrer Mutter. In ebendiesem Textmoment, meine ich, ist der Einfluß des Konflikts, der von den verschiedenen Strängen ihres Textgewebes erzeugt wird, so stark, daß er den philosophischen Diskurs zerstört, den zu beherrschen doch Beauvoirs ganzer Stolz ist.

Der »persönlichen Genealogin« ist also nicht daran gelegen, den Einfluß oder die Macht irgendeines einzelnen Textstrangs zu leugnen; aber insofern sie Texte für überdeterminierte Phänomene hält, fühlt sie sich nicht verpflichtet, die Illusion generischer Reinheit zu bewahren, das heißt, die Einflüsse eines und nur dieses einen Strangs im Textgewebe zu erfassen. Oder um es in eher psychoanalytischen Begriffen zu fassen: Es überrascht die »persönliche Genealogin« keineswegs, zu entdecken, daß jeder Diskurs (einschließlich ihres eigenen) von den Geistern des individuellen und gesellschaftlichen Unbewußten heimgesucht wird.

Da das textuelle Netzwerk, das mit dem genealogischen Projekt erforscht wird, kein sichtbares Ende hat, kann das Projekt niemals zu einer letzten Vollständigkeit der Erkenntnis führen: Die Arbeit der Genealogin hat kein Ende. Genealogie ähnelt in der Tat der Haushaltsarbeit: Wie die Hausfrau unterbricht die Genealogin ihre Arbeit aus ganz pragmatischen Gründen – der Boden ist sauber genug, statt dessen muß mit dem Kochen angefangen werden; es ist zu spät, und man ist zu müde, um weiterzumachen. Am nächsten Tag muß wieder gekocht, wieder staubgewischt, wieder geputzt werden; gelegentlich ist nichts weniger als ein kompletter Neuanstrich fällig. Aus diesem Grunde habe ich zu diesem Buch auch keinen konventionellen Schluß geschrieben: Meine »Simone de Beauvoir« bleibt ein offener Text.

Drei Textmomente

Dieses Buch ist als genealogische Untersuchung dreier Textmomente im Werk Beauvoirs gegliedert. Teil I erwuchs aus der Faszination, die die Szene in den *Memoiren einer Tochter aus gutem Hause* (1958) in mir auslöste, in der Simone de Beauvoir und Jean-Paul Sartre sich im Jardin du Luxembourg unweit des Medicibrunnens hinsetzen, um *Simones* philosophische Ideen zu diskutieren. Nach drei Stunden gab sie sich geschlagen: »Ich bin mir dessen, was ich denke, nicht mehr sicher, ja, nicht einmal mehr sicher, überhaupt zu denken«, schrieb sie in ihr Tagebuch (MT330; MJF480). Als ich über die Implikationen dieses Gesprächs nachzudenken begann, wurde mir bald klar, daß ich, um sie zu verstehen, Beauvoirs und Sartres Bildungsweg in allen Einzelheiten sorgfältig untersuchen mußte. Denn ihre Diskussion findet im Juli 1929 während der Vorbereitung auf die mündliche Prüfung der *agrégation* in Philosophie statt. Was bedeutet es 1929 für eine Frau in Frankreich, sich auf dieses Examen vorzubereiten? Diskutieren Beauvoir und Sartre in diesem Kontext wirklich als Gleiche? Ist es von Bedeutung, daß er auf der elitären École Normale Supérieure war und sie nicht? Daß er drei Jahre älter war? Und wie verstand man im Frankreich der Jahrhundertmitte das schriftstellerische Werk einer hochgebildeten intellektuellen Frau?

Ausgangspunkt von Kapitel 1 ist das entscheidende Gespräch im Jardin du Luxembourg. Indem ich es im Kontext der *Memoiren einer Tochter aus gutem Hause* interpretiere, versuche ich Beauvoirs Darstellung ihrer selbst als Intellektuelle auf den Grund zu gehen. Kapitel 2 mag man als einen Versuch betrachten, ein wichtiges, aber – jedenfalls für mich – höchst verwirrendes Ereignis zu erforschen: die Tatsache, daß 1929 Sartre als erster und Beauvoir als zweite aus der Ausleseprüfung der *agrégation* in Philosophie hervorging. Was bedeutet das? Inwiefern beeinflußt das ihre Position als intellektuelle Frau? In welcher Weise wirkt es sich auf ihre schriftstellerische Arbeit aus? Und warum wird ihr literarisches Werk, das sie in dieser Position verfaßt, von den Geschmacksrichtern in Frankreich so scharf verurteilt? Der erste Teil dieses Buches erforscht also unter verschiedenen Ansatzpunkten Simone de Beauvoirs Sprechposition, wie sie von ihr selbst und anderen dargestellt wird.

In Teil II (Kapitel 3 – 6) wende ich mich den Texten zu, die Beauvoir aus dieser Position heraus geschrieben hat. Das zentrale Textmoment, das ich bei meiner Interpretation von *L'Invitée* und *Das andere Geschlecht* zu verstehen versuche, ist Beauvoirs Bericht darüber, wie sie 1946 nach einem Gespräch mit Sartre endlich erkannte, daß als Frau geboren zu werden nicht das gleiche ist, wie als Mann geboren zu werden. »Mein Interesse war so groß«, schreibt sie, »daß ich den Plan einer persönlichen Beichte fallenließ, um mich mit der Lage der Frau im allgemeinen zu befassen« (LD98; FCa136). In diesem Augenblick entstand der Plan, *Das andere Geschlecht* zu schreiben. Die Frage, von der alle Kapitel dieses Teils leben, ist sehr einfach: Was also *bedeutete* es für Beauvoir, eine Frau zu sein? Oder um es etwas präziser auszudrücken: Wie stellt Simone de Beauvoir die Konflikte und Widersprüche einer intellektuellen Frau im Frankreich der Jahrhundertmitte dar?

In Kapitel 3 analysiere ich *L'Invitée* besonders in bezug auf die Darstellung der Liebe und des Identitätsbewußtseins der intellektuellen Frau. Um dies zu erreichen, ist es natürlich unabdingbar, Beauvoirs eigenes philosophisches System ernst zu nehmen: Meine Interpretation versucht sowohl die philosophischen als auch die psychologischen Implikationen ihres ersten Romans zu erforschen. Kapitel 4 wirft die Frage der rituellen Vergleiche Beauvoirs mit Sartre auf. Anhand der berühmten Flirtszene in

Sartres *Das Sein und das Nichts* und der Verführungsszene in *L'Invitée* versuche ich die Unterschiede in beider Auffassungen der Situation der Frau aufzudecken. Mein besonderes Interesse gilt überdies der komplexen Beziehung zwischen dem persönlichen und dem philosophischen Diskurs in diesen Texten. Dem *Anderen Geschlecht* nähere ich mich zunächst (Kapitel 5) in der Weise, daß ich es als ein Werk feministischer Philosophie lese, wobei ich mich besonders auf seine rhetorischen Strategien, seine Thesen zur weiblichen Subjektivität im Patriarchat und seine problematische Darstellung weiblicher und männlicher Sexualität konzentriere. In Kapitel 6 behandele ich die Politik[9] des epochalen Beauvoirschen Essays, indem ich die feministischen Reaktionen auf den Text untersuche, die historischen Bedingungen, unter denen das Werk entstanden ist, seine Darstellung der Situation der Frauen im damaligen Frankreich, seine Analyse der Voraussetzungen für die Frauenbefreiung sowie seine Bezüge zu Sartres und Fanons Theorien über die Befreiung der Schwarzen, die etwa gleichzeitig veröffentlicht wurden.

Teil III besteht aus nur einem Kapitel, das sich mit Beauvoirs Autobiographien und Tagebüchern befaßt und die Texte untersucht, in denen sich Beauvoir über sich selbst als Intellektuelle und als Schriftstellerin äußert. Das Textmoment, das mich durch dieses ganze Kapitel verfolgt, ist das Ende von *Der Lauf der Dinge*, wo sie im Alter von 54 Jahren ihren Gefühlen der Traurigkeit, Leere und Enttäuschung freien Lauf läßt: »Ich habe die Fähigkeit verloren, das Licht von der Finsternis zu scheiden, mir zum Preis einiger Wirbelstürme einen strahlenden Himmel zu sichern [...]. Der Tod ist nicht mehr ein brutales Abenteuer in weiter Ferne, er verfolgt mich in den Schlaf hinein. Beim Erwachen spüre ich seinen Schatten zwischen der Welt und mir. Das Sterben hat schon begonnen« (LD621; FCb507). Warum ist Simone de Beauvoir so deprimiert? Um diese Frage zu beantworten, mußte ich die psychologischen Strukturen in Beauvoirs autobiographischen Schriften enträtseln, die sich mir durch die intensive Lektüre ihrer Berichte über die berühmten »Pakte« mit Sartre, ihre »Schizophrenie« und ihre Beziehungen zu anderen Frauen erschlossen. Ich versuche aber auch zu zeigen, wie Beauvoirs melancholische Stimmungen sogar die Struktur ihres Werks beeinflussen und zu bemerkenswerten Schwankungen in Ton und Stil führen. Dieses Kapitel stellt also einen Versuch dar, zu begreifen, was es für Simone de Beauvoir bedeutete, Schriftstellerin zu sein. Mein kurzes Nachwort kehrt noch einmal zum Problem Liebe und die intellektuelle Frau zurück: Warum eigentlich reagieren so viele Menschen zutiefst enttäuscht auf die Entdeckung, daß Beauvoir mit Sartre also doch kein vollkommen glückliches Leben führte?

Sprechen über Beauvoir: Die geographischen Voraussetzungen

In der einen oder anderen Weise beschäftigt sich mein Buch vor allem mit Beauvoirs persönlicher Situation. Gelegentlich bezeichne ich das als ihre Sprechposition und behaupte, daß sie ihre Texte entscheidend beeinflußt hat. »Und was ist mit _deiner_ Sprechposition?« fragten meine Freunde gelegentlich. »Sagst du nicht auch etwas über dich selbst?« Meine Antwort lautete stets »nein«. Wie andere intellektuelle Frauen erkenne ich mich in manchen, aber keineswegs in allen Erfahrungen Beauvoirs wieder: Daran ist nichts Ungewöhnliches. Im Unterschied zu Simone de Beauvoir bin ich auch keine emblematisch intellektuelle Frau unseres Jahrhunderts. Als Intellektuelle bin ich deshalb nicht von allgemeinem Interesse.

In meiner persönlichen Vita gibt es allerdings ein paar generalisierbare Faktoren, die helfen können, mein Interesse an Beauvoir zu erklären. Da ist erstens meine politische Übereinstimmung mit der Richtung des materialistischen Feminismus zu nennen, den sie vertritt; zweitens mein Bedürfnis, über meine Identität als intellektuelle Frau nachzudenken; zum dritten die

Tatsache, daß meine Sozialisation mir niemals die hohen bürgerlichen Geschmacksnormen aufgezwungen hat, die dazu beitragen, Beauvoir für viele ungenießbar zu machen; und viertens die geographischen Voraussetzungen: der Umstand, daß ich in der Zeit, als ich zum erstenmal über diesen Buchplan nachdachte, in Norwegen, England und Amerika gelebt und gearbeitet habe – aber nicht in Frankreich. Meine relative kulturelle und geographische Ferne zur geistigen Tradition Frankreichs hat meine Arbeit über Beauvoir eindeutig erschwert, mich paradoxerweise aber auch intellektuell ermutigt, sie überhaupt in Angriff zu nehmen. Meine Lehrtätigkeit in Skandinavien und mehreren englischsprachigen Ländern hat mich in meiner Überzeugung bestärkt, daß das Thema dieses Buches eine besondere intellektuelle Herausforderung darstellt. In meiner Welt also ist es durchaus möglich, über Simone de Beauvoir zu schreiben, ohne sich wie ein intellektueller Paria vorzukommen.

In Frankreich zu leben und zu arbeiten heißt dagegen, sich einem geistigen Milieu auszusetzen, in dem für die meisten Simone de Beauvoirs Mangel an intellektueller und literarischer Distinktion ein fundamentaler Glaubenssatz ist. Dieselben Intellektuellen, die das Recht jedes Bürgers auf freie Meinungsäußerung leidenschaftlich verteidigen, sind oft nur allzu versessen darauf, einen daran zu hindern, über Beauvoir auch nur zu sprechen. Als ich einmal auf einer Konferenz über den offenkundigen geistigen Hochmut sprach, mit dem man Beauvoir in Frankreich begegnet, lautete der einzige Kommentar eines prominenteren französischen Intellektuellen unter den Anwesenden: »Wissen Sie, Simone de Beauvoir war nicht nur dumm [*bête*], sondern obendrein bösartig [*méchante*].« Das strahlende Lächeln, das er dabei aufsetzte, verriet aufs eindrücklichste seinen unerschütterlichen Glauben an die eigene Legitimität: Für ihn gab es gar keinen Zweifel an seinem Recht – und an seiner Macht –, darüber zu entscheiden, was in der Welt der Intellektuellen als interessant zu gelten hat.

Etlichen jüngst erschienenen französischen Büchern über Intellektuelle von der Dreyfus-Affäre bis in die Gegenwart gelingt es, nicht eine einzige Frau zu erwähnen. Die patriarchale Arroganz solcher Unternehmungen wird noch durch den Umstand gesteigert, daß ebendiese Bücher selbst höchst obskure männliche Denker berücksichtigen. Wie Monique de Saint Martin festgestellt hat, erwähnt beispielsweise eine Untersuchung über französische Intellektuelle in der Zeit von 1880 bis 1900 nicht eine einzige Frau. Ihre eigene kursorische Überprüfung des leicht zugänglichen Materials ergab jedoch sogleich die Namen von *778* in diesem Zeitraum schreibenden Frauen.[10] In diesem Zusammenhang ist es auch interessant, festzustellen, daß die prominente Bibliothèque de la Pléiade Ausgaben eher unbedeutender männlicher Schriftsteller wie Julien Gracq und Julien Green (ganz zu schweigen von Alexandre Dumas oder dem unsäglichen Henry de Montherlant) veröffentlicht hat, aber nicht eine einzige Edition von Beauvoir. Wenn es um Schriftstellerinnen des 20. Jahrhunderts geht, traut man sich allenfalls Colette und Marguerite Yourcenar zu (immerhin ist auch eine Ausgabe von Nathalie Sarraute in Vorbereitung), aber mehr nicht. Die Erkenntnis, daß hier die bedeutendste feministische Untersuchung unseres Jahrhunderts geringer eingeschätzt wird als Werke wie *Moira*, *Erbarmen mit den Frauen* oder *Die drei Musketiere*, öffnet einem wahrhaft die Augen.

Es geht mir wohlverstanden nicht darum, daß Simone de Beauvoir um jeden Preis in die Bibliothèque de la Pléiade aufgenommen werden sollte – die Verstaubtheit dieser Institution macht sie mir ohnehin nicht sonderlich sympathisch. Nein, die Bibliothèque de la Pléiade ist lediglich ein Symptom für eine allgemeinere Situation: die Tatsache, daß in Frankreich junge Frauen (und Männer) sich gewissermaßen beschränkt – das heißt *unintellektuell* – vorkommen müssen, wenn sie ein deutliches Interesse an Simone de Beauvoir zeigen. Außerdem bringen solche geistigen Einschüchterungen nicht nur die seriöse Diskussion über Beauvoir zum Schweigen, sondern verhindern auch, daß andere, von vornherein marginalisierte Stimmen gehört werden. Wie meine Analyse des kulturellen Feldes in Frankreich zeigt, wäre es mir gewiß schwergefallen, mein Buch auf dem linken Seine-Ufer zu schreiben: Die Kiefern von North Carolina waren da in mehr als einer Hinsicht ein Segen für mich.

TEIL I

1 Nur nach Sartre die zweite

Simone de Beauvoir, Schriftstellerin,
Schülerin Sartres
Le petit Larousse, 1974

Ein Gespräch im Jardin du Luxembourg

Für heutige intellektuelle Frauen sind einige Entscheidungen Simone de Beauvoirs, gelinde gesagt, problematisch. Warum zum Beispiel erklärt sie bei jeder sich bietenden Gelegenheit, daß sie Sartre intellektuell unterlegen sei? Bevor sie ihn kennenlernte, schreibt sie, habe sie sich niemals von »einem anderen geistig beherrscht gefühlt« (MT329; MJF480). Doch diese selbstbewußte Philosophiestudentin braucht bloß dem Starstudenten der École Normale Supérieure zu begegnen, und schon ist ihre Identität bedroht. In einer ihrer brillantesten Passagen von *L'étude et le rouet* zeigt Michèle Le Doeuff, daß alle wesentlichen Elemente der »erotisch-theoretischen« Beziehung Beauvoirs zu Sartre und zur Philosophie in einem einzigen Absatz der *Memoiren einer Tochter aus gutem Hause* zu finden sind. Es handelt sich um die Szene, in der Beauvoir eine philosophische Diskussion zwischen ihr und Sartre beschreibt. Das entscheidende Gespräch findet an einem Sommermorgen 1929 im Pariser Jardin du Luxembourg statt. Beauvoir ist 21, Sartre eben 24 geworden. Zum erstenmal, schreibt sie, habe sie sich entschlossen, Sartre ihre eigenen Ideen darzulegen, statt mit ihm nur einschlägige Examensthemen zu diskutieren:

»Im Jardin du Luxembourg, in der Nähe des Medicibrunnens, setzte ich ihm eines Tages jene pluralistische Moral auseinander, die ich mir zurechtgelegt hatte, um die Leute, die ich liebte, denen ich aber dennoch nicht hätte gleichen mögen, vor mir zu rechtfertigen; er zerpflückte sie mir [*il la mit en pièces*]. Ich hielt an meinem System fest, weil es mir das Recht gab, mein Herz darüber entscheiden zu lassen, was Gut und Böse sei; ich kämpfte [*je me débattis*] drei Stunden lang. Dann mußte ich zugeben, daß ich geschlagen war: Außerdem hatte ich im Lauf der Debatte erkannt, daß viele meiner Meinungen nur auf Vorurteilen, auf Unaufrichtigkeit oder Unüberlegtheiten beruhten, daß meine Beweisführungen hinkten und meine Ideen verworren waren. ›Ich bin mir dessen, was ich denke, nicht mehr sicher, ja, nicht einmal mehr sicher, überhaupt zu denken‹, notierte ich bestürzt. Meine Eitelkeit war nicht gekränkt, da ich eher neugierig als rechthaberisch war und lieber lernte als glänzte. Doch immerhin war es nach so vielen Jahren hochmütiger Einsamkeit eine ernste Erfahrung für mich, zu entdecken, daß ich weder die Erste noch die Einzige war, sondern eine unter vielen, die sich plötzlich ihrer wahren Fähigkeiten nicht mehr sicher war« (MT 329f; MJF 480; ÜV).

Die Bedeutsamkeit dieser Szene als emblematisch für die beharrliche Neigung Simone de Beauvoirs, sich in bezug auf die Philosophie als Sartres »Anderer« zu definieren, hat Le Doeuff überzeugend dargelegt; sie fragt sich, warum Beauvoir, eine hochintelligente Studentin der Philosophie, geradezu erpicht darauf zu sein scheint, die Philosophie Sartre zu überlassen.[1] Drei Stunden lang, so ihre Schilderung, kämpft sie, ehe sie sich gezwungen sieht, sich dem unleugbar geistig überlegenen Mann geschlagen zu geben; um so mehr überrascht es, daß Beauvoir anschließend ihre Niederlage als unerläßliche Initiation in ihr neues Leben als unabhängige Frau beschreibt. Ihr alter Ehrgeiz, »alles zu sagen«, sei eindeutig zu vage und zu emotional gewesen, schreibt sie.

Dank der notwendigen Ernüchterung hat sie nun jedoch wesentliche Erkenntnisse mitzuteilen: »Dennoch verlor ich den Mut nicht; die Zukunft kam mir zwar plötzlich schwieriger vor, als ich sie mir gedacht hatte, aber auch wirklicher und sicherer; statt formloser Möglichkeiten sah ich vor mir ein deutlich abgestecktes Feld mit seinen Problemen, Aufgaben, Materialien, Instrumenten und Widerständen« (MT330; MJF481; ÜV).

Leider ist diese optimistische Schilderung ihrer Erfahrung nicht ganz überzeugend. Während sie scheinbar fröhlich den alten Daseinsentwurf, »alles zu sagen«, als zugleich zuviel und zuwenig aufgibt und das »deutlich abgesteckte Feld« preist, das sich ihr eröffnet, übersieht sie die Tatsache, daß der neue Entwurf dem alten sonderbar ähnlich ist: »Ich fragte mich nicht mehr: Was tun? Alles war noch zu tun, alles, was ich früher hatte tun wollen: den Irrtum bekämpfen, die Wahrheit finden, sie sagen, die Welt aufklären, vielleicht sogar die Welt verändern helfen« (MT330; MJF481; ÜV). Der Wunsch, »alles zu sagen« (*tout dire*), hat sich in den Wunsch verwandelt, »alles zu tun« (*tout faire*): Das letztere ist kaum präziser als das erstere. Der Unterschied besteht, wenn überhaupt, darin, daß der neue Entwurf in seinem Ehrgeiz, die Wahrheit zu suchen und missionarisch in der Welt zu verbreiten, ausgeprägt philosophisch daherkommt. Tatsache ist jedoch, daß Beauvoir, die ihre Memoiren 1958 veröffentlicht, fast dreißig Jahre *après coup* schreibt. Beauvoirs Schilderung, die man am besten als eine Andeutung des Sartreschen Projekts der *littérature engagée* liest – es entstand allerdings erst lange nach den Ereignissen, in denen es angeblich skizziert worden sein soll –, demonstriert hier, bewußt oder unbewußt, in welcher Weise die philosophische Initiative nun Sartre gehört. Die drei Stunden im Jardin du Luxembourg hatten Simone de Beauvoir in der Tat verändert: Wenn sie den Park als eine Frau mit einem eigenen philosophischen Entwurf, der Entwicklung einer neuen Moral, betreten hatte, verließ sie ihn als Beraubte oder, um es anders auszudrücken: als *Schülerin*. »Sartre lockte Simone de Beauvoir in die Falle, indem er darauf bestand, daß sie ihm folgte«, schreibt Le Doeuff (*L'étude et le rouet*, S. 156).

Die Heftigkeit der Debatte dürfte Leser des *Anderen Geschlechts* nicht überraschen. Wenn Sartre ihre selbst entworfene Moral »auseinandernimmt« oder »zerpflückt« (*mettre en pièces*), dann nicht einfach deshalb, wie Beauvoir es gern hätte, weil er intelligenter ist, sondern weil er vor allem von einer weitaus besseren Ausbildung profitiert hat. Auf diese Weise illustriert die Schlüsselszene im Jardin du Luxembourg paradigmatisch die Beauvoirsche Analyse der Logik in männlich-weiblichen Beziehungen. Frauen, schreibt sie in *Das andere Geschlecht*, unterliegen häufig in Auseinandersetzungen mit ihren Ehemännern, weil die Männer von ihrer größeren Welterfahrung profitieren, während Frauen oft nicht die Chance hatten, eine gründliche »Bildung« oder Kenntnis der Welt zu erwerben:

»Nicht aufgrund einer geistigen Unzulänglichkeit argumentieren sie schlecht, sondern weil die Praxis sie nie zum Argumentieren genötigt hat. Für sie ist das Denken eher ein Spiel denn ein Werkzeug. So intelligent, empfindsam, ernsthaft sie auch sein mögen, verstehen sie es mangels intellektueller Technik nicht, ihre Meinungen darzulegen und die Konsequenzen daraus zu ziehen. So wird der Ehemann – selbst wenn er weniger begabt ist – keine Mühe haben, die Oberhand über die Frau zu gewinnen. Auch wenn er unrecht hat, wird er ihr beweisen können, daß er recht hat. In Männerhänden ist Logik oft Gewalt« (AG581; DSb294f; ÜV).

Wenn jedoch Beauvoir 1949 eine so treffende feministische Analyse dessen zu verfassen vermochte, was man als logisch-argumentative Gewaltsamkeit bezeichnen könnte, warum weist sie dann zehn Jahre später, als sie ihre Memoiren schreibt, nicht darauf hin? Obwohl es zutrifft, daß ihr eine derartige Analyse 1929 nicht zur Verfügung stand, sind die *Memoiren einer Tochter aus gu-*

tem Hause mit oft höchst zynischen Kommentaren über die eigenen jugendlichen Naivitäten und irrtümlichen Meinungen gespickt. Hier wie in so vielen anderen Zusammenhängen sieht es ganz so aus, als bleibe Beauvoirs Beziehung zu Sartre der einzige sakrosankte Bereich ihres Lebens, der sogar vor ihrer eigenen kritischen Aufmerksamkeit geschützt werden muß. Demgemäß lenkt sie unsere Aufmerksamkeit auch nicht auf die bemerkenswerte Ähnlichkeit zwischen der epistemologischen Szene im Pariser Park und ihrer Beschreibung der verändernden Gewalt, die bei der Defloration junger Mädchen wirksam ist:

»In früheren Zeiten wurde die Frau durch eine reale oder vorgetäuschte Entführung [*rapt*] ihrem kindlichen Universum entrissen oder gewaltsam in die Welt der Ehefrau versetzt. Heute ist es noch immer ein Gewaltakt, der das Mädchen zur Frau werden läßt: So sagt man denn auch, einem Mädchen die Unschuld ›rauben‹, ihm seine Blume ›nehmen‹. Diese Defloration ist nicht der harmonische Abschluß einer kontinuierlichen Entwicklung, sondern ein schroffer Bruch mit der Vergangenheit, der Anfang eines neuen Lebenszyklus« (AG453; DSb148).

Die Nebeneinanderstellung des Erotischen und des Theoretischen hat nichts Willkürliches; vor allem weil Beauvoir Sartre *begehrt*, hat sie das Bedürfnis, ihn mit allen phallischen Vorzügen auszustatten. Wenn sie ihn nicht bewundern könnte, würde sie ihn nicht lieben. Michèle Le Doeuff hat völlig recht, wenn sie Simone und Jean-Paul mit Héloïse und Abaelard vergleicht. In beiden Fällen verwandelt das Begehren der Frau den Körper des Mannes in Philosophie: Sein Körper repräsentiert für sie phallisches Wissen. In ihren Romanen kehrt Beauvoir wiederholt zum Thema der intellektuellen Frau zurück, die eine solche erotisch-theoretische Beziehung wünscht und eingeht. Hier sollte man einfach zur Kenntnis nehmen, daß Sartres philosophische Defloration ihres Denkens Beauvoir jeden Aspekt ihres bisheri-

gen Lebens in Frage stellen läßt. Ihr Wunsch, eine auf die Men-
schenliebe gegründete Moral zu entwickeln, wird wegen man-
gelnder Logik verworfen und nicht als Ausgangspunkt für eine
neue und überzeugendere Ausarbeitung beibehalten. Sie zweifelt sogar daran, ob sie überhaupt denkt: Einen Augenblick lang
ist ihr Glaube an sich selbst als denkendes Wesen nahezu zerstört.

Sie reagiert darauf, indem sie tapfer beteuert, daß es ihr nichts
ausmache, in Debatten nicht zu brillieren, und daß sie gegen die
Rolle der Schülerin nichts einzuwenden habe (»...da ich lieber
lernte als glänzte«). Aber wie Michèle Le Doeuff darlegt, *weiß*
Beauvoir, daß wirkliches Denken, wirkliche Philosophie nicht
eine Sache des »Glänzens«, sondern der Suche nach der Wahrheit
ist (*L'étude et le rouet*, S. 157 f.). Warum meint Beauvoir dann, Sartres logisch-argumentative Gewaltsamkeit und seine Brillanz in
der Diskussion enthülle zwangsläufig die traurige Wahrheit, daß
es *ihr* an Philosophie mangele? Man sollte auch nicht übersehen,
daß Sartre 1929 noch keineswegs Sartre war: Er war ein 24jäh-
riger Student, der es sogar fertiggebracht hatte, im Jahr zuvor
bei der Philosophie-*agrégation* durchzufallen. In dieser Phase hätte es eigentlich niemand – am wenigsten Simone de Beauvoir –
nötig gehabt, ihn als den intellektuell Überlegenen aufzubauen.
Wenn sie es ernstlich gewollt hätte, wäre es Simone de Beauvoir,
drei Jahre jünger und ohne das Privileg, der École Normale
Supérieure anzugehören, damals wohl nicht schwergefallen, Sartre ihre intellektuelle Ebenbürtigkeit zu beweisen. Statt aber die
Gründe für Sartres intellektuelle Überlegenheit zu erforschen,
zieht sie es vor, diese als *naturgegeben* zu betrachten. Wie bei allen
schwärmerischen Aufbrüchen dieser Art wird explizite Kritik
(etwa der logisch-argumentativen Gewaltsamkeit Sartres) äußerst
schwierig.

In ihren Memoiren aus den späten fünfziger Jahren rechtfertigt
Beauvoir ihre Vorliebe für einen intellektuellen Mann als Partner
in geradezu scholastischen Formulierungen; sie behauptet praktisch, daß im Patriarchat männliche Überlegenheit auf nicht

mehr und nicht weniger als Gleichheit hinauslaufe: »Wenn in ab-
solutem Sinn ein Mann, der einer bevorzugten Spezies angehörte und von vornherein einen beträchtlichen Vorsprung vor mir
hätte, mir nicht überlegen wäre, müßte ich zu dem Urteil kommen, daß er in relativem Sinne weniger wäre als ich: Damit ich
ihn als meinesgleichen anerkennen könnte, müßte er mir überlegen sein« (MT139; MJF202; ÜV). Hier versucht Beauvoir, es sich
je nach Bedarf auszusuchen: Einerseits scheint sie zu sagen, daß
sie es sich eigentlich nicht vorstellen kann, einen Mann zu *begehren*, der ihr nicht überlegen zu sein scheint; andererseits gibt sie
aber auch zu verstehen, daß jede Überlegenheit, die ein Mann
besitzen könnte, nicht wirklich glaubhaft wäre, weil sie ja nicht
mehr wäre als eine Folge der patriarchalen Ungerechtigkeit. In
ihrer Begegnung mit Sartre jedoch gibt es diese Ambiguität
nicht: Das Begehren gewinnt mühelos die Oberhand; Sartre *ist*
eben der Überlegene. »Ich hatte jetzt den Beweis«, schreibt sie,
»daß er [Sartre] eines Tages ein philosophisches Werk von Gewicht schreiben würde« (MT329; MJF479; ÜV). Was sie betrifft,
so weiß sie nun einfach, wie wir gesehen haben, daß sie nicht
mehr »die Erste und Einzige« ist (MT330; MJF480).

Von der Wichtigkeit, interessant zu sein

Simone de Beauvoirs philosophische Niederlage im Jardin du
Luxembourg führt zum schmerzlichen Verlust ihres Glaubens an
ihren souveränen und exklusiven Status als denkendes Wesen.
Für den Rest ihres Lebens bleibt sie dabei, sich intellektuell und
philosophisch als zweite nach Sartre zu sehen. Aber *warum* macht
sie sich diese Definition ihrer selbst als intellektuelle Frau so bereitwillig zu eigen? Was veranlaßt sie, eine solche Sprechposition
einzunehmen? In diesem Kapitel will ich einige der subjektiven
Faktoren untersuchen, die ihre Entscheidung beeinflußt haben
könnten. Mit »subjektiv« meine ich vor allem Beauvoirs eigenen

Bericht über ihren Werdegang als intellektuelle Frau. Mich interessiert vor allem auch Beauvoirs Entschluß, es lieber auf literarischem als auf philosophischem Gebiet zu etwas bringen zu wollen. In Kapitel 2 werde ich die objektiven – *öffentlichen*[2] – Faktoren behandeln, die zu ihrer Entscheidung beitragen, sich als zweite nach Sartre zu definieren. Mit der Betonung der Idee der intellektuellen Niederlage stellt die oben skizzierte Interpretation der Szene im Jardin du Luxembourg meine erste Reaktion auf Beauvoirs Text dar. Diese Interpretation half mir, die hier umrissenen Probleme zu formulieren. Deren Untersuchung führte dann jedoch dazu, daß ich am Ende zu zwei alternativen Deutungen derselben Szene kam. Die drei Interpretationen sind nicht gegeneinander austauschbar: Zusammen schaffen sie ein Bewußtsein für die inhärenten Widersprüche der Situation einer intellektuellen Frau, die in einer patriarchalen Gesellschaft einen intellektuellen Mann liebt.

Zu guter Letzt möchte ich, bevor ich zu der epistemologischen Schlüsselszene am Medicibrunnen zurückkehre, die Ambiguität der Position Beauvoirs hervorheben. Während viele Feministinnen zu Recht Beauvoirs Neigung beklagen, sich als Sartre unterlegen zu definieren, folgt daraus nicht, daß sie sich zugleich auch als irgendeinem anderen Mann unterlegen betrachtet. Meiner Meinung nach versteht sie sich *nur* in bezug auf Sartre als zweite, nicht aber in bezug auf ihre anderen männlichen Universitätsfreunde wie Raymond Aron, Maurice Merleau-Ponty, Paul Nizan und Claude Lévi-Strauss. Was immer man sonst darüber sagen mag, ist dies nicht eben eine Position der Unterwürfigkeit und Selbsterniedrigung.

Im ersten Absatz ihrer Autobiographie beschreibt sich Simone de Beauvoir im Alter von zweieinhalb Jahren kurz nach der Geburt ihrer Schwester Hélène:

»Ich wende eine Seite im Album um. Mama hält ein Baby in den Armen, doch das bin diesmal nicht mehr ich; ich trage einen Faltenrock und eine Kappe und bin zweieinhalb Jahre alt; und meine Schwester ist gerade geboren. Ich war, so scheint es, eifersüchtig, aber nur kurze Zeit. So weit ich mich zurückerinnern kann, war ich stolz darauf, die Ältere, die Erste zu sein. Als Rotkäppchen verkleidet, trage ich einen Korb am Arm mit einem Kuchen und einem Topf Butter darin. Ich fühlte mich interessanter als ein auf seine Wiege beschränkter Säugling. Ich hatte eine kleine Schwester: Aber das Baby hatte mich nicht« (MT7; MJF9; ÜV).

An dieser Stelle tritt die Eifersucht, ein Schlüsselthema in Simone de Beauvoirs Romanen, zum erstenmal in ihren Memoiren auf. Beherrschend in ihrem ersten Roman, *L'Invitée* (1943), bildet das Thema Eifersucht dann auch den Hauptinhalt der Titelgeschichte im Erzählungsband *Eine gebrochene Frau* (1968), ihrem letzten veröffentlichten Erzählwerk.[3] In Beauvoirs autobiographischen Schriften dagegen wird der Eifersucht in der Tat nur ein bescheidener Platz eingeräumt. Doch hier, bei der allerersten Erwähnung einer auf ihrer persönlichen Bühne neu auftretenden handelnden Person – ihrer Schwester –, ist es so, als ob das Wort ihr nur herausrutsche, um mit dem nächsten Atemzug dementiert, gleichsam überholt zu werden. »Ich war, so scheint es, eifersüchtig, aber nur kurze Zeit.« Das ist indirekte Rede: *Andere* haben ihr erzählt, daß sie eifersüchtig war, sie selbst kann sich an nichts dergleichen erinnern. Doch auch wenn man voraussetzt, daß diese Berichte zutreffen – wofür im Text nichts spricht –, scheint ihre behauptete Eifersucht oberflächlich gewesen zu sein: eine unwichtige, triviale Episode der Kindheit. Indem sie hier davon erzählt, gelingt es Beauvoir, ihre Wahrheitsliebe ebenso zum Ausdruck zu bringen (selbst unbedeutende Vorkommnisse werden aufgezeichnet) wie die Belanglosigkeit des betreffenden Ereignisses.

Die *erste* zu sein – darauf kommt es der kleinen Simone an. Nach Beauvoirs Bericht von 1958 vermag die Geburt ihrer

Schwester die überlegene Position des kleinen Mädchens nicht zu bedrohen: Sie *ist* trotz allem die ältere Tochter, komme, was da wolle. Aber eine genauere Prüfung des Textes zeigt, daß sie ihre Überlegenheit nicht allein durch ihr Alter sicherstellen kann: Als Rotkäppchen verkleidet, schreibt sie, findet sie sich viel *interessanter* als ihre kleine Schwester in der Wiege. Aber wo kommt diese »interessante« Verkleidung her? Auf dem Foto, heißt es, trägt sie einen Rock und eine Kappe. Im Rückblick auf die relevante Zeitspanne (»So weit ich mich zurückerinnern kann…«) beschwört Beauvoir ein Bild ihrer selbst als Märchengestalt herauf. Ausgestattet mit erdichtetem Prestige, fühlt sie sich gegen Eifersucht gefeit. Hier findet sich eine elegante Anspielung auf ihre künftige Karriere als Schriftstellerin: In das Gewand der Literatur gehüllt, wird sie so *interessant* sein, daß sie ihren ersten Platz niemals an jemand anderen wird abtreten müssen. Doch die Macht der Faszination wird um den Preis der Verkleidung erworben: Es genügt nicht, einfach man selbst zu sein, einfach die ältere Tochter zu *sein*. Liebe, so entdeckt die kleine Simone, gibt es niemals umsonst, man muß immer gefallen. Dem bloßen Sein muß etwas hinzugefügt werden: Wenn Fiktion einen faszinierend macht, dann deshalb, weil sie Überschreitung und, vor allem, Maskerade ist.

Der Behauptung »*Ich* fühlte mich interessanter als meine Schwester« folgt sogleich eine stolze Besitzerklärung: »Ich hatte eine kleine Schwester, aber das Baby hatte mich nicht.« Simone kann Hélène nur besitzen, indem sie sie enteignet. Das Privileg, sich interessant zu fühlen, scheint ein Gefühl der Herrschaft über die äußeren Umstände zu erfordern – oder sogar zu erzeugen. Doch ist diese Herrschaft ständig potentiell bedroht: Die erste zu sein, bedeutet definitionsgemäß das Risiko, von Neuankömmlingen verdrängt zu werden. Solange Simone jedoch davon überzeugt ist, interessanter zu sein als sie, wird sie nach ihr geborene Geschwister immer nur als »unter ferner liefen« betrachten. Aber interessant für wen? Es ist unmöglich, *absolut* interessant zu

sein; man ist immer *für* jemanden interessant. Wer befindet darüber, ob Simone interessant ist oder nicht? Sogar in der hier untersuchten Textpassage teilt sich Simones Glaube an ihre Anziehungskraft als die Wirkung einer Ermutigung aus anderer
Quelle mit. Wen also will Simone bezaubern? Wenn wir den
Hinweis auf Rotkäppchen ernst nehmen sollen, muß es der Wolf
sein. Oder wenn nicht der Wolf, dann vielleicht der kühne Jä-
gersmann, der dem Wolf den Kaiserschnitt verpaßt? Auch ohne
Phantasien einer Wiedergeburt aus einem monströsen männlichen Schoß heraufzubeschwören, enthält Beauvoirs Hinweis
auf dieses Märchen zumindest einen Hauch des Wunsches – oder
des Zwangs –, das Männliche zu faszinieren und ihm zu gefallen.

Der nächste Absatz beschreibt die materielle Umgebung der
frühesten Kindheit Simone de Beauvoirs. Ihre Erinnerungen,
schreibt sie, seien undeutlich, aber sie erinnere sich an etwas
»Rotes und Schwarzes und Warmes« (MT7; MJF9). Das Rot bezieht sich auf die Vorhänge und Teppiche der elterlichen Wohnung, heißt es. Der Rest des Absatzes beschreibt das Arbeitszim-
mer des Vaters (*le cabinet de papa*):

»Die Möbel dieses geheiligten Refugiums [*antre sacré*] waren aus
schwarzem Birnbaumholz. Ich kroch in die Höhlung unter dem
Schreibtisch und kauerte dort in Finsternis gehüllt; es war dunkel, es war warm, und das Rot des Teppichs stach mir in die Augen. So verging meine frühe Kindheit. Ich schaute, tastete und
machte in warmer Geborgenheit Bekanntschaft mit der Welt«
(MT7; MJF10; ÜV).

Der schoßartige Charakter dieses »geheiligten Schlupfwinkels«
ist unverkennbar. Zusammengekauert in der warmen, roten und
schwarzen Geborgenheit der Höhle unter dem Schreibtisch des
Vaters, entdeckt die kleine Simone die Welt. Wenn uns der erste
Absatz ein Bild der künftigen Schriftstellerin als Rotkäppchen
vermittelt, stellt diese Passage die künftige Intellektuelle als klei-

nes Kind dar, das die Welt von seinem Platz unter dem väterlichen Schreibtisch aus erforscht: eine moderne Athene, dem Haupt des Zeus entsprungen. Von Kindesbeinen an entwickelt Simone de Beauvoir einen Glauben an die Existenz einer unlösbaren Verbindung zwischen der Vorstellung von Schule, Lernen, Lesen – mit anderen Worten: von geistiger Arbeit – und der Vorstellung, den Vater zu interessieren, das heißt, ihn zu bezaubern, zu faszinieren, zu verführen. Solange dieses Gleichgewicht hält, ist die kleine Simone von ihrer Überlegenheit überzeugt und vor Rivalen geschützt: Sie bleibt die Erste und die Einzige.

Einen ersten Schlag erfährt dieses Gefühl der Einzigartigkeit und Überlegenheit, als Simone, mittlerweile Teenager, erkennt, daß der Vater ihr die schulischen Erfolge übelnimmt und seine Zuneigung nun auf ihre jüngere Schwester Hélène richtet, die hübscher und in ihrer Art konventionell femininer ist. Diese Erkenntnis wirkt sich auf Simones Selbstverständnis lähmend aus. Offenbar ist es also nicht genug, interessant zu sein. Der Vater kann nicht durch den Geist allein verführt werden: Frauen, von Simone als »unterlegen« betrachtet, eben weil sie »uninteressant« sind, können also doch zu Rivalinnen werden, die sie im Ringen um die Aufmerksamkeit des Vaters zu fürchten hat. Der geheimnisvolle Zauber der schwer zu definierenden Eigenschaft, die im Patriarchat als »Weiblichkeit« bekannt ist, erweist sich als Bedrohung ihrer Herrschaft. Simone erlebt also ihre erste Enttäuschung im Zusammenhang mit geistiger Arbeit, als sie erkennt, daß eine Frau nicht mit dem Verstand allein verführen kann. Mit hochmütigem Stolz und beträchtlichem Zorn reagiert Simone de Beauvoir auf diese narzißtische Kränkung, die der Vater ihr zugefügt hat, und entzieht ihm ein für allemal ihre Zuneigung: Von nun an wird er in ihrem autobiographischen Werk nur noch als verabscheuenswerter, sexistischer, rechtskonservativer, egozentrischer Dutzendmensch figurieren.

Der zweite Schlag, den ihr Glaube an die Verführungskraft ihres Intellekts erfährt, ist das *débâcle* im Jardin du Luxembourg.

Doch obwohl es ihr Selbstwertgefühl zerstört, reagiert sie nun völlig anders. Statt Sartre zu verabscheuen, verwandelt sie ihn in die Inkarnation phallischer Vollkommenheit schlechthin. Es scheint, als ob es ihr gelingt, auf ihre intellektuelle Überlegenheit zu verzichten, ohne sich vom totalen Verlust ihrer Verführungskräfte bedroht zu fühlen, gerade weil sie zu dieser Zeit ein erotisches Verhältnis mit ihm hat. Abermals sind wir mit dem Dilemma der intellektuellen Frau im Patriarchat konfrontiert: Von Kindheit an ist sie daran gewöhnt, durch Interessantsein zu verführen, doch als sie heranwächst, erkennt sie, daß sie niemals durch Interessantsein *allein* verführen kann. Während Simone de Beauvoir durchaus wünschen mag, daß Sartre ihren Intellekt bewundert, muß sie gewußt – oder zumindest undeutlich empfunden – haben, daß im Patriarchat ihren sexuellen Bedürfnissen und Wünschen schlecht gedient wäre, wenn sie die entscheidende Diskussion im Jardin du Luxembourg *gewonnen* hätte. Indem sie die Rolle der *Gehilfin* oder Assistentin in Sartres philosophischem Projekt wählt, sich als seine rechte Hand, gleichsam als Hauptverteidigerin des neuen Glaubens sieht, beansprucht Beauvoir für sich eine keineswegs unbedeutende Rolle, vielleicht die einzige, die es ihr damals ermöglichte, sowohl als Intellektuelle als auch als Frau zu verführen.

In diesem Sinne also stellt ihre philosophische Niederlage beim Medicibrunnen keineswegs einen totalen intellektuellen Verzicht dar. Sie verrät auch nicht die Absicht, einfach durch traditionelle »weibliche« Tricks zu gefallen. Wie Michèle Le Doeuff dargelegt hat, entwickelt sich Simone de Beauvoir zu einer überragenden »heimlichen Philosophin«, einer Denkerin im verborgenen (vgl. *L'étude et le rouet*, S. 157). Statt dessen – und das ist meine zweite Interpretation der Szene – meine ich, sollte man sie als Kompromiß verstehen zwischen dem Wunsch, als Frau zu faszinieren, und dem Wunsch, als Intellektuelle zu faszinieren. Unnötig zu sagen, daß es vor allem die vorherrschende patriarchale Ideologie der »Weiblichkeit« ist, die ein solches Dilemma für die intellektuelle Frau hervorruft. Für Sartre gab es niemals einen Augenblick, in dem seine Verführungskräfte als Mann mit seinen Verführungskräften als Intellektueller in Konflikt gerieten. Im Gegenteil, in seinem Fall scheinen, wie bei so vielen anderen intellektuellen Männern, seine geistigen Fähigkeiten seine männliche Anziehungskraft beträchtlich erhöht – wenn nicht gar hervorgerufen – zu haben.

Mit Nachdruck muß betont werden, daß das Dilemma, dem sich Simone de Beauvoir gegenübersieht, weitgehend auf ihre außergewöhnliche akademische Situation als wegbereitende Frau innerhalb des französischen Universitätssystems zurückzuführen ist. Gerade weil sie ihren männlichen Freunden und potentiellen Geliebten akademisch ebenbürtig oder überlegen ist, wird es 1929 für sie als begehrende heterosexuelle Frau, die in der patriarchalen Ideologie gefangen ist, zwingend, nicht *fähiger* zu erscheinen als der auserwählte Geliebte, wenn sie ihre Verführungskräfte bewahren will.[4] Dieses spezifische Dilemma war für Frauen, denen das Bildungs- oder Kulturkapital ihrer männlichen Konkurrenten fehlte, nicht so akut.[5] Es ist deshalb völlig irrelevant, Beauvoirs Verhalten etwa mit dem von Colette zu vergleichen, die so gut wie keine formale Ausbildung erhalten hatte und ohnehin einer anderen Generation und einer anderen Gesellschaftsschicht angehörte, oder, andererseits, mit dem Verhalten von Simone Weil, die, ausgebildet an der École Normale Supérieure, als *agrégée* in Philosophie zumindest ebensoviel Bildungskapital akkumuliert hatte wie Beauvoir, jedoch ihrer Rolle als begehrende Frau entsagte, um ihre geistigen und intellektuellen Interessen selbständig entwickeln zu können.

Es ist dennoch verständlich, daß in den neunziger Jahren Feministinnen Enttäuschung darüber empfinden, daß Simone de Beauvoir ein Leben lang auf ihrer philosophischen Zweitrangigkeit in bezug auf Sartre bestanden hat. Man muß jedoch bedenken, daß die Einschätzung ihrer eigenen Position nicht unbedingt falsch ist. Obwohl es zutrifft, daß ihre Zukunft als Philosophin *vor* dem schicksalhaften Sommertag 1929 noch keineswegs entschieden war, hatte die von ihr getroffene Wahl den Charakter einer sich selbst erfüllenden Prophezeiung. Nachdem sie sich im Alter von 21 Jahren als zweitrangig in bezug auf Sartre definiert hat, wird sie weder den Wunsch noch den Ehrgeiz haben, jemals die schwere Arbeit in Angriff zu nehmen, die erforderlich ist, um sich als unabhängige Philosophin zu etablieren: 15 Jahre später wird Sartre *Das Sein und das Nichts* veröffentlichen, Beauvoir *Pyrrhus und Cineas.* Nur in *Das andere Geschlecht* beweist sie ihre überragende Fähigkeit unabhängigen philosophischen Denkens, aber wie Michèle Le Doeuff darlegt, bemüht sie sich sogar hier deutlich, nicht als Philosophin zu *erscheinen* (vgl. *L'étude et le rouet,* S. 156). Während Simone de Beauvoirs Verständnis der Bedeutung der Debatte beim Medicibrunnen für Feministinnen der neunziger Jahre nicht sonderlich befriedigend sein mag, kann – und sollte – ihr Bericht eine Fülle von Anlässen liefern, darüber nachzudenken, wie schwer es im Patriarchat ist, eine intellektuelle Frau zu werden. Und in diesem Kontext meint eine »intellektuelle Frau« eine Frau, die sich weigert, die traditionelle patriarchale Trennung zwischen Geist und Körper, Verstand und Verführung zu akzeptieren.

Wissen und Schreiben

»Meine Freiheit [...] äußerte sich in der Verfolgung eines originalen, immer wiederaufgenommenen und bekräftigten Entwurfs [*projet original*]: zu wissen und auszudrücken« (AA20; TCF25; ÜV).

»Andererseits gibt es in meinem Leben auch sehr alte Bindungen, die nie zerbrochen sind. Vor allem zwei Dinge haben meinem Dasein seine Einheit verliehen: der Platz, den Sartre niemals aufgehört hat in ihm einzunehmen. Und die Treue, mit der

ich an meinem ursprünglichen Entwurf [*projet originel*] festgehal-
ten habe: wissen und schreiben« (AA36; TCF45; ÜV).

Im letzten Band ihrer Memoiren, *Alles in allem*, stellt Simone de
Beauvoir ihr Leben als Einheit zweier Faktoren dar, zum einen
Sartre, zum anderen ihr »ursprünglicher Entwurf« (*projet originel*):
zu wissen und zu schreiben, Kenntnisse über die Welt zu erwerben und diese auszudrücken. Dieser ursprüngliche Entwurf ist
auch das Leitmotiv der *Memoiren einer Tochter aus gutem Hause*.
Als kleines Kind brachte Simone de Beauvoir Wissen zunächst
nicht mit schulischem Lernen und väterlichem Drill in Zusammenhang, sondern verstand Wissen eher als Essen. Die Welt zu
essen, bedeutete, sie zu erobern, sie sich zu eigen zu machen.
Sogar noch als Erwachsene, schreibt sie, habe sie die Vorstellung,
sich die Welt einzuverleiben, weiterhin mit dem Erlebnis von
Macht und von Freude am Wissen verbunden:

»Wenn die Welt, in der wir leben, ganz und gar eßbar wäre, welche Macht besäßen wir über sie! Als ich erwachsen war, hätte ich
am liebsten die blühenden Mandelbäume abgeweidet und die
Pralinen des Sonnenuntergangs zerbissen. Vor dem Himmel von
New York kamen mir die Neonreklamen wie riesige Näscherei-
en vor, um die ich mich betrogen fühlte« (MT9; MJF12; ÜV).

Es ist mehr als wahrscheinlich, daß die kleine Simone Wissen
tatsächlich als eine orale Beziehung zur Welt erlebte. Zugleich
aber lesen sich die Seiten, die ihren Appetit auf die leuchtend
bunte Welt um sie herum heraufbeschwören, verdächtig wie ein
textlicher Widerhall der *Theorie* Sartres, die Erkennen mit Essen
gleichsetzt. In *Das Sein und das Nichts* behauptet Sartre: »Beim
Tier ist die Neugier immer sexuell oder nahrungssuchend. Erkennen heißt mit den Augen essen.« In einer Fußnote fügt er
diesem Satz hinzu: »Für das Kind ist Erkennen wirklich Essen. Es
will *schmecken*, was es sieht« (SN992; EN668). Wie Beauvoir be-

tont Sartre, daß der Wunsch, sich den Gegenstand der Erkenntnis einzuverleiben, ein Verlangen nach Beherrschen und Macht
enthüllt:

»Im Erkennen zieht das Bewußtsein seinen Gegenstand an sich
und verleibt ihn sich ein; Erkenntnis ist Assimilation; die Werke
der französischen Epistemologie wimmeln von Ernährungsme-
taphern (*absorption, digestion, assimilation*). Es gibt also eine Auflö-
sungsbewegung, die vom Gegenstand zum erkennenden Subjekt
geht. Das Erkannte verwandelt sich in *mich*, wird mein Gedanke
und ist eben dadurch bereit, seine Existenz von mir allein zu erhalten« (SN992; EN667).

Der Gegenstand der Erkenntnis bleibt jedoch ein Anderes: Er ist
»unverdaulich wie ein Kiesel« und erinnert Sartre an die bib-
lische Geschichte von Jonas im Bauch des Walfischs (SN992;
EN667f). Dieses Symbol, schreibt Sartre, enthüllt unseren Traum
»von nicht zerstörender Assimilation«. Leider ist dies, so Sartre,
ein unmöglicher Traum, weil alles Begehren faktisch seinen Gegenstand zerstört. Für Sartre ist Erkenntnis also eine Form zerstörerischen Besitzens: Es ist eine Einbahnbeziehung zwischen
einem aktiven Subjekt des Erkennens und einem passiven Objekt der Erkenntnis. Michèle Le Doeuff hat die Verdrehtheit dieser Beweisführung glänzend demonstriert (vgl. *L'étude et le rouet*,
S. 94–97). Obwohl uns die Theorien des erwachsenen Sartre
über diesen Punkt etwas unreif vorkommen mögen, ist Beauvoirs Verwendung desselben *topos*, um ihre Wahrnehmung der
Welt *als Kleinkind* zu beschreiben, ebenso angemessen wie überzeugend.

Wenn sie den Freuden des oralen Weltbesitzes soviel Bedeu-
tung beimißt, hebt Beauvoir aber auch den zweischneidigen
Charakter dieses Prozesses hervor. Denn Essen läßt sie wachsen:
Indem sie das Essen verschlingt, mit dem ihre Mutter und das
Kindermädchen Louise sie füttern, verurteilt sie sich dazu, zu

groß zu werden, um noch auf dem Schoß ihrer Mutter sitzen zu
können; Essen bringt Wissen, aber auch Trennung, Einsamkeit
und Tod:

»Ich war um zwei oder drei Zentimeter gewachsen, man gratulierte mir dazu, und ich bildete mir etwas darauf ein; manchmal
jedoch erfaßte mich auch Angst. [...] Ich betrachtete Mamas
Lehnsessel und dachte: ›Ich werde mich nicht mehr auf ihren
Schoß setzen können.‹ Plötzlich war da die Zukunft: Sie würde
mich in eine andere verwandeln, die ›ich‹ sagte und die doch
nicht mehr ich war. Ich habe alle Entwöhnungen, allen Verzicht,
alle Verlassenheit, alle meine folgenden Tode schon früh voraus-
geahnt« (MT9; MJF13; ÜV).

Man kann dies auch als eine Anspielung auf den Sündenfall verstehen: Weil Simone die Frucht vom Baum der Erkenntnis ißt,
wird sie aus dem Paradies vertrieben werden. Wie dem auch sei,
ihre Schilderung der frühen Kindheit offenbart eine Spannung
zwischen dem oralen Vergnügen, die Welt zu beherrschen, indem sie sie sich einverleibt, und der Angst, das mütterliche Paradies verlassen zu müssen, in dem solche Freuden möglich sind.
Doch es gibt Kompensationen für den Verlust der mütterlichen
Geborgenheit: Die kleine Simone vermag auch die Freuden des
Verführens zu genießen, wenn sie den Vater oder andere männliche Erwachsene bezaubert. Als sie von dem Wunsch erzählt,
den männlichen Gästen ihrer Eltern zu gefallen, hebt sie vor
allem die Macht der *Worte* dieser Besucher hervor:»Ich legte besonderen Wert darauf, ihre [der Männer] Aufmerksamkeit zu
erregen. Ich alberte herum, rutschte unruhig hin und her und
lauerte auf das Wort, das mich meiner kindlichen Begrenztheit
entreißen und mir in ihrer Welt Existenz verschaffen würde«
(MT10; MJF14; ÜV).

Die Tragödie besteht darin, daß das imaginäre (im Sinne Lacans) Wissen, das durch die Einverleibung der Welt erworben

wird, mit der Beherrschung der Sprache unvereinbar ist. »Zu wissen und auszudrücken«: Für das kleine Mädchen, das Beauvoir in ihren Memoiren heraufbeschwört, besteht ein tiefgreifender und beunruhigender Konflikt zwischen den beiden Aspekten ihres »ursprünglichen Entwurfs«, das heißt des Entwurfs, der entsprechend der Existenzphilosophie die stärksten Bedürfnisse und Wünsche ihres Seins ausdrückt. Auf irgendeine Weise verzerrt die Sprache die materiellen Erkenntnisse des kleinen Mädchens. Seine heftigen Wutanfälle scheinen etwas mit der qualvollen Mühe zu tun zu haben, in die Welt der Worte einzudringen: »Dennoch stimmte etwas nicht, da ich Wutanfälle bekam, die mich, blau im Gesicht und wie von Krämpfen geschüttelt, zu Boden warfen« (MT13; MJF17; ÜV). Die willkürlichen Befehle und Verbote ihrer Umgebung werden zum Gegenstand ihres Zorns. Die kleine Simone ist geradezu ein Schulbeispiel für die Qual, sich dem Gesetz unterwerfen zu müssen: »Aber ich weigerte mich, der ungreifbaren Macht der Worte nachzugeben […]. Im Innersten des Gesetzes, das mich mit der unerbittlichen Schwere von Steinen niederdrückte, ahnte ich schwindelerregende Leere: Sie war der Abgrund, der mich, lauthals schreiend, verschlang [*je m'engloutissais*]« (MT14; MJF19; ÜV). Die Sprachbilder »Abgrund« oder »Leere« (*le gouffre*), »Schwindel« oder die Vorstellung, von einer schrecklichen, unkontrollierbaren Macht verschlungen (*engloutir*) zu werden, treten in Beauvoirs Werk immer wieder auf.[6] Häufig mit Depression oder Angst verbunden, scheinen solche Anfälle die Folge eines Konflikts zu sein, der aus der Schwierigkeit resultiert, das mütterliche Universum oraler Befriedigung und narzißtischer Omnipotenz zu verlassen und in die väterliche Sphäre des Gesetzes, der Sprache und der Sexualität einzutreten. Laut Beauvoir war die Spannung zwischen der mütterlichen und der väterlichen Welt, zwischen dem katholischen Moralismus ihrer Mutter und dem Atheismus ihres Vaters, ebenfalls ein Grund für ihren Entschluß, eine Intellektuelle zu werden.

Derselbe Konflikt tritt auch in der Beziehung zur Sprache zutage. Obwohl Beauvoir die Sprache dem Einflußbereich des Vaters zuweist, treten beide Eltern als Repräsentanten eines streng essentialistischen Diskurses auf, den das kleine Mädchen sogleich als falsch erfährt: »Schon zur Zeit meines frühesten Stammelns strafte meine Erfahrung einen solchen Essentialismus Lügen« (MT18; MJF26). Ihre Familie benennt alles in Begriffen von Schwarz oder Weiß, Gut oder Böse, während sie selbst nur Nuancen von Grau wahrzunehmen vermag. Als das kleine Mädchen versucht, seine wirklichen Wahrnehmungen auszudrücken, muß es den Versuch als hoffnungslos aufgeben:

»Ich mußte mich der Worte bedienen und sah mich in eine Welt der knöchernen Begriffe [*des concepts aux dures arêtes*] versetzt. Was ich mit eigenen Augen sah, was ich ein für allemal als Erfahrung buchte, mußte sich wohl oder übel in diesen starren Rahmen fügen; Mythen und Klischees bekamen den Vorrang vor der Wahrheit; unfähig diese zu fixieren, ließ ich zu, daß sie in Bedeutungslosigkeit versank« (MT19; MJF26; ÜV).

Als sie zum Teenager herangewachsen ist, verschärfen sich die Konflikte mit den Eltern. Niedergedrückt von der Schwierigkeit, mit ihnen zu kommunizieren, fremd in ihrer Welt der falschen Werte, der sie nun schon so lange zu entkommen versucht, behauptet sie: »Ich hatte mich immer gegen den Zwang der Sprache gewehrt« (MT185; MJF266). Die Passage, in der sie ihre Einstellung zur elterlichen Sprache als Siebzehn- oder Achtzehnjährige schildert, ähnelt auf verblüffende Weise dem Abschnitt, in dem sie ihre Schwierigkeiten im Alter von vier oder fünf Jahren beschreibt:

»Wieder [wurde ich] in die Welt zurückgeschleudert, der zu entkommen ich mich jahrelang bemüht hatte, in der jedes Ding seinen eindeutigen Namen, seinen Platz, seine Funktion hat, in der Haß und Liebe, Gut und Böse so scharf geschieden sind wie

Schwarz und Weiß, wo im voraus alles klassifiziert, katalogisiert, bekannt, begriffen und unwiderruflich beurteilt ist; die Welt der scharfen Grate [*aux arêtes coupantes*], von einem unerbittlichen Licht erhellt, das nie der Schatten eines Zweifels streifte« (MT185; MJF266f; ÜV).

In der Tat entsprechen die beiden Texte (etwa durch die Verwendung von *arêtes coupantes*) einander so deutlich, daß es beim Leser Mißtrauen erweckt. Kann Beauvoir im Alter von vier und von 17 Jahren wirklich dieselbe Vorstellung von den falschen Werten des familiären Diskurses gehabt haben? In beiden Fällen könnte man die Begriffe »starr« oder »knöchern« als Hinweise auf den bedrückend phallischen Charakter des Väterlichen Gesetzes deuten. Eine solche Interpretation würde jedoch die philosophische Untermauerung der Beauvoirschen Rhetorik übersehen. Denn wenn Beauvoir ihre Familie in beiden Textpassagen mit weitgehend identischen Formulierungen kritisiert, dann deshalb, weil der gesamte Text aus ein und derselben existentialistischen Perspektive geschrieben ist. Wenn sie beispielsweise die unterdrückende Sprache ihrer Eltern als eine Form von »Essentialismus« bezeichnet (MT18; MJF26), will sie dem Gedanken Ausdruck verleihen, daß es sich um eine Welt handelt, in der Werte stets als schon gegeben und nicht als stets neu zu schaffen verstanden werden. Das ist eine genaue Wiedergabe der Sartreschen Definition von Unaufrichtigkeit. Die bürgerliche Welt, die Beauvoir heraufbeschwört, entspricht exakt der Sartreschen Beschreibung der *lâches* (Feiglinge) und *salauds* (Halunken) in *Ist der Existentialismus ein Humanismus?*. Die *lâches* weigern sich, ihre Freiheit zuzugeben, die *salauds* sind nicht bereit, sich selbst als notwendig zu betrachten. Die Rigidität ihrer Auffassungen spiegelt ihre Überzeugung wider, daß sie nicht die Macht haben, die sie umgebende Welt zu verändern. Beauvoir will also schon im Alter von vier oder fünf Jahren die Sprache der bürgerlichen Welt in Sartreschen Begriffen erfahren haben.

In den *Memoiren einer Tochter aus gutem Hause* bemüht sich Beauvoir auf diese Weise, stets unauffällig, doch ganz unmißverständlich, die bürgerliche Welt, gegen die sie rebellieren wird, in konsequent existentialistischen Begriffen darzustellen. Das Problem ist, daß sie niemals erklärt, daß sie ebendies tut. Die existentialistische – philosophische – Untermauerung ihres Erzählens ist von der ersten Seite des Buches an präsent, bleibt jedoch unthematisiert. Oder um es anders auszudrücken: Bis 1958 war der Existentialismus für Simone de Beauvoir schon lange zur spontanen Betrachtungsweise ihrer selbst und der Welt geworden. Deshalb gelingt es ihrem Erzählen, die Vorstellung zu vermitteln, daß ihr *projet original* – die Wahrheit zu finden und sie auszudrücken – eine unmittelbare Reaktion auf die unterdrückende Ideologie ihrer Kindheit ist. Wir erfahren aber auch, daß eine erfolgreiche Suche nach der Wahrheit *nicht* zu dem *univers aux concepts aux dures arêtes* führen darf. Hier drückt sich der Wunsch nach einer anderen Form der Sprache aus, die geschmeidiger sein müßte als die nüchterne Welt abstrakter Signifikanten, der sie ausgesetzt war. In seiner nostalgischen Sehnsucht nach einer Kompromißlösung erinnert dieser Wunsch an ihren anderen Wunsch, nämlich eine Moral zu entwickeln, die ihr erlauben würde, die Menschen zu lieben, mit denen sie nicht übereinstimmte – eben jene Idee, die von Sartre im Jardin de Luxembourg »zerpflückt« wird.

Doch *dieser* Traum, den Konflikt zwischen mütterlichen und väterlichen Werten glücklich zu transzendieren, wird nicht zerstört. Wie wir gesehen haben, schließt sich Beauvoir nach ihrer Niederlage am Medicibrunnen der Sartreschen Theorie der Freiheit und des Handelns durch Philosophie geradezu begierig an. Diese offenkundige Unterwerfung unter seine Anschauungen beruht auf ihrer persönlichen Logik, mit der sie Sartres Ideen zu einer Antwort auf ihre Gebete um Befreiung aus der unterdrückenden Welt ihrer Familie erklärt. Hier bietet sich ihr endlich eine Philosophie, die ihr Wahrheit verspricht, die Spra che, die sie auszudrücken vermag, und die Ermutigung, ihre eigenen Entwürfe voranzutreiben. Mutter und Vater gleichermaßen ablehnend, sieht Beauvoir in Sartre den Menschen, der ihr wahre Freiheit verheißt. Von nun an nimmt er, als Quelle des dominanten Diskurses, im Leben Simone de Beauvoirs den Platz der Mutter wie den des Vaters ein. Mit einem Schlag scheint der Konflikt zwischen mütterlichem und väterlichem Diskurs gelöst zu sein: Sartre tritt als Vermittler einer dialektischen Synthese zwischen den moralischen Perspektiven ihrer Mutter und dem Atheismus ihres Vaters auf; hier, endlich, bietet sich ihr eine wahre Sprache ohne die *arêtes coupantes*. Wenn Beauvoir im Jardin du Luxembourg vor Sartre kapituliert, dann also deshalb, weil er die Erfüllung ihrer utopischsten Wünsche darstellt. Diese Behauptung wird in *Alles in allem* wiederholt, wo Beauvoir schreibt, sie habe »Sartres Freundeskreis akzeptiert. Ich bin in seine Welt eingetreten, nicht, wie hier und da behauptet wird, weil ich eine Frau bin, sondern weil dies die Welt war, die ich seit langem ersehnte« (AA28; TCF24).

Diese ziemlich glatte Version der Ereignisse interpretiert jedoch über bestimmte Probleme hinweg. Wir haben bereits gesehen, daß Beauvoirs Schilderung der Szene im Jardin du Luxembourg für 1929 Erkenntnisse vorausnimmt, die erst sehr viel später entwickelt worden sein können, als Sartre wirklich Sartre *geworden* war (der er nach meiner festen Überzeugung damals noch nicht war). Diese Feststellung wirft die Frage nach der Erzählperspektive der *Memoiren einer Tochter aus gutem Hause* im allgemeinen auf. Kurz und bündig könnte man behaupten, daß Beauvoir ihre schreibende *persona* elegant als ziemlich ironische, amüsierte Beobachterin ihrer frommen Kindheit und als mitfühlendere Chronistin ihrer unterdrückten und rebellischen Jugendzeit präsentiert. Obwohl sie ihre Distanz zu der jungen Simone nicht zu verbergen versucht, gibt sie sich die äußerste Mühe, die Entwicklung ihres Bewußtseins als die phänomenologische Entwicklung einer relativ einfachen Handlung darzu-

stellen: Zuerst fühlt sich die junge Simone von ihrer Familie unterdrückt, dann rebelliert sie, und schließlich begegnet sie Sartre.
Aber wie Sartre selbst als erster argumentiert hätte, verleiht das
Ende dem Vorausgegangenen Bedeutung. Gerade die philosophischen Begriffe, in denen Beauvoir die Darstellung ihrer selbst
formuliert, enthüllen nur allzu deutlich, daß die *Memoiren einer
Tochter aus gutem Hause* so konstruiert wurden, um die Begegnung mit Sartre am Ende als *notwendig* erscheinen zu lassen: die
perfekte Krönung ihres Entwurfs der Unabhängigkeit. Auf diese
Weise kann Beauvoirs Darstellung ihrer intellektuellen Niederlage, die ihr Sartre zufügt, so interpretiert werden, wie sie sicherlich gemeint war: als ein weiterer Beweis dafür, daß Sartre in der
Tat der Mann war, der ihren Träumen im Alter von 15 Jahren
genau entsprach.

Eine rhetorische *tour de force*, gelingt es dem Aufbau und dem
Stil der *Memoiren einer Tochter aus gutem Hause*, zu vermitteln, daß
Beauvoirs Niederlage überhaupt keine Niederlage ist. Beauvoir
gibt zu verstehen, daß die Szene im Jardin du Luxembourg weniger ein *débâcle* – und das ist nun meine dritte Interpretation –
als vielmehr einen Augenblick der Wahrheit darstellt, den Augenblick, in dem die junge Simone de Beauvoir endlich *ihrem*
ursprünglichen Entwurf von Angesicht zu Angesicht gegenüber-
steht: zu wissen und zu schreiben – oder in ihren Worten: »den
Irrtum bekämpfen, die Wahrheit finden, sie sagen, die Welt aufklären, vielleicht sogar die Welt verändern helfen« (MT330;
MJF481; ÜV). In dieser Interpretation *ist* Sartre der frei gewählte
Entwurf Beauvoirs: Die Frage der Unterwerfung und Unterdrückung stellt sich nicht. Die beiden konstanten Faktoren ihres
Lebens, Sartre und ihr *projet originel*, erweisen sich als ein und
dasselbe. Das ist in der Tat Simone de Beauvoirs eigenes Verständnis ihrer Begegnung mit Sartre: »Sartre entsprach genau
dem, was ich mir mit fünfzehn Jahren gewünscht hatte: Er war
das Double, in dem ich mit Erregung alles wiederfand, wovon
ich selbst besessen war [*toutes mes manies*]. Mit ihm würde ich

stets alles teilen können. Als ich mich Anfang August von ihm trennte, wußte ich, daß er nie mehr aus meinem Leben verschwinden würde« (MT331; MJF482; ÜV). Mit anderen Worten: Sartre ist sie selbst, ist es mehr als sie. Der Augenblick der Niederlage im Pariser Park wird also zu dem Augenblick, in dem die problematische Maxime des *On ne fait qu'un* (»Wir sind eins«) entsteht: Diese Einheit ist der verborgene Kern, der eigentliche *telos* der *Memoiren einer Tochter aus gutem Hause*.

Wenn ich darlege, wie Simone de Beauvoir die ihr von Sartre zugefügte philosophische Niederlage rhetorisch zu einem Bestandteil ihres eigenen frei gewählten Entwurfs ausbaut, will ich damit keineswegs zu verstehen geben, daß ihr Bericht *falsch* ist. Im Gegenteil, ich bin davon überzeugt, daß diese Deutung Simone de Beauvoirs eigenem Erleben ihrer Begegnung mit Sartre am nächsten kommt und daß sie nicht ehrlicher hätte darstellen können, was er für sie bedeutete. Ich behaupte jedoch, daß sogar nach Beauvoirs eigenen philosophischen Begriffen ihre Darstellung der *Notwendigkeit* Sartres in ihrem Leben einen Hauch Unaufrichtigkeit verrät. Als heroischer Versuch, den traditionell romantischen Glauben an die seelische Einheit zweier seit Ewigkeiten füreinander bestimmter Liebender mit dem existentialistischen Glauben an Freiheit und Kontingenz zu versöhnen, ist Beauvoirs Darstellung der Bedeutung Sartres in ihrem Leben zwar psychologisch eindrucksvoll, aber philosophisch nicht überzeugend.

Im Unterschied zu Simone de Beauvoir glaube ich nicht, daß es möglich ist, ein Leben unfehlbar klarer Authentizität zu führen. Mehr noch, ich halte es für wahrscheinlich, daß unsere blinden Flecken gerade in jenen Bereichen zu finden sind, die uns am meisten bedeuten. Was Simone de Beauvoirs Darstellung Sartres in den *Memoiren einer Tochter aus gutem Hause* also offenbart, ist die Art und Weise, in der bis spätestens 1958 der Mythos der Einheit zwischen ihr und Sartre als eines der fundamentalsten Elemente ihrer Identität funktioniert. Sosehr sie sich auch bemüht, sich von einigen negativen Aspekten dieses Mythos zu befreien, bleibt er doch das einzige unantastbare Dogma ihres Lebens. Diese Quelle großen Stolzes und großen Glücks wird aber auch zur Ursache tiefen Schmerzes: Der wirkliche blinde Fleck in den Memoiren Simone de Beauvoirs ist ihre Unfähigkeit, dieses Leid zu erkennen.

Literatur oder Philosophie?

Auf der Trennlinie zwischen Literatur und Philosophie schwebend hätte Beauvoirs ursprünglicher Entwurf – Wissen und Schreiben – eher zu einem philosophischen als zu einem literarischen Leben führen können. Doch wie wir gesehen haben, ist sie nach der Szene im Jardin du Luxembourg fest entschlossen, sich im Vergleich mit Sartre als zweitrangige Philosophin zu betrachten. Aber nicht alle Philosophen können Sartre sein. Beauvoir hätte, wie Merleau-Ponty, immer noch Befriedigung in philosophischer Arbeit finden und sich schließlich als herausragende Philosophin aus eigenem Recht etablieren können. Es scheint, daß gerade ihre Auffassung von Philosophie wie ihr Wunsch nach absoluter epistemologischer Meisterschaft eine solche Wahl für sie uninteressant machte. Mit dem Entschluß, Romanschriftstellerin zu werden, entschied sich Beauvoir gegen die Disziplin, die sie als junges Mädchen allen anderen vorgezogen hatte:

»Was mich an der Philosophie vor allem anzog, war, daß sie unmittelbar auf das Wesentliche ging. Details interessierten mich nicht; ich nahm den allgemeinen Sinn der Dinge eher wahr als ihre Besonderheiten, und ich zog das Verstehen dem Sehen vor; ich hatte immer *alles* verstehen wollen: Die Philosophie würde mir erlauben, dieses Verlangen zu befriedigen, denn sie zielte auf die Gesamtheit des Wirklichen; sie begab sich unmittelbar in das Innerste der Dinge und enthüllte mir statt trügerischer Wirbel von Fakten oder empirischen Gesetzmäßigkeiten eine Ordnung, eine Vernunft, eine Notwendigkeit. Dagegen kamen mir die Naturwissenschaften, die Literatur und alle anderen Disziplinen wie arme Verwandte vor« (MT151; MJF220; ÜV).

Indem sie philosophische Wahrheit als ein unteilbares Ganzes darstellt, gibt sie effektiv zu verstehen, daß eine solche Wahrheit das Ergebnis eines einzigen Meister-Diskurses sein müsse. Oder wie es Descartes ausdrückt: »[...] in den Werken, die aus mehreren Stücken zusammengesetzt sind und von der Hand verschiedener Meister herrühren, [ist] oft nicht soviel Vollkommenheit als in denen, woran ein einziger gearbeitet hat« (*Abhandlung über die Methode*, S. 33).

In mancher Hinsicht liest sich Beauvoirs Schilderung ihrer philosophischen Beziehung zu Sartre wie ein entschiedener Versuch, das Urteil der Prüfer in der Philosophie-*agrégation* 1929 zu bekräftigen. Sie stuften sie als zweite nach Sartre ein; Beauvoir tut ihr möglichstes, um zu beweisen, daß sie recht hatten. Aber was genau sagten die Examinatoren? Sartres Biographin Annie Cohen-Solal teilt mit, daß 1929 66 Kandidaten zum Examen antraten, von denen 27 zur mündlichen Prüfung zugelassen wurden und schließlich 13 bestanden (S. 137). Cohen-Solal sprach auch mit einem Philosophen, Maurice de Gandillac, der einige Mitglieder des Prüfungsausschusses kannte, über den philosophischen Unterschied zwischen den beiden Starstudenten:

»»Rigoros, anspruchsvoll, präzise und methodisch, war sie die Jüngste dieses Jahrgangs‹, erzählt Gandillac weiter. ›Sie war erst einundzwanzig, also drei Jahre jünger als Sartre. [...] Übrigens haben mir später zwei Professoren der Jury, Davy und Wahl, anvertraut, sie hätten lange zwischen ihr und Sartre für den ersten Platz geschwankt. Denn obwohl Sartre offenkundige Qualitäten, eine ausgeprägte Intelligenz und Bildung hatte, die allerdings manchmal ungenau blieb, waren sich alle einig, daß von den beiden sie DIE Philosophie *war* [LA *philosophie, c'était elle*]‹« (S. 138).

Man könnte sich fragen, warum genau sie nur zweite wurde, wenn sie doch Philosophie *war* und er nicht. Vielleicht waren die Prüfer der Meinung, das Entscheidende sei, nicht Philosophie zu *sein*, sondern sie zu *beherrschen*?

Beauvoirs Darstellung ihrer philosophischen Unterlegenheit in bezug auf Sartre ist nicht ohne Widersprüche. Zwar betont sie ihren Mangel an Originalität, beschreibt jedoch sehr detailliert die Schwierigkeiten, die Sartre beim Lesen neuer Philosophen hatte, während sie deren Ideen schneller und genauer aufnahm als er: »Es gelang ihm [Sartre] nur schwer, sich selbst auszuschalten und vorbehaltlos einen fremden Gesichtspunkt zu akzeptieren«, schreibt sie in den *Besten Jahren* in einem Absatz, der sich auf den Frühherbst 1935 bezieht. Ihre Schnelligkeit jedoch verdankt sie voll und ganz ihrer Anpassungsfähigkeit. »Ich mußte keinen Widerstand überwinden«, fährt sie fort, »meine Gedanken paßten sich sofort den Ideen an, die ich zu erfassen versuchte« (BJ189; FA254). Die Betonung seiner beharrlichen Unabhängigkeit im Vergleich zu ihrer mühelosen Anpassung an die Betrachtungsweise eines anderen erinnert unangenehm an traditionelle patriarchale Vorurteile gegen weibliche intellektuelle Fähigkeiten. Doch betont Beauvoir auch, daß sie echtes philosophisches Talent habe und man ihr weder Passivität noch Mangel an Kritikvermögen unterstellen könne: »Kurz, ich besaß solide Assimilationsfähigkeiten und einen entwickelten kritischen Sinn, und die Philosophie war für mich eine lebendige Realität, eine unerschöpfliche Quelle« (BJ189; FA254).

Die Liebe zur Philosophie reicht nicht unbedingt aus, um Philosoph zu *werden*: Beauvoir beharrt darauf, sich als relative philosophische Versagerin darzustellen. Wenn ich die beiden Absätze, in denen sie die Gründe für ihren Entschluß darlegt, Schriftstellerin und nicht Philosophin zu werden, ziemlich ausführlich zitiere, dann deshalb, weil sie ungewöhnlich zwiespältig und widersprüchlich sind:

»Ich hielt mich jedoch nicht für eine Philosophin; ich wußte sehr
wohl, daß die Mühelosigkeit, mit der ich in einen Text eindrang,
auf meinen Mangel an produktiver Phantasie zurückging. Auf
diesem Gebiet sind die wirklich schöpferischen Geister so selten,
daß die Frage müßig ist, warum ich nicht versuchte, mich unter
sie zu reihen. Man sollte vielmehr ergründen, was gewisse Individuen befähigt, dieses planvolle Delirium, aus dem ein System
besteht, durchzuhalten, und woraus ihnen die Beharrlichkeit erwächst, die aus ihren Ideen Schlüssel zum Universum macht. Ich
habe bereits gesagt, daß diese Art konsequenten Starrsinns der
weiblichen Veranlagung fremd ist.

Ich hätte wenigstens eine wohlfundierte, kritische und vielleicht sogar scharfsinnige Untersuchung über ein umgrenztes
Problem anstellen können: einen wenig oder schlecht bekannten
Autor, einen Begriff der Logik. Dazu aber hatte ich nicht die geringste Lust. Wenn ich im Gespräch mit Sartre seine Geduld und
seine Kühnheit ermaß, schien es mir berauschend, der Philosophie zu leben; aber nur wenn man von einer eigenen Idee besses-
sen ist. Die Ideen anderer auseinanderzusetzen, zu entwickeln,
zu beurteilen, zu belegen, das sah ich nicht ein. Bei der Lektüre eines Werkes von Fink fragte ich mich: Wie kann man sich damit abfinden, irgend jemandes Schüler zu sein? Später war ich
selbst zeitweilig mit dieser Rolle einverstanden. Damals aber hatte ich zu große Ambitionen, um mich damit zufriedenzugeben.
Ich wollte mitteilen, was an meiner Erfahrung original war. Ich
wußte, das konnte nur gelingen, wenn ich mich der Literatur
zuwandte« (BJ189f; FA254f; ÜV).

Einerseits also scheint Beauvoirs Problem das einer übertriebe-
nen Ambition zu sein: Wenn sie kein eigenes originales philosophisches System begründen, nicht der Meisterphilosoph *par excellence* werden kann, will sie lieber überhaupt keine Philosophie
betreiben. Es ist, als sei Philosophie ein Unternehmen, in dem
jeweils nur für einen Platz ist. Wenn man nicht Baumeister sein

kann, muß man entweder Maurer werden oder den Bau völlig aufgeben. Ihr Widerwille gegen die Schülerposition ist merkwürdig halbherzig: Hier spielt sie auch auf ihre Rolle als eifrige Propagandistin der Philosophie Sartres in den vierziger Jahren an. Obwohl sie betont, daß sie mit diesem Projekt »einverstanden« war, spricht aus ihrer Darstellung dieses Aspekts ihrer Karriere eine gewisse Bitterkeit: Es ist, als ob die Autorin von *Pyrrhus und Cineas* und *Für eine Moral der Doppelsinnigkeit* irgendwie das Bedürfnis hat, eine gewisse Resignation an den Tag zu legen, um geltend zu machen, daß nichts weniger als eine drastische Einbuße an intellektuellem Ehrgeiz sie dazu veranlaßt habe, solche sekundären Werke zu schreiben. Diese beiden Absätze sollen jedoch auch der Kritik zuvorkommen, mit der sie rechnet: Indem sie ihre Fehler selbst zugibt, hofft sie verhindern zu können, daß andere darauf hinweisen. Eine Frau erwirbt sich jedoch nur allzu leicht den Ruf, die einfache Schülerin eines großen Mannes zu sein; es ist sehr viel schwerer, ihn wieder loszuwerden. Es ist in nicht geringem Maße Beauvoirs eigener Darstellung ihres intellektuellen Rangs zuzuschreiben, daß in den siebziger Jahren ihr Eintrag im *Petit Larousse* sie in erster Linie als »Schülerin Sartres« präsentiert. Erst 1987 hatte sich der Eintrag geändert, wenn auch nicht unbedingt zum Besseren: Nun wird sie nicht einfach als »Schülerin Sartres« vorgestellt, sondern als »Schülerin und Gefährtin Sartres und leidenschaftliche Feministin«.

In der zitierten Textpassage verrät sich Beauvoirs Unbehagen über die Frage nach ihrem Verhältnis zur Philosophie auch in dem Versuch, jede weitere Erörterung dieses Themas auszuschließen. Zu fragen, *warum* sie nicht Philosophin werden will – wie ich es hier tue –, sei müßig, schreibt sie, weil ohnehin nur einige wenige Genies in dieser Disziplin Erfolg haben können. Daß sie ein solches Genie nicht ist, sollte uns also nicht im mindesten überraschen. Tatsache bleibt jedoch, daß historisch gesehen *alle* philosophischen Genies Männer waren: Beauvoir unterdrückt hier geschickt die Frage des Geschlechtsunterschieds, nur

um gleich im nächsten Satz darauf zurückzukommen. Ein originales philosophisches System zu entwickeln, schreibt sie, erfordert ein ungeheures Maß an besessener Energie, die man bei
Frauen angesichts der patriarchalen Konditionierung, die ihr Leben prägt, selten findet. Beauvoir scheint zu glauben, das Patriarchat habe ihr die besondere Willenskraft versagt, die für eine
schöpferische Philosophie erforderlich ist, sie aber zugleich mit
großen philosophischen Ambitionen ausgestattet – wenn man
von der beharrlichen Willenskraft einmal absieht, die notwendig
ist, um ein originales *literarisches* Werk zu schaffen, das hier offenbar deutlich geringere Anforderungen stellt als die Philosophie.

Sie scheint zu wissen und es doch nicht wahrhaben zu wollen,
daß der Umstand, im philosophischen Feld eine Frau zu sein, sie
unerbittlich auf die Schülerrolle und nicht auf schöpferische Arbeit vorbereitete. Auf einer Ebene liefert diese Textpassage also
ein interessantes Beispiel für die Widersprüche, die aus Beauvoirs existentialistischem Feminismus entstehen: Obwohl sie sich
der gesellschaftlichen Bedingtheit der weiblichen Existenz vollkommen bewußt ist, wird sie von ihrer Philosophie gezwungen,
für die freie Wahl des Individuums einzutreten. Sie muß also ihre Berufung als Konsequenz des unabhängigen Wunsches, Romane zu schreiben, präsentieren *und* zugleich andeuten, daß
Frauen im Patriarchat, so brillant sie auch sein mögen, praktisch
keine Chance haben, bedeutende Philosophinnen traditioneller
Prägung zu werden. Doch ihre Identifizierung mit dem philosophischen Feld ist so stark, daß sie die Tradition nicht ein einziges
Mal in Frage stellt: Für sie sind große Philosophen Universal-
genies, die mit kollektiven Bemühungen nichts im Sinn haben.
Sogar in ihrem eigenen Bericht wird die Literatur als eine »leich-
tere« – »weiblichere« – Alternative bewertet: Auf irgendeine
Weise deckt sich schließlich Beauvoirs freie Wahl mit den vorherrschenden gesellschaftlichen Ansichten darüber, welcher Beruf für eine intellektuelle Frau geeignet ist. Das sollte uns nicht

überraschen: Die beruflichen Entscheidungen Beauvoirs, einer hochgebildeten Intellektuellen im damaligen Frankreich, waren selbstverständlich durch die gesellschaftlichen und die Bildungs-institutionen bedingt, in denen sie sich bewegte. Ihr Bericht über die Wahl zwischen Literatur und Philosophie demonstriert ihre unbewußte Internalisierung objektiver gesellschaftlicher Strukturen – oder das, was Pierre Bourdieu ihren *habitus* nennen würde – mehr als deutlich.

Tatsächlich jedoch fiel Simone de Beauvoir das Schreiben von Romanen nicht eben leicht. Vierzehn Jahre lang – von 1929 bis 1943 – arbeitete sie nahezu täglich, ehe sie ihr Ziel, die Veröffent-lichung ihres ersten Romans, *L'Invitée* (*Sie kam und blieb*), er-reichte. Bis 1935 hatten sich bei ihr bereits zwei voluminöse un-veröffentlichte Manuskripte angehäuft.[7] Sobald es ihr gelungen war, sich als Romanschriftstellerin zu etablieren, hob sie gleich-sam ihr Embargo gegen die Philosophie auf und schrieb eine Reihe kurzer philosophischer Essays, in denen sie bescheiden ihre Abhängigkeit von Sartre signalisiert. In den vierziger und fünf-ziger Jahren veröffentlichte sie auch einige politische und pole-mische Aufsätze (*L'Existentialisme et la sagesse des nations, Privilè-ges*)[8], ausdrücklich mit der Absicht, den Sartreschen Existentialis-mus gegen politische Opponenten zu verteidigen. In diesem Kontext, so finde ich, stellt *Das andere Geschlecht* (1949) sowohl den Höhepunkt als auch die Aufkündigung ihrer philoso-phischen und publizistischen Dienstbarkeit Sartre gegenüber dar. Wenngleich sich die meisten ihrer Essays als ungewöhnlich ab-hängige Bemühungen präsentieren, widersprechen ihr Stil und ihr Ton diesem Eindruck doch vollkommen. Tatsächlich neigt ihr essayistischer Stil zu Entschiedenheit, Herablassung, sogar zu Ar-roganz. Das ist nicht der Ton einer stockenden Rednerin, die sich ihrer Abhängigkeit deutlich bewußt ist, und er kann auch nicht einfach als Überkompensation einer verborgenen inneren Unsi-cherheit abgetan werden. Es ist, als ob ihre Aufsätze alle Merk-male intellektuellen Hochmuts gerade dadurch offenbaren, daß sie den abhängigen und untergeordneten Charakter der Texte deutlich machen.

Es wäre in der Tat abwegig, zu argumentieren, Simone de Beauvoir hätte einen Weg als Berufsphilosophin dem der Literatin vorziehen sollen, oder ihr in der Wertung zuzustimmen, daß die Entwicklung einer eigenständigen Philosophie dem Schreiben von Romanen oder Autobiographien wesentlich überlegen sei. Ihr Wunsch, Schriftstellerin zu werden, läßt sich keineswegs auf den simplen Entschluß reduzieren, die Philosophie eben Sartre zu überlassen – er kann aber auch nicht als uneingeschränkt freie Wahl dargestellt werden. In ihrem besonderen Fall ist er unter anderem auch auf den Einfluß des Vaters zurückzuführen. Schon im Alter von 15 Jahren erklärte sie, daß sie später eine berühmte Schriftstellerin werden wolle: »…in diesem Punkt gab es kein Zaudern bei mir: Unter Ausschluß aller sonstigen Möglichkeiten verlangte ich nur nach dieser«, schreibt sie (MT135; MJF196). Der Grund für diese Wahl war die »Bewunderung, die ich für alle Schriftsteller hegte; mein Vater stellte sie durchaus noch über Naturwissenschaftler, Gelehrte und Professoren. Auch ich war von ihrer Überlegenheit überzeugt« (MT135; MJF197; ÜV).

Nach der Dreyfus-Affäre empfand man in Frankreich das intellektuelle Feld als weitgehend in zwei feindliche Lager gespalten: in die *professeurs* und die *créateurs* (Lehrer und Schöpfer).[9] In diesem Zusammenhang vertrat Beauvoirs Vater, der die *professeurs* als unkreative Emporkömmlinge der unteren Mittelschicht verachtete und die Schriftsteller als Visionäre bewunderte, die Ansichten der rechts gerichteten Anti-Dreyfusards. Bis in die Zeit nach dem Ende des Ersten Weltkriegs hinein pflegten französische Schriftsteller (»Schöpfer«) der Generation Georges de Beauvoirs – er wurde 1878 geboren – wie Proust oder Gide in den intellektuell einflußreichen *salons* der höheren Gesellschaft zu verkehren. Das bereits in den dreißiger Jahren anachronistische Bild des vornehmen, wohlhabenden Schriftstellers aus guter

Familie, der zum eigenen Vergnügen schreibt und seine Zeit weitgehend damit verbringt, sich elegant in den *salons* der feinen Welt zu bewegen, entspricht genau der Existenz, die Georges de Beauvoir für sich selber gewünscht hätte. Trotz der Hochachtung, die er den Schriftstellern seiner Zeit entgegenbrachte, verkannte er jedoch nicht, daß solche Visionen im rauheren Wirtschaftsklima der zwanziger Jahre, in denen seine Tochter heranwuchs, reine Hirngespinste waren.[10]

Wenn Georges de Beauvoir der Entscheidung seiner Tochter für den Schuldienst heftig widerstrebte, dann ebendeshalb, weil diese Wahl sie in eine gesellschaftliche Gruppe verwies, deren Werte ihm verhaßt waren. »Er hielt alle Lehrer für Pedanten mit schlechten Manieren. […] Gegen die Lehrer hegte er außerdem noch einen tieferen Groll; sie gehörten alle der gefährlichen Sekte an, die sich für Dreyfus eingesetzt hatte: der der Intellektuellen« (MT171; MJF246; ÜV). Zu den Gründen, warum er Simones jüngere Schwester Hélène vorzuziehen begann, zählte nicht nur, daß sie hübscher war, sondern auch, daß sie sich entschlossen hatte, Malerin zu werden – eine in hohem Maße *künstlerische* oder *schöpferische* Laufbahn, die obendrein die Leute glauben machen würde, daß ihr Vater reich genug sei, um ihr Farben und ein Atelier zu finanzieren. »Er ertrug es nicht, zwei Töchter ins feindliche Lager zu treiben«, kommentiert Simone de Beauvoir (MT172; MJF247).

Zwischen Literatur und Philosophie schwankend, sieht sich Beauvoir nach der Zerstörung ihres philosophischen Selbstvertrauens durch Sartre im Jardin du Luxembourg mit dem unangenehmen Gedanken konfrontiert, daß sie nun ihrem Vater die Freude machen müsse, Schriftstellerin zu werden. Tatsächlich hat ihr Vater die Veröffentlichung ihres ersten Romans nicht mehr erlebt. In den späten dreißiger Jahren scheint er die Hoffnung auf eine »schöpferische« Karriere seiner Tochter aufgegeben zu haben. Zu dieser Zeit hielten Familie und Freunde sie für steril: »In meiner Familie und im Kreis meiner Jugendfreundinnen flüsterte man, ich sei eine taube Nuß [*fruit sec*]. Mein Vater wurde wütend: ›Wenn etwas in ihr ist [*dans le ventre*], dann heraus damit‹« (BJ309; FA416). Georges de Beauvoir starb am 8. Juli 1941: Später in diesem Sommer vollendete seine Tochter endlich das Manuskript, aus dem ihr erster veröffentlichter Roman werden sollte.

2 Das Werden einer intellektuellen Frau

> Ich hatte nie an Minderwertigkeitskomplexen ge-
> litten, niemand hatte zu mir gesagt: »Sie denken so,
> weil Sie eine Frau sind…« Daß ich eine Frau bin,
> hat mich in keiner Weise behindert. »Für mich«,
> sagte ich zu Sartre, »hat das sozusagen keine Rolle
> gespielt.«
>
> *Der Lauf der Dinge*

1929 wurde Simone de Beauvoir in den philosophischen *agréga-tion*-Prüfungen an der Sorbonne zweite nach Jean-Paul Sartre. Was bedeutet es für eine Frau zu jener Zeit, dieses Examen zu bestehen? Was bedeutet es für sie überhaupt, Philosophie zu studieren? Und warum akzeptiert sie die Überlegenheit des Kandidaten, dem der erste Platz zuerkannt wird, so bereitwillig? Spielt der Umstand eine Rolle, daß sie erst 21 Jahre alt war, als sie das Examen bestand? Oder daß sie erst die neunte Französin war, die jemals *agrégée* in Philosophie wurde? Kurz, in welcher Weise formte diese im französischen Ausbildungsfeld außergewöhnliche Position ihr Selbstverständnis als Intellektuelle?

Um diese Fragen zu beantworten, muß man den Einfluß verstehen, den die eigentümlichen und spezifisch französischen Institutionen der Philosophie-*agrégation* und der École Normale Supérieure auf Simone de Beauvoir ausübten. Darüber hinaus ist es natürlich unerläßlich, das Problem der geschlechtlichen Differenz zu erörtern, mithin zu fragen, was es damals im französischen Ausbildungsfeld bedeutete, eine Frau zu sein. Das Geschlecht allein erklärt jedoch nicht alles: Simone de Beauvoir war auch eine verarmte katholische *bourgeoise*, und sie wurde in Paris geboren und erzogen. Um den gesellschaftlichen Prozeß zu verstehen, der den Werdegang Simone de Beauvoirs als Intellektuelle mitgeprägt hat, habe ich es als nützlich empfunden, mir diese Faktoren – Schicht, Geschlecht, Religion, Lokalisation – als verschiedene gesellschaftliche Diskurse vorzustellen und »Simone de Beauvoir« gleichsam als einen Ort zu betrachten, an dem die vielfältigen Stränge dieses gesellschaftlichen Textes einander überschneiden.

Simone de Beauvoir selbst hätte gegen mein Vorhaben zweifellos Einspruch erhoben. In ihrem Bericht über das Gespräch im Jardin du Luxembourg – das zwischen dem schriftlichen und dem mündlichen Teil des *agrégation*-Examens stattfand – stellt sie die Auseinandersetzung zwischen ihr und Sartre als einen Wettstreit der Intellekte dar; wenn sie verloren hat, dann deshalb, weil sie weniger intelligent ist. Nach ihrer Version der Ereignisse zu urteilen, hat Beauvoir niemals klar erkannt, wie sehr sich in der damaligen französischen Hochschulausbildung die Situation der Männer von der der Frauen unterschied; auch die konkreten Unterschiede der Ausbildung, die sie und Sartre genossen hatten, räumt sie nicht ein. In diesem Kapitel versuche ich darzulegen, daß Beauvoirs Bericht unbefriedigend ist und daß ihre Schlußfolgerung bezüglich ihrer eigenen intellektuellen Fähigkeiten in Wahrheit das überdeterminierte Resultat zahlreicher gesellschaftlicher Faktoren war.[1]

Simones Schulbildung

Simone de Beauvoir gehörte der ersten Generation europäischer Frauen an, deren formale Ausbildung der ihrer männlichen Zeitgenossen entsprach. Weibliche Intellektuelle vor ihr, Autodidaktinnen oder privat unterrichtet, wie Madame de Staël, George Sand, George Eliot oder Virginia Woolf, hatten nie die Möglichkeit, sich im Ausbildungsbereich mit Männern zu messen. Daß ihnen der Zugang zur institutionalisierten Hochschulausbildung verwehrt blieb, beraubte die Frauen ihres intellektuellen Selbstvertrauens und führte zweifellos zu einem Gefühl der Minderwertigkeit gegenüber ihren Brüdern. Zugleich mag ihr Ausbildungsexil sie durchaus vor einigen der Zwänge bewahrt haben, die auf ihren männlichen Kollegen lasteten. Der unvermeidliche Preis, der für diese relative Freiheit der Autodidaktinnen bezahlt werden mußte, war jedoch der Mangel an Prestige: Solange Frauen in bezug auf die etablierten intellektuellen Institutionen Außenseiterinnen blieben, konnten nur wenige, außergewöhnliche Frauen erwarten, Positionen mit gewissem intellektuellem Einfluß zu erlangen.[2]

Bis zu der Zeit, als Simone de Beauvoir das Schulalter erreichte, hatte sich jedoch die Einstellung der Frauen zur Ausbildung radikal gewandelt. Beauvoir gehörte einer neuen und selbstbewußten Generation an, die ihr Recht auf Hochschulausbildung in Frankreich als selbstverständlich betrachtete. Zum erstenmal durchliefen damals Frauen in großer Zahl das französische Bildungssystem in fast derselben Weise wie ihre männlichen Kommilitonen. Die Zahl der Studentinnen stieg von 288 oder 1,7 Prozent aller Studierenden im Jahr 1890 auf über 16 000 oder fast 24 Prozent im Jahr 1929 – dem Jahr, in dem Simone de Beauvoir ihre *agrégation* in Philosophie bestand.[3] Gleichwohl kam ihrer Generation durchaus noch die Rolle von Pionierinnen zu, die häufig als erste die alten Barrieren durchbrachen. Der Zugang der Frauen zu allen Gebieten der Hochschulausbildung in Frankreich wurde in einem langsamen und widersprüchlichen Prozeß gewonnen, in dem sich couragiertes Ausnutzen von Hintertürchen im System, halbherzige Reformen von oben und echter feministischer Kampf miteinander vermengten. Junge Französinnen mußten sich bis in die Zeit nach dem Ersten Weltkrieg gedulden, als das rauhe Wirtschaftsklima eine wachsende Zahl von Mittelschichtfrauen in die Berufsarbeit zwang und sie endlich fast gleichberechtigten Zugang zur Hochschulausbildung erhielten.

1908 als älteste Tochter eines katholischen Elternpaars geboren, trat Beauvoir zu einer Zeit in das französische Schulsystem
ein, als die traditionellen katholischen Einstellungen zur Ausbildung von Mädchen tiefgreifenden Veränderungen unterworfen
waren. Im späten 19. Jahrhundert lehnten französische Katholiken höhere Schulbildung und ein Universitätsstudium für
Frauen in der Regel entschieden ab. Sie schickten ihre Töchter
in Frauenklosterschulen und behielten sie in der Zeit zwischen
Schulabschluß und Heirat in der Familie. 1931 beendete Edmée
Charrier ihre großartige Untersuchung über Frauen und Hochschulausbildung in Frankreich mit der befriedigten Feststellung,
daß es mit diesem Dasein nun ein Ende habe: »Die Zeit, als das
junge Mädchen nach dem Verlassen des Pensionats seine Tage
mit einer langweiligen und trübseligen Stickerei am Fenster sitzend verbrachte, ist nahezu vorbei. Heute nimmt der Anteil der
Frau an der Wissenschaft ständig zu« (S. 531). Verallgemeinernd
kann man sagen, daß die von Charrier beschriebenen Veränderungen um 1880 einsetzten und sich im Zeitraum von 1900 bis
1930 beschleunigten. Es ist ein verheißungsvolles Zusammentreffen, daß im Jahr 1908, dem Geburtsjahr Simone de Beauvoirs, den staatlichen Schulen Frankreichs – im Gegensatz zu den
katholischen und anderen sogenannten »freien« Schulen – endlich erlaubt wurde, Mädchen auf das *baccalauréat* vorzubereiten,
das einzige Examen, das den Zugang zu französischen Universitäten garantierte.

Das Milieu Beauvoirs läßt sich am besten folgendermaßen ein-
ordnen: obere Mittelschicht mit einer Tendenz zur Mobilität
nach unten; die gesellschaftlichen und kulturellen Ambitionen
der Familie überstiegen deren finanzielle Mittel bei weitem.[4]
Beauvoirs Vater, Georges de Beauvoir (1878–1941), war der jüngere Sohn eines relativ wohlhabenden Beamten, Ernest-Narcisse
de Beauvoir, der von seinem Vater umfangreichen Grund- und
Immobilienbesitz im Limousin geerbt hatte und der es sich hätte
leisten können, allein von seinen Vermögenseinkünften zu

leben. Nach dem Tod von Ernest-Narcisses Frau Léontine 1892 wurde Georges dazu ermuntert, den Lebensstil eines Aristokratensprößlings zu pflegen: planloses Studieren, eine Passion für die Laienschauspielerei, keine beruflichen Ambitionen, aber eine aristokratische Verachtung für den »Emporkömmling«. »Mein Vater war ein echter *boulevardier*«, bemerkte Simones Schwester Hélène de Beauvoir einmal in einem Fernsehinterview.[5] Zur Zeit seiner Eheschließung mit Françoise Brasseur war Georges de Beauvoir, erzogen am Collège Stanislas, der katholischen Eliteschule für Knaben in Paris, als Anwalt zugelassen und arbeitete in der Kanzlei eines ziemlich bekannten konservativen Pariser Anwalts.

Simone de Beauvoirs Mutter Françoise (1886–1963) war die Tochter eines dynamischen Bankiers in Lothringen namens Gustave Brasseur. Als Schülerin einer Niederlassung des vornehmen Couvent des Oiseaux erhielt sie die klassische katholische Erziehung eines Mädchens aus der französischen Aristokratie oder dem Großbürgertum. Die erfolgreichen Finanzgeschäfte ihres Vaters ermöglichten der in Verdun ansässigen Familie ein luxuriöses Leben mit Bällen, Jagdgesellschaften, sommerlichen Aufenthalten in prominenten Badeorten und dergleichen mehr. Als sie 1907 Georges de Beauvoir heiratete, schien sie genau das zu sein, wonach er Ausschau gehalten hatte: eine Frau mit beträchtlichen eigenen Einkünften. Doch Georges de Beauvoir hatte Pech: Die Finanzgeschäfte seines Schwiegervaters begannen zu scheitern, als das junge Paar heiratete. Im Juli 1909 wurde die Bank Gustave Brasseurs, die Banque de la Meuse, gerichtlich liquidiert. Sogar der persönliche Besitz der Familie wurde versteigert: Françoises Mitgift wurde nie ausgezahlt. Des Betrugs verdächtigt, wurde Gustave Brasseur verhaftet und 13 Monate lang in Untersuchungshaft gehalten; 1910 wurde er wegen betrügerischen Mißbrauchs von Kundengeldern zu 15 Monaten Gefängnis verurteilt. Als er entlassen wurde, zogen er und seine Frau nach Paris, wo sie sich im Stadtteil Montparnasse niederließen, unweit der Wohnung ihrer Tochter über dem weithin bekannten Café »La Rotonde« an der Ecke des Boulevard Montparnasse und des Boulevard Raspail.

Nach dem Ersten Weltkrieg geriet Georges de Beauvoir finanziell vom Regen in die Traufe. Einige unglückliche geschäftliche Unternehmungen beraubten ihn seiner letzten Mittel: Von nun an mußte die Familie Beauvoir von dem leben, was er gerade verdienen konnte. Da er seine Stellung in der Anwaltskanzlei aufgegeben hatte, schlug er sich wie ein zweiter Leopold Bloom kümmerlich als Anzeigenakquisiteur für die Zeitung *Le Gaulois* durch. Die Familie mußte die Wohnung über der »Rotonde« aufgeben, wo Simone de Beauvoir geboren worden war, und zog in eine kleinere, weniger komfortable Behausung in der Rue de Rennes 71. Dazu Francis und Gonthier:

»Dieser Weltmann, der früher die feinen Manieren über alles gestellt hatte, ›demonstrierte seine Wut über seine Deklassierung durch Ausbrüche‹ (im *Bottin Mondain* war sein Beruf immer noch mit ›Rechtsanwalt beim Gerichtshof‹ angegeben). Er konnte es nicht verwinden, sich zu einer Klasse gehörend zu sehen, die er als minderwertig betrachtete, und dies zeigte er durch lautes und aggressives Benehmen. [...] Er vermittelte Simone den Eindruck, Geld und Erfolg ›absichtlich vernachlässigt‹ zu haben« (S. 51).[6]

Simone de Beauvoir wuchs also in einer Atmosphäre auf, die von der Sehnsucht des Vaters, seiner trostlosen sozialen Lage zu entkommen, und den Scham- und Schuldgefühlen der Mutter über die Schande ihres Vaters und den damit verbundenen Verlust ihrer Mitgift geprägt war. Intellektuell und ideologisch waren die Eltern der kleinen Simone einander diametral entgegengesetzt: Zwar brachte Georges de Beauvoir dem katholischen Glauben einen gewissen herkömmlichen Respekt entgegen, doch betrachtete er Religion als eine Sache für Frauen und Kinder: Seine eigenen Ansichten waren unausrottbar weltlich. Außerdem war er ein radikaler Rechter und hegte ein tiefes Mißtrauen gleichermaßen gegen Ausländer, Juden und Linksintellektuelle. Françoise de Beauvoir dagegen war entschlossen, alles zu befolgen, was sie im Couvent des Oiseaux gelernt hatte, um eine vorbildliche katholische Ehefrau und Mutter zu werden. Angesichts des Umstandes, daß Georges de Beauvoir ein Schürzenjäger war, hatte sie zweifellos die Kraft bitter nötig, die sie offenbar aus ihrem festen religiösen Glauben bezog. Wie wir in Kapitel 1 gesehen haben, hat Simone de Beauvoir selbst stets betont, daß die ideologische Kluft zwischen ihren Eltern der Schlüssel für ihren Wunsch war, eine Intellektuelle zu werden.

Die Diskrepanz zwischen der großbürgerlichen Kultur und deren Umgangsformen, die die Beauvoirs ihren Töchtern zu vermitteln suchten, und den ziemlich beschränkten finanziellen Verhältnissen, in denen sie tatsächlich lebten, tat das ihre, wenn nicht noch mehr als die skizzierten ideologischen Widersprüche, um die beiden Töchter in eine künstlerische oder intellektuelle Laufbahn zu treiben. Simone und Hélène, aufgrund des ursprünglichen gesellschaftlichen Milieus ihrer Eltern in der mißlichen Lage der Erniedrigten oder *déclassées*, konnten sich weder mit ihrer Herkunft identifizieren noch sich als Kleinbürger betrachten – und auf eine kleinbürgerliche Existenz lief Georges de Beauvoirs Situation in den frühen zwanziger Jahren hinaus.[7] In diesem Sinne stellte die Rolle der Künstlerin oder Schriftstellerin, die viel intellektuelles, jedoch bedeutend weniger wirtschaftliches Kapital erforderte, einen naheliegenden Ausweg dar: Obwohl Künstler und Intellektuelle nicht unbedingt über mehr finanzielle Mittel verfügen als das Kleinbürgertum, unterscheiden sie sich in ihrem Lebensstil doch beträchtlich von diesem Milieu.

Weil Simone de Beauvoir ein Mädchen war, wurde ihre Erziehung, namentlich die frühe Erziehung, fast ausschließlich von ihrer Mutter bestimmt. Traditionell hatten katholische Mütter bei der Erziehung der Töchter das Sagen, während es sich von selbst verstand, daß die Erziehung eines Jungen nicht mehr allein Sache der Mutter bleiben durfte, sobald er das Vernunftalter erreicht hatte. Man glaubte auch, daß Mädchen leichter zu beeinflussen seien als Jungen und sie deshalb konsequenter vor weltlichen Impulsen geschützt werden müßten als ihre Brüder. Es kam also überhaupt nicht in Frage, daß die Beauvoir-Töchter eine staatliche Schule besuchten.

Seit den bedeutenden Bildungsreformen Jules Ferrys 1880, in denen der Staat eine kostenlose, nicht-kirchliche Volksschulbildung für alle vorsah, hatte es zwischen staatlichen und kirchlichen Schulen in Frankreich eine radikale Trennung gegeben. Beauvoirs angepaßte Mutter hätte ihren Töchtern unter keinen Umständen erlaubt, das zu besuchen, was sie für eine gottlose Institution hielt: Es verstand sich von selbst, daß Simone und Hélène in einer katholischen Mädchenschule angemeldet wurden, die sinnigerweise den Namen »Cours Désir« (richtiger: Institut Adéline Désir) trug. Da für solche Schulen Schulgeld bezahlt werden mußte, während die staatlichen Schulen kostenlos waren, gehörte die Klientel katholischer Schulen überwiegend dem Bürgertum an. Obwohl sich nach 1902 in Paris katholische höhere Mädchenschulen rasch ausbreiteten, gab es in der Provinz nur wenige Bildungseinrichtungen dieser Art. Als Tochter einer verarmten, in Paris lebenden Mittelschichtfamilie wurde Simone de Beauvoir in eben die gesellschaftliche Gruppe hineingeboren, in der sogar ein Mädchen eine reale Chance – und, wie wir noch sehen werden, wirkliche Anreize – haben konnte, eine höhere Schulbildung abzuschließen. So bedrückend sie ihre Familie auch empfunden haben mag, ihr besonderer sozialer und geographischer Hintergrund war höchstwahrscheinlich die unabdingbare Voraussetzung für ihre spätere Laufbahn als Intellektuelle.

Der Kampf zwischen Kirche und Staat um die Ausbildung der Frauen wurde nicht erst seit den achtziger Jahren des 19. Jahrhunderts ausgetragen; schon 1863 hatte der damalige Unterrichtsminister Victor Duruy die Schaffung von städtischen *cours supérieurs* für junge Mädchen angeregt. Obwohl zu dieser Zeit nur etwa 2000 Mädchen betroffen waren, begegnete die katholische Rechte seiner Reform mit heftigster Empörung. Wie Françoise Mayeur in ihrer unverzichtbaren Studie über höhere Schulbildung für Mädchen in der Dritten Republik darlegt, war Duruys Sturz 1869 in nicht geringem Maße auf die Wirkungen der »beispiellosen« Kampagnen zurückzuführen, die der Klerus gegen seine zaghafte Initiative entfesselt hatte (s. Mayeur, S. 3).

Wenn diese »Oberschulkurse« derart lautstark bekämpft wurden, dann zum guten Teil deshalb, weil sie als Versuch verstanden wurden, eine weltliche Alternative zum Pensionat oder zur Klosterschule zu schaffen. Es mußte sich also um ein teuflisches Komplott handeln, mit dem man Mädchen, die sich der Pubertät näherten, von ihren Müttern trennen wollte, ohne sie hinter den Gittern eines Frauenklosters oder den Mauern eines Pensionats sicher zu verwahren (Mayeur, S. 4). In katholischen Tagesschulen pflegten die Mütter an der Rückwand des Klassenzimmers zu sitzen, wo sie den Unterricht der *bonnes sœurs* verfolgten und das Benehmen ihrer Töchter überwachten. Im Cours Désir beispielsweise hatten die Mütter das Recht, dem Unterricht beizuwohnen, bis ihre Töchter zehn Jahre alt waren. Wie Hélène de Beauvoir sich erinnert, nahm Françoise de Beauvoir besonders gewissenhaft am Unterricht und anderen Schulveranstaltungen teil: »Meine Mutter versäumte nicht eine einzige meiner Unterrichtsstunden. Sie brachte ihre Stickerei mit und fertigte große Wandbehänge in Petit point an [...]« (*Entretien*, S. 23). Als Simone 18 Jahre alt war, erzählt Hélène, öffnete und las ihre Mutter immer noch alle an sie gerichteten Briefe – und, mehr noch, sie warf einfach diejenigen weg, die in ihren Augen für ihre Tochter ungeeignet waren (vgl. *Entretien*, S. 18). Indem sie so dem zeitgenössischen katholischen Ideal der totalen Mutterschaft nacheiferte, versagte Françoise de Beauvoir ihren Töchtern jegliches

Eigenleben und das Recht auf persönlichen Freiraum – und
nährte damit nur ihren Zorn, ihre Ressentiments und ihren
Wunsch, dem Elternhaus zu entkommen. Für Simone de Beauvoir führte der Weg aus dem Elternhaus über das *baccalauréat*, das
Studium an der Sorbonne und – zu guter Letzt – über die *agrégation* in Philosophie.

Dieser spezifische Ausbildungsweg war den Frauen noch nicht
lange zugänglich. Das Gesetz, nach seinem Initiator »Loi Camille Sée« genannt, wurde am 21. Dezember 1880 verabschiedet.
Paradoxerweise war dieses Gesetz, das den Zugang französischer
Mädchen zur höheren Schulbildung ändern sollte, weder sonderlich radikal noch sonderlich frauenfreundlich. Sein Hauptziel
war, weltlich gesinnte Ehefrauen für die männliche republikani-
sche Elite zu produzieren, die 1870 an die Macht gekommen
war. Auf diese Weise wollte man den oft beobachteten verhäng-
nisvollen Spannungen zwischen einer gläubigen katholischen, in
einer Klosterschule erzogenen Ehefrau und einem atheistischen
republikanischen Ehemann vorbeugen. Ein weiteres wesent-
liches Motiv für dieses Gesetz war der Wunsch, die Geschlechter
in höheren Schulen zu trennen. Camille Sée selbst betonte die
Notwendigkeit, »den weiblichen Charakter und zweckfreies
Lernen« zu fördern (Mayeur, S. 394). In der Praxis lief es darauf
hinaus, daß man die neue höhere Schulbildung für Mädchen
vom traditionellen Hauptstrom des französischen Schulsystems
isolierte. Denn obwohl das neue Gesetz eine vollständige Lehrstufe für Mädchen im Alter von zwölf bis 17 Jahren vorschrieb,
hinderte es staatliche Schulen daran, sie das *baccalauréat* (entspricht etwa dem deutschen Abitur, d. Ü.) machen zu lassen. Die
Lehrstufe für Mädchen war ein Jahr kürzer als die für das *bac* erforderliche, umfaßte weder Griechisch noch Latein und wurde
mit einer ziemlich einmaligen Qualifikation abgeschlossen, dem
sogenannten *diplôme* (»Zeugnis der höheren Schule«), das die
Absolventin genaugenommen für überhaupt nichts qualifizierte.
Mädchen aus den unteren Gesellschaftsschichten, die ihren Le-

bensunterhalt verdienen mußten, hatten für dieses Zeugnis keine Verwendung und zogen es vor, die weniger anspruchsvollen Prüfungen für das Volksschullehrerdiplom (das *brevet supérieur*) abzulegen. Das beruflich bedeutungslose »Oberschulzeugnis« blieb das Monopol der Bessergestellten, die es sich leisten konnten, weiterhin die Schule zu besuchen und eine Prüfung zu machen, die nirgendwohin führte.

Dennoch hatte das Gesetz weitreichende Folgen. Insoweit das Prinzip der getrennten Erziehung von Jungen und Mädchen auf der Überzeugung beruhte, daß die spezifisch weiblichen Eigenschaften eine Lehrmethode erforderten, die sich von der derberen männlichen Einstellung unterschied, führte es zwangsläufig zu der Schlußfolgerung, daß junge Mädchen von Angehörigen des eigenen Geschlechts unterrichtet werden mußten. Auf einen Schlag öffnete sich damit den Frauen ein völlig neuer Beruf: der der Oberschullehrerin. Der Bedarf an Lehrerinnen jedoch bereitete der Regierung eine Reihe neuer Probleme. Zu dieser Zeit gab es für französische Frauen nur einen einzigen Weg, sich für den höheren Schuldienst zu qualifizieren: das *baccalauréat* zu machen, an der Universität zu studieren und eine *licence* zu erwerben, der das ebenfalls von der Universität ausgestellte Diplom für die pädagogische Ausbildung folgte. Die seltenere und begehrtere *agrégation* war eine Ausleseprüfung (*concours*), die in der Regel nach dem Bestehen der *licence* eine zweijährige oder auch längere Teilnahme an Universitätsseminaren erforderte. Die Zahl der bestandenen *agrégations* wurde jedes Jahr von der Zahl der akut freien Stellen in den staatlichen Schulen bestimmt. Inhaber einer *agrégation* wurden Beamte mit einem garantierten Stellenanspruch auf Lebenszeit. Für diese Sicherheit der Anstellung mußten sie ein fast militärisches Versetzungssystem akzeptieren, mit dem das Unterrichtsministerium allein den Ort und die Dauer ihrer Tätigkeit dort bestimmte. Ein *agrégé* unterrichtete weniger und verdiente mehr als ein *licencié*. Dieses System bestand nicht nur in den zwanziger Jahren noch, als Beauvoir studierte: Mit einigen Abänderungen (Inhaber der *agrégation* streben heute eher danach, an der Hochschule, nicht an der höheren Schule zu lehren) ist es in Frankreich nach wie vor in Kraft. Noch lange nach dem Zweiten Weltkrieg war die Stellung eines *professeur agrégé* der Philosophie an einem *lycée* (entspricht etwa dem deutschen Gymnasium, d. Ü.) in Paris für einen französischen Intellektuellen eine höchst angesehene, sogar einflußreiche Position.

Da das »Loi Camille Sée« Frauen im staatlichen Schulsystem den Weg zum *bac* versperrte, schloß es sie auch von den französischen Universitäten aus. Wie also sollten sie Lehrerinnen an höheren Schulen werden? Die Lösung, die man schließlich wählte, war die Gründung einer neuen École Normale Supérieure für Frauen 1881 in Sèvres (nahe bei Paris, aber nicht so nah, daß die Studentinnen den verderblichen Zerstreuungen der Hauptstadt ausgesetzt waren). Die Studentinnen in Sèvres wurden als »Sévriennes« bezeichnet – im Unterschied zu ihren männlichen Kollegen, den *normaliens* oder *Ulmiens* von der »echten« ENS in der Rue d'Ulm im Herzen des Quartier Latin. Die Aufnahme in Sèvres wie in der Rue d'Ulm war von einer Ausleseprüfung abhängig. In Sèvres mußten sich die Studentinnen zunächst auf das *Certificat d'aptitude à l'enseignement secondaire dans les lycées et collèges de jeunes filles* vorbereiten, das oft auch als *licence de Sèvres* bezeichnet wird, und anschließend eine spezifische *agrégation*, die sogenannte *agrégation féminine*, in Angriff nehmen. Diese stellte ein viel umfassenderes und allgemeineres Examen als das ihrer männlichen Kollegen dar. 1885 äußerten sich die – männlichen – Professoren, die diese weiblichen *agrégations* benoteten, zufrieden über das von den Sévriennes erreichte Niveau: es sei gut, aber weit unter dem von Männern verlangten Standard und deshalb Frauen völlig angemessen (vgl. Mayeur, S. 139).

Zunächst konnten die Frauen in Sèvres nur zwischen zwei *agrégations* wählen (Literatur und Naturwissenschaften), aber schon bald wurden zwei weitere hinzugefügt: Mathematik sowie Geschichte und Geographie.[8] Philosophie, klassische Philologie und neuere Sprachen wurden nicht als eigene Disziplinen gelehrt. Da Philosophie und alte Sprachen nicht auf dem Lehrplan für höhere Mädchenschulen standen, ist der Verzicht auf diese Studienfächer nicht sonderlich überraschend. Neuere Sprachen jedoch wurden für das Abschlußzeugnis der höheren Schulen verlangt. Diese sonderbare Ausschließung neuerer Sprachen vom Lehrplan in Sèvres zwang künftige Sprachlehrerinnen, dieselbe *licence* bzw. *agrégation* an der Universität abzulegen wie ihre männlichen Kollegen. Es ist interessant, zur Kenntnis zu nehmen, daß ihr Erfolg in einer ausschließlich männlichen Domäne diesen Frauen kein besonderes Prestige eingebracht hat: Françoise Mayeur weist darauf hin, daß sie nur selten Schulleiterinnen wurden oder irgendeine andere Art beruflicher Auszeichnung erlangten. Ihre berufliche Erfolglosigkeit mag zumindest zum Teil auf den niedrigen Status zurückzuführen sein, den neuere Sprachen in der akademischen Rangordnung Frankreichs einnehmen.

Praktisch mußten also Frauen, wenn sie Fächer unterrichten wollten, die in Sèvres nicht angeboten wurden, an die Universität gehen und deshalb vorher das *bac* erwerben. Vor 1908 war dies nur über Privatunterricht oder nicht-staatliche Schulen zu erreichen. Im Unterschied zu den Sévriennes wurde den an der Universität ausgebildeten Frauen jedoch die Anstellung als Lehrerin in staatlichen Schulen nicht garantiert. Selbst wenn sie die *agrégation masculine* erfolgreich ablegten, bestanden sie als überzählige Kandidatinnen – das heißt, Lehrerstellen waren für sie nicht vorgesehen. In der Praxis bedeutete das folgendes: Wenn es beispielsweise in einem Jahr zwanzig freie Stellen für Deutschlehrer an staatlichen Schulen gab und fünf Frauen bei der *agrégation* unter die ersten zwanzig Kandidaten gelangten, wurden fünf weitere Männer zugelassen, so daß für dieses Jahr die Gesamtzahl der *agrégés* in Deutsch 25 betrug. Auch 1929 konkurrierten erfolgreiche Kandidatinnen nicht mit den Männern um eine Anstellung – ein Umstand, so Beauvoir, der ein ausnehmend freundliches Klima zwischen männlichen und weiblichen Studenten entstehen ließ: »Sie [die Studenten] behandelten mich ohne Herablassung, sogar mit besonderer Freundlichkeit, denn sie sahen keine Rivalin in mir: Mädchen wurden im *concours* zwar nach den gleichen Maßstäben eingestuft wie die männlichen Studenten, aber sie waren nur als Überzählige zugelassen, konkurrierten also mit ihnen nicht um Plätze« (MT284; MJF412; ÜV). Da jedoch bis 1929 die höhere Schulbildung für Mädchen praktisch der für Jungen angeglichen worden war, konnten weibliche *agrégées* damit rechnen, Dauerstellungen an Mädchengymnasien zu erhalten.

In patriarchaler Sicht hatte die Strategie, Frauen als »überzählige Kandidaten« zuzulassen, ihre Schattenseiten. Während sie Frauen daran hinderte, mit Männern um Anstellungen zu konkurrieren, schützte sie die Männer doch nicht vor intellektueller Konkurrenz. Simone de Beauvoir selbst unterschätzt das Ausmaß der Bedrohung, die Männer angesichts der weiblichen Präsenz auf den Listen der Prüfungsergebnisse zu empfinden vermochten. In Frankreich wurden – und werden – diese Prüfungsergebnisse in derselben Weise veröffentlicht wie die Ergebnisse eines sportlichen Wettbewerbs: Der Kandidat mit der höchsten Punktzahl erhält den ersten Platz und so weiter. Obwohl ihre Anstellung gesichert war, mußten Männer gleichwohl die Demütigung ertragen, in einem höchst offiziellen Zusammenhang *nach* Frauen eingestuft zu werden. Laut Edmée Charrier erlitt der männliche Stolz gelegentlich einen schweren Schlag. 1887 beispielsweise waren in den Diplom-Prüfungen für Englischlehrer an höheren Schulen 19 der 36 erfolgreichen Kandidaten Frauen, von denen acht unter die ersten zehn gelangten, während die besten Männer auf dem vierten bzw. zehnten Platz rangierten. Angehenden Deutschlehrern erging es kaum besser: In diesem Fach kamen vier Frauen unter die ersten fünf – der männliche Vorzeigekandidat erhielt den dritten Platz. Nach dieser Erfahrung beschloß das Unterrichtsministerium plötzlich, das System zu reformieren: Ab 1891 mußten Männer und Frauen, die nach wie vor die Examen gemeinsam ablegten, auf getrennten Listen eingestuft werden. »Das Motiv für diese Änderung ist leicht zu durchschauen«, kommentiert Charrier (S. 133). Dasselbe passierte bei allen *agrégations* in neueren Sprachen: Ab den frühen neunziger Jahren wurden Frauen und Männer auf getrennten Ergebnislisten eingestuft; zu gemischten Einstufungen kehrte man erst 1924 wieder zurück.

Paradoxerweise bewirkte die Einführung der höheren Schulbildung für Mädchen, daß in der Zeit von 1880 bis 1908 allein die unabhängigen Schulen – und das waren in großer Mehrzahl die katholischen Schulen – das Recht hatten, Mädchen auf das *baccalauréat* vorzubereiten. Zunächst förderte die Kirche solche Bestrebungen nicht, und katholische Mädchen nutzten dieses Privileg nur begrenzt. Die wirtschaftlichen und sozialen Veränderungen bewirkten jedoch auch einen Wandel der katholischen Einstellungen. 1920, als Simone de Beauvoir zwölf Jahre alt war und ihre Eltern über ihre höhere Schulausbildung nachdachten, faßte der katholische Pädagoge Fénelon Gibon die damals bei den Katholiken der Pariser Mittelschicht vorherrschenden Einstellungen bündig zusammen. Angesichts der Tatsache, daß im Großen Krieg eine ganze Generation junger Männer hingemetzelt worden sei, erklärt er mit Nachdruck, müsse man der Wahrheit ins Auge sehen, daß viele Frauen niemals heiraten würden: Sie brauchten eine Ausbildung, die sie befähigen würde, ihren Lebensunterhalt selbst zu verdienen. Das Abschlußzeugnis der höheren Schule sei »reiner Luxus«, schreibt er (S. 52). Frauen, die Geld verdienen müßten, brauchten das *baccalauréat*, und nichts sonst.

Gibon thematisiert hier lediglich eine Tendenz, die seit dem späten 19. Jahrhundert an Bedeutung zugenommen hatte, als das französische Bürgertum einzusehen begann, daß in Zukunft viele Frauen nicht über die für eine Familiengründung notwendige Mitgift (*dot*) verfügen würden und deshalb ein selbst erarbeitetes Einkommen haben müßten, um einen angemessenen Lebens-

standard aufrechterhalten zu können. Nach dem Ersten Weltkrieg entwertete die Inflation Mitgiften und Vermögenseinkünf-
te. Reine wirtschaftliche Zwänge trieben nun viele Frauen der
Mittel- und Oberschicht auf den Arbeitsmarkt. Aber Bürger-
frauen wollten und sollten ihren Lebensunterhalt in bürger-
lichem Stil verdienen, und der Weg zu einigermaßen »akzeptablen« Berufen – im Gegensatz zu denen der Arbeiterklasse –
führte über das *bac*. Nur wenige Mädchen der Mittelschicht
legten beispielsweise das *brevet supérieur* ab, um Volksschullehre-
rinnen zu werden.[9] In dieser Hinsicht war Simone de Beauvoirs
Entschluß, eine Laufbahn im höheren Schuldienst anzustreben,
eine überaus repräsentative Lösung des neuen Dilemmas, mit
dem sich eine zunehmende Anzahl von Frauen der oberen Pariser Mittelschicht konfrontiert sah. Wenn die intellektuellen Interessen und Ambitionen ihrer Schulfreundin Zaza entschiedener unterdrückt wurden als die Simones, dann war dies fast ausschließlich auf den unterschiedlichen ökonomischen Status der
beiden Familien zurückzuführen. Zazas von Wohlstand gepräg-
tes Milieu erlaubte ihr – oder vielmehr ihrer Mutter –, auf eine
konventionell angemessene Ehe zu hoffen, während die Mittel-
losigkeit der Beauvoirs die Eltern zwang, alle derartigen Pläne
für Simone und ihre Schwester hintanzustellen.

1902 wurde eine neue Form des *baccalauréat* eingeführt, bekannt als »Latein und Sprachen« (gemeint sind neuere Sprachen,
d. Ü.). Im Unterschied zum traditionellen philosophischen *bac*
verlangte es kein Griechisch und galt als »leicht«. Die jungen
Französinnen stürzten sich sogleich in Scharen auf diesen Abschluß. Ab 1902 wurde eine ganze Reihe nicht-staatlicher Schulen gegründet, um sie auf dieses *baccalauréat* vorzubereiten.[10] Der
Cours Désir war insofern typisch für die große Mehrzahl der katholischen Mädchenschulen, als es seine Schülerinnen nur auf das
bac in »Latein und Sprachen« vorbereitete und die beiden anderen Fächer, Philosophie und Mathematik, den Jungen überließ.
Simone de Beauvoir schreibt:

»Im Cours Désir sonderten wır [Sımone und Zaza] uns von den anderen ab. Das Institut bereitete nur auf die Prüfung in Latein und Sprachen vor. Monsieur Labille wünschte, daß seine Tochter eine gute naturwissenschaftliche Grundlage erhielt. Mich selbst reizte, was mir Widerstand leistete: Mathematik machte mir Vergnügen. Man beauftragte eine zusätzliche Lehrerin, die uns ab der Sekunda in Algebra, Trigonometrie und Physik unterrichtete« (MT 143; MJF 209; ÜV).

Zaza und Simone bewiesen ihre Überlegenheit, indem sie gleich beide *bacs* machten: Latein und Sprachen sowie Mathematik. Die einzige Möglichkeit freilich, auch das Mathematik-*bac* abzulegen, bestand darin, für zusätzlichen Unterricht außerhalb der Schule zu bezahlen. Naturwissenschaften empfand man nach wie vor als nicht ganz *comme il faut* für junge Mädchen, und man wüßte gern, warum eigentlich Zazas Vater an diesem Plan so lebhaft interessiert war.

Wenn katholische Schulen in Paris von 1903 bis etwa 1910 mit dem Angebot der Vorbereitung auf das *baccalauréat* für Frauen die Führung übernahmen, holten die staatlichen Schulen sie bald ein. Die *lycées*, denen seit 1908 offiziell erlaubt war, Mädchen auf das *baccalauréat* vorzubereiten, hatten in der Tat schon seit einigen Jahren den entsprechenden Unterricht angeboten. Bis zum Ausbruch des Ersten Weltkriegs boten alle Pariser *lycées* das *bac* für Mädchen wie für Jungen an (Mayeur, S. 398). Gewiß hat Simones atheistischer Vater in den zwanziger Jahren das *lycée* als eine Möglichkeit für seine Töchter ernsthaft in Erwägung gezogen. 1920 wies Fénelon Gibon warnend darauf hin, daß die katholischen Schulen im Begriff seien, der Konkurrenz der staatlichen Schulen zu erliegen, und die Katholiken mit noch besseren Lehrern aufwarten müßten als die *lycées*, wenn sie ihre Klientel behalten wollten (S. 72 f.).

Beauvoirs Beschreibung ihrer Lehrerinnen am Cours Désir liest sich einigermaßen betrüblich: »Sie waren reicher an Tugenden als an Diplomen«, kommentiert sie (MT117; MJF170). Auch ihr Vater verhehlte seine schlechte Meinung über ihre Fähigkeiten nicht: »Er ging sogar so weit, Mama vorzuschlagen, sie solle uns, meine Schwester und mich, aufs *lycée* schicken; wir würden dort mehr lernen, und das für weniger Schulgeld« (MT117; MJF170; ÜV). Diesmal traf sich Simones Herzenswunsch mit den religiösen Einwänden ihrer Mutter: Simone wollte nicht von Zaza getrennt werden, und für die katholische Familie Lacoin (in den Memoiren »Mabille«) kam es überhaupt nicht in Frage, *ihre* Tochter in eine weltliche Schule zu schicken. Simone blieb also bei ihren angepaßten Lehrerinnen. »Mit Zaza und einigen Klassenkameradinnen machte ich mich über die lächerlichen Seiten unserer [...] Lehrerinnen lustig« (MT117; MJF171). Als sie 1925 das *bac* bestand, schnitt sie in Philosophie wegen des unsäglichen Unterrichts ihres Philosophielehrers am Cours Désir, Abbé Trécourt, schlecht ab und erreichte von zwanzig möglichen Punkten nur elf – zehn waren für das Bestehen notwendig (MT153; MJF223). »Er beschränkte sich darauf [...], uns die nach dem Lehrbuch auswendig gelernten Lektionen aufsagen zu lassen. Zu jedem Problem lieferte der Verfasser, der hochwürdige Pater Lahr, eine knappe Zusammenfassung der menschlichen Irrtümer und lehrte uns die Wahrheit nach dem heiligen Thomas von Aquin« (MT150; MJF219; ÜV).

»Ein neues Leben, ein anderes Leben«: Die Sorbonne

Der Herbst 1925 markierte einen Wendepunkt im Leben Simone de Beauvoirs.[11] Im Alter von siebzehneinhalb Jahren hatte sie den Cours Désir endgültig zum letztenmal gesehen; endlich würde sie eine richtige Studentin werden. Aber was eigentlich sollte sie studieren? In ihren Memoiren erklärt sie, daß sie zunächst daran gedacht habe, nach Sèvres zu gehen: In einer Zeitschrift hatte sie eine poetische Beschreibung der Freuden dieser Schule aus der Feder einer ehemaligen Studentin gelesen: »Sie schilderte Gärten, in denen schöne, wissensdurstige Mädchen im Mondschein spazierengingen: Ihre Stimmen vermischten sich mit dem Geplätscher der Springbrunnen« (MT 152; MJF 221). Die traumatische Szene am Medicibrunnen vorwegnehmend und umkehrend, ist die hier beschworene glückselige Harmonie in der Geborgenheit einer mondhellen Klausur das genaue Gegenteil des Schmerzes, der Verwirrung und der Niederlage, die Simone im Jardin du Luxembourg erleidet. Beide Szenen spielen sich in einem Garten mit Springbrunnen ab: Der Unterschied liegt im Geschlecht der Gesprächsteilnehmer. In Beauvoirs Memoiren weicht der ziemlich klischeehafte Traum (das romantische Mondlicht sagt alles) von vollkommener weiblicher Harmonie der harten Tagesrealität intellektueller Machtkämpfe zwischen Männern und Frauen.[12]

Beauvoir entschied sich jedoch gegen Sèvres: »Meine Mutter aber hegte ein Mißtrauen gegen Sèvres«, schreibt sie, »und nach reiflicher Überlegung hatte ich selbst keine Lust, außerhalb von Paris nur mit Frauen in einer Art Klausur zu leben« (MT 152; MJF 221 f). Ihre Mutter hatte gute Gründe, sie nicht nach Sèvres gehen lassen zu wollen. Gibon weist darauf hin, daß die Studenten unabhängiger Institutionen (des *enseignement libre*), das heißt katholische Studenten, nach dem Abschlußexamen bereit sein mußten, an staatlichen Schulen zu unterrichten (S. 189 f.). Von Françoise de Beauvoir, die beträchtliche finanzielle Opfer gebracht hatte, um ihre Töchter von weltlichen Schulen fernzuhalten, konnte man schwerlich erwarten, daß sie einen solchen Plan mit Gleichmut hingenommen hätte.

Aber es gab noch einen weiteren Grund für Beauvoir, nicht nach Sèvres gehen zu wollen: ihr Interesse an Philosophie. Wie wir bereits gesehen haben, durften und konnten die Frauen in Sèvres die sogenannte »männliche« Philosophie-*agrégation* nicht ablegen. Zunächst jedoch hatten sich Simones Eltern geweigert, sie überhaupt Philosophie studieren zu lassen. Was immer sie studieren wollte, ihr Vater bestand auf finanzieller Sicherheit für seine Tochter: Man durfte nicht zulassen, daß sie am Ende Privatunterricht gab. Wenn sie schon Lehrerin werden mußte, sollte sie nach seinem Willen ihre *agrégation* ablegen und in den staatlichen Schuldienst eintreten, wo sie als angesehene Beamtin eine Anstellungsgarantie und eine staatliche Alterspension zu erwarten hatte. Das finanzielle Argument war ausschlaggebend: Françoise de Beauvoir gab nach, und den Nonnen und anderen Lehrerinnen im Cours Désir wurde verkündet, daß Simone *lycée*-Lehrerin werden sollte. Simone war entzückt. Die Entrüstung ihrer Lehrerinnen konnte sie nur in Hochstimmung versetzen: »Welch ein Skandal! [...] Ungerührt las ich in den Blicken meiner Erzieherinnen Kritik an meiner Undankbarkeit, meiner Unwürdigkeit, meinem Verrat: Satan hatte mich umgarnt« (MT153; MJF223; ÜV).

Aber wenn sich Beauvoir entschloß, nicht nach Sèvres zu gehen, warum erwog sie dann nicht ein Studium an der École Normale Supérieure in der Rue d'Ulm? Viele Kritiker, die sich von der Tatsache irreführen ließen, daß sie und Jean-Paul Sartre 1929 die Prüfungen gemeinsam ablegten, glauben offenkundig, daß Beauvoir Sartre dort kennengelernt habe. Laut ihren Memoiren jedoch hat sie niemals auch nur daran gedacht, sich an dieser Hochschule zu bewerben. Dafür gab es triftige Gründe, nicht zuletzt den, daß die ENS 1925 offiziell weibliche Studenten überhaupt nicht aufnahm. Als 1910 eine Frau, Mademoiselle Rivière, die Aufnahmeprüfungen für die naturwissenschaftliche Abteilung bestand (sie hatte die einschlägigen Formulare nur mit ihren Initialen unterschrieben), wurde sie als *élève de l'école* aufgenommen und erhielt vollen Studentenstatus, einschließlich des vom Staat monatlich gezahlten kleinen Zuschusses, während man ihr Kost und Logis verweigerte. Im Jahr darauf, berichtet Edmée Charrier, beschloß der Verwaltungsrat der ENS, Frauen aus der Rue d'Ulm auszuschließen. Von 1912 bis 1926 bestanden trotzdem vier Frauen die Aufnahmeprüfungen (alle in Naturwissenschaften); allen wurde der Status des *élève de l'école* verweigert und statt dessen ein sogenanntes »Universitätsstipendium« (*bourse de l'Université*) angeboten. Die letzte von ihnen, Mademoiselle Jacotin, die die Aufnahmeprüfung 1926 bestanden hatte, beschloß gegen diese ungerechte Behandlung zu protestieren; die Presse nahm sich ihrer Sache an, und 1927 wurde ihr der volle Studentenstatus in der ENS garantiert; damit war den 36 Frauen der Weg geebnet, die von 1927 bis 1939 zugelassen wurden.[13] Simone Weil, nur ein Jahr jünger als Beauvoir, begann ihr Studium an der ENS 1928, das heißt in Sartres letztem Jahr dort, als Beauvoir sich in ihrem Drang, möglichst rasch finanziell unabhängig zu werden, bereits intensiv auf ihre *agrégation* vorbereitete.[14]

1940 wurde die Schule für Frauen erneut geschlossen – offiziell mit der Begründung, daß Sèvres nun genau dieselben Möglichkeiten biete wie die Rue d'Ulm. Doch auch in den dreißiger Jahren wurden den weiblichen Studenten der ENS nicht die gleichen Rechte zugestanden wie den Männern. Eine Ex-Ulmienne, Madame Martinet, die 1937 in die Schule eintrat, erinnert sich lebhaft daran, daß Frauen nicht im Speisesaal essen durften: Sie sollten vor der ordinären Ausdrucksweise ihrer männlichen Kollegen geschützt werden.[15] Da Frauen in der Schule weder wohnen noch essen durften, blieben sie de facto von einem großen Teil der zwangloseren intellektuellen und gesellschaftlichen Aktivitäten an der ENS ausgeschlossen.

1925 also war die ENS in der Rue d'Ulm für Simone de Beauvoir keine Alternative. Sie mußte an der Sorbonne eine *licence* erwerben, dann das Lehrerdiplom und schließlich die *agrégation*. Sie wollte unbedingt Philosophie studieren. Ihre Mutter beriet sich darüber mit Simones Lehrerinnen:»Sie erklärten [...] meiner Mutter, daß die Philosophie die Seelen gründlich verderbe: Nach einem Jahr Sorbonne hätte ich meinen Glauben und meine Moral verloren« (MT153; MJF223; ÜV). Simone willigte ein, statt dessen klassische Philologie (*lettres*) und Mathematik zu studieren. Auch von der sündigen Sorbonne wollte man sie tunlichst fernhalten: Mathematik sollte sie am Institut catholique, klassische Philologie am Institut Sainte-Marie in Neuilly studieren, einer Einrichtung nur für Frauen, gegründet und geleitet von der kämpferischen Madame Daniélou, die sich stark für die Ausbildung katholischer Mädchen engagierte.[16] Das Institut catholique bildete Männer und Frauen aus: 1928/29, informiert uns Edmée Charrier, waren 31 Prozent bzw. 461 der 1480 Studierenden Frauen (Charrier, S. 235). Das entspricht, nebenbei bemerkt, etwa dem Prozentsatz weiblicher Studenten, dessen sich in den achtziger Jahren so manches Oxbridge[17]-College rühmte. Beide Institute waren gegründet worden, um katholische Studenten auf die Sorbonne-Examen vorzubereiten und sie auf diese Weise vor dem weltlichen Einfluß der Sorbonne-Studenten wie ihrer Professoren zu bewahren. »Unsere Beziehungen zur Sorbonne würden sich so auf ein Minimum beschränken«, kommentiert Beauvoir (MT160; MJF233; ÜV).

In ihrem ersten Studienjahr (1925/26) erwarb Simone de Beauvoir jeweils ein *certificat* in Literatur, Mathematik und Latein. Außerdem lernte sie Griechisch von Grund auf. Man weiß diese Leistungen besser einzuschätzen, wenn man zur Kenntnis nimmt, daß man für eine *licence* damals normalerweise vier *certificats* brauchte: Der Durchschnittsstudent pflegte auf eines pro Jahr hinzuarbeiten, während ein außergewöhnlich begabter und fleißiger Student zwei im Jahr erreichen konnte. Aber Simone war mit ihrer Arbeit nicht zufrieden: Nichts begeisterte sie wirklich. Unterstützt von Mademoiselle Mercier am Institut Sainte-Marie (in den Memoiren »Mademoiselle Lambert«), die eine der ersten sechs weiblichen Philosophie-*agrégées* in Frankreich und eine enge Mitarbeiterin von Madame Daniélou gewesen sein muß, entschloß sie sich, zu ihrer ersten Liebe, der Philosophie, zurückzukehren. Diesmal stimmten ihre Eltern zu.

Die Wahl dieses Studienfachs war bei Frauen nicht eben üblich. Beauvoir wußte, daß es in der Tat nur sehr wenige Philosophinnen gab. »Ich wünschte mir, eine dieser Pionierinnen zu werden«, schreibt sie (MT153; MJF222). Sie stellt ihre philosophische Berufung als eine überwältigende Inspiration dar, ausgelöst vom Beispiel einer Wegbereiterin, der ersten Frau, die in Frankreich in Philosophie promoviert hatte, Léontine Zanta:

»Ich hatte in einer Zeitschrift einen Artikel über eine Philosophin gelesen, die Mademoiselle Zanta hieß: Sie hatte den Doktor gemacht. Auf der Photographie sah man sie mit ernstem, nachdenklichem Gesicht an ihrem Schreibtisch sitzen; sie lebte mit einer jungen Nichte zusammen, die sie adoptiert hatte; auf diese Weise war es ihr gelungen, ihr geistiges Leben mit den Bedürfnissen des weiblichen Gefühlslebens in Einklang zu bringen. Wie sehr wünschte ich mir, daß man eines Tages auch über mich so schmeichelhafte Dinge schreiben würde!« (MT152f; MJF222; ÜV)

Die heute vergessene Léontine Zanta hatte im Mai 1914 an der Sorbonne ihre philosophische Dissertation über die Wiedergeburt des Stoizismus im Frankreich des 16. Jahrhunderts verteidigt. Die Zeitungen berichten voller Respekt und ritterlicher Bewunderung über dieses Ereignis. Man habe nicht damit gerechnet, staunt ein Reporter, daß eine der ersten beiden *doctoresses* in Frankreich die Promotion in Philosophie gewagt habe, die doch allgemein als »die schwierigste und gefürchtetste« gelte und »so viel Geisteskraft und so viel Erfahrung im Umgang mit Begriffen erfordert, daß man sie für eine Domäne der Männer hält«.[18] Derselbe Berichterstatter verbreitet sich über Mademoiselle Zantas bewundernswerte Verteidigung ihrer Dissertation, in der sich die »Ungezwungenheit der Frau von Welt mit der Beweglichkeit eines einfallsreichen Geistes« verbinde, und nutzt die Gelegenheit, um zu behaupten, daß kein anderes Land der Welt so viele gelehrte *und* feminine Frauen hervorgebracht habe wie Frankreich.[19]

Léontine Zanta, in den siebziger Jahren des 19. Jahrhunderts als fünftes Kind eines elsässischen *Lycée*-Lehrers in Mâcon geboren, war zu ihrer Zeit eine intellektuelle Berühmtheit, die sich im Journalismus und in der Frauenbewegung der zwanziger Jahre einen Namen gemacht hatte. Sie wurde nie an einer Hochschule angestellt und verdiente ihren Lebensunterhalt als Privatlehrerin, Journalistin und Schriftstellerin. Die Verfasserin mehrerer Romane über intellektuelle Frauen und einiger Essays über Feminismus erhielt in den späten zwanziger Jahren das Kreuz der Ehrenlegion.[20]

Simone de Beauvoirs Wunsch, zu einer kleinen Elite weiblicher Philosophen in Frankreich zu gehören, hätte leicht mit einer Reihe institutioneller Hindernisse kollidieren können. In der Tat, wäre sie nur wenige Jahre älter gewesen, hätte sie sich ihnen vermutlich überhaupt nicht anschließen können. Léontine Zanta beispielsweise war nie *agrégée* in Philosophie. In Frankreich wurden Frauen erst 1924 zu allen *agrégations* und anderen Examen zugelassen, die zuvor Männern vorbehalten waren. Gleichzeitig wurden gemeinsame Einstufungen für alle Prüfungen vorgeschrieben: Die Gefühle der Männer sollten nicht mehr geschont werden. Was die *agrégation* in Philosophie betraf, die prestigeträchtigste und darum »männlichste« aller männlichen *agrégations*, so beschloß das Unterrichtsministerium 1918, Frauen mit Wirkung ab 1919 völlig auszuschließen. Angesichts der Tatsache, daß bis 1918 überhaupt nur eine einzige Frau die Philosophie-*agrégation* bestanden hatte (und das schon 1905)[21], fragt man sich, warum die zuständigen Herren es plötzlich für notwendig hielten, die Frauen daran zu hindern, das Examen wenigstens in Angriff zu nehmen. Laut Edmée Charrier protestierten die Philosophieprofessoren der Sorbonne (alle männlich) vehement gegen diesen Ausschluß, der, wie sie argumentierten, ihren Studentinnen schweres Unrecht zufüge, und ein Jahr später wurde die Maßnahme wiederaufgehoben (S. 135 f.). Von 1920 bis 1928 gelang es sieben Frauen, die Philosophie-*agrégation* zu erwerben, und 1929 waren vier von 13 erfolgreichen Kandidaten Frauen.[22]

Mit anderen Worten: Nur fünf Jahre früher wäre das berühmte Ergebnis der *agrégation* von 1929 – und damit auch das schicksalhafte philosophische Gespräch im Jardin du Luxembourg – nicht möglich gewesen. Daß sich Simone de Beauvoir nur in bezug auf Sartre als zweite verstand, ist sicherlich von dem Umstand entscheidend beeinflußt worden, daß sie zweite in der *agrégation* wurde, in der er die Nummer eins war. Man fragt sich, wie sie sich eingeschätzt hätte, wenn ihr eine so bedeutende institutionelle Bestätigung ihres Rangs vorenthalten worden wäre.

Wenn Beauvoir in *Das andere Geschlecht* schreibt, die Frauen ihrer Generation brauchten für ihre Grundrechte nicht mehr zu kämpfen, weil »wir die Partie im großen und ganzen gewonnen haben« (AG24; DSa29), ist dies eine Verallgemeinerung, die fast ganz auf ihren Erfahrungen als Studentin und junge Philosophielehrerin in den späten zwanziger und frühen dreißiger Jahren basiert, als sie das Glück hatte, nicht ein einziges Mal mit unverhüllt deutlicher institutioneller Geschlechtertrennung konfrontiert zu werden. Es ist jedoch lehrreich, zu erkennen, wie wenig dazu gehört hätte, daß ihr Bildungsweg für sie zu einer ganz anderen Erfahrung geworden wäre. Gemischte Einstufungslisten in der Philosophie-*agrégation* wurden beispielsweise 1929 eingeführt; in den späten dreißiger Jahren trennte man jedoch wieder nach Geschlechtern. Frauen war es erst ab 1924 erlaubt, alle Universitätsexamen mit Männern gleichberechtigt abzulegen. Um diese Zeit waren die Lehrpläne der *lycées* für Mädchen und Jungen einander weitgehend angeglichen: Frauen wie Männer mußten nun die *bac*-Lehrpläne unterrichten, und das Abschlußzeugnis für Mädchen geriet praktisch in Vergessenheit. 1924 jedoch verdienten weibliche *agrégées* immer noch weniger als ihre männlichen Kollegen. Nun, da man von ihnen erwartete, daß sie dieselben Examen ablegten und nach denselben Lehrplänen unterrichteten, stellten sie mit Erfolg ihr Recht auf gleiche Bezahlung zur Debatte, und im August 1927 wurden männlichen und weiblichen *lycée*-Lehrern gleiche Gehälter bewilligt.[23] Als Simone de Beauvoir ihre erste Lehrerinnenstellung in Marseille antrat, konnte sie dasselbe Gehalt erwarten wie Sartre in Le Havre, doch war dieses Recht erst vier Jahre zuvor errungen worden.

Wie wir bereits gesehen haben, durfte Beauvoir erst 1926 mit dem Philosophiestudium anfangen. Unter diesen Umständen ist die Tatsache, daß sie die *agrégation* schon 1929 glanzvoll bestand, nichts weniger als erstaunlich. Es ist sicherlich ein eindrucksvolleres Bravourstück als Sartres erster Platz im selben Examen. Bis 1929 hatte Sartre nicht weniger als *sieben Jahre* Philosophie studiert (er bestand sein *bac* 1922 und wich niemals von seiner philosophischen Berufung ab). Dagegen lag Beauvoir wegen ihres verspäteten Anfangs mit ihrem Philosophiestudium bereits um ein Jahr zurück. Im März 1927 bestand sie ihr *certificat* in Philosophiegeschichte und im Juni das in »Allgemeiner Philosophie«, in dem sie übrigens zweite nach Simone Weil wurde. Der dritte auf der Ergebnisliste war Maurice Merleau-Ponty (»Jean Pradelle« in den Memoiren), der in der Rue d'Ulm studierte. Sie erwarb auch ihr *certificat* in Griechisch: Das Ergebnis ihrer ersten beiden Studienjahre entsprach bereits eineinhalb *licences* (vgl. MT234f; MJF339).

Für 1927/28 plante Beauvoir drei weitere *certificats*, um ihre beiden *licences* – klassische Philologie und Philosophie – in diesem Jahr abzuschließen. Im März 1928 erwarb sie die beiden *certificats*, die sie in Philosophie brauchte (Ethik und Psychologie); das letzte in klassischer Philologie erforderliche *certificat* betraf die Sprachwissenschaft. Sie stellte fest, daß ihr die Trockenheit dieses Fachs widerstrebte, und gab den Plan, eine doppelte *licence* zu erwerben, auf. Ihr Vater, der seine Tochter gern als Wunderkind gesehen hätte, wenn er sie schon nicht verheiraten konnte, war enttäuscht. »Aber ich war nicht mehr sechzehn Jahre alt: Ich blieb fest« (MT254; MJF368), kommentiert Beauvoir trocken. Da ihr ein freies Sommersemester zur Verfügung stand, beschloß sie, sich auf das für den Unterricht an höheren Schulen erforderliche

Lehrerdiplom und zugleich auf die *agrégation* vorzubereiten –
ein, gelinde gesagt, ganz ungewöhnlicher Plan. Für dieses Di-
plom mußte eine schriftliche Arbeit über ein philosophisches
Thema vorgelegt werden. Dem Rat des Sorbonne-Professors
Léon Brunschvicg folgend beschloß sie, über den »Begriff bei
Leibniz« zu schreiben (MT255; MJF369).

Beauvoirs letztes Studienjahr war vermutlich das schwerste.
Aber sie arbeitete überaus intensiv: Für sie bedeutete die *agrégation* vor allem Freiheit – die Freiheit, ihren Lebensunterhalt
selbst zu verdienen, das Elternhaus zu verlassen und niemandem
mehr über ihr Verhalten Rechenschaft schuldig zu sein. Dieser
Lohn war jede noch so große Anstrengung wert. Im Januar 1929
absolvierte sie das für das Lehrerdiplom erforderliche Lehrprak-
tikum am *lycée* Janson-de-Sailly – zusammen mit Claude Lévi-
Strauss, der sich wie sie auf die *agrégation* an der Sorbonne vorbereitete, und dem *normalien* Merleau-Ponty, den sie gut kannte.
Mittlerweile hatte sie – bis auf die kleine Clique, die aus Sartre,
Paul Nizan und René Maheu bestand – praktisch alle ENS-Studenten im letzten Studienjahr kennengelernt.

Damals wie heute beruhten die philosophischen *agrégation*-
Prüfungen auf einer Liste von neun bis zehn Themen, von denen nur eines in der schriftlichen Prüfung gestellt wurde. Dieses
System erklärt, warum Sartre bei seinem ersten Versuch 1928
scheitern konnte. Möglicherweise war er auf das gestellte Thema
schlecht vorbereitet. Wie durch ein Wunder traf es sich jedoch,
daß das Thema der schriftlichen Prüfung 1929 »Freiheit und
Kontingenz« lautete, und sein Triumph war vollkommen. Dafür
bieten sich zwei Deutungen an: Entweder schnitt Sartre bei der
schriftlichen Prüfung so gut ab, weil das Thema ideal mit seiner
Hauptbeschäftigung übereinstimmte, oder – wie Michèle Le
Doeuff einmal bemerkt hat – er verbrachte die folgenden fünfzehn Jahre damit, seine Examensarbeit beharrlich zu überarbei-
ten.

Ein wichtiger Teil der mündlichen Prüfungen ist der sogenannte *discours*, eine Art Kurzvorlesung, für die der Kandidat innerhalb weniger Stunden einen Vortrag über ein ihm zuvor nicht bekanntes Thema vorbereiten muß. Für diesen Prüfungsteil braucht man eine gewandte Zunge und beträchtliches methodisches Geschick. Genau in diesem Punkt kommt die spezifische Ausbildung der ENS-Studenten zur Geltung: In der vorgeschriebenen Methode intensiver gedrillt als irgend jemand sonst, konnte man 1929 zweifellos voraussetzen, daß sie für diese Leistung besser gerüstet waren als Kandidaten der Sorbonne. In *Tristes tropiques* (dt. *Traurige Tropen*) übt Claude Lévi-Strauss scharfe Kritik an dem unvermeidlichen dreiteiligen Denkmuster, das von den Examinatoren der *agrégation* bevorzugt wurde:

»Ich begann zu lernen, daß jedes Problem, ob bedeutend oder unbedeutend, mit der immer gleichen Methode gelöst werden kann, die darin besteht, daß man zwei traditionelle Auffassungen der Frage einander gegenüberstellt, die erste einführt, indem man an den gesunden Menschenverstand appelliert, um sie dann mittels der zweiten zu zerstören und schließlich beide dank einer dritten Auffassung zu verwerfen, die den gleichermaßen einseitigen Charakter der beiden anderen enthüllt. Mit Hilfe einiger verbaler Kunstgriffe sind nun beide Auffassungen zu einander ergänzenden Aspekten desselben Gegenstandes geworden: Form und Inhalt, Behälter und Ladung, Sein und Schein, Kontinuität und Diskontinuität, Wesen und Existenz und so weiter. Diese Übungen werden rasch zu einer rein verbalen Angelegenheit und basieren auf einer Kunst des Wortspiels, die das Denken ersetzt. [...] Fünf Jahre Sorbonne beschränkten sich auf das Erlernen dieser Gymnastik. [...] Ich brüstete mich, innerhalb von zehn Minuten ein solides dialektisches System für eine einstündige Vorlesung über die jeweiligen Vorzüge von Bussen und Straßenbahnen ausarbeiten zu können« (S. 52 f.).[24]

Dieses System hat sich seit den zwanziger Jahren kaum verändert. Offenbar kann man auch heute noch beobachten, wie die ENS-Studenten ihre Prüfungsbögen in drei Teile und diese wiederum weiter aufteilen, noch bevor sie wissen, über welches Thema sie ihren Vortrag halten sollen. In der Tat empfinden es manche Studenten als äußerst kühn, wenn sie ihren *discours* zwei- statt dreiteilig abfassen.[25] In seiner Sartre-Biographie weist Ronald Hayman darauf hin, wie wenig die ENS tat, um Sartre von seiner Neigung abzubringen, allzusehr auf brillante Improvisation zu setzen:

»Die École Normale war untauglich, ihre Studenten zu sorgfältigem Quellenstudium zu erziehen. So war Sartre nicht von seiner Neigung abzubringen, sich auf ungesicherte Fakten zu verlassen, die er zudem unzulänglich beherrschte. Aber er ging schon jetzt virtuos mit Worten um, und mit seiner angenehmen Stimme sollte er sein Leben lang ein Publikum von einer Person, fünf oder fünfhundert Leuten faszinieren können, indem er sprach, als denke er laut, während seine verbale Virtuosität es ihm schon jetzt gefährlich leichtmachte, zu schreiben, als improvisiere er« (S. 93; ÜV).

Im Frühjahr 1929 entwickelte sich eine enge Freundschaft zwischen Simone de Beauvoir und René Maheu (in den Memoiren »Herbaud«), und nach dem schriftlichen Teil der *agrégation* wurde sie schließlich offiziell eingeladen, sich zusammen mit Sartre, Maheu und Nizan auf die mündliche Prüfung vorzubereiten. Es ist kaum zu bezweifeln, daß sie davon für die mündliche Prüfung profitiert hat: Letztlich lief die Erfahrung wochenlanger enger Zusammenarbeit mit der Elite der ENS auf nicht mehr und nicht weniger als einen Intensivkurs in den Prüfungsmethoden der ENS hinaus. Sie lernte Sartre, den sie bislang nur in Vorlesungen gesehen hatte, an einem Montagmorgen in seinem Zimmer in der Cité universitaire kennen, wo er, Nizan und Maheu sie erwarteten, um mit ihrer Hilfe Leibniz zu rekapitulieren. Sie muß sich wie bei einem Examen gefühlt haben: »Ich war etwas aufgeregt, als ich Sartres Zimmer betrat«, schreibt Beauvoir. »Den ganzen Tag kommentierte ich, erstarrt vor Schüchternheit, den *Discours de métaphysique*; dann brachte mich Herbaud nach Hause« (MT321; MJF467). Obwohl sich dies eher nach einer geistigen Tortur anhört, war es in Wahrheit die Eröffnungspartie in einem erotisch-theoretischen Verführungsspiel: Nur wenige Tage später sollten die beiden Protagonisten im Jardin du Luxembourg über Philosophie disputieren.

Der Geist der École Normale Supérieure

Bevor ich den Einfluß der École Normale Supérieure auf Simone de Beauvoir untersuche, ist es notwendig, kurz den Weg Sartres in die Rue d'Ulm zu beleuchten. Sein Werdegang – er wurde 1905 geboren und wuchs in Paris bei einem intellektuellen Lehrer auf – ist charakteristisch für erfolgreiche Aspiranten der ENS. Das einzig Untypische an seiner Schulausbildung ist der Umstand, daß er drei Jahre (1917–1920) an einem *lycée* in La Rochelle (die gefürchteten Provinzen!) verbrachte, bevor er nach Paris zurückkehrte, um sich auf das *baccalauréat* vorzubereiten. Anders als Beauvoir profitierte Sartre also von der besten Pariser Ausbildung seiner Zeit. Von 1920 bis 1922 besuchte er das *lycée* Henri IV, wo einer der berühmtesten französischen Philosophen, Émile-Auguste Chartier (1868–1951) – bekannt als Alain – die Klassen unterrichtete, die sich auf die Aufnahmeprüfung für die Abteilung »Literatur« der ENS vorbereiteten. (Alain sollte später auch Simone Weil unterrichten.) Diese Vorbereitungsklassen, französischen Studenten als *hypo-khâgne* (erstes Jahr) und *khâgne* (zweites Jahr) geläufig, stellen praktisch einen zweijährigen Kurs intensiver Büffelei für die Ausleseprüfung zur Aufnahme in die ENS dar. Sie werden allgemein für wesentlich schwieriger gehalten als die eigentliche »Grande École«. Wenn sie ihr *bac* bestanden haben, legen die Studenten der Pariser *khâgnes* normalerweise auch Examen an der Sorbonne ab, so daß viele von ihnen mit einer fast abgeschlossenen *licence* in die ENS eintreten. Die vier Jahre in der Schule selbst verbringen sie mit dem Abschluß ihrer *licence* und der relativ gemächlichen, intellektuell umfassenden Vorbereitung auf die *agrégation*.[26]

Nachdem Sartre und sein Freund Paul Nizan 1922 das *baccalauréat* bestanden hatten, wechselten sie vom Henri IV zum damals ebenso angesehenen Pariser *lycée* Louis-le-Grand, um dort die beiden Vorbereitungsjahre für die ENS zu absolvieren. Im August 1924 waren ihre Bemühungen von Erfolg gekrönt: Beide traten dann im Herbst in die ENS ein, während Beauvoir immer noch am Cours Désir schmachtete. Sartre blieben nicht weniger als fünf Jahre (wegen seines Scheiterns 1928 eines mehr als üblich), um sich auf seine Bestimmung, nämlich in der Philosophie-*agrégation* als Erster eingestuft zu werden, vorzubereiten. Als Beauvoir 1974 Sartre zu seinen Ansichten über die Idee der Gleichheit befragte, konfrontierte sie ihn mit der Arroganz, die er als Student an den Tag gelegt hatte:

»Simone de Beauvoir: An der Sorbonne hatten Sie, Nizan und Maheu den Ruf, eine äußerst verächtliche Haltung gegenüber der Welt insgesamt und gegenüber den Sorbonne-Studenten im besonderen zu haben.

Jean-Paul Sartre: Weil die Sorbonne-Studenten Wesen waren, die nicht ganz und gar Mensch [*des hommes*] waren« (ZA320; CA315).

Von Beauvoir sanft getadelt, erklärt Sartre, daß er sich später von diesen schockierenden Ansichten der Ungleichheit befreit habe. Man könnte einwenden, daß er seine Fixierung auf Rangordnungen und Hierarchien zwar insofern tatsächlich abschüttelte, als er in seinem späteren Leben Preise und Auszeichnungen ablehnte, dies aber nicht zuletzt deshalb, weil es ihm ohnehin bereits gelungen war, Spitzenpositionen zu erreichen, wo immer es darauf ankam. Wie Bourdieu einmal dargelegt hat, ist nichts vornehmer, als sich »uninteressiert« zu geben – oder mit anderen Worten: Nur die Reichen können es sich leisten, arm zu erscheinen (*Die feinen Unterschiede*, S. 100–104). Daß der junge *normalien*, von seinem Genie überzeugt, die Studenten der Sorbonne für nicht ganz vollwertige Menschen hielt, ist kaum überraschend: Im französischen Ausbildungsfeld galt die ENS als Inbegriff einer geistigen Eliteinstitution. Zu dieser Zeit war die Position der ENS in Frankreich noch weitaus dominierender als die etwa von Oxford in England oder von Harvard in den USA heute: Jeder französische Möchtegern-Intellektuelle stand im Bann ihres Prestiges.

Simone de Beauvoir, selbst eine bescheidene Sorbonnarde, bildete keine Ausnahme. Sie fühlte sich privilegiert, als sie sich endlich der eingebildeten kleinen Clique um Sartre anschließen durfte, und stattet in ihren Memoiren die *normaliens* mit eben den intellektuellen Qualitäten aus, die sie selbst anstrebte: »Ich hatte mich auf den *concours* in aller Eile vorbereitet. Ihre geistige Kultur hatte eine viel solidere Grundlage als meine, sie waren mit einer Menge neuer Dinge vertraut, von denen ich nichts wußte, sie waren das Diskutieren gewöhnt« (MT 330; MJF 480f; ÜV). Diese Einschätzung der Unterschiede zwischen ihr und den *normaliens* ist zwar realistisch, unterdrückt meiner Meinung nach zugleich aber auch ihren eigenen beträchtlichen Anspruch auf intellektuellen Rang. Wie wir gesehen haben, war Beauvoir schließlich erst die neunte Französin, die *agrégée* in Philosophie werden sollte. »Dieser Fall war so selten«, schreiben ihre Biographinnen, »daß er den Pionierinnen ein Foto in *L'Illustration* einbrachte. Meistens zeigte ein zweites Foto die Laureatin im Kreis ihrer stolzen Familie« (Francis/Gonthier, S. 68). Beauvoir selbst jedoch betont das Außergewöhnliche ihrer Leistung mit keinem Wort. Sie erwähnt auch nicht, daß sie mit 21 Jahren geschlechtsunabhängig eine der jüngsten *agregés* in Frankreich war. Statt dessen verlegt sie sich darauf, die Überlegenheit ihrer neuen Freunde von der École Normale Supérieure – Sartre, Nizan, Aron und Politzer – hervorzuheben.[27]

Diese bescheidene Selbstdarstellung signalisiert auch Beauvoirs Identifizierung mit den geistigen Werten, die von der ENS propagiert wurden. Angesichts des Prestiges dieser Institution ist das nicht eben überraschend. Wir sollten jedoch nicht vergessen, daß sie auch eine Alternative gehabt hätte: Wie Nizan oder Lévi-Strauss hätte sie ihre Marginalität, ihre relative Ferne und Unterschiedlichkeit in bezug auf die Studenten der ENS hervorheben können. Bezeichnenderweise scheint die Autorin des *Anderen Geschlechts* nicht einmal in den späten fünfziger Jahren, als sie ihre Memoiren schrieb, auf diesen Gedanken gekommen zu sein: Zeit ihres Lebens blieben Beauvoirs Kriterien intellektueller Qualität weitgehend identisch mit denen der ENS. In dieser Ausschließlichkeit kommt ihre nachdrückliche Behauptung, die Studenten der ENS seien die vielversprechendsten Intellektuellen weit und breit gewesen, einer Tautologie nahe.

Das ist keineswegs ungewöhnlich: Kaum vorstellbar, daß eine erfolgreiche Kandidatin der *agrégation* sich vom Geist der intellektuellen Institution, in dem sie sich auf die Prüfung vorbereitete, nicht auch hätte beeinflussen lassen. Außerdem identifizierte sie sich vermutlich aufgrund ihrer Beziehung zu Sartre stärker mit dem *esprit normalien*, als sie es ohnehin getan hätte. Anders als Nizan hielt Sartre offenbar seine Jahre in der ENS für die beste Zeit seines Lebens, die er als »vier [*sic!*] glückliche Jahre« bezeichnet (Vorwort zu Nizans *Aden*, S. 19).[28] Sartres und Beauvoirs ständige Beschwörung ihrer *Einheit*, der Refrain »Wir sind eins« (*on ne fait qu'un*), der in den *Lettres au Castor* wie in Beauvoirs Memoiren immer wieder auftaucht, hätten es ihr jedenfalls schwergemacht, irgendeine Art von Distanz zu der Institution herzustellen, die Sartre geprägt hat. Die intellektuelle Aura um die ENS, der sie niemals angehört hat, zu preisen, ist jedoch für

Beauvoir etwas anderes als für Sartre. Objektiv und emotional geriet sie dadurch in eine Situation, in der es ebenso notwendig wie wünschenswert wurde, ihre Marginalität zu verdrängen.

Die Ideologie der Überlegenheit, die in den zwanziger und dreißiger Jahren die ENS umgab, entsprach in etwa dem Kult um die Philosophie in dieser Zeit. Sie galt als die Königin der Disziplinen, die unbestrittene Meisterin in der Rangordnung der Fakultäten. Man ging davon aus, daß nur die intelligentesten Studenten den intellektuellen Anforderungen dieser erhabenen Disziplin gewachsen seien. Bis zu einem gewissen Grade überlappte und verflocht sich das Prestige der ENS mit dem der Philosophie. Der Philosoph, dem sich angeblich die höchste menschliche Sphäre, die des Geistes, erschloß, konnte sich mit vollem Recht für ein elitäres Wesen halten. Aber das konnten auch die Studenten der ENS. In ihrem Selbstverständnis wie in der Realität repräsentierten die Philosophiestudenten der Schule wie Sartre, Nizan und Merleau-Ponty die *crème de la crème* der französischen Studentenschaft. In seiner 1927 veröffentlichten Untersuchung *La république des professeurs* bezeichnet Albert Thibaudet – Literaturkritiker und selbst schlichter *agrégé* der Geschichte und Geographie – die Philosophielehrer als »Blüten« und die Lehrer weniger anspruchsvoller Fächer als »Blätter« am Baum der Erkenntnis: »Unsere Philosophielehrer bleiben die Blüte unserer höheren Schulbildung. Aber während wir der Blüte lauschen, laßt uns den Blättern, beispielsweise dem Geschichtslehrer, einen Platz bewahren« (S. 245 f.). Allem Anschein nach ohne jede Spur von Ironie schreibt Thibaudet der Philosophie die Macht zu, selbst die fragwürdigsten Bankiers und Politiker zu läutern:

»Die Berufung zum Philosophen entspricht im Prinzip der Berufung zum Priestertum. Jeder, der sich einmal auf die *agrégation* in Philosophie vorbereitet hat, wird – selbst wenn er ein parlamentarischer Roßtäuscher oder Direktor einer zweifelhaften

Bank geworden ist – in einem bestimmten Augenblick wie ein Student im Seminar von dem Gedanken berührt, daß die erhabenste menschliche Größe ein dem Dienst am Geist geweihtes Leben ist und daß die Universität die Chance bietet, im Wettbewerb eine Position zu erreichen, die diesen Dienst möglich macht. Diesen Halb-Priester könnte man eher mit dem protestantischen Pastor als mit dem römisch-katholischen Priester vergleichen« (S. 139).

Zu irgendeinem Zeitpunkt während der Vorbereitung auf die *agrégation* werden also angehende Philosophielehrer vom philosophischen Geist erleuchtet und auf eine höhere Ebene weit über die niedrigen Realitäten des Alltagslebens erhoben. Diese geistige Prägung bleibt – wie die einer Priesterweihe – für den Studenten zeit seines Lebens bestehen, gleichgültig, welchen Beruf er später ausübt. In den Augen Thibaudets erscheint die Belastung, die das strenge staatliche Ausleseexamen dem Studenten auferlegt, für einen solchen selbstlosen Dienst an der Philosophie als keineswegs unangemessen. Wie man es für 1927 kaum anders erwarten kann, machen die Sprachbilder vom Priester und Pastor nur allzu klar, daß die erhabene Sphäre der Philosophie kein Platz für Frauen ist. Obwohl es im Grunde nicht darauf ankommt, die *agrégation* zu *bestehen* – es genügt, wenn man sich bloß darauf vorbereitet –, ist der Makel der Weiblichkeit vermutlich so groß, daß nicht einmal die Philosophie ihn zu läutern vermag. Aber auch Frauen teilten den Glauben an die Philosophie als heilige Berufung. Die Philosophin Léontine Zanta, eine der wegbereitenden Frauen in dieser Disziplin, legt in ihrem 1921 veröffentlichten Roman *La science et l'amour* einer unverheirateten Philosophielehrerin folgende abgedroschene Klischees in den Mund, mit denen sie ihre Studenten ermahnt:

»Philosophie zu lehren ist nicht dasselbe, wie Literatur, Mathematik oder Englisch zu unterrichten. Um dieser Aufgabe würdig zu sein, genügt es nicht, ein Denksystem zu kennen und zu erklären und einen wißbegierigen, durch strenge Kritik geschärften Geist zu besitzen, sondern man muß auch eine große Seele haben, gestählt durch Kampf und ständige Selbstbeherrschung. Wissen Sie, daß solches Lehren eine Art Priestertum ist?« (S. 3)

Im allgemeinen wurde die Disziplin der Philosophie als weiblich dargestellt, als ein Fach, das von der ihm gewachsenen männlichen Elite mit Respekt, aber auch mit Gewalt beherrscht werden muß. Dieser *topos* taucht in den Texten so unterschiedlicher Autoren wie Julien Benda und Paul Nizan auf. In *Die Wachhunde* (1932) bezeichnet Nizan Intelligenz als »dieses passive Weibchen, das mit allen auf den Strich geht« (S. 125), und beklagt die Blutlosigkeit der damaligen akademischen Philosophie: »Wird die Philosophie noch länger eine Angelegenheit alter Damen, die Stickarbeit alter Jungfern bleiben?« fragt er (S. 136). In seiner Erwiderung auf Bendas Forderung, die Philosophie solle »eine götterfürchtige patrizische Jungfrau« bleiben (*Der Verrat der Intellektuellen*, S. 135), wirft Nizan ihm und seinesgleichen vor, selber Jungfrauen zu sein – das heißt vermutlich, unfähig, die frustrierte Jungfrau der Philosophie zu vergewaltigen (S. 156). Was Nizan verlangt, ist eine virile, zupackende, aktivistische Philosophie – ein Denken, das in der Realität wurzelt, bereit, sich gleichsam die Hände in der realen Welt zu beschmutzen (S. 156). Sartres philosophische Rhetorik, die sich an Nizans Gleichsetzung von Aktivität und Virilität orientiert, ist berüchtigt wegen ihrer Zuflucht zu sexuellen Metaphern, mit denen er den Philosophen in seinen Bemühungen, die unbefleckte Jungfräulichkeit der Welt zu durchdringen, als viril, potent und vor allem als männlich entwirft.[29] Die vorherrschende Darstellung der Philosophie – und der Wahrheit – als weiblich hat weitreichende Folgen, die hier nicht diskutiert werden können. Aber im Zusammenhang mit einem solchen Diskurs ist eine aufstrebende Philosophin nicht in derselben Position wie ihre männlichen Gefährten: Sich als strengen Herrscher über die weibliche Wahrheit zu begreifen, ist für sie nicht dasselbe wie für ihn. Gleichgültig ob sich die Frau, bewußt oder unbewußt, für eine Identifizierung mit dem Diskurs des philosophischen Feldes entscheidet, dem sie angehört, oder sich um eine gewisse Marginalisierung bemüht – stets wird sie sich in einem intellektuellen Dilemma gefangen sehen, das ihren männlichen Kollegen erspart bleibt.

Der *topos* der untilgbaren Prägung taucht auch im Zusammenhang mit der ENS auf; in der Tat tragen sogar ihre Gegner emsig zum Glauben an die geheimnisvoll verwandelnden Einflüsse der École Normale bei. In seiner berühmten Schmähschrift gegen die langweiligen, unmännlichen und irgendwie leicht perversen *professeurs* führt Émile Zola diesen besonderen Gesichtspunkt eindrucksvoll vor Augen. Es ist kein Zufall, daß seine ansonsten böse Kritik der *normaliens* in Alain Peyrefittes überbordende Sammlung von Aufsätzen und Reminiszenzen zum Thema Studentenleben in der Rue d'Ulm aufgenommen wurde:

»Wer immer in die Atmosphäre der École Normale eingetaucht ist, bleibt von ihr sein Leben lang durchdrungen. Das Gehirn bewahrt davon einen faden und muffigen Geruch des Professoralen; und das sind die immer gleichen unangenehmen Verhaltensweisen, die unverzichtbare Zuchtrute, der heimliche, impotente Neid alter Junggesellen, die bei Frauen keinen Erfolg hatten. […] Wer Professoren sät, wird niemals Schöpfer ernten« (*Tous des pions*, S. 368).

Während Zolas Ausfälle eine extreme Einstellung zur École Normale repräsentieren, hebt Jean Giraudoux' gewundene Prosa das genaue Gegenteil hervor. 1935 steuerte der ehemalige *normalien* Giraudoux (der damals eine höchst geheime Affäre mit Simone de Beauvoirs Schwester Hélène hatte[30]) ein peinliches Vorwort zu J. Reignups *L'esprit de Normale* bei. Alle Studenten der ENS, schreibt er, seien »Diener des Geistes« (S. 7). Tatsächlich brauche man die Schule nicht einmal besucht zu haben, um an ihrem Geist teilzuhaben. Es genüge, sich lediglich auf die Aufnahmeprüfung vorbereitet zu haben:

»Der *normalien* gehört einem geistigen Geschlecht an. […] Der Geist der École Normale beschränkt sich nicht auf die Glücklichen, die von den Unwägbarkeiten der Aufnahmeprüfung in die Rue d'Ulm geführt worden sind. Ein Geschlecht wird nicht durch Prüfungen bestimmt. Der Geist beseelt alle, die sich auf die Schule vorbereitet haben. […] Die Vorbereitung auf die École Normale ist eine Wahl und eine Befreiung. Sie ist die vollständige und uneingeschränkte Öffnung eines jungen Geistes für den Bereich des Geistigen. Sie ist die wahre Akademie, die Akademie Platos, die zum Beginn des Lebens und nicht zu seinem Ende gehört[31]. Von diesem Zeitpunkt an steht der künftige *normalien* mit den großen Schriftstellern und den großen Morallehren auf vertrautem Fuß. Auch wenn er unbedeutend und mittelmäßig bleibt, gehört er ihrem Geschlecht an. Auch wenn er ihre Sprache ziemlich schlecht spricht und schreibt, ist sie doch die einzige Sprache, derer er sich bedient. […] Die Beziehung zwischen den großen Schriftstellern und den *normaliens* ist wie das Verhältnis zwischen berühmten Vätern und ihren Söhnen oder Neffen: Diese jungen Männer bewahren ihre Freiheit und ihr Recht, ihre Väter zu kritisieren, die von diesem Freimut jedenfalls nur betört [*séduire*] werden können« (S. 8).

In diesem Meisterwerk der Mystifikation will uns Giraudoux glauben machen, daß das, was der Exkandidat der ENS dann wirklich *tut*, ohne jede Bedeutung ist: Er mag geistig noch so unbedeutend, noch so mittelmäßig und überdies unfähig sein, ordentliches Französisch zu schreiben – er gehört innerlich zum Geschlecht der Großen. Tatsächlich, deutet Giraudoux an, löst der bloße Schatten der ENS auf magische Weise jede noch fortlebende ödipale Blockierung in bezug auf die großen Vorväter (man beachte den vielsagenden Wechsel von »Söhnen« zu »Neffen« und den Traum, den Vater durch gescheite Kritik zu verführen).

Die Selbsteinschätzung der *normaliens* war alles andere als bescheiden. In Reignups lachhaft panegyrischer Sicht verwandelt der »Geist« der Schule noch den schwerfälligsten Durchschnittsstudenten in ein Genie. Einerseits verachtet der *normalien* die Langweiligen, die Stillen, die Angepaßten und demonstriert lässig seine hervorragenden geistigen Fähigkeiten, kühn und *panache* bei jeder Gelegenheit; andererseits hält diese Unabhängigkeit einen sicheren Abstand zum Revolutionären, da der *normalien* einen natürlichen Respekt vor der einzigen Überlegenheit hat, die für ihn zählt, der Hierarchie der Intelligenz. So ist es zu erklären, daß sich die anarchischen Individualisten in der École Normale doch bereitwillig der langwierigen Mühe unterziehen, für Examen zu büffeln, die sie dann mit der für sie typischen arroganten Lässigkeit bestehen. Wenn ein *normalien* ein akademisches oder politisches Amt antritt, darf man keineswegs glauben, daß er sich damit irgendeiner herkömmlichen Doktrin *unterwirft*; im Gegenteil, selbst wenn er Sozialist wird, beschließt er einfach, Problemen, die ihn ohnehin interessieren, eben eine marxistische Perspektive *aufzuzwingen* (vgl. S. 48). *Normaliens* urteilen immer klar, objektiv und *richtig*. In einem Anfall kartesianischen Eifers listet Reignup sogar das als lobenswert auf, was man eher als einen Hang zur Verbindung von hemmungsloser Verallgemeinerung mit tendenziöser Vereinfachung interpretieren sollte:

»In dieser Weise unparteiisch und entschieden urteilen zu können, ist das Merkmal einer Intelligenz, die die Dinge klar und richtig sieht und dies im Handeln manifestiert. Es gibt keine Laufbahn, in der ein solcher Vorteil ohne Belang wäre. [...] Der *normalien* weiß, wie man allgemeine Ideen entwickelt und wie man eine Unmenge von Sonderfällen auf das Wesentliche oder den exemplarischen Fall reduziert, indem man sie nach dem Gesetz einer Formel klassifiziert. Im Berufsleben erweist sich diese Fähigkeit häufig als ausgeprägte Begabung zum Anlegen und Auswerten von Dossiers und deren Untersuchung auf verwendbare Informationen« (S. 53).

Für Reignup ist der Fall klar: Der »Geist der Normale« ist unabhängig, aber diszipliniert, individualistisch, aber für Teamwork geeignet, originell, aber voller Respekt gegenüber den echten Werten französischer Kultur. Kurz, die *normaliens* sind die wahren Aristokraten des Lebens und sollten von Rechts wegen über uns alle herrschen. Aufgrund ihrer unbegrenzten Talente für den Umgang mit Akten geben sie überdies exzellente Bürokraten ab. Wie Giraudoux betont Reignup, daß man der ENS nicht unbedingt angehört haben muß, um solche überragenden Eigenschaften zu erwerben: Es genügt, daß man sich um die Aufnahme bemüht hat. »Der eigentliche erzieherische Einfluß der Normale ist in der *khâgne* zu suchen«, erklärt er mit Nachdruck (S. 15). Wenn sich die Welt nur von den Werten der ENS leiten lassen wollte, beteuert Reignup (1935), könnte sie doch noch gerettet werden:

»Denn ob es einem gefällt oder nicht, die École Normale ist einer der letzten Horte kultureller Freiheit, der Achtung vor geistigen Werten und des Glaubens an deren rechtmäßige Überlegenheit wie an deren positive Wirkung. Er mag gegenwärtig weniger wirksam sein, verheißt aber, wie zu hoffen steht, eine angemessene Vergeltung um des irdischen Wohls der gefährdeten modernen Welt willen« (S. 77 f.).

Bis in die siebziger Jahre hinein hat sich der Glaube an die geistige Überlegenheit der ENS und ihrer Vorbereitungsklassen überraschend wenig gewandelt. Pierre Bourdieu, selbst ehemaliger *normalien*, beschreibt in seiner fesselnden Untersuchung der verschiedenen Vorbereitungsklassen für die sogenannten »Großen Schulen« (*Épreuve scolaire et consécration sociale: les classes prépara-toires aux grandes écoles*) die »jeunes maîtres« der ENS sarkastisch als blasierte selbsternannte Genies:

»[Sie werden] dazu erzogen, wie Durkheim es einmal aus-gedrückt hat, ›sich verfrüht und unüberlegt zu äußern‹. Ihr gren-zenloses Vertrauen in Bücher und in ihr Genie läßt sie die geistige Blasiertheit naiver Schuljungen entwickeln, die alles verstan-den haben; sie sind selbstbewußt genug, allem, was nicht den un-nachahmlichen Stempel der École trägt, mit wissendem Lächeln zu begegnen und ihre ererbten Gewißheiten in einem Provinz-gymnasium oder auf einem Lehrstuhl, in diesem ›unbedeuten-den‹ Lehrbuch oder jenem ›brillanten‹ Essay zu verkünden« (S. 59).[32]

Es tut gut, daran zu erinnern, daß es in den zwanziger und dreißiger Jahren auch abweichende Stimmen gab. Paul Nizan beispielsweise geht in seinem Pamphlet *Aden* (1932) heftig gegen diese »angeblich normale und sogenannte höhere Schule«[33] an. Weit davon entfernt, den Geist oder sonst etwas zu befreien, wettert Nizan, fördere die Schule in Wahrheit arrogante Unifor-mität:

»Hier [in der ENS] herrscht der Korpsgeist von Seminaren und Regimentern, denn es ist ja nicht schwierig, junge Menschen da-zu zu bringen, aus ihrer privaten Schwäche ein kollektives Über-legenheitsgefühl herzuleiten und sie davon zu überzeugen, daß die École Normale ein reales Wesen ist, das eine Seele – eine schöne Seele –, eine Persönlichkeit hat, die liebenswerter ist als die Wahrheit, die Gerechtigkeit und die Menschen. […] Die meisten *normaliens* sehen sich denn auch als Elite« (*Aden*, S. 48).

Wie wir bereits gesehen haben, attackiert Claude Lévi-Strauss –
der sich nie auch nur auf die Aufnahmeprüfung für die ENS vorbereitet hat – in *Traurige Tropen* auf sarkastische Weise die flinke
und oberflächliche Behandlung der Philosophie, die den Studenten während der Vorbereitung auf die *agrégation* eingebleut
wird – eine Partie, für die die *normaliens* angeblich besser gerüstet
waren als jedermann sonst. Weit davon entfernt, wirkliches Denken zuzulassen, so argumentiert er, ermuntere das Prüfungs-
system die Studenten, in stark verallgemeinernden und verein-
fachenden Begriffen zu denken, was sie dazu verleite, »in der
Vielfalt der Gegenstände des Denkens nichts weiter als eine einzige und unveränderliche Form zu sehen, die gefunden wird, indem man einfach ein paar elementare Änderungen vornimmt.
[…] Unter diesem Gesichtspunkt«, fährt Lévi-Strauss fort, »trai-
nierte der Philosophieunterricht unsere Intelligenz, während er
gleichzeitig unseren Geist verdorren ließ« (S. 53).[34]

Die Arroganz der ausschließlich männlichen École Normale
brachte unvermeidlich auch eine beachtliche Menge sexistischer
Prosa hervor. Von 1950 bis 1977 wurde in mehreren aufeinan-
derfolgenden Auflagen von Alain Peyrefittes *Rue d'Ulm* eine
empörend sexistische Attacke gegen die *normaliennes* in Sèvres
unverändert abgedruckt, zweifellos in der Annahme, sie sei um-
werfend witzig. Sartres Überzeugung, daß die Sorbonnards nicht
ganz vollwertige Menschen seien, taucht im folgenden Text von
René Peyrefitte, der offenbar in den vierziger Jahren geschrieben
wurde, ebenfalls wieder auf:

»[Die Sévrienne] ist ein frappantes Beispiel für eine nicht abge-
schlossene Entwicklung, denn sie hat sowohl männliche als auch
weibliche Eigenschaften. Dem Mann, und besonders der min-
derwertigen Spezies, die als Sorbonnard bezeichnet wird, ähnelt
sie vor allem im fachlichen Charakter ihrer Konversation. […]
Mit der Frau teilt sie die wunderliche Angewohnheit, plötzlich
leise, schwer deutbare Schreie, glucksendes Kichern oder schril-

les Gelächter von sich zu geben, wenn man es am wenigsten erwartet« (René Peyrefitte, S. 334 f.).

Zur Aufbesserung ihres mageren staatlichen Stipendiums gaben die *normaliens* häufig *lycée*-Schülern Privatunterricht, die im Jargon der Schule als *tapirs* bezeichnet wurden. Der *Petit Robert* behauptet, es handele sich um eine »humorvolle Metapher«, weil der Tapir »ein standorttreues, eßbares und domestizierbares Tier« sei. Es ist anzunehmen, daß die jungen Männer der ENS sich selbst eher als Raubtiere verstanden. Wenn der *normalien* einem Mädchen Privatstunden gibt, überschlägt er sich förmlich in der Verachtung der geistigen Fähigkeiten seiner Schülerin: »Die kleine *tapiresse* besucht eine katholische Schule, wo man nur einmal in der Woche hingeht und wo der Chor der Mütter und Gouvernanten im Hintergrund dem lieben Kind die richtigen Antworten zuflüstert.«[35] Man geht meiner Meinung nach kaum fehl in der Annahme, daß diese Passage uns eine ziemlich genaue Darstellung Simone de Beauvoirs und des Cours Désir aus der Perspektive der olympischen Höhen der ENS liefert.

Simone de Beauvoirs konfliktäre Marginalität

Objektiv also hatte Beauvoir recht, sich als Sartre intellektuell unterlegen zu beschreiben: Bis 1929 hatte sie deutlich weniger Bildungskapital akkumuliert als er.[36] Während Sartres Weg vom *lycée* Henri IV über das Louis-le-Grand zur ENS und der begehrte erste Platz in der *agrégation* die Akkumulation des im damaligen Frankreich möglichen Maximums an Bildungskapital darstellen, haben Beauvoirs Stationen Cours Désir, Institut Sainte-Marie und Sorbonne entschieden geringeren Wert, obwohl sie teilweise, aber keineswegs völlig, von ihrem glänzenden zweiten Platz in der *agrégation* kompensiert werden. Der Umstand, daß sie viel jünger war als ihre Mitstudenten, erhöht das

Prestige ihrer Ausbildung und gilt nach wie vor als ein sicheres Indiz für hervorragende geistige Fähigkeiten (vgl. Bourdieu, *Épreuve scolaire*, und Bourdieu/Saint Martin). Nichtsdestoweniger geht Sartre mühelos als der *legitimste* Erbe französischer Kultur aus seiner Ausbildung hervor, gut plaziert, um die kulturelle Führungsrolle im intellektuellen Feld Frankreichs anstreben zu können.[37] Wenn es Beauvoir nicht ganz so gut ergeht, dann meiner Meinung nach einfach deshalb, weil sie eine Frau ist. Wäre sie ein Mann gewesen, hätte sie mit ziemlicher Sicherheit die ENS oder die ebenso angesehene École Polytechnique besucht. »Schade, daß Simone kein Junge ist: Sie hätte auf die École Polytechnique gehen können!« pflegte ihr Vater zu seufzen (MT171; MJF246; ÜV). Mit anderen Worten, wenn Beauvoir nicht soviel Bildungskapital zusammenträgt wie Sartre und darüber hinaus mehr Schwierigkeiten hat, ihr Bildungskapital in intellektuelles Kapital umzuwandeln, läßt sich das nur durch den Umstand erklären, daß in den zwanziger und dreißiger Jahren die unausgesprochenen Regeln − der Habitus − beider Felder Frauen marginalisierten.

Denn wenn man vom Geschlecht einmal absieht, scheint Simone de Beauvoir keiner offenkundigen »Minderheitsgruppe« anzugehören. In eine leicht deklassierte Akademikerfamilie der Pariser Mittelschicht hineingeboren, kommt sie aus eben dem Milieu, das ihr mit großer Wahrscheinlichkeit in der französischen Hochschulausbildung Erfolg garantiert. Bezüglich des intellektuellen Feldes − im Gegensatz zu dem der Ausbildung − ist jedoch ihr spezifischer gesellschaftlicher Hintergrund nicht ohne Bedeutung: Ihre kulturelle Unsicherheit (auf die ich noch eingehen werde) kann, unter anderem, durchaus als eine Auswirkung der Widersprüche gesehen werden, die vom absinkenden Klassenstatus ihrer Familie erzeugt wurden. Aber ihr Klassenstatus ist nicht unbedingt unsicherer als der Sartres beispielsweise, dessen verwitwete Mutter Anne-Marie Sartre (geborene Schweitzer) herkunftbedingt nur einen geringen ökonomischen oder gesellschaftlichen Status besaß. Die Position seines Großvaters, eines erfolgreichen Deutschlehrers mit *agrégation* im Elsaß, ist auch kaum mehr als kleinbürgerlich, obwohl sie weit mehr intellektuelles Kapital einträgt als die unsicheren geschäftlichen Unternehmungen Georges de Beauvoirs. Der entscheidende gesellschaftliche Unterschied zwischen den beiden Familien besteht darin, daß die Beauvoirs einen deutlichen Prestigeverlust erlitten hatten – und die Schweitzers nicht. Diese geringfügigen gesellschaftlichen Unterschiede zwischen den beiden Schriftstellern sind meiner Meinung nach in ihren Texten nicht ohne weiteres nachweisbar. Das soll natürlich nicht heißen, daß Beauvoirs Werk nicht im Sinne von Klassenzugehörigkeit gelesen werden könnte, sondern vielmehr andeuten, daß nicht die Klassenzugehörigkeit sie von der Mehrzahl ihrer männlichen Kollegen und Freunde im damaligen Frankreich unterscheidet. Das *einzige* offenkundige gesellschaftliche Stigma, unter dem sie im Feld der Ausbildung wie im intellektuellen Feld ihrer Zeit zu leiden hatte, war das der Weiblichkeit.

Sartre, vom philosophischen Feld zum Kronprinzen geweiht, verinnerlicht nicht nur die Überzeugung, daß er tatsächlich ein Genie ist: Allein dadurch, daß er es tut, erhöht sich die Wahrscheinlichkeit, daß er den Beweis dafür erbringen wird. Diesen Prozeß – in dem der gesellschaftlich sanktionierte *Glaube* an die eigene überragende Qualität genau die objektiven Bedingungen erzeugt, unter denen man sich mit großer Wahrscheinlichkeit auszeichnen wird – hat Bourdieu als eine Art *gesellschaftlicher Magie* hervorragend beschrieben:

»Man muß vornehm sein, um sich vornehm zu verhalten, aber man würde aufhören, vornehm zu sein, wenn man sich nicht vornehm verhielte. Mit anderen Worten, gesellschaftliche Magie hat sehr reale Wirkungen. Wenn man eine Person einer Gruppe höheren Wesens (Adlige im Gegensatz zu Bürgern, Männer im Gegensatz zu Frauen, Gebildete im Gegensatz zu Ungebildeten usw.) zuordnet, bewirkt dies eine subjektive Verwandlung, die einen Lernprozeß in Gang setzt; dieser wiederum fördert eine reale Verwandlung, die es der Person ermöglicht, sich der für sie getroffenen Definition anzunähern. [...] Nichts offenbart dieses Streben, sich zu den Höhen des eigenen hohen Selbstverständnisses emporzuschwingen, deutlicher als der pedantische Eifer der ehrgeizigsten Studenten der École Normale (namentlich derer, die aufgrund ihrer besonderen Weihe die ehrgeizigsten Disziplinen wie etwa die Philosophie gewählt haben), die erhabene Pose, wenn nicht das ganze Rollenrepertoire des intellektuellen Adels anzunehmen, oder, wenn man so will, ihre Anstrengungen, ›den schwierigen Beruf des Genies zu erlernen‹« (*Épreuve scolaire*, S. 53).

In die höchst selektiven Vorbereitungsklassen für die ENS aufgenommen zu werden, die Zulassung zur ENS zu erreichen und die *agrégation* zu bestehen: All dies könnte man als entsprechende *rites de passage* deuten. Wenn die Zulassung zur ENS einen Ausnahmefall und damit Erstklassigkeit signalisiert, verleiht der Erfolg im anspruchvollsten aller Examen, der Philosophie-*agrégation*, dem bereits erfolgreichen *normalien* weiteren Glanz und legitimiert immerhin den ansonsten weniger angesehenen Sorbonne-Studenten. Zwar bleibt Beauvoir der Glaube an persönliches, Sartre ebenbürtiges Genie versagt, aber aufgrund ihres Examenserfolgs und ihrer Zugehörigkeit zur Pariser Mittelschicht scheint ihre Einschätzung, für eine herausragende intellektuelle Laufbahn eine ebenso gute Ausgangsposition zu haben wie jeder Mann außer Sartre, objektiv gerechtfertigt. In den zwanziger und dreißiger Jahren war dies in der Tat Beauvoirs Standpunkt. Der blinde Fleck ist offenkundig: Indem Beauvoir die Auswirkungen ihres Geschlechts völlig übersieht, ist sie sich, ganz unbekümmert, der in ihrem intellektuellen Feld geltenden Regeln nicht bewußt. Sie sieht nicht – und will nicht sehen –, daß sie einzig deshalb Benachteiligungen ausgesetzt ist, weil sie eine Frau ist.

Das soll nicht heißen, daß Simone de Beauvoir sich auf einer allgemeineren Ebene der geschlechtsbedingten Ungleichheiten nicht bewußt ist. Als Beauvoir die Depression, die Enttäuschung und die innere Leere Sartres im Jahr 1935 beschreibt, einer Zeit, da er nach wie vor bloß ein unbekannter Philosophielehrer in Le Havre war, weist sie – aus der Perspektive des Jahres 1960 – darauf hin, daß sie nicht in der Lage gewesen sei, Sartre zu verstehen, weil ihrer beider Situation »trotz des äußeren Scheins […] völlig verschieden war«:

»Die *agrégation* bestehen, einen Beruf haben – das verstand sich für ihn von selbst. Ich dagegen hatte dort oben auf der Treppe von Marseille [1931, als sie gerade dort angekommen war, um ihre erste Stellung als Lehrerin anzutreten] einen Freudentaumel erlebt: Mir war mein Schicksal nicht auferlegt, ich hatte es gewählt. Der Beruf, in dem Sartre seine Freiheit versanden sah, bedeutete für mich noch immer eine Befreiung« (BJ182; FA244; ÜV).

Als unentdecktes Talent in der Provinz zu darben, muß Beauvoirs Selbstverständnis insofern sehr viel mehr entsprochen haben als dem Sartres, als dieses Leben sie in die Lage versetzte, ihre Ungleichheit weiterhin auf ein Minimum zu reduzieren und sich auf diese Weise *nicht marginaler* zu fühlen als Sartre oder jeder andere *agrégé* ihrer Generation. Zugleich kann sie nicht umhin, die unterschiedliche gesellschaftliche Situation und die unterschiedlichen gesellschaftlichen Erwartungen von Männern und Frauen zur Kenntnis zu nehmen. Hier erkennt sie beispielsweise die unterschiedliche gesellschaftliche Bedeutung derselben Laufbahn sehr deutlich. Angesichts eines solchen Widerspruchs neigt Beauvoir dazu, sich in eher persönliche Erklärungen zu flüchten. In dem hier zitierten Abschnitt etwa geht sie sofort dazu über, die Darstellung ihrer Zweitrangigkeit gegenüber Sartre zu unterstreichen. Ein weiterer Grund, warum sie Sartres Depression nicht wirklich habe verstehen können, schreibt sie, war der, daß ihre Existenz Sartre nicht zu trösten vermochte, während seine Existenz der ihren ein völlig anderes Gesicht gab: »Für mich rechtfertigte seine Existenz die Welt, die in seinen Augen durch nichts gerechtfertigt war« (BJ182; FA244).

Ich bin also der Meinung, daß vom Ende der zwanziger bis zum Ende der vierziger Jahre in der gesellschaftlichen Position Beauvoirs eine erhebliche Spannung existiert. Da sie den Habitus des französischen intellektuellen Feldes verinnerlicht und sich mit ihm identifiziert, vermag sie nicht zu erkennen, in welchem Maß dieser Habitus Männer bevorzugt. Aufgrund ihrer persönlichen Beziehung zu Sartre hat sie ein zusätzliches emotionales Interesse daran, sich mit seinem Streben nach kulturellen Führungspositionen zu identifizieren. Doch gerade das Faktum ihrer Weiblichkeit plaziert sie in eine weit marginalere Beziehung zu kultureller Legitimität, als sie aufgrund ihres Bildungswegs glaubt. Beauvoirs besondere Position befähigt und behindert sie zugleich: Wenn der Zugang zur Hochschulausbildung sie überhaupt erst befähigt, eine unabhängige intellektuelle Frau zu werden, macht er sie auch strukturell unfähig, zu erkennen, auf welche Weise sie als Frau von ebendem intellektuellen Feld, mit dem sie sich identifiziert, marginalisiert wird. Ihre Position ist insofern doppelt widersprüchlich, als sie nicht nur ihre eigene relative Marginalisierung, sondern auch die sie selbst begünstigenden Macht- und Ausschließungsmechanismen ignoriert. Um die Spannungen in den Texten Beauvoirs zu verstehen, muß man die Komplexität ihrer Position erfassen: Als *agrégée* der Philosophie steht ihr beträchtliche symbolische Macht zur Verfügung, aber als Frau wird sie von ebendieser symbolischen Macht betrogen und, mehr noch, den Mechanismen des intellektuellen Feldes unterworfen, weil sie sich der beiden Aspekte ihrer Position nicht bewußt ist.

Simone de Beauvoir kann demgemäß zugleich als Opfer wie als Ausübende symbolischer Gewalt gesehen werden: als Ausübende insofern, als sie dazu neigt, rhetorisch genau die Arroganz und den Snobismus an den Tag zu legen, die von der ENS kultiviert werden, oder die betont herablassenden rhetorischen Strukturen zu reproduzieren, die für französische Elitelehrer im Umgang mit ihren Schülern typisch sind[38]; Opfer von Gewalt in ihrer Position als Frau, deren Schicksal es ist, immer nur als »Sartres Double« zu gelten. Ihr Selbstverständnis als »zweite nur in bezug auf Sartre« spiegelt diese Spannung wider: Sartre unterlegen, allen anderen überlegen, so wie die Examinatoren bei der *agrégation* befunden hatten.

Da Beauvoir kaum Vorläuferinnen hat, muß sie sich, umgeben von männlichen Kollegen, Freunden und Lehrern, im patriarchalen System selbst einen Raum schaffen. Während sie ihre Marginalität verdrängt, ermöglicht ihr der Glaube an die eigene Legitimität auch, zu schreiben, als wäre sie die legitime Erbin französischen intellektuellen Prestiges. Das Ergebnis fällt besonders in ihren Essays ins Auge, dem Genre, das der in Schule und Universität praktizierten Form des Schreibens am nächsten kommt. Nicht umsonst haben viele Feministinnen Beauvoir vorgeworfen, sie schreibe – namentlich in den frühen Essays – »wie ein Mann«. In der Tat tut sie genau das: nicht wie jeder beliebige Mann (was immer das heißen mag), sondern wie eine ganz bestimmte Gruppe von Männern, nämlich die französischen *normaliens*. Als sie *Das andere Geschlecht* schreibt, setzt sie die polemische Eindringlichkeit dieses ihr eigenen Stils effektvoll ein. Doch die Stärke des Buches beruht meiner Meinung nach zum Teil darauf, daß sie dieses rhetorische Muster auch unterminiert und verändert. Einer der wichtigsten Gründe dafür ist der Umstand, daß *Das andere Geschlecht* im Unterschied zu den zuvor entstandenen Essays das unmittelbare Ergebnis dessen ist, was man Beauvoirs autobiographischen Impuls nennen könnte. Im Juni 1946 beginnt sie über die Abfassung ihrer Memoiren nachzudenken. Zu diesem Zeitpunkt stellt sich ihr zum erstenmal in ihrem Leben die Frage, was es bedeutet, eine Frau zu sein:

»Ich überlegte mir, daß die erste Frage lauten müßte: Was hat es
für mich bedeutet, eine Frau zu sein? Anfänglich hatte ich geglaubt, schnell damit fertig zu werden. Ich hatte nie an Minder-
wertigkeitskomplexen gelitten, niemand hatte zu mir gesagt: ›Sie
denken so, weil Sie eine Frau sind...‹ Daß ich eine Frau bin, hat
mich in keiner Weise behindert. ›Für mich‹, sagte ich zu Sartre,
›hat das sozusagen keine Rolle gespielt.‹ − ›Trotzdem sind Sie
nicht so erzogen worden wie ein Junge: Das muß man genauer
untersuchen.‹ Ich untersuchte es genauer und machte eine Entdeckung: Diese Welt ist eine Männerwelt, meine Jugend wurde
mit Mythen gespeist, die von Männern erfunden worden waren,
und ich hatte keineswegs so darauf reagiert, wie wenn ich ein
Junge gewesen wäre. Mein Interesse war so groß, daß ich den
Plan einer persönlichen Beichte fallenließ, um mich mit der Lage der Frau im allgemeinen zu befassen. Ich nahm mir vor, in der
Bibliothèque Nationale die entsprechende Literatur zu lesen und
die Mythen des weiblichen Geschlechts zu untersuchen« (LD97f;
FCa136).

Doch wenn der Plan einer persönlichen Beichte sie nun zur
Selbsterforschung anspornt, scheint er sie doch nicht zum Nachdenken über ihre eigene Marginalität zu veranlassen: In diesem
Abschnitt geht sie von der Frage »was es für *mich* bedeutet, eine
Frau zu sein« über zur »Lage der Frau *im allgemeinen*«. Aus der
persönlichen Beichte wird ein verallgemeinernder Essay, der
zweifellos aus stärkstem persönlichem Engagement geboren ist,
aber nichtsdestoweniger als eine weitere meisterhafte Untersuchung in der Form präsentiert wird, wie man sie von einer brillanten *agrégée* erwartet. Mit ihrer Weiblichkeit konfrontiert, findet sie einen eigenen eindringlichen Ton und ein intellektuelles
Terrain, das nicht von irgendwelchen Vaterfiguren versperrt ist.
Doch ihre Betrachtungsweise ist komplex und widersprüchlich,
sie erlaubt ihr gewissermaßen, die Implikationen des Frauseins
zugleich zu akzeptieren und zu leugnen. Wenn *Das andere Ge-*

schlecht überzeugend beweist, daß Frauen im Patriarchat unterdrückt und in marginale Positionen abgeschoben werden, geben weder Ton noch Stil Beauvoirs zu erkennen, daß sie dies persönlich als wahr erlebt hat. Statt dessen bedient sie sich sämtlicher Hilfsmittel ihrer exzellenten Ausbildung: Rasch und umsichtig legt sie die notwendigen Karteikarten an, ordnet und generalisiert ihre Aufzeichnungen nach den Regeln der Logik, wie sie in der akademischen Philosophie des damaligen Frankreich gelehrt werden – und verallgemeinert auf diese Weise in Wahrheit ihre eigene Lage, offenbar ohne im geringsten zu erkennen, daß *sie selbst* es ist, die ihr als paradigmatischer Fall dient.

In *Das andere Geschlecht* wird diese Strategie sehr weit getrieben: Munter verleiht Beauvoir ihren eigenen Erfahrungen wie denen ihrer Freundinnen Allgemeingültigkeit und präsentiert ihre Entdeckungen als typisch für *die* Lage der Frau in aller Welt. Die englische Anthropologin Judith Okely hat scharfsinnig dargelegt, daß dieses Vorgehen *Das andere Geschlecht* letztlich zu einer verkappten Ethnographie, zu »einer anthropologischen Feldstudie über bestimmte Frauen« mache. Beauvoirs Feld, fügt Okely hinzu, sei »weitgehend das Paris der Jahrhundertmitte, und die untersuchten Frauen, einschließlich ihrer selbst, gehören hauptsächlich der Mittelschicht an. […] Eine widersprüchliche Stärke liegt in der uneingestandenen Benutzung ihrer selbst als Fallstudie« (S. 71 f.). Bourdieu, der Sartre scharf kritisiert, weil *er* ebendiese intellektuelle Strategie anwendet, versteht dies als Ablehnung jeder besonderen gesellschaftlichen Determinierung des Intellektuellen, das heißt als Antithese seines – Bourdieus – Entwurfs: »Indem er dem partikularen Fall immer dann Allgemeingültigkeit verleiht, wenn er eine Wesensanalyse auf die gelebte Erfahrung unspezifizierter gesellschaftlicher Besonderheit anwendet, verwandelt Sartre die Erfahrung des Intellektuellen in eine ontologische Struktur, die für die menschliche Erfahrung insgesamt bestimmend ist« (*Sartre*, S. 12).

Auf den ersten Blick könnte die Verwendung dieser Methode

bei Beauvoir kontraproduktiv erscheinen. Wenn Feminismus gewissermaßen die Besonderheit der Frauen gegen jeden verallgemeinernden Diskurs des »Mannes« geltend machen soll, muß man fragen, wie er von rhetorischen Strategien profitieren kann, die unvermeidlich dazu tendieren, im Namen allgemeingültiger Wesenheiten Unterschiede zu beseitigen. Eines von zahlreichen Paradoxa des *Anderen Geschlechts* ist jedoch die Art, in der sich Beauvoirs rhetorische Strategie der Verallgemeinerung erstaunlich oft eher zugunsten als zuungunsten ihres feministischen Projekts auswirkt. Denn wie Monique Wittig in ihrer Untersuchung *The Mark of Gender* hervorragend dargelegt hat, bedeutet der Versuch, dem *Weiblichen* im Patriarchat Allgemeingültigkeit zu verleihen, keineswegs, damit einverstanden zu sein, daß dem *Männlichen* Allgemeingültigkeit zugesprochen wird. Diese Strategie sollte eher als eine Bemühung gesehen werden, die dominanten Strukturen von Sprache und Ideologie zu verändern. Als solche ist sie eine von mehreren Strategien, die in dem, was Monique Wittig den »feministischen Guerillakampf um die Befreiung« nennt, eingesetzt werden können. Der besonderen Erfahrung einiger Frauen die philosophische Würde universaler Strukturen zu verleihen, kann in manchen Zusammenhängen ein höchst wirksamer Schachzug gegen das patriarchale Bestreben sein, Frauen als minderwertig, exzentrisch und von der männlichen Norm abweichend zu betrachten. Das soll jedoch nicht heißen, *Das andere Geschlecht* könne mit Monique Wittigs *Les guérillères* verglichen werden. Da sich Beauvoir des Charakters ihrer Rhetorik in *Das andere Geschlecht* zutiefst unbewußt ist, hat sie sie nicht unter Kontrolle: Manchmal funktioniert sie in ihrem Sinne und manchmal nicht.

Im Unterschied zu Wittig jedoch schreibt Beauvoir nicht aus der Perspektive bewußter Marginalität: Die Spannungen in ihrem Diskurs lassen sich nur dahingehend erklären, daß Beauvoir – in einem merkwürdigen Widersinn – *ihre eigene Marginalität aus einer Position der Zentralität untersucht.* Das ist in der Tat die logische Folge ihrer Sprechposition, in der ein überzeugter Glaube an die eigene Legitimität mit dem immer wieder aussetzenden Bewußtsein ihres zweitrangigen Status in einem patriarchal bestimmten Feld eine unsichere Verbindung eingehen. Ihre stärksten Werke – Texte wie *L'Invitée, Das andere Geschlecht, Memoiren einer Tochter aus gutem Hause* und *In den besten Jahren* – entstanden nicht aus der Unterdrückung dieses Widerspruchs, sondern aus dem schmerzlichen Konflikt, der diesen beiden gegensätzlichen Momenten der Identifikation entspringt.

Beauvoir und Distinktion

Beauvoirs Situation – in der sie ihre eigene Marginalität aus einer Position der Zentralität untersucht – hat weitreichende Implikationen. Hier werde ich einfach zeigen, wie sich aus ihrer besonderen Position als intellektuelle Frau die vielfach ablehnende Rezeption ihres Werks erklären läßt und – noch wichtiger – wie diese Position zu einem Verständnis dafür beitragen kann, warum ihr Platz im gegenwärtigen Kanon moderner französischer Literatur entschieden unsicher ist. Mehr als alles andere bestätigt das Fehlen jeglicher neuerer französischer Forschung zu Beauvoir den allgemeinen Zweifel an ihrem Werk in Frankreich. Beauvoir, so scheint es, ist nicht *distinguiert* genug, um als verheißungsvoller Ausgangspunkt für eine akademische Laufbahn zu gelten. Aufgrund des Einflusses bestimmter französischer geistiger Trends in der englischsprachigen Welt sind derartige Einstellungen auch außerhalb Frankreichs gelegentlich anzutreffen.

In Beauvoirs Texten findet sich also ein Konflikt zwischen ihrem Wunsch, den Unterschied zwischen ihr und Sartre *zu minimieren* – das heißt, sich selbst, wie Sartre, als geweihte Intellektuelle darzustellen –, und der Tatsache ihrer relativen Marginalisierung als Frau. Die Neigung, ihre Verschiedenheit zu minimieren, zeigt sich sogar in kleinen und vergleichsweise belanglosen

Details. Wenn sie beispielsweise in den *Memoiren einer Tochter aus gutem Hause* auf Sartres intellektuelle Überlegenheit zu sprechen kommt, behauptet sie, er sei nur zwei Jahre älter gewesen als sie: »Da er zwei Jahre älter war als ich – zwei Jahre, die er gut genutzt hatte – und einen viel früheren und günstigeren Start gehabt hatte, wußte er über alle Dinge besser Bescheid«, schreibt sie (MT327; MJF475; ÜV). Tatsache ist jedoch, daß er im Juni 1905 und sie im Januar 1908 geboren wurde. Im französischen Bildungssystem bedeutet dies, daß in bezug auf die Dauer des *Schulbesuchs* der Unterschied zwischen ihnen drei Jahre betrug: Er bestand das *bac* 1922, sie 1925. Eindeutig stilistischer Notwendigkeit folgend – der Satz »Er war zweieinhalb Jahre älter als ich« hätte sich in seiner Penibilität etwas wunderlich ausgenommen –, dient Beauvoirs Auskunft »zwei Jahre« statt eher »drei Jahre« der Bekräftigung des Eindrucks, daß Sartres geistige Überlegenheit wenig mit seinen Ausbildungsvorteilen ihr gegenüber zu tun hatte. Die Spannung zwischen ihrem Glauben an ihre Gleichwertigkeit und ihrer objektiven Marginalität offenbart sich häufig in einer kulturellen *Ängstlichkeit* oder *Unsicherheit* sowie in einer Neigung zur Übertreibung, um sich ihrer Kompetenz zu versichern. Was ihre Verleumder beispielsweise als ihre »paukerinnenhafte« Art bezeichnen, legt sie in genau den Situationen an den Tag, in denen sich ihr Mangel an Selbstsicherheit verrät. Der *topos* »Paukerin«, hervorragend geeignet, Beauvoir als »nicht distinguiert« zu brandmarken, signalisiert vor allem, daß sie in ihrem Geschmack, ihrem Lebensstil und ihrem Werk nicht *hochklassig* genug ist. Im Vorwort zur deutschen Ausgabe seiner Untersuchung *La distinction* (*Die feinen Unterschiede*) weist Bourdieu darauf hin, daß das geistige Leben in Frankreich nach dem »aristokratischen Modell der ›höfischen Gesellschaft‹« organisiert sei (S. 12). Im 20. Jahrhundert, behauptet er, werde diese Tradition »von einer Pariser Großbourgeoisie [inkarniert], die, alles Prestige und alle – gleichermaßen ökonomischen wie kulturellen – Adelsprädikate in sich vereinend, nirgendwo sonst eine Entsprechung findet, am allerwenigsten in bezug auf die Arroganz ihrer kulturellen Urteile« (S. 11)[39]. Es gibt also in Frankreich ein fortdauerndes Bestreben, die Werte dieser spezifischen Schicht dem kulturellen Feld insgesamt aufzuzwingen. Wenn sich zeigt, daß ein bestimmter Trend zu »populär« wird, erfindet man einen neuen. Im allgemeinen, so Bourdieu, ist großbürgerlicher Geschmack in Frankreich vor allem durch seinen hohen Anspruch an Ästhetisierung und Stilisierung sowie durch eine Distanz von jeder vorstellbaren Nützlichkeit und Notwendigkeit charakterisiert. »Wirtschaftliche Macht ist zunächst einmal Macht, der Not und dem Zwang des Ökonomischen gegenüber Distanz zu schaffen«, schreibt Bourdieu:

»Der materielle wie symbolische Konsum des Kunstwerks stellt eine der höchsten Manifestationen jener inneren wie äußeren ›Leichtigkeit‹ [*aisance*] dar, die in Ungezwungenheit und Wohlhabenheit sich gleichermaßen bekundet. Die Distanziertheit des reinen Blicks ist nicht zu lösen von einer allgemeinen Disposition zum ›Zweckfreien‹, ›Interesselosen‹ als dem paradoxen Produkt einer negativen ökonomischen Bedingtheit, die über Erleichterungen, über Leichtigkeit und Ungebundenheit die Distanz zur Notwendigkeit erzeugt. [...] Als Bekräftigung der Macht über den domestizierten Zwang beinhaltet der Lebensstil stets den Anspruch auf die legitime Überlegenheit denen gegenüber, die – da unfähig, in zweckfreiem Luxus und zur Schau gestellter Verschwendung ihre Verachtung der Kontingenzen geltend zu machen – von den Interessen und Nöten des Alltags beherrscht bleiben. Der ›ungebundene‹ Geschmack erweist sich als solcher nur im Vergleich mit dem an materiellen Zwang gebundenen, womit dieser am ästhetischen Maßstab gemessen und so als vulgär eingeordnet ist« (*Die feinen Unterschiede*, S. 103 f.).

Als simple Schullehrerin vorgeführt, wird Beauvoir zur Kleinbürgerin, die den von der wahren *noblesse* gestellten Ansprüchen an Feingefühl, Kultiviertheit, Eleganz und ästhetische Verfeinerung nicht genügt.

Der nächste Schritt besteht darin, daß man ihren angeblichen Mangel an Geschmack in ein Verdikt gegen ihre politische Einstellung ummünzt. Beauvoirs autobiographisches Projekt wird von vornherein verdammt: Sofern sich das Genre der Autobiographie nicht zu den ästhetischen Höhen von Leiris' *Mannesalter* oder Sartres *Die Wörter* aufschwingt, kann es in den Augen des wahren Ästheten nur zweifelhaft sein. Das Alleinseligmachende der Autobiographien, die diesem Anspruch genügen, liegt allem Anschein nach darin, daß man am Ende nicht sagen kann, was dem Autor in seinem Leben eigentlich widerfahren ist. Nicht so im Fall Simone de Beauvoirs: Weil sie systematisch darangeht, einen ehrlichen Bericht über ihr Leben zu schreiben, mit Daten und allem, was dazugehört, beweist sie, daß ihr der notwendige Sinn für das »seriös Spielerische« völlig abgeht, den die erhabene französische Distinktion verlangt. In ihren Texten findet sich immer wieder ein Anflug ängstlicher Beflissenheit, ernst genommen zu werden, ein Interesse an ethischen und moralischen Themen, die sich auf das wirkliche Leben beziehen, jedoch von jedem als peinlich empfunden werden, der im französischen Kulturleben Anspruch auf wahre Distinktion erhebt.

Die ihrem Werk eigene Mischung von moralischem Ernst, literarischem Realismus und objektivem intellektuellem Kapital ist genau das, was Beauvoir zu einer so vielgelesenen Romanautorin macht: Ihr deutlich kleinbürgerlicher *appeal*[40] entspricht Lesern vollkommen, die einen gewissen intellektuellen *cachet* wünschen, jedoch nicht »fortgeschritten« genug sind, um die erlesenen Freuden des formalen Spiels zu schätzen. Für die Geschmacksrichter in Frankreich aber ist nichts verachtenswerter als Kleinbürgerlichkeit: Während dem wirklich volkstümlichen Gegenstand der Bauern- oder Arbeiterschicht eine gewisse charmante Naivität oder »Echtheit« zugebilligt werden kann, ist das Kleinbürgertum vor allem durch seine hoffnungslose kulturelle

Unsicherheit, sein permanentes Streben, *à la hauteur* zu sein, charakterisiert. Das ist jedoch das genaue Gegenteil von wahrer Distinktion, die sich ungezwungen, locker und vor allem *natürlich* zu geben sucht. Wenn Beauvoir in den *Besten Jahren* beispielsweise beschreibt, wie sie während des Kriegs in Paris zwei Jahre damit verbrachte, ihre Musikkenntnisse zu erweitern, kann das einen »wahrhaft distinguierten« *connaisseur* nur zusammenzucken lassen:

»Ich verlegte mich aufs Musikhören, um meine allzu reichliche Freizeit auszufüllen, und ich warf mich, wie es meine Art war, wie besessen auf dieses Studium. Es gab mir sehr viel. Wie in den intensivsten Stunden meiner Kindheit verschmolzen Genuß und Wissen. […] Ich ließ meine Platten zehnmal hintereinander ablaufen, analysierte jede Passage, versuchte sie wieder in ihrer Ganzheit zu begreifen. Ich las eine Menge Untersuchungen über Musikgeschichte und über verschiedene Komponisten. Ich ging häufig ins ›Chanteclerc‹ auf dem Boulevard Saint-Michel. […] So füllte ich zahlreiche Lücken« (BJ362; FA484).

Beauvoir macht hier den peinlichen Fehler, daß sie sich nicht nur als Autodidaktin – es mangelt ihr also an Bildungskapital – darstellt, sondern daß sie sich obendrein als zu jener grobschlächtigen Kategorie von Leuten gehörend erweist, denen ein »natürlicher« Sinn für Musik abgeht. Wenn Beauvoir Musik zum Gegenstand emsiger Fortbildung macht, verrät sie damit lediglich ihre Unfähigkeit, distinguiert zu sein. Oder wie es Bourdieu in *Die feinen Unterschiede* bei der Erörterung der sogenannten klassischen Musik sarkastisch ausdrückt:

»Ihrer gesellschaftlichen Bestimmung nach ist ›musikalische Bildung‹ etwas anderes als eine bloße Summe von Kenntnissen und Erfahrungen, verbunden mit der Fähigkeit, darüber zu reden: Musik verkörpert die am meisten vergeistigte aller Geisteskünste, und die Liebe zur Musik ist sicherer Bürge für ›Vergeistigung‹. […] Der ›Musik gegenüber unempfänglich sein‹ stellt denn auch für eine bürgerliche Welt, die ihr Verhältnis zum ›Volk‹ nach dem Muster der Beziehung von Seele und Körper denkt, eine im höchsten Grad uneingestehbare Form von materialistischer Grobschlächtigkeit dar. Damit nicht genug: Die Musik ist die ›reine‹ Kunst schlechthin – sie sagt nichts aus, und sie hat *nichts zu sagen*. […] Die Musik verkörpert die radikalste, die umfassendste Verleugnung der Welt, zumal der gesellschaftlichen, welche das bürgerliche Ethos allen Kunstformen abverlangt« (S. 41 f.).

In derselben Weise verrät Beauvoirs Beschreibung ihrer Studienerfolge einen eklatanten Mangel an Distanz und Uninteressiertheit, die für die wahre – spielerische, elegante, ästhetisierende – großbürgerliche Distinktion typisch sind. Es ist, als ob Beauvoir in ihren Memoiren ihre geistigen Leistungen *unterschätzt* und zugleich die Bedeutung ihrer *certificats* und Diplome, von denen sie jedes einzelne ausführlich erwähnt, *überschätzt*. Meines Wissens hat sich Sartre nie damit abgegeben, seine *certificats de licence* irgendwo aufzulisten: Ein geweihtes Genie hat es nicht nötig, sich in so kleinlicher Weise zu rechtfertigen. Eine Frau dagegen muß aufgrund ihrer objektiven Marginalisierung in der patriarchalen Gesellschaft ihre Präsenz in männlicher Umgebung *immer* rechtfertigen: Der Haken ist, daß »echte« Distinktion mit nichts anderem als äußerster *insouciance* vereinbar ist. Auch nur eine Spur Unsicherheit, Angreifbarkeit oder Deplaziertheit an den Tag zu legen erweist sich als verhängnisvoll. In einem patriarchalen intellektuellen Feld wird die intellektuelle Frau niemals wirklich imstande sein, den lässigen Hochmut des Dandys zu entfalten: Sie ist dazu verurteilt, das Spiel der Distinktion zu verlieren. Nach den geltenden Maßstäben der Distinktion im französischen Kulturleben hat Beauvoir nicht die geringste Chance, ein Baudelaire – oder gar ein Lord Byron – unseres Jahrhunderts zu werden.

TEIL II

3 L'Invitée: *Ein existentialistisches Melodrama*

> Literatur entsteht, wenn irgend etwas im Leben
> aus den Fugen gerät. [...] Meine Arbeitsmoral
> blieb lasch bis zu dem Tage, als [mein Glück] be-
> droht wurde und ich in der Angst eine gewisse
> Einsamkeit wiederfand. Die unselige Erfahrung
> des Trios lieferte mir nicht nur ein Romanthema;
> sie gab mir, was viel mehr war, auch die Möglich-
> keit, damit fertig zu werden.
>
> *In den besten Jahren*

Beauvoirs Standpunkt

In den *Besten Jahren* behauptet Simone de Beauvoir, das Ende
von *L'Invitée*[1] (dt. *Sie kam und blieb*) sei ästhetisch mißlungen:
»Sicher ist dieses Ende, das man mir oft verübelt hat, der
schwächste Punkt des Buches«, schreibt sie. »Töten ist keine alltägliche Handlung. Françoise, so wie ich sie dargestellt habe, ist
dazu genauso unfähig wie ich. [...] Literarisch gesehen war mein
Irrtum dafür um so augenfälliger: Es war mir nicht gelungen,
den Alltag in die Tragödie umschlagen zu lassen« (BJ288; FA387f;
ÜV). Sich in den Augen der Geschmacksrichter noch schwerer
belastend, zieht sie dann den ganzen Aufbau ihres Romans in
Zweifel: Sie bekennt, daß diese schreckliche Szene nicht das Ergebnis eines »überstürzten«, der Not gehorchenden Versuchs sei,
ihren Text zum Abschluß zu bringen, sondern die *raison d'être*
des ganzen Romans. »Und doch mußte ich, sollte die Literatur
eine lebendige Tätigkeit sein, an dieser Lösung festhalten. Sie

hatte für mich kathartische Bedeutung« (BJ288; FA388). Beim Schreiben von *L'Invitée* erlebte Beauvoir einen Konflikt zwischen ihren ästhetischen und geistigen Werten und der Empfindung psychologischer Notwendigkeit:

»Bei neuerlicher Lektüre der letzten Seiten, die mir heute starr und tot vorkommen, kann ich kaum mehr glauben, daß sich mir bei ihrer Niederschrift die Kehle zuschnürte, als hätte ich wirklich einen Mord auf mich geladen. Und doch war es so. Mit dem Füller in der Hand erlebte ich voll Schrecken die Erfahrung der Trennung. Der Mord an Xavière mag als überstürzte und ungeschickte Lösung eines Dramas erscheinen, das ich nicht zu Ende zu führen wußte. Tatsächlich war er Anlaß und Existenzberechtigung [*raison d'être*] des ganzen Romans« (BJ289; FA389; ÜV).

Es ist, als ob Simone de Beauvoir sich hier für das literarische Verbrechen schlechten Schreibens – das »abrupte« und »ungeschickte« Ende ihres Romans – entschuldigen und zugleich auf der absoluten Notwendigkeit dieses Verbrechens beharren wolle. Die Notwendigkeit ist jedoch weder literarischer noch philosophischer Natur, sondern physisch und psychisch bedingt: »daß sich mir [...] die Kehle zuschnürte«, »[...] erlebte ich voll Schrecken die Trennung«. Auf derselben Seite betont sie den wahnhaften und körperlichen Charakter dieser Schreiberfahrung: »Ich mußte bis zum Ende meines Wahns gehen, ihm körperliche Gestalt verleihen [*lui donner corps*]« (BJ289; FA389). Beim Schreiben des Mordes an der anderen Frau scheint Beauvoir spontan empfunden zu haben, daß sie – wie Hélène Cixous es ausdrücken würde – »den Körper schreibt«.

Nach der Lektüre dieser außergewöhnlichen Passage kann ich nicht umhin zu fragen, *warum* Françoises Mord an Xavière für Beauvoir ein solches Moment intensiver psychischer Besetzung darstellt. Läßt sich *L'Invitée* in einer Weise lesen, die es ermöglicht, Françoises abschließendes Verbrechen in seiner psychologischen Bedeutung zu erfassen? Kann man Xavières Erstickungstod wirklich nicht einfach als einen unglücklichen literarischen Mißgriff, statt als die *raison d'être* des ganzen Textes verstehen? Zugegeben, die Kommentare der Autorin besagen, daß man es nicht kann. Wenn wir Beauvoir Glauben schenken sollen, bricht der finale Mord mit der psychologischen und philosophischen Logik ihres Textes; sie scheint zu spüren, daß »den Körper schreiben« das Versagen der Schriftstellerin bedeutet. Zu der Zeit, als sie *In den besten Jahren* schreibt, scheint sie sich zumindest mit dem Gedanken abgefunden zu haben, daß die Schlußszene von *L'Invitée* ein Moment unglücklicher literarischer Übertreibung darstellt. Ihr Bericht darüber, was sie *empfand*, als sie die Szene schrieb, scheint eher ein Versuch der Erklärung zu sein, wie sie dazu kam, derart unverzeihlich gegen den Geschmack zu verstoßen, als eine Rechtfertigung ihres Vorgehens. Was mich in diesem Kontext interessiert, ist die Spannung zwischen Beauvoirs Kniefall vor dem allgemein anerkannten literarischen Geschmack (»Ich *weiß*, daß das Ende schlecht ist«) und ihrer überwältigenden psychosomatischen Investition in eben diesem Schluß (»Ich *mußte* ihn schreiben«). Ist in *L'Invitée* eine andere Logik wirksam, eine Logik, die den Tod Xavières nicht einfach als ein »ungeschickt« geschriebenes Stück Literatur erscheinen läßt? Eine Logik, die sich in den Lücken der von Beauvoir selbst gelieferten Interpretation bemerkbar macht? Und was, wenn überhaupt, könnte eine solche Logik mit Beauvoirs unbehaglichem Gefühl zu tun haben, die Schlußszene von *L'Invitée* sei »schlechte Literatur«?

Ein übertriebener Mord: Das Melodrama und der Kriminalroman

Es ist unmöglich, Beauvoirs Unbehagen über das Ende von *L'Invitée* zu leugnen. Die Ermordung Xavières *hat* etwas Unlogisches, Unrealistisches – etwas Übertriebenes.[2] Selbst unter Beauvoirs philosophischen Prämissen braucht Françoise – eine aufstrebende Schriftstellerin, die sich intensiv mit ihrem Werk beschäftigt – nicht zu töten, um der Tyrannei des Anderen zu entkommen und authentische, verantwortliche Freiheit zu erlangen. Sie hätte sich ebensogut dem Schreiben widmen können, eine Lösung, die bei Simone de Beauvoir selbst durchaus funktionierte:

»Vor allem indem ich Françoise durch ein Verbrechen aus der Abhängigkeit befreite, in der die Liebe zu Pierre sie gefangenhielt, fand ich meine persönliche Autonomie wieder. Paradoxerweise brauchte ich, um sie wiederzugewinnen, die unsühnbare Tat nicht zu begehen, sondern nur in einem Buch zu schildern. Denn selbst wenn einem jemand mit Rat und Tat zur Seite steht, bleibt das Schreiben ein Akt, bei dem man die Verantwortung mit niemandem teilen kann« (BJ289; FA388f; ÜV).

Wenn es darum geht, die alleinige und ausschließliche Verantwortung für eine unwiderrufliche Tat zu beanspruchen, kann Schreiben zweifellos ebenso befriedigend wie Mord sein: Die Tötung Xavières läßt sich nicht mit Philosophie allein erklären.

In *L'Invitée* beschränkt sich exzessives oder übertreibendes Schreiben nicht auf die letzten Szenen. Im Verlauf der Erzählung wird Françoises Sprache zunehmend von einer Art gespenstisch grotesker Phantasie gekennzeichnet. Im allgemeinen tauchen diese Elemente leicht surrealer Übertreibung in Verbindung mit Xavière auf, die mit allem möglichen ausgestattet wird – von »Tentakeln«, die Françoise lebendig zu verschlingen drohen (SK275; I367), bis hin zu der Macht, sich das ganze Universum einzuverleiben (*engloutir*; SK272; I364). Je extremer Françoises Schwierigkeiten mit Xavière werden, desto extremer wird ihre Sprache. Der Mord an Xavière erzeugt auf diese Weise Passagen von erstaunlicher Intensität, aber auch von merkwürdiger Schlichtheit. Man betrachte beispielsweise die Sprache der folgenden Szene, die sich unmittelbar vor der kathartischen Lösung abspielt. Xavière hat eben Françoise beschuldigt, ihr in einer durch reine Eifersucht motivierten Intrige den Freund Gerbert weggenommen zu haben:

»Wie eine Blinde wankte sie über den Flur, Tränen brannten in ihren Augen: ›Ich war eifersüchtig auf sie. Ich habe ihr Gerbert weggenommen.‹ Die Tränen, die Worte brannten wie glühendes Eisen. Sie setzte sich auf den Rand des Diwans und wiederholte stumpfsinnig: ›Ich habe das getan. Ich.‹ In der Finsternis brannte Gerberts Gesicht in einem schwarzen Feuer, und die Briefe auf dem Teppich waren schwarz wie ein Höllenpakt. Sie führte das Taschentuch an die Lippen. Schwarze, sengende Lava rann durch ihre Adern. Sie hätte sterben mögen« (SK375; I499; ÜV).

Françoises Schuld- und Schamgefühl, die Erkenntnis, von Xavière *verurteilt* – oder vielmehr *verdammt* – worden zu sein, werden durch das wiederholte Hervorheben von Schwärze und Brennen, durch Assoziationen von Höllenfeuer und Marter vermittelt. Wie Faust erblickt Françoise ihre Briefe als sichtbares Zeichen eines »Höllenpakts« mit dem Teufel. Auf der Schwelle zum Mord phantasiert Françoise einen manichäischen Kampf zwischen Gut und Böse. In der hier zitierten Passage unterwirft sie sich beinahe dem Urteil Xavières: Einen kurzen Augenblick sieht sie sich selbst als böse. In *L'Invitée* findet dieser uralte Kampf jedoch auf epistemologischem Terrain statt; auf dem Spiel steht die Befugnis, die Welt zu *definieren* – zu entscheiden, was als Wahrheit zu gelten hat, um so der unangefochtene Besitzer wahrer Erkenntnis zu werden.

Beim Nachdenken über die Implikationen dieser Beobachtungen geht mir auf, daß man einen derartigen Stil nur als *melodramatisch* bezeichnen kann. Vielleicht trägt *L'Invitée* trotz seines intellektuellen Profils, seiner literarischen Ambitionen und seines philosophischen Horizonts *doch* das Stigma des Melodramatischen? Nichts könnte in den Augen der geweihten Autoritäten des französischen literarischen Feldes mehr dazu beitragen, den Roman als leicht übertrieben – leicht *abnorm* – zu empfinden. Und wie wir gesehen haben, gibt es gute Gründe, anzunehmen, daß Simone de Beauvoir selbst deren Wertvorstellungen teilte. Zugleich jedoch war ihre eigene Position in bezug auf das intellektuelle und literarische Prestige in Frankreich überaus zweideutig: Als Frau verinnerlichte sie einen Wertekanon – identifizierte sich mit ihm –, der doch zu ihrer Marginalisierung beitrug. Vielleicht können die Spannungen, die von dieser besonderen Position erzeugt wurden, erklären, warum sich Melodramatisches in eine Erzählung einschleicht, die sich doch ernsthaft bemüht, der intellektuelle Roman schlechthin zu sein? Vielleicht ist es sogar bequemer, als melodramatisch verstanden zu werden – und sich in der Tat selbst als melodramatisch zu verstehen –, wenn man am Ende lieber einen Kampf bis aufs Messer zwischen zwei *Frauen* als zwischen zwei *Männern* beschreibt?

Ohne den Charakter des melodramatischen Impulses in der Literatur genauer zu kennen, ist es kaum möglich, über müßige Spekulation hinauszugelangen. Wie Peter Brooks in seiner einflußreichen Untersuchung *The Melodramatic Imagination* darlegt, ist das Melodrama vor allem eine Form der *Übertreibung*. Dem Impuls folgend, »alles auszudrücken« (S. 4), schreibt Brooks, stellt das reine Bühnen-Melodrama »ein gefühlsbetontes emotionales, moralisches Drama [dar], das auf dem manichäischen Kampf zwischen Gut und Böse basiert. [...] Der Konflikt weist auf die Notwendigkeit hin, das Böse zu erkennen und ihm entgegenzutreten, es zu bekämpfen und zu vertreiben, um die Gesellschaftsordnung zu läutern« (S. 13). Doch das traditionelle Bühnen-Melodrama ist nicht die einzige Form, in der sich die melodramatische Phantasie ausdrückt: Nach Brooks steht das Melodramatische auch im Mittelpunkt modernen Empfindens. Die melodramatische Phantasie – die darauf besteht, daß es »hinter der Wirklichkeit, von ihr verborgen, aber dennoch in ihr angedeutet, eine Sphäre gibt, in der große moralische Kräfte wirksam sind und große Entscheidungen über Seinsweisen getroffen werden müssen« (S. 21) – sucht nach Transzendenz, Signifikanz und Sinn in den scheinbar gewöhnlichen Details des täglichen Lebens. Insofern als sie jedes Zeichen benutzt, um auf eine andere, hinter der Tünche zufälliger Phänomene verborgene Wahrheit hinzuweisen, verwandelt melodramatische Phantasie alles in eine potentielle Metapher.

Doch das Melodrama hat auch eine psychologische oder psychoanalytische Dimension. Die tiefste Quelle seiner Anziehungskraft, behauptet Brooks, sei der Umstand, daß seine Rhetorik »einen Sieg über die Verdrängung« darstelle (S. 41). Sein Impuls, »alles zu sagen«, der Zensur und der Verdrängung zu trotzen, könne der eigentliche Grund dafür sein, daß das Melodrama Kritiker meist peinlich berühre und deshalb als »schlechte« Literatur verstanden werde: Es verleihe »Identifikationen [Ausdruck], die man für zu übertrieben, zu stark, zu unvermittelt hält, als daß man sie zu Worte kommen lassen dürfte« (S. 42). In diesem Sinne, könnte man hinzufügen, wäre es möglich, daß uns das Melodrama deshalb in Verlegenheit bringen kann, weil es den ungeschminkt narzißtischen Tagträumen oder Phantasien zu nahe kommt, die wir normalerweise zu unterdrücken versuchen. In der Regel werden wir von den Phantasien anderer Leute abgestoßen, schreibt Sigmund Freud in seiner 1908 veröffentlichten Untersuchung *Der Dichter und das Phantasieren*. Wenn uns die Phantasien des Dichters gefallen, dann nur deshalb, weil sie in die Verlockungen des Stils gehüllt sind, was Freud als *Vorlust* des »rein Formalen« oder »Ästhetischen« bezeichnet (S. 223). Wenn *L'Invitée* beim Leser ein Gefühl leichten Unbehagens auslöst, dann vermutlich ebendeshalb, weil der Text strikt darauf verzichtet, die von Freud gepriesene, raffiniert verführerische »Technik«, die *Kunst* zu entfalten, die uns dazu verleiten und berechtigen würde, an unseren keineswegs ästhetischen, unfeinen

Phantasien, denen wir alle im geheimen nachhängen, wirklich
Gefallen zu finden.

In meiner Auffassung des Genres hat das Melodrama oder,
genauer, die melodramatische Form, einen ausgeprägt epistemologischen Aspekt: Es handelt sich um die Notwendigkeit der
Erkenntnis oder Klärung, die Notwendigkeit, die in einen moralischen Kampf verwickelten gegnerischen Parteien auszumachen.
Ein weiterer Aspekt des Melodramas ist für mich folgender: Insofern es stets versucht, grundlegende psychische Konflikte auszudrücken – das heißt, die Verdrängung aufzuheben –, kaschiert
sein Ringen um moralische Erkenntnis immer einen tieferen
psychischen Konflikt zwischen den Protagonisten, den es aber
niemals vollständig verbirgt.[3] Worauf ich hinauswill, ist, daß *L'Invitée* in der Tat als modernes Melodrama interpretiert werden
kann. Aber damit nicht genug. Ich glaube auch, daß die *Ursache*,
die *L'Invitée* zu einem melodramatischen Text werden läßt, in
hohem Grade überdeterminiert und darum nicht ausschließlich
in den absonderlichen Phantasien Beauvoirs oder in ihrer zwei-
deutigen Position im literarischen Feld Frankreichs zu suchen ist,
sondern auch in dem für ihren Roman wichtigsten philosophischen Bezugstext, in Sartres *Das Sein und das Nichts*. Mit anderen
Worten: Wenn *L'Invitée* ein melodramatischer Roman ist, dann
vor allem deshalb, weil der Existentialismus eine melodramatische Philosophie ist.

Wenn man aufzeigen könnte, daß *Das Sein und das Nichts*
mehr als einen Anflug des Melodramatischen enthält, wäre es
nicht überraschend, zu entdecken, daß eine Reihe von Elementen in *L'Invitée* sich ebenfalls als von der Form des Melodramas
beeinflußt erweisen. Aber der Existentialismus ist nicht das einzige melodramatische Element in *L'Invitée*. Beauvoir selbst lenkt
unsere Aufmerksamkeit auf einen noch deutlicheren melodramatischen Einfluß in ihrem ersten Roman. Ihre wichtigsten
Quellen der Inspiration, schreibt sie, seien Dostojewski, He-
mingway, Dashiell Hammett und Agatha Christie gewesen

(BJ291f; FA392f). Mit dem Hinweis gerade auf den Thriller und den Kriminalroman, die allgemein als wichtigste Beispiele des modernen melodramatischen Genres gelten, hebt Beauvoir die Parallelen zwischen ihrem Roman und Agatha Christies Kriminalromanen besonders hervor:

»Meine Helden wissen nichts über den Augenblick hinaus, und so erscheinen die Episoden oft so rätselhaft wie in einem guten Roman von Agatha Christie. Der Leser erkennt ihre Tragweite nicht sofort. […] denn niemand ist im Besitz der Wahrheit. In den gelungenen Passagen des Romans entsteht eine Vielschichtigkeit der Bedeutungen, wie man sie auch in der Wirklichkeit antrifft« (BJ291f; FA392f).

Hier scheint Beauvoir den Vergleich zwischen *L'Invitée* und dem traditionellen Kriminalroman nahezulegen, nur um ihren eigenen Standpunkt zu unterminieren: Wenn der Kriminalroman überhaupt etwas verlangt, dann zweifellos die Aufdeckung einer unzweideutigen Wahrheit. Einerseits wird der Leser von *L'Invitée* aufgefordert, sich als Detektiv zu betrachten, als die Instanz, die die widersprüchlichen Anhaltspunkte zusammensetzen muß, um die schwer erfaßbare Wahrheit zu ergründen. Andererseits scheint Beauvoir entschieden in Abrede zu stellen, daß *L'Invitée* dem Leser überhaupt irgendeine endgültige Wahrheit anbietet. Bei der ersten Annäherung scheint also der Leser, ständig nach einem Aufschluß tastend, der nirgendwo zu finden ist, zur Frustration verurteilt zu sein. Die Weigerung Beauvoirs, Aufschluß zu geben, ist allerdings nicht ganz überzeugend: Für Françoise zumindest stellt Xavières Tod einen Augenblick der Wahrheit dar, in dem das ständige Interpretieren schließlich ein Ende hat.

L'Invitée beginnt nicht mit einem Mord, sondern, wie der Titel andeutet, mit einer Einladung – Françoise bittet Xavière, bei ihr und Pierre in Paris zu bleiben –, die denselben Prozeß gespannt-überhasteten Lesens auslöst wie der Mord in einem Kriminalroman. Françoise, die ihr Selbstvertrauen verliert, gerät bald in Zweifel über ihre Beweggründe, ja über ihre innersten Gefühle; auch ihre sonst mühelose epistemologische Überlegenheit bricht zusammen. Der Streit zwischen Françoise und Xavière, in dem es darum geht, warum Françoise den jungen Liebhaber Xavières, Gerbert, verführt hat, ist nur eine – allerdings zugespitzte – von vielen Auseinandersetzungen um Deutungen, die in diesem Roman stattfinden. Die Verführung selbst hat Françoise als etwas Leichtes, Zärtliches und Wunderbares erlebt. Aber als Xavière schließlich die Wahrheit entdeckt, beschuldigt sie Françoise des schwärzesten Verrats und wirft ihr vor, sie sei eine frustrierte, verbitterte Frau, die ihr Gerbert »weggenommen« habe, bloß weil sie eifersüchtig auf Xavières Beziehung zu Pierre gewesen sei. »Wie hatte aus dieser unschuldigen Liebe schwarzer Verrat werden können?« klagt Françoise voller Entsetzen (SK376; I500). Auf dieser Handlungsebene tötet sie also Xavière vor allem, um *ihre* Version der Wahrheit durchzusetzen, um Xavières Bild von ihr zu widerlegen und zu unterdrücken, um der endlosen Deutungsspirale ein Ende zu machen und die Unschuld ihrer Beziehung zu Gerbert ein für allemal außer Frage zu stellen. »›Nein‹, wiederholte sie. ›Diese Frau bin ich nicht‹« (SK376; I500).

L'Invitée teilt mit dem Kriminalroman die hohe Investition in Erkenntnis als Signifikant von Autorität und Macht. Das in diesem Text dominierende Bild der Erkenntnis ist der physische und visuelle Akt des *Lesens*: Der entscheidende letzte Konflikt wird durch einen ganz buchstäblichen Streit um das Recht ausgelöst, die Briefe zu lesen, die Pierre und Gerbert an Françoise geschrieben haben. Diese Briefe enthüllen nicht nur die Wahrheit über Françoises erotische Beziehung zu Gerbert, sondern machen darüber hinaus nur allzu klar, daß Xavière die einzige der vier Protagonisten ist, die von den drei anderen absichtlich in Unkenntnis gelassen wird. Von ihren Freunden und Liebhabern als des Wissens unwürdig befunden, ist sie nicht nur von Françoise, sondern auch von Pierre und Gerbert verraten worden. Auf diese Weise trägt der gesamte Aufbau der Handlung dazu bei, Françoises Bild von Xavière als unbeständig und unzuverlässig zu bestätigen.

Man kann also behaupten, insofern der Roman mit einem Akt der Überschreitung (der Einladung) beginnt, der Françoises Lebensordnung zerbricht und einen Prozeß gleichsam paranoider epistemologischer Suche nach der gesicherten, unerschütterlichen Wahrheit auslöst, ist *L'Invitée* mit dem Kriminalroman vergleichbar. Aber da es das *Verbrechen* ist, das die Unschuld und damit die zerstörte Ordnung wiederherstellt, ist der Aufbau des Kriminalromans auf den Kopf gestellt. Als Versuch, Françoises Identitätsproblem zu lösen, ist der abschließende Mord eher die Beendigung als der Beginn der Untersuchung: Gerade im Bewußtsein ihres Verbrechens behauptet Françoise ihre Identität und ihre Unabhängigkeit. Ganz wie Sartres *Die Fliegen* erzählt *L'Invitée* davon, wie man zum Mörder wird und sich dadurch von Angst befreit.

Eine melodramatische Philosophie

In den *Besten Jahren* erzählt Beauvoir, wie Raymond Aron eines Tages im Jahr 1932, auf einen Aprikosen-Cocktail deutend, Sartre dazu brachte, sich ernsthaft für Phänomenologie zu interessieren:

»Wir verbrachten einen Abend gemeinsam im ›Bec de Gaz‹ in der Rue Montparnasse. Wir bestellten die Spezialität des Hauses: Aprikosen-Cocktails. Aron wies auf sein Glas: ›Siehst du, *mon petit camarade*, wenn du Phänomenologe bist, kannst du über diesen Cocktail reden, und es ist Philosophie!‹ Sartre erbleichte vor Erregung; das war genau das, was er sich seit Jahren wünschte: Man redet über den nächstbesten Gegenstand, und es ist Philosophie« (BJ118; FA156).

Das Sein und das Nichts ist gespickt mit Beispielen aus dem Pariser Alltagsleben der späten dreißiger und frühen vierziger Jahre. Die Leser der philosophischen Abhandlung Sartres erfahren auf diese Weise nicht nur etwas über seine Auffassung des »Für-sich« und des »An-sich«, sondern auch über die *mores* der französischen Intellektuellen um die Jahrhundertmitte. Dabei handelt es sich nicht um einen Versuch, Philosophie in Literatur zu verwandeln und die mühelose Beherrschung des *Schreibens* wie des *Denkens* zu demonstrieren, sondern um die logische Folge des Wunsches, *aus allem* Philosophie zu machen: Nichts kann zu gewöhnlich, zu weltlich, zu alltäglich sein, um philosophische Signifikanz zu haben.

Für Sartre muß Existenz als Totalität theoretisiert werden. Die Totalität unseres Seins wohnt jeder einzelnen unserer Handlungen inne. Daraus folgt mithin, daß unsere geringfügigsten Gesten oder harmlosesten Gewohnheiten potentiell genausoviel über das Ganze verraten wie unsere großartigsten oder erregendsten Entwürfe. Wenn ich – um es mit anderen Worten auszudrücken – eine Vorliebe für Aprikosen-Cocktails habe, *muß* es möglich sein, nicht nur ihre existentielle Bedeutung für mich zu erklären, sondern auch, was sie über meinen existentiellen Entwurf im allgemeinen aussagt. Um jedoch die eigentliche Bedeutung meiner Geschmäcke ganz zu verstehen, ist es notwendig, das *Objekt* meines Widerwillens oder meiner Vorliebe in seinem Wesen zu ergründen. Das ist die Aufgabe der »existentiellen Psychoanalyse«, die Sartre als eine »Psychoanalyse der *Dinge*« definiert (SN1026; EN690).

In einem der letzten Kapitel von *Das Sein und das Nichts* mit dem Titel »Über die Qualität als seinsenthüllend« macht Sartre sich daran, diese Idee zu veranschaulichen. Das »Schleimige« oder »Klebrige« (*le visqueux*) mag uns anziehen oder abstoßen, aber in beiden Fällen sind es die erkennbaren – objektiven – Eigenschaften des Klebrigen, die ihre Wirkungen auf uns ausüben. Obwohl wir es zweifellos mit der *menschlichen Bedeutung* von Eigenschaften zu tun haben, ist diese Bedeutung so *real* wie die Welt. Für Sartre kann keine Rede davon sein, anzunehmen, daß die Dinge in der Welt – die immer die Welt-für-Menschen ist – mit beliebiger Bedeutung gefüllt werden können. Obwohl die Bedeutung von Klebrigkeit in meiner Existenz nicht gegeben ist – ich kann von ihr abgestoßen oder fasziniert sein –, reagiere ich auf die objektiven Eigenschaften von Klebrigkeit, auf das, was sie beispielsweise von Nässe unterscheidet. Nach Sartre stellt Klebrigkeit, anders als Nässe oder Trockenheit, die Möglichkeit dar, »daß das An-sich das Für-sich aufsaugt«, verschlingt oder lähmt. Das Klebrige, schreibt er, »symbolisiert den süßen Tod des Für-sich« (SN1042; EN701). Meine *Beziehung* zu dieser Gefahr ist nicht gegeben, nur die Tatsache, daß Klebrigkeit sie symbolisiert und ausdrückt. Der Umstand, daß Sartre *le visqueux* auch als »eine weiche, schleimige, weibliche Aktivität des Ansaugens« (SN1041; EN700) und als »eine süße weibliche Rache« des An-sich (SN1042; EN701) beschreibt, offenbart lediglich, in welcher Weise sexistische Vorurteile dazu tendieren, sich ganz unversehens in philosophische Zusammenhänge einzuschleichen.[4]

Ob ich Klebrigkeit mag oder nicht, mein Widerwille oder meine Vorliebe offenbaren also meine grundlegende Beziehung zum Sein. Nehmen wir an, daß ich, anders als Sartre, Klebrigkeit zufällig *mag*:

»Auf welchen grundlegenden Selbstentwurf werde ich verwiesen, wenn ich diese Vorliebe für ein ansaugendes und nicht geheures An-sich erklären will? Die *Geschmäcke* bleiben somit keine unreduzierbaren Gegebenheiten: wenn man sie zu befragen weiß, offenbaren sie uns die grundlegenden Entwürfe der Person. Sogar die Vorlieben für bestimmte Speisen haben einen Sinn« (SN1050; EN706).

Mit anderen Worten, es *gibt* keine unreduzierbaren Geschmäcke oder Vorlieben, da »sie alle eine gewisse aneignende Wahl des Seins [darstellen]« (SN1052; EN707).

In Sartres Romanen stößt man auf eine Fülle bedeutungsvoller Handlungen und signifikanter Vorlieben. In *Zeit der Reife* ist die Unfähigkeit Daniels, seine Katzen zu ertränken, ebenso bedeutungsvoll wie seine Neigung, sich ständig im Spiegel anzustarren, und Boris' Ekel beim bloßen Gedanken an Geschlechtsverkehr verrät nicht mehr und nicht weniger über seinen Seinsentwurf als die Erregung, die ihm seine beschwerlichen Ladendiebstähle verschaffen. Wenn in *L'Invitée* die handelnden Personen außerordentlich viel Zeit mit Gesprächen in Cafés verbringen, dann nicht nur deshalb, weil der Roman von einer französischen Intellektuellen geschrieben wurde, sondern auch weil es in den Gesprächen zwischen Pierre und Françoise vor allem darum geht, die existentielle Bedeutung noch jedes leisesten Schmollens in Xavières Gesicht zu enträtseln. Hat sie sich das Haar gebürstet? Wird sie pünktlich erscheinen? Hat sie Kopfschmerzen? Ist sie schlecht gelaunt? Und was hat das alles zu *bedeuten*?

Wenn in *L'Invitée* wirklich irgend etwas übertrieben ist, dann die Unmenge offenbar zweckloser Gespräche, für die sich der Leser ebenso lebhaft interessieren soll wie die Protagonisten selbst: Weder Françoise noch Beauvoir scheinen sich vorstellen zu können, daß eine derart manische Suche nach Bedeutung anderen sinnlos vorkommen könnte. In diesem Sinne zumindest bewegt sich *L'Invitée* völlig im Rahmen existentialistischen Denkens. Die existentialistische Passion für Bedeutung, verbunden mit dem existentialistischen Bewußtsein, daß Bedeutung nicht gegeben, sondern konstruiert ist, verleiht dem Roman die Atmosphäre epistemologischer Unsicherheit und das kompensierende Bestreben, unter der mehrdeutigen Oberfläche der Phänomene Erkenntnis ausfindig zu machen. Wie immer der einzelne Leser darauf reagieren mag (und ich muß gestehen, daß ich paranoid – oder melodramatisch – genug bin, an den geringfügigsten Details solcher Interpretationsspiele Vergnügen zu finden), es kann kein Zweifel daran bestehen, daß *L'Invitée* ein hervorragendes Beispiel für den melodramatischen Impuls ist, unter der scheinbar gewöhnlichen Oberfläche des Alltäglichen nach Bedeutung zu suchen.

Der grundlegende Entwurf Sartrescher Philosophie ist also der Versuch, *alles* zu verstehen und dieses totale Verstehen in philosophischen Begriffen auszudrücken. »Jeder Entwurf kann von jedem [*tout homme*] verstanden werden«, schreibt Sartre in *Ist der Existentialismus ein Humanismus?* (S. 49; ÜV). Damit jedoch der Philosoph seinen Anspruch auf absolute Erkenntnis aufrechterhalten kann, ist es unerläßlich, die psychoanalytische Theorie des Unbewußten zu widerlegen. Lange Abschnitte von *Das Sein und das Nichts* – besonders die Passagen, die sich auf die Unaufrichtigkeit beziehen – stellen bewußte Versuche dar, in von der Psychoanalyse besetztes Terrain einzudringen. Im Rückblick auf die frühen dreißiger Jahre schreibt Beauvoir: »Sartre prägte den Begriff der Unaufrichtigkeit [*mauvaise foi*], der seiner Meinung nach alle Phänomene erklärte, die andere dem Unbewußten zuschreiben« (BJ112; FA148; ÜV). Mit anderen Worten: Für den Existentialismus ist die Welt ein komplexes System potentiell bedeutungsvoller Phänomene, ein System, in dem der Philosoph – und keineswegs der Psychoanalytiker – zum privilegierten Deuter der Zeichen wird.

Sartres und Beauvoirs Ideal der totalen Transparenz in menschlichen Beziehungen, das im Verhältnis zwischen Françoise und Pierre verwirklicht wird, ist auch mit ihrem Glauben an die absolute *Lesbarkeit* jeden Handelns und jeden Gefühls verbunden. In den *Besten Jahren* berichtet Beauvoir, daß Sartre und sein kleiner Freundeskreis an der École Normale Supérieure (*les petits camarades*) noch als Studenten die Gewohnheit entwickelten, »alles zu sagen«:

»[Sie] empfanden den größten Abscheu vor dem sogenannten ›Innenleben‹ [*vie intérieure*]. In jenen Gärten, wo die schönen Seelen delikate Geheimnisse hegen, sahen sie nur stinkenden Morast; dort war die heimliche Brutstätte für Unaufrichtigkeit, dort labte man sich an den fauligen Wonnen des Narzißmus. Um diese Schatten und Miasmen zu verscheuchen, machten sie es sich zur Gewohnheit, ihr Leben, ihre Gedanken, ihre Gefühle öffentlich preiszugeben« (BJ24; FA29f; ÜV).

Beim Lesen dieser Passage habe ich den Eindruck, daß sich der junge Sartre zunächst – in Reaktion auf die von ihm als verklärt und wohl verweiblicht empfundenen Schwärmereien »schöner Seelen« – eine rücksichtslose, ungehobelte »männliche« Ehrlichkeit angewöhnt. Beauvoirs Sprache taucht hier tief in die existentialistische Schreckenskammer von Sumpf, Finsternis, Gestank und schlammigem Wasser ein, Sprachbilder, die in Sartres und Beauvoirs Texten häufig mit Weiblichkeit in Verbindung gebracht werden; nur die Sartreschen Krabben und Hummer fehlen. Später geht Sartre dazu über, sein Verlangen nach Klarheit und Einblick nicht nur in sein Verhältnis zu Simone de Beauvoir einzubringen, sondern es auch zu einem grundlegenden Dogma seiner Philosophie zu machen. Der Sartre, der uns in *Das Sein und das Nichts* entgegentritt, setzt nicht nur voraus, daß alles ausgedrückt werden *kann*, sondern auch, daß es moralisch verwerflich – ein Fall von »Unaufrichtigkeit« – ist, es *nicht* zu tun. Die Tatsache, daß zahlreiche Menschen (viele Männer und die meisten Frauen, wenn wir den Beispielen von Unaufrichtigkeit in *Das Sein und das Nichts* und *Vérité et existence* glauben sollen) die »Wahrheit« nicht ertragen, macht nur *ihre* Schwäche deutlich, nicht die der Theorie.

Beauvoirs früher Wunsch, »alles zu sagen« (*tout dire*), könnte von Rousseau beeinflußt worden sein. In Umgang mit Sartre jedoch erhält er eine neue Dimension: Es geht nicht mehr nur um vollkommene Aufrichtigkeit und das äußerste Bestreben, die eigenen Gefühle und Erfahrungen auszudrücken, sondern auch um maximale Erkenntnis der Welt und ihrer Bedeutung. Wenn der melodramatische Impuls die unter der Oberfläche des Gewöhnlichen und Alltäglichen lauernden Botschaften zu deuten, die Verdrängungen aufzuheben und »alles zu sagen« versucht, dann ist er zweifellos in Sartres Philosophie präsent. Der Unterschied besteht vielleicht darin, daß Sartre in seiner Ablehnung des Unbewußten die bloße Idee der Verdrängung zu verdrängen versucht, nur um sie mit dem Begriff der Unaufrichtigkeit überraschend heftig wieder aufleben zu lassen.

Die melodramatische Phantasie, behauptet Brooks, bedient sich immer streng dualistischer moralischer Szenarios: das Gute gegen das Böse, die Mächte des Lichts gegen die Mächte der Finsternis. Der Existentialismus dagegen stellt das Vorhandensein gegebener moralischer Werte ausdrücklich in Abrede. Unsere Handlungen definieren uns. Da Gott tot ist, steht es uns frei, zu handeln, wie wir es für richtig halten. Handeln – unsere Entwürfe oder unsere Transzendenz – ist in der Tat das, was uns als Menschen auszeichnet. Menschliches Bewußtsein *ist* Entwurf – ein Sich-nach-vorn-Werfen, eine Transzendenz. Was immer wir tun, wir können uns der Verantwortung für unser Handeln nicht entziehen: Der Versuch, die Verantwortung zu leugnen, ist eine Hauptstrategie der Unaufrichtigkeit. Vorzugeben, man habe keine Wahl, heißt die Freiheit leugnen, und genau das ist die eigentliche Definition von Unaufrichtigkeit. Tatsächlich sind wir sogar für unsere Leidenschaften verantwortlich, sagt Sartre in *Ist der Existentialismus ein Humanismus?* (S. 26). Die totale Freiheit, die unserer Seinsbedingung als Menschen inhärent ist, erzeugt Angst (*angoisse*). Es gibt keine Möglichkeit, der Angst zu entrinnen: Vorzugeben, nicht zu wählen, ist eine Wahl wie jede andere. Inauthentisches Verhalten versucht, in der einen oder anderen Weise der Angst zu entrinnen, die mit der Freiheit kommt. Obwohl es also für Existentialisten keinen Kanon gegebener moralischer Normen gibt, kann kein Zweifel daran bestehen, daß der Existentialismus tatsächlich ein weitgehend dualistisches moralisches System ist, das über der Kluft zwischen den positiven Werten Freiheit, Authentizität, Transzendenz, Aufrichtigkeit und den negativen Werten Leugnung der Freiheit, Inauthentizität, Immanenz, Unaufrichtigkeit aufgebaut ist. Das ist in der Tat ein melodramatisches Universum, in dem ich mich durch streng moralische Entscheidungen vernichten oder retten kann.

Schließlich halte ich es durchaus für möglich, in der Rhetorik von *Das Sein und das Nichts* eine immer wieder durchschimmernde Phantasie auszumachen. Leider kann ich mich an dieser Stelle nicht mit einer erschöpfenden psychoanalytischen Interpretation des Werks befassen. Meine erste Arbeitshypothese wäre jedoch, die Idee zu prüfen, daß die primäre strukturierende Phantasie in Sartres philosophischem Werk der Wunsch ist, die Welt so wahrzunehmen, wie sie dem prä–ödipalen Kleinkind auf dem Höhepunkt des primären Narzißmus erscheint − jenem omnipotenten Geschöpf, das Freud als »*His Majesty the Baby*«[5] bezeichnet (*Zur Einführung des Narzißmus*, S. 157). Um diese Idee zu stützen, müßte man das merkwürdig imaginäre (im Lacanschen Sinne) Verhältnis zwischen dem »Ich« und dem »Anderen« in Sartres Text untersuchen, das außergewöhnliche Vertrauen in die Omnipotenz des Denkens, die Neigung, Wissen als allmächtig zu verstehen und den Denkprozeß mit sinnlichen Metaphern des Essens und Verschlingens zu exemplifizieren, sowie den Hang, sexuelle Vorstellungen (Vergewaltigung, Defloration) mit Essen und Verschlingen gleichzusetzen. Es findet sich auch eine ausdrücklich erklärte Vorliebe für nicht-genitale sexuelle Beziehungen, verbunden mit einer ausgeprägten Feindseligkeit Frauen gegenüber, die einerseits Transparenz und Aufrichtigkeit vermissen lassen, andererseits mit kastrierenden, verschlingenden Vaginen ausgestattet sind. Bei dieser Untersuchung käme es entscheidend darauf an, zu prüfen, wie weit eine solche herrschende Phantasie mit der philosophischen Logik in Sartres Werk in

Konflikt gerät und ihn zwingt, sich selbst zu widersprechen oder bizarre, unhaltbare Standpunkte einzunehmen.[6]

In *L'Invitée* jedoch finde ich nur wenige Spuren dieser spezifischen Version primären Narzißmus. Mit der Wahl eines Satzes von Hegel, den sie ihrem Buch voranstellt, »Ebenso muß jedes Bewußtsein auf den Tod des anderen gehen«, lenkt Beauvoir unsere Aufmerksamkeit auf die in der existentialistischen Philosophie unversöhnliche Feindschaft zwischen dem Bewußtsein und dem Anderen. Mehr als das Verhältnis zwischen Bewußtsein und Welt, zwischen dem Für-sich und dem An-sich, ist es die Beziehung zwischen zwei Bewußtseinen, die Beauvoirs Phantasie inspiriert. Im Fall von *L'Invitée* spielt sich der tödliche Kampf zwischen zwei Bewußtseinen hauptsächlich in der Beziehung zwischen Xavière und Françoise ab. Ihr Gegenstück ist das anscheinend allzu harmonische Verhältnis zwischen Pierre und Françoise. Mit der eingehenden Untersuchung dieser beiden Beziehungen hoffe ich das spezifische psychologische Szenario – den psychoanalytischen Familienroman – sichtbar zu machen, das in *L'Invitée* vorgeführt wird. Wenn wir diese Phantasie ausfindig machen, werden wir nicht nur verstehen können, bis zu welchem Grad *L'Invitée* ein melodramatischer Roman ist, sondern vielleicht auch, warum Simone de Beauvoir gerade ihrem ersten Roman ein so düsteres Ende geben zu *müssen* glaubte.

On ne fait qu'un: Wir sind eins

Die ersten Szenen von *L'Invitée* spielen in Paris zur Zeit der *rentrée*, der Rückkehr in Schule und Universität nach den Ferien Anfang Oktober 1938, das heißt kurz nach dem Münchener Abkommen. Françoise Miquel und Pierre Labrousse, ein glückliches, etwas unkonventionelles Paar, sind intensiv damit beschäftigt, Pierres Bearbeitung von Shakespeares *Julius Cäsar* für die Premiere vorzubereiten. Pierre ist erfolgreicher Theaterdirektor und Schauspieler und arbeitet, wie es heißt, selbst an einem Schauspiel, das in der Saison des kommenden Jahres das Hauptereignis werden soll.

Françoises berufliche Funktion ist weniger deutlich umrissen. Da sie Theaterstücke übersetzt, Requisiten beschafft und das reibungslose Funktionieren der Theatermaschinerie überwacht, scheint sie als Pierres Assistentin, vielleicht als eine Art Dramaturgin beschäftigt zu sein. Sie liest auch alle neuen Stücke, die Pierre zugeschickt werden, und gibt nur die an ihn weiter, die ihrer Meinung nach seine Aufmerksamkeit verdienen. Neben ihrer Arbeit am Theater betätigt sie sich als Schriftstellerin, die sich verzweifelt bemüht, Zeit für die Arbeit an ihrem Roman zu finden. Im Handlungsverlauf von *L'Invitée* erfahren wir kaum etwas über dieses Buch, vor allem weil es kein Gesprächsthema zwischen Pierre und Françoise zu sein scheint. Wir müssen annehmen, daß Françoise für ihre Arbeit an Pierres Theater ein reguläres Gehalt bezieht, obwohl das unklar bleibt. Sie selbst ist davon überzeugt, daß ihre Zusammenarbeit mit Pierre nicht nur der Grundstein ihres Glücks, sondern befriedigender und wichtiger ist als Sex:

»Von allen glücklichen Fügungen, zu denen sie sich gratulierte, stand die Zusammenarbeit mit Pierre an erster Stelle. Die Erschöpfung, die sie miteinander teilten, und die gemeinsamen Bemühungen vereinten sie stärker als eine Umarmung [*une étreinte*]; kein einziger Augenblick dieser anstrengenden Proben, der nicht ein Akt der Liebe war« (SK40; I55; ÜV).

Einer heutigen Feministin erscheint Françoise – zumindest anfangs – als die typische *Gehilfin*, eine Frau, die die Erfüllung ihrer erotischen Wünsche und beruflichen Ambitionen in ihrer Rolle als unentbehrliche Assistentin eines bedeutenden, sehr geliebten und geachteten Mannes findet. Ihre aufrichtige Hingabe an ihre Arbeit unterscheidet sie jedoch von jeder anderen handelnden weiblichen Person des Romans: Xavière ist unfähig, irgendeiner regelmäßigen Arbeit nachzugehen, und Elisabeth malt nur, um sich das *Image* einer erfolgreichen jungen Künstlerin zu verschaffen.

Zu Beginn des Romans ist es Françoise nicht nur völlig gleichgültig, was andere von ihr denken – sie kann sich auch kaum vorstellen, daß andere Leute existieren:

»›Man kann sich kaum vorstellen, daß andere Leute ein Bewußtsein haben und sich ihrer inneren Gefühle genauso bewußt sind wie wir der unseren‹, sagte Françoise. ›Für mich ist es erschreckend, wenn man das begreift. Man hat dann das Gefühl, bloß eine Vorstellung im Geist irgendeines anderen zu sein. Aber das kommt fast nie vor, und nie so deutlich‹« (SK 12; I 18; ÜV).

Man könnte annehmen, daß zumindest Pierre von Françoise als wirklich Anderer gesehen wird. Aber das ist nicht der Fall. Statt ihn als eigenständigen, autonomen Menschen zu begreifen, sieht sie ihn als eine Erweiterung ihrer selbst.[7] Als sie von ihrem Platz im dunklen Zuschauerraum aus Pierre auf der Bühne beobachtet, wird sie von einem Gefühl völliger Einheit mit ihm überwältigt:

»›Es ist wahr, daß wir eins sind‹, dachte sie in einem Aufwallen von Liebe. Es war Pierre, der sprach, seine Hand, die sich hob, doch seine Gebärden und sein Tonfall waren ebenso Teil ihres Lebens wie des seinen. Oder vielmehr gab es nur ein Leben und in dessen Mitte ein Sein, das man weder ›er‹ noch ›ich‹, sondern nur ›wir‹ nennen konnte« (SK 45; I 61; ÜV).

Die beiden sind eins: Pierre kann niemals Françoises Gefühl der Einzigartigkeit bedrohen. So spricht Françoise Pierre nie mit seinem Namen an, wenn sie allein sind, und irgendwann wird ihr auch bewußt, daß sie seit langer Zeit nicht mehr »ich«, sondern immer nur »wir« gesagt hat.

Zu Beginn der Erzählung gibt es also für Françoise keine Distanz zwischen Pierre und ihr. Obwohl Pierre selbst sich als völlig unabhängig erweist, scheint ihn diese Situation nicht im geringsten zu stören, und in der Tat gibt er sich besondere Mühe, um sicherzustellen, daß alles so bleibt, wie es ist. Im folgenden Gespräch haben die beiden Protagonisten gerade den Begriff der Treue erörtert. Pierre hat regelmäßig Affären mit anderen Frauen, während Françoise in den acht Jahren ihres Zusammenseins monogam geblieben ist und sogar der kurzen Versuchung widerstanden hat, den jungen, attraktiven Gerbert zu verführen, weil sie sich mit Pierre vollkommen glücklich fühlt:

»›Nein‹, sagte sie. ›Es ist stärker als ich: Ich bin eine treue Frau.‹

›Zwischen uns beiden kann weder von Treue noch von Untreue die Rede sein‹, sagte Pierre. Er zog Françoise an sich. ›Du und ich, wir sind einfach eins. Du weißt, daß das wahr ist. Keinen von uns kann man ohne den anderen beschreiben.‹

›Das ist dir zu verdanken‹, sagte Françoise. […] ›Wir sind eins‹, wiederholte sie« (SK20; I29f; ÜV).

In den Augen Pierres macht die Einheit zwischen ihm und Françoise herkömmliche semantische Unterschiede bedeutungslos. Seine elegante Demontage von Begriffen ist allerdings nur für ihn vorteilhaft: Nach dieser Logik verdient Françoise für ihr Verhalten keine Anerkennung, während er jedem möglichen Tadel für seines entgeht. Da sie ihren Platz kennt, fügt sich Françoise nicht nur in dieses Arrangement, sondern schreibt Pierre das Gelingen ihrer harmonischen Einheit zu. Was Françoise am Anfang als eine Verbindung von Gleichen empfunden haben mag, ist in Wahrheit ein symbiotisches Verhältnis zwischen einem dominierenden Mann und einer dominierten Frau. Die beiden mögen durchaus eins sein, aber *er* ist derjenige, der sie sind.

In diesem Stadium können psychoanalytisch interessierte Leser mit gutem Grund behaupten, daß Françoises Beziehung zu

Pierre ein Beispiel für eine imaginäre Phantasie der Einheit mit dem Anderen ist und der Roman insgesamt ihre mühsame Trennung von dieser imaginären Matrix und ihr schmerzliches Eintreten in die symbolische Ordnung aufzuzeichnen versucht. Diese Interpretation würde sicherlich Françoises Anfälle heftigster Angst und Depression erklären. Es kann auch kein Zweifel daran bestehen, daß der Mord am Ende Françoises äußerste Anstrengung darstellt, in bezug auf Pierre ein eigenständiges Individuum zu werden. Wie immer dem auch sein mag, hier will ich nur betonen, daß gerade die Idee der Einheit zwischen zwei Liebenden der Auffassung Sartres – und Beauvoirs – zuwiderläuft, nach der jedes Bewußtsein in einem unerbittlichen Kampf Gegner jedes anderen Bewußtseins ist.[8]

Während Simone de Beauvoir *L'Invitée* schrieb (1938–1941), arbeitete Sartre an *Das Sein und das Nichts* (1939–1942). In dieser Zeit also haben die beiden offensichtlich einander und der Welt eifrig demonstriert, daß es unmöglich ist, mit dem oder der Geliebten *eins* zu sein. In den Briefen, die Sartre von September 1939 bis Juni 1940 an Beauvoir schrieb, benutzt er nichtsdestoweniger häufig die Wendung *on ne fait qu'un* – wir sind eins –, die in *L'Invitée* bald zum Symbol der Selbsttäuschungen und der Enttäuschung Françoises wird. Wie bei Pierre in *L'Invitée* dient Sartres briefliches *on ne fait qu'un* vor allem dazu, die Frau in Situationen, in denen sie mit gutem Grund »schwierig« werden könnte, zu beschwichtigen und zu beruhigen. Indem Sartre, ganz gegen seine philosophischen Prinzipien, die unauflösbare Einheit ihrer Verbindung bekräftigt – eine Einheit, die irgendwie weit über so gewöhnlichen ungeistigen Details wie persönlichem Verhalten schwebt –, scheint er sich frei zu fühlen, seine diversen anderen Affären ganz nach Belieben fortzusetzen.[9] Zu dieser Zeit bedeutete das unter anderem einen Heiratsantrag an Wanda Kosakiewicz, Olgas Schwester, die nach Beauvoirs Biographin Deirdre Bair Vorbild für einige der unangenehmeren Züge Xavières war (vgl. Bair, S. 280).[10]

Während sich Pierres Verhältnis mit Xavière entwickelt, erkennt Françoise, daß sie, indem sie sich in ihm entfremdete, ihre Identität verloren hat. Pierre dagegen hat seine Freiheit als Individuum nicht im mindesten eingebüßt: »Schon vor Jahren hatte sie aufgehört, selbst jemand zu sein; sie hatte nicht einmal mehr ein Gesicht. [...] Unsere Vergangenheit, unsere Zukunft, unsere Ideen, unsere Liebe... niemals sagte sie ›ich‹. Und dennoch bestimmte Pierre über seine eigene Zukunft, über sein eigenes Herz: Er entfernte sich, er zog sich an die Grenzen seines eigenen Lebens zurück« (SK163; I216; ÜV). Françoises Entwicklung in *L'Invitée* entspricht der Simone de Beauvoirs in den *Besten Jahren*, wo sie die Lehren hervorhebt, die sie aus der schmerzlichen Erfahrung des sogenannten »Trios« mit Sartre und Olga Kosakiewicz gezogen hat. Es sei ein Irrtum gewesen, an die Idee einer gegebenen, unverbrüchlichen Harmonie zwischen ihr und Sartre zu glauben: »Ich mogelte [*je trichais*], wenn ich sagte: ›Wir sind eins.‹ Die Harmonie zwischen zwei Individuen ist niemals gegeben [*donnée*], sie muß immer neu errungen werden« (BJ222; FA299; ÜV). Entsprechend werden in *L'Invitée* Françoises Illusionen von Gemeinschaft und Einheit einer nuancierten, aber kritischen Prüfung unterworfen, während absolut nichts die Gestalt Pierres trüben darf.

Beim Lesen von *L'Invitée* ist es beispielsweise äußerst schwierig, zu begreifen, warum Françoise von Pierre nicht einfach verlangt, sein Verhältnis mit Xavière aufzugeben. Er bietet das mehrmals an, und jedesmal weigert sie sich, das entscheidende Wort zu sagen. Obwohl an ihrer Erklärung – sie will, daß Pierre sich frei und spontan, nicht aus Pflichtgefühl, für sie entscheidet – durchaus etwas Wahres ist, enthüllt eine genauere Lektüre des Textes, daß sie mit ihm über ihre Gefühle zu sprechen zögert, weil sie, wenn sie es täte, den Anschein erwecken würde, ihn für sein Verhalten auf die eine oder andere Weise zu *tadeln*. Einerseits weigert sie sich rundheraus, zuzugeben, daß Pierre alles andere als »untadelig« ist: »Es war ungerecht von ihr, böse auf ihn zu sein; er benahm sich ihr gegenüber untadelig« (SK149; I198; ÜV); andererseits weiß sie sehr genau, daß er Kritik nicht erträgt: »Er war in der Defensive; er haßte es, im Unrecht zu sein« (SK150; I199; ÜV). Solange Pierre nicht aufhört, Françoise zu versichern, daß er sie unverändert liebt, fühlt *sie* sich schuldig, wenn sie darauf hinweist, daß sein Verhalten mit seinen Worten nicht ganz übereinstimmt. Da sie den Widerspruch zwischen Pierres Worten und Taten erkennt, stellt sie lieber den Wahrheitsgehalt des *gesamten* Diskurses in Frage, als den leisesten Zweifel an der Integrität ihres Geliebten zu äußern. Einmal bricht sie dennoch zusammen und bekennt, daß sie trotz Pierres Beteuerungen an seiner Liebe zu zweifeln begonnen hat. Darauf befiehlt ihr der Geliebte, mit dem Weinen aufzuhören, beweist ihr, daß ihre Logik alles andere als schlüssig ist, und beteuert ihr am Ende nochmals seine Liebe:

»Er blickte sie an.
   ›Du glaubst mir nicht?‹
   ›Ich glaube dir‹, sagte Françoise.
   Sie glaubte ihm; aber darum ging es eigentlich nicht. Sie wußte nicht mehr, um was es eigentlich ging.
   ›Du bist vernünftig [*tu es sage*]‹, sagte Pierre, ›aber fang nicht wieder von vorn an‹« (SK154; I204; ÜV).

Françoises Versuch, Pierre ihre Gefühle zu erklären, ist geschickt und wirksam abgewehrt worden: Am Ende weiß sie nicht mehr, was sie zu sagen versucht hat. Die Szene, strukturell der Diskussion im Jardin du Luxembourg vergleichbar, die zur philosophischen Niederlage der jungen Simone de Beauvoir führte, stellt die emotionale Niederlage Françoises dar. In beiden Fällen wird der männliche Protagonist als untadelig präsentiert. Überlegen, unschuldig, unglücklich, weil er sich mit den Launen einer überemotionalen Frau abgeben muß, beendet Pierre die Auseinandersetzung, als wäre Françoise ein ungezogenes Kind (*tu es sage*).

Während die erste Hälfte des Romans Françoise durch eine schwere Krankheit, in der sie versucht ist, den Kampf um ihre Identität, ihre Seinsentwürfe und sogar sich selbst aufzugeben, in tiefste Verzweiflung führt, zeigt sie die zweite Hälfte in einer neuen Verfassung. Sie erkennt nun, daß andere existieren, daß ihre Beziehung zu Pierre krankhaft ist, daß alle Schuld bei ihr liegt und daß es für sie unerläßlich ist, ihre Identität und ihre Unabhängigkeit zu behaupten. In diesem Szenario verkörpert allein Xavière die »Andere«, deren Seinsentwürfe und Perspektiven die bloße Existenz der wankenden Identität Françoises bedrohen.

Merkwürdigerweise setzt *L'Invitée* als selbstverständlich voraus, daß der Weg zur Unabhängigkeit von Pierre über die Unabhängigkeit von Xavière führt. Der Mord an Xavière erscheint aus irgendeinem Grunde unerläßlich, wenn Françoise aus ihrer krankhaften Abhängigkeit von Pierre befreit werden soll. Das impliziert auch Simone de Beauvoirs Kommentar, in dem sie, wie wir gesehen haben, darauf beharrt, daß Françoise töten mußte, um Trennung und Freiheit zu erfahren: »[Ich befreite] Françoise durch ein Verbrechen aus der Abhängigkeit, in der die Liebe zu Pierre sie gefangenhielt« (SK289; I388). Das ist, gelinde gesagt, eine verwirrende Erklärung. Es scheint, als ob durch einen absonderlichen Austauschprozeß (vielleicht Projektion oder Übertragung) der Körper Xavières zum einzigen Boden wird, auf dem Françoise eine unabhängige Beziehung zu Pierre aufbauen kann. Was also verkörpert Xavière in diesem Szenario?

Xavières Tentakel

Wenn Françoise sich in Pierre völlig entfremdet, dann ist dies in nicht geringem Maße darauf zurückzuführen, daß die beiden einander alles erzählen: Für Françoise werden ihre Erlebnisse erst real, wenn Pierre sie angehört hat. Völlige Transparenz ist in der

Tat für Françoise die eigentliche Definition von Liebe. Als sie glaubt, Xavière sei im Begriff, ihr die Wahrheit über den Verlust ihrer Jungfräulichkeit zu sagen, beschwört Françoise sogleich eine Vision vollkommener Einheit zwischen ihnen beiden herauf:

»›Sag mir, was dich so verstört‹, drängte sie [Françoise]. ›Sag es mir.‹
In Xavières Gesicht zitterte etwas. An ihren Lippen hängend, wartete Françoise. Mit einem einzigen Satz hätte Xavière zustande bringen können, was Françoise so lange ersehnt hatte: die vollkommene Einheit, die ihrer beider Freuden, Sorgen und Qualen umschloß« (SK299; I398f; ÜV).

Xavières Verweigerung der Beichte löst einen Anfall heftiger Wut aus, das Verlangen, mit Gewalt in Xavière zu dringen: »Françoise wünschte sich, diesen eigensinnigen kleinen Kopf zwischen ihren Händen zusammenzuquetschen, bis er zersprang« (SK299; I399; ÜV). Aber das ständige Beichten bewahrt Françoise auch vor dem, was sie vage als die *grouillements confus*[11] ihres Geistes bezeichnet:

»Früher, als sie Pierre gegenüber noch zurückhaltend war, gab es eine Menge Dinge, die sie auf diese Weise beiseite schob: unerquickliche Gedanken, unbedachte Gesten. Wenn man nicht darüber sprach, war es beinahe so, als hätte es sie nicht gegeben, und das ließ unterhalb der wahren Existenz eine verborgene schändliche Vegetation heranwachsen, in der man ganz allein war und zu ersticken drohte. Nach und nach hatte sie ihm alles mitgeteilt: Sie kannte kein Alleinsein mehr, aber sie fühlte sich von diesem geheimen Rankengewirr [*grouillements confus*] gesäubert. Alle Augenblicke ihres Lebens, die sie Pierre anvertraute, gab er ihr klar, geglättet, vervollkommnet zurück, und sie wurden zu Augenblicken ihres gemeinsamen Lebens« (SK21; I30; ÜV).

Um zwischen dem geglätteten, geläuterten, stein(*pierre*)artigen
Diskurs, der aus der Interaktion mit Pierre entstanden ist, und
dem beschämenden, wirren, organischen verborgenen Abgrund,
der sein einsames Opfer zu ersticken (*étouffer*) droht, einen scharfen Kontrast herzustellen, entwickelt Françoise eine Bildersprache, die an die Roquentins beim Anblick der Wurzeln des Ka-
stanienbaums in Sartres *Der Ekel* erinnert. Diese Bildersprache
wiederum verweist auf den »miasmatischen Morast« der *vie intérieure*, der von Sartre und seinen Studienkollegen an der ENS
angeprangert wurde. Françoises Sprachbilder im Sinne des Gegensatzes zwischen dem Für-sich (Bewußtsein) und dem An-sich
(»Ding in der Welt«) zu deuten, ist dennoch nicht überzeugend:
Im Unterschied zu Roquentins Baumwurzeln veranschaulicht
dieses demütigende organische Wuchern Bereiche in Françoises
Geist. Eher liest sich diese Passage wie eine Darstellung des Gegensatzes zwischen freiem, transparentem Bewußtsein und der
heimlichen Bedrohung durch das Unbewußte.

Indem Françoise auch den flüchtigsten Gedanken mit Pierre
teilt, fühlt sie sich vor der Bedrohung durch die Wiederkehr des
Verdrängten geschützt, oder genauer: Sie glaubt, ganz wie Sartre
in *Das Sein und das Nichts*, daß Verdrängung kein relevanter Begriff mehr ist. Was Françoise fürchtet, was sie zu ersticken droht
– und es ist unmöglich, hier nicht daran zu erinnern, daß sie Xavière durch Ersticken tötet –, sind nicht nur die vagen, wirklich
verdrängten *grouillements confus*, sondern es ist auch der bloße
Gedanke daran, überhaupt einen so beschämenden Bereich in
sich, einen Aspekt ihres Geistes zu *haben*, der ihr *im Wortsinn* entgeht. Mit anderen Worten, dank Pierre kann Françoise vorgeben, alles unter Kontrolle zu haben: Ein Unbewußtes hat sie
nicht.

Der Preis, den sie für diese massive Verdrängung der Idee des
Unbewußten zahlt, ist hoch. Sie leidet nicht nur unter unmo-
tivierten Angstzuständen; als ihre Abwehrmechanismen schließlich doch zu versagen beginnen, erlebt Françoise eine heftige,

zutiefst schmerzliche Regression auf die archaischsten Schichten ihrer Psyche. Viele ihrer depressiven Anfälle werden als die demütigende Auflösung des durchsichtigen, belebten, leuchtenden, geglätteten Steins geschildert, der die von Pierre geschaffene Françoise *ist*. So registriert sie, als sie in ihrer Verzweiflung an Lungenentzündung erkrankt, zum erstenmal, daß sie »niemand« ist, und erleidet einen Zusammenbruch bis zu einem Punkt, an dem sie sich nur noch als »träge Masse« empfindet, »sie war nicht einmal mehr ein zusammenhängender Körper [*un corps organisé*]« (SK 167; I222; ÜV).

In der zweiten Hälfte von *L'Invitée* wird Xavière zunehmend als die Person dargestellt, um die sich die Bedrohung durch die *grouillements confus* kristallisiert. Sobald Françoise erkannt hat, daß Xavière nicht mehr ein einfach reizendes, aber anstrengendes Kind, sondern eine Erwachsene ist, die sich als sexuell Handelnde aus eigenem Recht versteht, beginnt sie sie als zutiefst bedrohlich und – während sie sich beispielsweise in Xavières Hotelzimmer umsieht – beängstigend feindlich zu empfinden:

»Seit sie im Herzen Xavières Eifersucht und Haß hatte aufkeimen sehen, machte diese Klause ihr Angst. Das war nicht nur das Heiligtum, in dem Xavière ihre Selbstanbetung zelebrierte, sondern ein Treibhaus, in dem eine üppige, giftige Vegetation gedieh; es war die Zelle einer Wahnsinnigen [*un cachot d'hallucinée*], deren feuchte Atmosphäre am Körper klebte« (SK 256; I342; ÜV).

Von feindlicher Vegetation zur Vorstellung wahnsinniger Halluzinationen übergehend, empfindet Françoise das tropische Wuchern als eindeutig weiblich und eindeutig giftig und bringt es sofort mit Wahnsinn oder Hysterie und der Vorstellung von »Klebrigkeit« in Verbindung, die Sartre in *Das Sein und das Nichts* als »eine giftige Besitzung« bezeichnet (SN 1041; EN 701). Der Hinweis auf Xavières Selbstanbetung deutet ihren beharrlichen Narzißmus an, ihr Verlangen, unverletzlich zu sein, nie erobert, nie besiegt zu werden. »Solche Frauen«, schreibt Freud in seiner Abhandlung *Zur Einführung des Narzißmus* (1914), »lieben, strenggenommen, nur sich selbst mit ähnlicher Intensität, wie der Mann sie liebt« (S. 155). Die narzißtische Frau, fügt Freud hinzu, ist selbstgenügsam, unzugänglich und erscheint rätselhaft, weil es ihr gelingt, eine »unangreifbare Libidoposition« (S. 155) zu bewahren. Gerade der unbeugsame Wille Xavières, *rein* zu bleiben, von anderen unbefleckt, macht sie für Françoise und Pierre zu einer so undurchsichtigen Gestalt. Für die beiden ist sie wahrhaft ein X, der unbekannte Faktor, der vom Anfangsbuchstaben ihres Namens symbolisiert wird. In diesem Kontext erscheinen die endlosen Bemühungen des Paars, Xavière zu deuten, als Versuch, ihre narzißtische Abwehr zu durchdringen, ihrer jungfräulichen Unversehrtheit Gewalt anzutun. Angesichts der Theorie Sartres, Erkenntnis sei eine visuelle Vergewaltigung (»Der Forscher ist der Jäger, der eine weiße Nacktheit überrascht und mit seinem Blick vergewaltigt [*la viole*]« – SN991; EN667), ist dies meiner Meinung nach durchaus keine besonders phantasievolle Interpretation.

In einer Nacht, die Françoise mit Xavière und Pierre in einem spanischen Nachtlokal verbringt, beobachtet sie, wie Xavière sich langsam und systematisch die Hand mit einer Zigarette verbrennt. Beim Anblick von Xavières Lächeln wird sie von Grauen und Angst gepackt: »Es war ein das Innere entblößendes, einsames Lächeln, das Lächeln einer Irren, das wollüstige und gequälte Lächeln einer von Lust überwältigten Frau. Der Anblick war unerträglich, er verbarg etwas Grauenvolles« (SK265; I354; ÜV). Xavières Selbstverstümmelung ist mit der sexuellen Lust einer Wahnsinnigen besetzt, aber es gibt mehr als einen Hinweis darauf, daß *jede* »von Lust überwältigte Frau« gleichermaßen erschreckend, wahnsinnig und gequält sein kann. Für Françoise »[war] was da vorging, unerträglich« (SK265; I354). Unter diesem unerträglichen Anblick lauert ein unsägliches, ungeheuerliches Grauen (*quelque chose d'horrible*): Es ist eine Szene wahrhaft melodramatischen Schreckens.

Françoise, die beobachtet, wie Xavière die ihre Wunde bedeckende Asche fortbläst, um sich noch einmal mit voller Absicht zu verbrennen, beschreibt die Szene in offenkundig sexuellen Formulierungen: »Sie preßte von neuem das glühende Ende ihrer Zigarette gegen die bloßgelegte Wunde [*contre la plaie mise à nu*]« (SK265; I354; ÜV). Es handelt sich hier um ein absichtliches *Entblößen* der Wunde, ein Verlangen, sie in eine freigelegte, nackte Öffnung zu verwandeln, bereit, das brennende Ende der Zigarette aufzunehmen. In *Das andere Geschlecht*, sechs Jahre nach *L'Invitée* veröffentlicht, liefert Simone de Beauvoir eine bemerkenswerte Erklärung dieser Szene. Wie dieser spätere Text besagt, geben sich jungfräuliche Mädchen häufig sadomasochistischen Ritualen der Selbstverstümmelung hin: »Das junge Mädchen schneidet sich mit einer Rasierklinge den Oberschenkel auf, verbrennt sich mit einer Zigarette, fügt sich Schnitte und Schürfwunden zu« (AG432; DSb124; ÜV). Derlei Praktiken sind zugleich als das Verlangen nach und als Auflehnung gegen Defloration zu verstehen; als solche sind sie vor allem eine Herausforderung an den künftigen Liebhaber: »Du wirst mir nie etwas Scheußlicheres zufügen, als ich mir selbst zufüge« (AG432; DSb124). Ob Protest oder Kapitulation, dieser selbst zugefügte Schmerz hat stets sexuellen Charakter: »So führt sich das junge Mädchen traurig und stolz selbst in das Liebesabenteuer ein […] Wenn sie sich absichtlich eine Schnitt- oder Brandwunde zufügt, protestiert sie gegen die Penetration, die sie entjungfern wird; sie protestiert, indem sie den sexuellen Vorgang für nichtig erklärt« (AG432f; DSb124; ÜV).

Im Sinne der Handlung von *L'Invitée* bedeutet Xavières Tat, daß sie im Begriff ist, eine sexuell aktive Frau zu werden; so erfahren wir, daß sie in der Nacht zuvor mit Gerbert zum Tanzen war; in der Nacht darauf verliert sie ihre Jungfräulichkeit an ihn. Man hat allen Grund, zu fragen, warum Beauvoir, obwohl sie der Episode der Verbrennung mit der Zigarettenglut im Roman erhebliche ontologische und psychologische Bedeutung verleiht und in ihrem Essay deren sexuelle Implikationen hervorhebt, dieselbe Szene in ihrer Autobiographie auf eine Belanglosigkeit reduziert:

»Olga war manchmal ganz von Sinnen. Als wir während der Osterferien in Paris waren und Camille einen Besuch abstatteten, verbrannte sie sich die Hand, indem sie eine glühende Zigarette mit geradezu manischer Ausdauer darauf preßte. Ich habe diese Episode in *L'Invitée* erzählt. Es war eine Art Abwehr gegen die Verwirrung, in die dieses komplexe Abenteuer sie gestürzt hatte« (BJ221; FA297).

Als Françoise beobachtet, wie Xavière die Zigarette in die offene Wunde stößt, wird ihr übel: Ihr Körper weigert sich buchstäblich, den Anblick einer sexuell erregten Xavière aufzunehmen. Einige Seiten später wird seine Botschaft begriffen: »Es war ihr widerwärtig, Xavière als eine Frau mit den Begierden [*des appétits*] einer Frau zu betrachten« (SK280; I373, ÜV). Während der Szene im Nachtlokal erweist sich jedoch, daß Françoises Abscheu einen noch tiefer verborgenen Schrecken maskiert:

»Hinter diesem irren Grinsen drohte eine Gefahr, die sich deutlicher abzeichnete als alles, was sie sich je vorgestellt hatte. Da war etwas, das sich gierig selbst umarmte, mit Gewißheit nur für sich selbst existierte. Es war unmöglich, sich ihm zu nähern, nicht einmal in Gedanken. In dem Augenblick, wenn das Denken sein Ziel zu erreichen schien, löste es sich auf. Es war nichts Greifbares, sondern ein unaufhörliches Fließen, eine endlose Flucht [*fuite*], durchschaubar nur für sich selbst und für immer unzugänglich« (SK265; I354f; ÜV).

Diese Passage hat einen deutlichen philosophischen – existentialistischen – Gehalt, dessen Interpretation Françoise bereitwillig selbst liefert: »Es war ihr schon früher widerfahren, daß sie wie heute abend das Gefühl hatte, ihr Sein löse sich zugunsten des einen oder anderen unzugänglichen Seins auf; aber niemals hatte sie ihre eigene Vernichtung mit so vollkommener Klarheit erkannt« (SK273; I365; ÜV). Oder es heißt – in einer anderen Version derselben Vorstellung –, Françoises Entsetzen werde von ihrer Todesangst ausgelöst, einer Angst, die aus der Entdeckung erwächst, daß »[Xavière] ein Bewußtsein hat wie ich« (SK276; I369). In *Das Sein und das Nichts* erklärt Sartre: »Der Andere, das ist zunächst die permanente Flucht [*fuite*] der Dinge« (SN461; EN312), und er behauptet, daß die Anwesenheit des Anderen »als eine reine *Desintegration* der Beziehungen [erscheint], die ich zwischen den Objekten meines Universums wahrnehme« (SN461; EN312). Der Fall Françoises stellt eine extreme Version dieser Auffassung dar, nach der es der Anderen (Xavière) gelingt, Françoises Gefühl, Subjekt zu sein, völlig zu vernichten: Françoise ist für Xavière zum bloßen Objekt geworden, das heißt, als Françoise existiert sie nicht mehr, sie ist vernichtet, ausgelöscht, vertrieben, tot. Das Entsetzliche besteht darin, daß sie noch nicht ganz tot ist, daß sie gerade noch so weit existiert, um ihre Vernichtung registrieren zu können.

Obwohl die philosophische Deutung, die von Françoise selbst (und, so muß man hinzufügen, auch von Beauvoir in ihren Memoiren) so nachdrücklich angeboten wird, zweifellos angemessen ist, befriedigt sie dennoch nicht ganz. Sie kann nichts über die sexuellen Andeutungen in Françoises Erfahrung der Objektifikation sagen. Sie vermag auch nicht zu erklären, warum sich Françoise gerade in Gegenwart einer sexuell bedrohlichen *Frau* elend fühlt. Und schließlich sagt sie auch nichts über die Intensität der Sprache Françoises oder den Charakter ihrer Metaphern aus. Um diese Fragen eingehender zu untersuchen, empfiehlt es sich, Françoises Reaktionen im Nachtlokal näher zu betrachten. Als Xavière sich zum zweitenmal zu verbrennen versucht, reagiert Françoise noch heftiger als zuvor: »Sie schien in eine hysterische Ekstase versunken zu sein«, beobachtet Françoise, die

selbst vor Erregung schwitzt, fast erstickt und ihre Gedanken als
»brennend wie Flammen« empfindet (SK272; I363; ÜV):

»Die feindliche Präsenz, die sich soeben in einem irren Lächeln
offenbart hatte, kam immer näher; es gab keine Möglichkeit, ihrer erschreckenden Enthüllung zu entgehen; Tag für Tag, Minute für Minute war Françoise vor dieser Gefahr geflohen; jetzt
aber war es soweit; jetzt traf sie auf das unüberwindliche Hindernis, das sie in mancherlei ungewissen Formen seit ihrer frühesten
Kindheit geahnt hatte. Hinter der wahnhaften Lust Xavières,
hinter ihrem Haß und ihrer Eifersucht brach das Ärgernis [*le
scandale*] hervor, ungeheuerlich und endgültig wie der Tod. Vor
den Augen Françoises und dennoch von ihr getrennt existierte
etwas wie ein unwiderrufliches Urteil: Unabhängig, absolut, un-
abänderlich erhob sich ein fremdes Bewußtsein« (SK272; I363f;
ÜV).

Im Französischen besteht diese Passage aus einem einzigen Satz,
der als steigendes Crescendo aufgebaut ist, sich im Schlußeffekt,
der schreckenerregenden Vision »fremdes Bewußtsein«, entlädt
und mit der philosophischen Deutung vollendet wird. Das sollte
uns jedoch nicht die Hinweise auf das »unüberwindliche Hindernis« übersehen lassen, das sie seit ihrer »frühesten Kindheit
geahnt« hat. Diese immer gegenwärtige Gefahr, fährt Françoise
fort, ist wie der Tod, sie ist totale Negation, ewige Abwesenheit,
sie ist ein »Abgrund des Nichts«, in dem »das ganze Universum
verschlungen« wird (SK272; I364). Die »feindliche Präsenz«, ein
monströser Abgrund, eine Leere, die unaufhörlich die Wirklichkeit verschlingt, Vernichtung, Tod und Zerstörung hervorbringt,
ist in der Tat ein schreckenerregendes Ungeheuer. Im Morgen-
grauen ist Françoise bereit, bis ans Ende der Welt zu fliehen, um
Xavière und ihren »gierigen Tentakeln zu entkommen, die sie
lebendig verschlingen [*dévorer*] wollten« (SK275; I367; ÜV).
    Xavière umgeben also Sprachbilder sexueller Bedrohlichkeit,

des Erstickens, der Klaustrophobie und des Todes sowie eine krankhafte Betonung der Vorstellung, verschlungen, vergiftet, niedergedrückt, erstickt oder erdrosselt zu werden. Ihr *Mund* wird ebenfalls wiederholt hervorgehoben, nicht nur durch die metonymische Zigarette, sondern auch durch Hinweise auf ihr irres und lüsternes Lächeln (»das Lächeln einer Irren«, »das irre Grinsen«, »das wollüstige und gequälte Lächeln einer von Lust überwältigten Frau«) oder durch einen nachdrücklichen Hinweis auf ihre Lippen wie in der folgenden Passage, die das Gesicht der eifersüchtigen Xavière beschreibt: »Eine Woge von Haß und Schmerz überschwemmte ihr Gesicht. Ihr Mund öffnete sich zu einem Lächeln [*rictus*] wie ein Schnitt in einer überreifen Frucht, und diese klaffende Wunde enthüllte der Sonne ein verborgenes, giftiges Fruchtfleisch« (SK 306; I 407; ÜV). Diese klaffende Wunde, die ein geheimes Gift hervorbringt, erinnert an die Brandwunde, die sich Xavière mit der Zigarette zugefügt hat: In beiden Fällen wird sie als Frau beschrieben, die schamlos entblößt, was hätte verborgen bleiben sollen.

Xavières Eifersucht auf Françoise ist auch sehr viel heftiger als die Françoises auf sie. Obwohl Françoise ihren Schmerz nicht zu leugnen versucht, bemüht sie sich doch, sich selbst wie den Leser davon zu überzeugen, daß sie ihre leichte Eifersucht zum Zeitpunkt der Genesung von ihrer Krankheit überwunden hat. Von nun an neigt sie dazu, ihre Eifersucht als geringfügig darzustellen und sie schließlich ganz zu leugnen. Als Françoise sich endlich erlaubt, Xavière zu *hassen*, wird dies als eine lange verzögerte Reaktion auf die unverhüllte Eifersucht der jungen Frau dargestellt (s. SK 332–334; I 442–445). In dieser Gemütsverfassung bricht Françoise gemeinsam mit Gerbert zu einem Wanderurlaub auf, der damit endet, daß sie ihn verführt.[12]

Die letzten Kapitel des Romans stellen einen regelrechten Rufmord an der jüngeren Frau dar: Zunächst ist Françoise bei einer Szene zugegen, in der Pierre, um seiner Eifersucht freien Lauf zu lassen, den Charakter und die Motivationen Xavières niedermacht; später beschließt Pierre, das Verhältnis mit ihr doch nicht fortzusetzen, eben weil sie sich Françoise gegenüber allzu eifersüchtig gezeigt hat. Diese Szenen, die jedermann Xavières Falschheit offenbaren, erlauben Françoise, einen scheinbar makellosen Altruismus an den Tag zu legen: Beispielsweise versucht sie Pierre zu überreden, trotz allem zu Xavière zurückzukehren. Der eigentliche Mord an Xavière wird als Mord aus reinem Haß, nicht aus Eifersucht dargestellt. Tatsächlich beschließt Françoise den Tod Xavières erst dann, als Xavière sie beschuldigt, eifersüchtig auf *sie* gewesen zu sein. Ihr Verbrechen zeigt mehr als nur einen Anflug von Projektion: Man fragt sich unwillkürlich, ob Xavière hier nicht die rivalisierenden Gefühle Françoises verkörpern soll. Es ist, als ob der bloße Gedanke daran, als »eifersüchtig« etikettiert zu werden, die schlimmste für Françoise vorstellbare Schmähung bedeutet. Der Roman, der einen periodischen Austausch des verachteten Etiketts der Eifersucht zwischen den beiden Frauen in Szene setzt, schließt die Männer aus diesem Spiel aus: Pierre verbirgt seine Eifersucht auf Gerbert nie, und Gerbert scheint die Bedeutung des Wortes nicht einmal zu kennen.

Als Françoise erkennt, daß in Xavières Version der Geschehnisse Pierre sie immer noch verzweifelt liebt, Xavière selbst jedoch wegen Françoises unsinniger Eifersucht edelmütig auf seine Liebe verzichtet hat, stellt sie sich Xavière sofort als ein bösartiges, todbringendes Geschöpf vor. »Dort unten, im Sterbelicht [*lumière mortuaire*] ihres Zimmers, saß Xavière, in ihren braunen Morgenrock gehüllt, düster und unheilvoll« (SK368; I490; ÜV). Obwohl Françoise stark in Versuchung gerät, Xavière die Briefe Pierres und Gerberts zu zeigen, um ihr eine Lektion zu erteilen und endlich diesen »unverschämten Stolz zu vernichten« (SK370; I493), hält sie sich zurück, weil sie sich darauf besinnt, daß Xavière nur ein »armes, in die Enge getriebenes Opfer« ist, dem »keine Rache abzuringen war« (SK372; I495; ÜV). Auf diese Weise wird Xavière die Wahrheit nicht von einer zu heftigen

Wutausbrüchen getriebenen Françoise ins Gesicht geschleudert; statt dessen läßt Beauvoir Xavière den Schlüssel zum Schreibtisch stehlen, der die verräterischen Briefe enthält.

In der letzten Szene zwischen den beiden Frauen empfindet Françoise nichts von der Befriedigung, die sie sich bei der Vorstellung, Xavière die Wahrheit zu sagen, erhofft hat. Denn auch nach der Lektüre der Briefe beharrt die junge Frau darauf, *sie* sei im Besitz der *wahren* Geschichte: »Du warst eifersüchtig auf mich, weil Labrousse mich liebte. Du hast mich ihm verleidet, und um dich noch gründlicher zu rächen, hast du mir Gerbert weggenommen« (SK374; I498f). Überraschenderweise löst diese Beschuldigung bei Françoise das Gefühl aus, hereingelegt worden, *in die Falle gegangen* zu sein: »Und jetzt war sie in die Falle gegangen, war diesem gefräßigen Bewußtsein ausgeliefert, das in der Finsternis auf den Augenblick gewartet hatte, da es sie verschlingen konnte« (SK376; I500; ÜV). Diese Vorstellung, in der sich die Bilder eines gefräßigen Mundes (Xavière ist im Begriff, Françoise zu *verschlingen* [*engloutir*]), des Erwürgens, des Erstickens oder des Eingeschlossenseins (die Tentakel, das geschlossene Zimmer, die Falle) verdichten, stimmt auf den eigentlichen Mord an Xavière ein:

»Ihrer Einsamkeit stand, jenseits von Raum und Zeit, diese feindliche Präsenz gegenüber, die sie schon seit so langer Zeit mit ihrem blinden Schatten erdrückt [*écrasait*] hatte: Xavière war da, nur für sich selbst existierend, ganz auf sich selbst bezogen, alles verneinend, was nicht sie selbst war. Sie schloß die ganze Welt in ihre eigene triumphierende Einsamkeit ein, dehnte sich grenzenlos aus, unendlich, einzig; alles, was sie war, zog sie aus sich selbst, sie verweigerte sich jedem Einfluß, sie war die absolute Trennung« (SK377; I502f; ÜV).

Mit Xavière versucht Françoise ein gefräßiges, zerstörerisches Ungeheuer zu töten, das seit ihrer frühesten Kindheit auf ihr gelastet hat, ein Monstrum, das jenseits von Zeit und Raum existiert, maßlos, endlos, allgegenwärtig, für alle Zeit in sich selbst ruhend. In Gegenwart einer so teuflischen Kreatur gibt es keinen Platz für Françoise. Das Universum selbst ist nicht groß genug für beide: Mit einer entschlossenen Drehung ihrer Hand öffnet Françoise in Xavières Zimmer den Gashahn.

Mein Monstrum / Meine Mutter / Mein Mann / Mein Ich

Wen oder was aber tötet Françoise? Welche verdrängte Phantasie beziehungsweise welcher Familienroman[13] liegt diesem existentialistischen Melodrama zugrunde? An der Oberfläche sieht das Dreieck Pierre-Françoise-Xavière aus wie eine offenkundig ödipale Vater-Mutter-Tochter-Struktur, in der Gerbert als ergänzender, tröstender ödipaler Sohn für die Mutter figuriert. In diesem Szenario muß Françoise die Mutter sein, die die rivalisierende Tochter tötet. Diese Deutung berücksichtigt jedoch nicht im mindesten die Xavière umgebende Bildersprache. Wenn man Françoises Metaphern genau betrachtet, kann man sich der Schlußfolgerung kaum entziehen, daß das zeitlose, erdrückende Monstrum, das Françoise keinen Raum in der Welt läßt, das Bild der allmächtigen und bösen Urmutter ist, die ihre Tochter zu verschlingen droht. Unter dem ödipalen Szenario verbirgt sich also eine andere phantasmatische Konfiguration, in der Françoise die Tochter ist, die ihre grausame, besitzergreifende und rivalisierende Mutter tötet. Diese zweite Phantasie, die in den Lücken der augenfälligeren Dreiecks-Struktur erscheint, hebt das ödipale Szenario keineswegs auf. Die Phantasie eines dualen Kampfes zwischen den beiden Frauen, der die melodramatische Sprache in *L'Invitée* entspringt, muß auch die treibende Kraft sein, die Beauvoir dazu zwingt, dem Roman sein melodramatisches Ende zu geben. Da sie darauf beharrt, daß *dieser* spezifische Schluß die eigentliche *raison d'être* des ganzen Romans sei, sagt sie implizit, daß für sie der Weg zur Veröffentlichung, der Weg in die Öffentlichkeit über den kathartischen und befähigenden Mord an einer phantasmatischen Mutterfigur führte. Obwohl Hélène Cixous vermutlich an etwas ganz anderes denkt, wenn sie die Vorzüge des »den Körper schreiben« preist, glaube ich, daß aus diesem Grunde Beauvoirs Kehle trocken und ihr Körper angespannt ist, als sie die entscheidenden Szenen schreibt: Der Mord an der Mutter erfordert zweifellos die Beteiligung jeder einzelnen Körperzelle der Schreibenden.

Es gibt gewichtige intertextuelle Beweise für die Theorie, daß Xavière für Françoise eine Mutterfigur verkörpert. In *Ein sanfter Tod* kommt für Simone de Beauvoir der Tod der Mutter wie ein Schock, gerade weil er sie zwingt, ihre Mutter in Zeit und Raum zu stellen. Sie habe, schreibt sie, ihre Mutter immer als einem zeitlosen, mythischen Raum angehörend betrachtet: »Für mich hatte es meine Mutter immer gegeben, und niemals hatte ich im Ernst daran gedacht, daß ich sie eines Tages, und zwar bald, verschwinden sehen würde. Wie ihre Geburt, so lag auch ihr Tod in einer mythischen [*mythique*] Zeit« (ST21; UM27). So wie der Mord an Xavière Françoise buchstäblich befähigt, ihre monströsen Phantasien zu liquidieren und eine autonom Handelnde zu werden, zwingt der Tod ihrer Mutter Simone de Beauvoir, die Phantasie ihrer ewigen Existenz aufzugeben.

Der Umstand, daß der entscheidende Konflikt in *L'Invitée* dadurch ausgelöst wird, daß Xavière unbefugt Françoises Briefe liest, muß Leser der *Memoiren einer Tochter aus gutem Hause* und von *Ein sanfter Tod* daran erinnern, daß sowohl Simone de Beauvoir als auch ihre Schwester Hélène sich von ihrer argwöhnischen, besitzergreifenden Mutter, die jeden ihrer Schritte überwachte, zutiefst bedroht fühlten. Beispielsweise zensierte sie die Briefe ihrer Töchter, bis sie 18 Jahre alt waren. In *Ein sanfter Tod* schreibt Beauvoir, daß ihre Mutter »einige Jahre meines Lebens vergiftet [*empoisonné*]« habe (ST116; UM148), und benutzt Ausdrücke wie »herrschsüchtig« und »besitzergreifend«, wenn sie die

ständigen Bemühungen ihrer Mutter beschreibt, in das Eigenleben der Töchter einzudringen: »Alle Türen im Hause mußten
offenbleiben; unter ihren Augen, in dem Zimmer, wo sie sich
aufhielt, mußte ich meine Arbeiten machen. Wenn meine
Schwester und ich nachts von Bett zu Bett miteinander plauderten, preßte sie – zerfressen von Neugier – das Ohr an die Wand
und schrie: ›Seid still!‹ […] Sie ertrug es nicht, sich ausgeschlossen
zu fühlen« (ES42; UM54f; ÜV). Eine Szene, in der Simone de
Beauvoirs Mutter einen Brief von Simone an Hélène öffnet, wird
genauer beschrieben: »Mama öffnete meinen Brief, las ihn Pou-
pette laut vor und lachte schallend über die vertraulichen Be-
kenntnisse« (ST44; UM57). In Deirdre Bairs Biographie äußert
sich die alternde Beauvoir immer noch verbittert über die zudringliche Art ihrer Mutter: »Sie sagte immer, sie wolle meine
Freundin sein, aber sie behandelte mich wie ein Präparat unter
dem Mikroskop. Ständig bespitzelte und beobachtete sie mich,
las meine Bücher und meine Briefe« (Bair, S. 111). Wie wir gesehen haben, fühlt sich Françoise von Xavières Mund zugleich
fasziniert und abgestoßen. In *Ein sanfter Tod* kehrt das verdrängte
Mutter-Tochter-Verhältnis wieder und verfolgt die Tochter in
Gestalt des mütterlichen *Mundes*: »Ich erzählte Sartre vom Mund
meiner Mutter, wie ich ihn am Morgen gesehen, und von allem,
was ich daran abgelesen hatte […]. Auch mein eigener Mund, so
sagte er, gehorche mir nicht mehr: Ich hätte Mamas Mund in
mein Gesicht übernommen, und ob ich wollte oder nicht, ich
ahmte seine Bewegungen nach« (ST34; UM44; ÜV).

Ich zitiere diese autobiographischen Passagen nicht, um zu beweisen, daß Françoise »wirklich« Simone de Beauvoir ist. Vielmehr möchte ich zeigen, daß bestimmte Themen, die im Roman anklingen, auch in anderen Texten Simone de Beauvoirs
auftauchen und in solchen Fällen dazu tendieren, sich um das
Bild einer Mutterfigur zu gruppieren. Vor allem sollte man sich
vor der Vorstellung hüten, Beauvoirs autobiographische Texte
seien auf irgendeine Weise »wahrer« – dem »wirklichen Leben«

näher – als die Essays oder die erzählenden Werke. Was sollen wir beispielsweise von der intensiven fiktionalen Ausarbeitung der Szene halten, in der sich Xavière mit der Zigarette verbrennt, wenn wir sie mit dem lakonischen Bericht in der Autobiographie vergleichen? Und sollen wir annehmen, daß die sexuelle Bedeutung, die ihr in *Das andere Geschlecht* beigemessen wird, für den Roman von Belang ist, aber nicht für die Autobiographie? Oder umgekehrt?

Und was sollen wir uns dabei denken, wenn wir feststellen, daß Simone de Beauvoirs Mutter Françoise hieß? In bezug auf meine eigene Interpretation mag das nicht sonderlich bedeutsam sein: Ich versuche trotz alledem zu zeigen, daß Françoise *nicht* die prinzipielle Mutterfigur in *L'Invitée* ist. Dennoch kann man darin durchaus eine hübsche Ironie sehen: Indem Beauvoir ihrer Heldin den Namen ihrer Mutter gibt, macht sie die Mutter zur Mörderin. Bedeutungsvoll *ist* jedoch, daß Simone de Beauvoir diesen Namen für die Heldin ihres *ersten* Romans wählt, eine Heldin überdies, die eine aufstrebende Schriftstellerin ist und am Ende eine besitzergreifende Mutterfigur tötet. Indem sie ihre Heldin Françoise nennt, kennzeichnet Beauvoir ihren Einzug in das literarische Feld Frankreichs herausfordernd als einen vollkommenen *Sieg* über die mütterliche Sphäre, der zugleich eine *Befreiung* ist.

Die französische Psychoanalytikerin Janine Chasseguet-Smirgel befaßt sich in ihrem Essay *Die weiblichen Schuldgefühle. Über einige spezifische Aspekte des weiblichen Ödipuskomplexes* ausführlich mit dem komplexen Verhältnis von Frauen zur Kreativität. Die Tochter, so Chasseguet-Smirgel, durchlebt an der Schwelle der Trennung von der Mutter eine Phase, in der sie den – vom Vater verkörperten – Phallus idealisiert und die Mutter haßt und verabscheut, die als diejenige empfunden wird, die den Zugang zum Vater versperrt, und, noch bedeutsamer, als die mächtige, allumfassende Figur, der die Tochter entkommen muß, wenn sie ein unabhängiges Individuum werden soll. In diesem Prozeß wird der idealisierte Phallus ein unentbehrlicher Verbündeter im Kampf des Mädchens um Individuation beziehungsweise um das Eintreten in die symbolische Ordnung. Tatsächlich, argumentiert Chasseguet-Smirgel, wird die Idealisierung des Phallus zutreffender als die Folge der Spaltung der Mutter-Imago in einen guten und einen schlechten Teil gesehen, während das Bild der »guten Mutter« auf den Vater projiziert und die Mutter als Quelle alles Bösen betrachtet wird. Obwohl für die Entwicklung des Mädchens notwendig und bedeutsam, ist dieser Phase der Phallus-Verehrung keine Dauer beschieden. Sobald das kleine Mädchen die notwendige Unabhängigkeit erlangt hat, behauptet Chasseguet-Smirgel, kann es eine klassischere ödipale Position entwickeln, in der es sich mit einer realistischeren Mutter-Imago identifizieren und den Vater begehren kann. Wenn die Mutter jedoch aus irgendeinem Grund als zu frustrierend empfunden wird, bleibt der Weg zu einer solchen Identifikation versperrt.

Dementsprechend erkundet *L'Invitée* meiner Meinung nach eine psychische Situation, in der die Protagonistin in dieser Phase der Phallus-Idealisierung verblieben ist. Nach meinem Verständnis handelt es sich um eine merkwürdig ambivalente Position, in der die Tochter die Mutter als ihre böse Feindin betrachtet, eben weil sie den Prozeß der Trennung von ihr *nicht* abgeschlossen hat. Indem die Tochter die Mutter als zerstörerisch phantasiert, signalisiert sie paradoxerweise die fortdauernde Einheit mit ihr. Ebenso drückt ihre heftige Angst, so zu *werden wie* die Mutter, ihre Erfahrung aus, sich gewissermaßen *nicht* genug von ihr zu unterscheiden. Chasseguet-Smirgel argumentiert, daß die Tochter, die die Mutter in bezug auf den Vater als kastrierend und sadistisch erlebt, ihre Aggressionen gegen den Phallus verdrängt und sich vorstellt, daß – im Unterschied zu ihrer Mutter – *sie* den Vater schützen und hegen wird. Statt dessen richtet sie ihre Aggression ganz gegen die Mutter. Diese Position kann bei der Tochter unterschiedliche Hemmungen in bezug auf heterosexuelle Aktivität hervorrufen. Da heterosexueller Geschlechtsverkehr die Aufnahme des Penis in die Vagina bedeutet, kann die Tochterfigur diesen Akt unbewußt mit der Kastration des Vaters durch die böse Mutter gleichsetzen und – als Folge – heftige Schuldgefühle entwickeln. Eine Abwehr gegen diese Schuld, so Chasseguet-Smirgel, kann sich im Verlangen nach homosexuellen Beziehungen zu Frauen äußern, gerade weil solche sexuellen Beziehungen nicht die symbolische Kastration des väterlichen Penis mit sich bringen. Vielleicht nimmt Françoise deshalb, zumindest zeitweilig, die körperlichen Reize Xavières wahr, während es wenig oder keine sexuelle Aktivität zwischen Françoise und Pierre gibt.

Wenn wir Françoise als Gefangene dieser ambivalenten Position, in der sie von der Mutter zugleich getrennt und nicht getrennt ist, auffassen, wird es uns leichter fallen, zu verstehen, warum der von Françoise gefürchtete monströse Feind zugleich höchst regressive, prä-ödipale Züge (die oralen Vorstellungen von Mündern, Essen und Ersticken, das Bild einer omnipotenten, formlosen Kreatur außerhalb der Zeit) und das weitaus ödipalere Merkmal einer höchst bedrohlichen, gegen die Vaterfigur gerichteten Sexualität trägt. Diese beiden Aspekte der Mutterfigur in *L'Invitée* verdichten sich im Bild des sexuell verzerrten, abstoßenden Mundes Xavières. Chasseguet-Smirgels Darstellung der den Phallus idealisierenden Tochter läßt uns auch Françoises merkwürdig symbiotische berufliche Beziehung zu Pierre verstehen. Denn dies ist eine Position, in der die Tochter intellektuelle Arbeit mit phallischen Werten gleichsetzt und darum fürchtet, daß sie den Vater kastrieren (seinen Penis stehlen oder vernichten) wird, wenn sie eigene, zielstrebige Kreativität entfaltet. In dieser Hinsicht ist Françoises Position als überaus tüchtige Mitarbeiterin Pierres im Theater einerseits und als frustrierte Schriftstellerin andererseits, die mit ihrem Roman nicht vorankommt, typisch. Eine solche Frau ist in bezug auf ihr Liebesobjekt nicht autonom, schreibt Chasseguet-Smirgel; im Gegenteil, sie ist »äußerst abhängig« von ihm und überdies sein »*Komple-*

ment«: »Sie ist die *rechte Hand*, die Assistentin, Mitarbeiterin, Sekretärin, Hilfe eines Meisters, eines Liebhabers, eines Ehemanns, eines Vaters« (S. 173). Nach dieser Theorie erweist sich Simone de Beauvoirs Verständnis der Bedeutung des finalen Mordes als höchst überzeugend. Mit der Ermordung Xavières, behauptet Beauvoir, erlangt Françoise ihre Unabhängigkeit von Pierre. Nach Chasseguet-Smirgel wird die Tochter, der es gelingt, aus der negativen Symbiose mit der Mutter auszubrechen, fähig sein, die aus der Idealisierung des väterlichen Phallus resultierende Abwehr aufzugeben, und infolgedessen die eigene Kreativität nicht mehr als kastrierend erleben. *Deshalb* muß Françoises Weg zur Unabhängigkeit von Pierre über den gewaltsamen Tod Xavières führen. Auf dieser Ebene also *inszeniert* oder *verkörpert* die bloße Existenz von *L'Invitée* als Text die phantasmatische Lösung der Probleme Françoises.

Dieses komplexe Szenario ist für mein Verständnis von *L'Invitée* entscheidend. Dennoch mag es notwendig sein, den überaus dualistischen – weder von der Dreieckssituation noch ödipal bestimmten – Charakter des Kampfes zwischen den beiden Frauen hervorzuheben. Auf philosophischer Ebene beruht dieser Dualismus zum Teil auf Sartres Theorie vom Anderen: Es ist nicht schwer, nachzuweisen, daß für Sartre das Verhältnis zwischem dem »Ich« und dem »Anderen« Lacans Idee der Entfremdung im Spiegelstadium ähnelt. Wenn jedoch Beauvoir diese Auffassung zum Grundstein ihres Romans macht, dann wohl nur deshalb, weil sie ihr ermöglicht, eigene fundamentale Phantasien aufzuarbeiten: Meine psychoanalytische Interpretation soll Beauvoirs philosophische Deutung keineswegs ersetzen, sondern vielmehr auf den überdeterminierten Charakter ihrer philosophischen Investitionen hinweisen.

Man sollte die hier skizzierte Deutung jedoch nicht zu weit in eine ödipale Richtung treiben. Für mich befindet sich Françoise *in der Schwebe* oder *im Übergang* zwischen einer archaischen Symbiose mit der Mutter und einer voll entwickelten ödipalen Position. Diese Ambiguität erzeugt die komplexen Beziehungen zwischen dem Mütterlichen und dem Väterlichen im Text. Meiner Meinung nach findet das Melodrama Françoises auf der von Gregorio Kohon definierten *hysterischen Stufe* statt, einer Stufe, die *zwischen* der prä-ödipalen Phase, in der die Mutter für das kleine Mädchen immer noch das primäre Libido-Objekt ist, und der ödipalen Phase liegt, in der der Vater zum Primär-Objekt der Tochter geworden ist. Die Instabilität dieser »Stufe« hervorhebend, erklärt Kohon den Doppelsinn des Begriffs[14]: »Ich bezeichne [diese Stufe] als *stage*, nicht so sehr im Sinne von Entwicklung, sondern als einen Ort, an dem etwas geschieht, an dem eine Vorstellung stattfindet, an dem sich ein Drama abspielt, und zugleich als einen Abstand zwischen zwei Stationen« (S. 378).

Meine eigene Deutung versucht auch die Ambiguität der Position Françoises hervorzuheben. Ebendiese »hysterische« Ambiguität, die den Text insgesamt beeinflußt, zeigt sich in dem, was man als die relative Unfähigkeit des Textes bezeichnen könnte, sexuelle Differenz zuzuweisen: Der idealisierte »männliche« Phallus, der Pierre zugeschrieben wird, repräsentiert zugleich Françoises Weg in die symbolische Ordnung und ihre Identifizierung mit dem imaginären Phallus der Mutter. In dieser Hinsicht ist Françoises Dilemma dem von Freuds Dora nicht unähnlich. Interessanterweise führen zum Beispiel sowohl *L'Invitée* als auch *Dora* ein komplexes Szenario sexualisierten und geschlechtsbezogenen Kampfes um die Autorität der Erkenntnis vor: In beiden Texten geht es letztlich um das *Recht auf Interpretation*.[15]

Eine ausschließlich ödipale Deutung von *L'Invitée* übersieht die Ambiguität, in der das Trennungsdrama der Tochter dargestellt wird. Eine solche Interpretation, die allzu bereitwillig zwischen dem Väterlichen und dem Mütterlichen unterscheidet, müßte die Tatsache unterdrücken, daß Françoise Xavière tötet, um sich von Pierre zu befreien, nicht etwa, um ihn für sich allein zu haben. Françoise, die der schmerzlich hierarchischen Symbiose mit Pierre zu entkommen strebt, will eine gesunde, einige Beziehung zwischen zwei freien, verantwortlichen Individuen. Da sich die Erzählung bemüht, dies als die tatsächlich von Françoise herbeigeführte Lösung darzustellen, liegt ihr Schwachpunkt in der ständigen Idealisierung Pierres. Das ließe sich zwar leicht als ein Fall töchterlicher Phallus-Verehrung erklären, doch ist dies eben nicht alles. Denn Pierre wird als Antidot zu Xavières Gift dargestellt: *Er* wird zur imaginären guten Mutter, zur narzißtischen Zuflucht, die Xavière nicht bieten kann. Wenn Pierre im Roman als idealisierte Vaterfigur auftritt, dann deshalb, weil er der Träger aller positiven Eigenschaften der guten Mutter ist. Sein beträchtliches phallisches Prestige – das Erobern anderer Frauen, sein gesellschaftlicher und künstlerischer Erfolg und so weiter – trägt dazu bei, die relativ asexuelle Beziehung zwischen den beiden Protagonisten zu kaschieren. Ihre Einheit beruht vor allem auf der Phantasie totaler Offenheit: Das ist eine Vereinigung der Geister, nicht der Körper. Auf dieser phantasmatischen Ebene also erscheint Pierre als vage inzestuöser mütterlicher Wolf in stark idealisiertem phallischem Gewand. Jeder negative Aspekt der symbiotischen Beziehung Françoises zu Pierre, bequemerweise auf die unselige Xavière projiziert, verschwindet aus dem Blickfeld, so daß Pierre als die Verkörperung phallischer Vollkommenheit erscheint.[16] Simone de Beauvoir hat als Erwachsene selten von ihrem Vater, häufig aber von ihrer Mutter geträumt:»Im Traum spielte sie oft die Hauptrolle«, schreibt Beauvoir in *Ein sanfter Tod*. »Sie verschmolz mit Sartre, und wir waren glücklich [*heureuses*] miteinander« (ST 115; UM 147). Während es grammatikalisch Sartre ist, der hier mit der Mutter verschmilzt – der feminine Plural *heureuses* verrät, daß der Traum Sartre als eine Mutter versteht –, stellt der Traumtext die gegenläufige Bewegung dar (»*sie* verschmolz mit Sartre«): eine mehr oder weniger unbewußte Überzeugung, daß Mutter und Tochter endlich miteinander glücklich sein könnten, wenn die Mutter nur Sartre ähnlicher wäre.[17]

Am Ende des Buchs verkündet Françoise ihre Unabhängigkeit. Doch ihre Unabhängigkeitserklärung ist nicht ganz überzeugend. Obwohl die ständigen Vorstellungen von Symbiose und Einheit im Text wiederholt in Frage gestellt werden, hat Françoise nichtsdestoweniger die Absicht, Pierre weiterhin alles zu erzählen:»Allein. Sie hatte allein gehandelt. So allein wie im Tod. Eines Tages würde Pierre es erfahren. Aber selbst er würde nur das Äußere ihrer Tat kennen« (SK378; I503; ÜV). Der letzte Satz ist besonders bemerkenswert. Was sonst als eine »äußere Kenntnis« kann selbst die genaueste Beschreibung der eigenen Handlungen einem anderen vermitteln? Sollen wir annehmen, daß Pierre *andere* Ereignisse nach wie vor gleichsam von *innen* verstehen kann? Und warum hat sie es nötig, Zuflucht bei der Tröstung zu suchen, daß Pierre trotz allem früher oder später das Wissen um ihr Verbrechen teilen wird?

Diese Darstellung enthält noch eine weitere Merkwürdigkeit. Denn wie wir gesehen haben, repräsentiert Xavière nicht einfach eine negative Mutterfigur: Sie ist auch eng mit den *grouille-ments confus* im Geist Françoises verbunden. Als das verdrängte Unbewußte, das geheimnisvolle X, das sich einer endgültigen, kontrollierenden Deutung stets entzieht, erscheint Xavière als traditionelle patriarchale Verkörperung von Weiblichkeit in modernistischem Gewand: Xavières engste literarische Schwester ist sicherlich André Bretons Nadja. Ihre Fähigkeit, alle festgelegten Rollen zu erschüttern und ins Wanken zu bringen, eine gewisse revolutionäre Hysterie zu verkörpern, kann auch Assoziationen zu Freuds Dora und zu Marguerite Duras' Lol V. Stein wecken.[18] Aber wo Breton und Duras – in sehr unterschiedlicher Weise natürlich – der überschreitenden, destabilisierenden Macht ihrer Heldinnen einen Wert beimessen, fühlt sich Beauvoir davon zutiefst bedroht: Die Freuden unbewußter Weiblichkeit oder die *jouissance* am zerstörenden Gleiten des Signifikanten sind ihr versagt. Pierre, als Xavières positive Gegenfigur dargestellt, bleibt *außerhalb* der unsicheren Ökonomie des Unbe-

wußten und von ihr unbeeinträchtigt. Gemeinsam sind Françoise und Pierre geglättete Steine, geschützt vor den Schrecken
des gierigen mütterlichen Monstrums, das in den Tiefen des
Unbewußten lauert. Die Ermordung Xavières bedeutet für
Françoise den symbolischen Mord an ihrem eigenen Unbewußten, bedeutet, die böse Mutter aus ihrer Psyche zu vertreiben
und die totale Kontrolle über Körper und Geist zu beanspruchen. Wenn diese Tat gelingt, wird sie den Angstanfällen wie
den psychosomatischen Zusammenbrüchen ein Ende machen:
Xavière töten heißt leugnen, daß das Verdrängte jemals wieder-
kehren wird.

Für Beauvoir war die Beendigung von *L'Invitée* ebenso befreiend wie für Françoise der Mord an Xavière. »Warum hatte ich
von nun an immer ›etwas zu sagen‹?« fragt Beauvoir am Ende der
Besten Jahre. »Ehe ich *L'Invitée* schrieb, verbrachte ich Jahre mit
tastenden Versuchen. Als ich mich dann ans Werk gemacht hatte,
hörte ich […] nicht mehr zu schreiben auf« (BJ517; FA694). Ihre
eigene Antwort darauf ist politisch: Der Ausbruch des Zweiten
Weltkriegs ließ sie erkennen, daß Unglück in der Welt existierte.
»Seit der Kriegserklärung hatten die Dinge endgültig aufgehört,
selbstverständlich zu sein. Das Unglück war über die Welt hereingebrochen. Die Literatur wurde mir so nötig wie die Luft,
die ich atmete« (BJ517; FA694). Aber das Schreiben von *L'Invitée*
wurde nicht nur von historischem Unglück ausgelöst: Beauvoir
begann ihren Roman im Herbst 1938, geraume Zeit vor Kriegs-
ausbruch, aber nur ein Jahr nach der Krise, die durch Sartres Leidenschaft für Olga Kosakiewicz 1936/37 heraufbeschworen worden war.

Für Beauvoir entspringt Unglück dem Mangel: Sie schreibt,
um die Kluft von Abwesenheit und Verlust zu schließen – das,
was sie »das Ärgernis der Einsamkeit und der Trennung« nennt
(BJ518; FA695). Diese bemerkenswert fetischistische Auffassung
des Schreibens macht es Beauvoir möglich, ihr Schreiben zugleich als Trost für Einsamkeit und Mangel wie als Waffe gegen

die Macht des Anderen zu sehen. Kein Wunder, daß sie diese Waffe nie mehr aus der Hand gab. Nachdem sie die phantasmatische böse Mutter im Akt des Schreibens getötet hat, einem Akt, den *sie* völlig unter Kontrolle hat, kann sie sich erlauben, sie zu verkörpern: »Von nun an hatte ich immer etwas zu sagen.«

4 Freiheit und Flirt:
Das Persönliche und das Philosophische
bei Sartre und Beauvoir

»Ich habe mich nie den Regeln des Flirts unterwerfen können«, sagte, sie. »Ich ertrage es nicht,
angerührt zu werden: Das ist krankhaft bei mir.«

In einer anderen Ecke blickte eine junge Frau mit
grünen und blauen Federn im Haar unsicher auf die
dicke Hand eines Mannes, die eben auf die ihre herabgestoßen war. [...] Sie hatte sich entschlossen,
ihren Arm auf dem Tisch ruhen zu lassen, und da lag
er nun, vergessen, unbeachtet: Die Hand des Mannes
umschloß ein Stück Fleisch, das zu niemandem mehr
gehörte.

L'Invitée

Sexuelle Vergleiche

Einige Philosophen werfen Beauvoir vor, sie weiche – etwa in
Das andere Geschlecht – von Sartres philosophischen Prämissen ab.
Andere wiederum behaupten, weil ihre philosophische Perspektive mit der seinen völlig übereinstimme, gebe es keinerlei Anlaß, *ihrem* Werk ein eigenes Kapitel – einen eigenen Abschnitt
oder Absatz – zu widmen. Die Folge sei, schreibt Margaret
Simons, daß sich nur »wenige Überblicke zur zeitgenössischen
kontinentalen Philosophie [...] mit ihrem Werk befassen, nicht
einmal diejenigen, die sich auf sozialphilosophische Probleme
konzentrieren« (*Beauvoir and Sartre*, S. 165). Auch Feministinnen,

die Beauvoir vorwerfen, sie sei von Sartre allzu abhängig, haben sie als unoriginell oder »männlich identifiziert« abgelehnt. Mit Recht darüber erbost, daß das patriarchale Denken nach wie vor auf dem Thema »Ladenmädchen und Paukerin« herumreitet, haben andere Feministinnen, namentlich Margaret Simons, versucht, Beauvoir gegen den Vorwurf philosophischen Epigonentums in Schutz zu nehmen, indem sie nachwiesen, daß sie sich bereits vor Sartre mit den gesellschaftlichen Einschränkungen der Freiheit befaßt hat.[1] Eva Lundgren-Gothlin, die sich auf Hegelsche und marxistische Elemente in *Das andere Geschlecht* konzentriert, betont ebenfalls, daß sich Beauvoir von Sartre philosophisch durchaus unterscheidet.

Leider impliziert in den Augen patriarchaler Kritiker der verständliche feministische Wunsch, das Werk Beauvoirs unter ihren eigenen Voraussetzungen zu untersuchen, häufig auch den fanatischen Wunsch, ein für allemal »beweisen« zu wollen, daß sie Sartre überlegen sei: Als ob die Beschäftigung mit Beauvoir eine Geringschätzung Sartres bedeutete. Derlei Haltungen führen in der Tat zu müßigen Debatten. Es ist – zum Beispiel – zweifellos wahr, daß sich Beauvoir schon früh mit den gesellschaftlichen Determinanten individueller Freiheit beschäftigt hat. Ebenso wahr ist aber auch, daß Sartre und nicht Beauvoir die *Kritik der dialektischen Vernunft* geschrieben hat. Doch angesichts der Tatsache, daß er sich als Philosoph definierte und sie eben nicht, dürfte uns das kaum überraschen. Diese Debatte nimmt offenbar kein Ende – weil es keinen klaren Ansatzpunkt gibt –, und ich persönlich finde die ewige Beschäftigung mit der Frage, wer von den beiden Schriftstellern wem intellektuell überlegen sei, ziemlich ermüdend. Wenn patriarchale Kritiker nicht unverdrossen voraussetzen würden, daß das Werk einer intellektuellen Frau unbedingt im Zusammenhang mit dem ihres Geliebten – auch mehrerer – beurteilt werden *müsse*, wäre diese Vergleicherei niemals zu einem Standard-*topos* der kritischen und journalistischen Diskussion über Beauvoir geworden. Während die meisten Kri-

tiker die Führungsrolle Sartres hervorheben, schrecken einige
nicht einmal davor zurück, Beauvoirs Ansichten Nelson Algren
oder Claude Lanzmann zuzuschreiben. Das Umgekehrte gilt
natürlich nie: Nach patriarchaler Kritikermeinung hat kein
männlicher Intellektueller von seiner Geliebten jemals etwas gelernt. Zweifellos deshalb macht sich niemand die Mühe, Sartres
– oder Lanzmanns – Werk im Zusammenhang mit dem Beauvoirs zu beurteilen. Und warum vergleicht niemand Beauvoir
mit Julien Green, Mauriac oder – was weitaus relevanter wäre –
mit Fanon? Vielleicht weil sie mit keinem dieser Männer je ein
sexuelles Verhältnis hatte?

Trotz meiner Abneigung gegen dieses Thema habe ich zur
Kenntnis zu nehmen, daß es in der Beauvoir-Kritik beharrlich
weiterlebt und sie beherrscht. Ebenso muß ich berücksichtigen,
daß Beauvoir selbst sich als zweite nur nach Sartre dargestellt hat:
Auch in den neunziger Jahren ist es nach wie vor unmöglich,
diesem Problem auszuweichen. Deshalb werde ich trotz meines
Unbehagens die beiden Autoren aufgrund einer eingehenden
Interpretation zweier zentraler und thematisch ähnlicher, überdies etwa gleichzeitig geschriebener Texte miteinander vergleichen. In diesem Kapitel will ich also das Problem der Freiheit
von Frauen in heterosexuellen Beziehungen untersuchen, so wie
es von Sartre in *Das Sein und das Nichts* und von Beauvoir in
L'Invitée behandelt wird; beide Bücher erschienen 1943. Ich habe mich sehr bewußt zur Gegenüberstellung eines philosophischen und eines literarischen Textes entschlossen. Wie ich bereits
dargelegt habe, beschloß Beauvoir, der Literatur den Vorrang zu
geben, weil sie sich als Sartre philosophisch unterlegen definierte. Daraus folgt jedoch, daß Beauvoirs gründlichste und nach-
denklichste Beschäftigung mit dem Problem der Freiheit eher
im Roman *L'Invitée* zu finden sein muß, an dem sie fast fünf Jahre arbeitete, als in dem philosophischen Essay *Pyrrhus und Cineas*
(1944), den sie in drei Monaten schrieb. In dem von mir gewählten Text aus *Das Sein und das Nichts* geht es um eine Frau, die

sich zu einem ersten Rendezvous in einem Pariser Café eingefunden hat; der Text aus *L'Invitée* beschreibt die Szene, in der
Françoise Gerbert verführt.

Ein Rendezvous in einem Pariser Café

Sartres Erörterung der Unaufrichtigkeit bei einer Frau in *Das
Sein und das Nichts* findet sich im Kapitel »Die Verhaltensweisen
der Unaufrichtigkeit«, in dem er zu zeigen versucht, daß man
sich selbst belügen kann.[2] »Was muß ein Mensch [*homme*] in seinem Sein sein, wenn er unaufrichtig sein können soll?« fragt er
am Ende des ersten Absatzes. »Da ist zum Beispiel eine Frau«,
fährt er am Anfang des zweiten fort, »die zu einer ersten Verab-
redung gegangen ist« (SN132; EN94). Der ungeschickte Übergang von »Mensch« zu »Frau« ist, gelinde gesagt, bemerkenswert:
Diese Wendung des Satzes, die Sartres Anspruch signalisiert, eine
für alle gültige Philosophie zu entwickeln, verrät auch, daß er
die Schwierigkeiten, die mit einem solchen Vorhaben verbunden sind, drastisch unterschätzt.

Nach Sartre muß diese Caféhaus-Szene als eine phänomenologische Beschreibung betrachtet werden. Vom philosophischen
Standpunkt aus gesehen, erfüllen solche Beschreibungen nur
dann ihren Zweck, wenn sie vom Leser als genau zutreffend
empfunden werden: Kein Wunder, daß *Das Sein und das Nichts*
einen so umfassenden Einblick in das Alltagsleben der Pariser Intellektuellen zu Beginn der vierziger Jahre vermittelt. Doch was
man 1943 als unproblematisch empfunden haben mag, muß
nicht unbedingt noch fünfzig Jahre später so erscheinen: Mir zumindest kommen viele Aspekte in Sartres Analyse ziemlich rätselhaft vor.

Die im Café am Tisch sitzende Frau, die sich zu einem ersten
Rendezvous eingefunden hat, kennt, so Sartre, die Absichten des
Mannes ganz genau. »Sie weiß auch, daß sie früher oder später

eine Entscheidung treffen muß. Aber sie will deren Dringlichkeit nicht spüren [*sentir*]«, fährt Sartre fort. »Sie hält sich allein an das, was die Haltung ihres Partners an Respekt und Diskretion bietet« (SN132; EN94). Indem sie sich weigert, seine Konversation als einen Versuch zu sehen, »das zu realisieren, was man ›erste Annäherungen‹ nennt [*ce qu'on nomme*]« (SN132; EN94), weigert sie sich, die »Möglichkeiten zeitlicher Entwicklung« zur Kenntnis zu nehmen, stellt Sartre tadelnd fest. Wenn der Mann sagt: »Ich bewundere Sie so sehr«, fährt Sartre fort, besteht die Frau mehr oder weniger eigensinnig darauf, dies wörtlich zu nehmen: Sie gibt tatsächlich vor, ihm zu *glauben*. Indem sie den Satz seines »sexuellen Hintergrunds« entkleidet, schreibt Sartre, nimmt sie den Diskurs des Mannes für bare Münze. Oder mit anderen Worten: Sartre kommt nicht einmal auf die Idee, daß die Frau von den Beteuerungen der Achtung und Bewunderung ehrlich entzückt sein könnte. Nach Sartre beweist jeder einzelne Aspekt ihres Verhaltens die Unaufrichtigkeit der Frau. Am Ende, argumentiert er, besteht ihr Problem darin, daß sie »nicht [ahnt], was sie wünscht. Sie ist zutiefst empfänglich für die Begierde, die sie erregt, aber diese rohe und nackte Begierde würde sie erniedrigen und ihr Abscheu einflößen« (SN133; EN94). Es ist schwer, aufgrund dieses Satzes zu entscheiden, ob Sartre glaubt, die Unaufrichtigkeit der Frau bestehe darin, daß sie nicht weiß, was sie will, oder ganz im Gegenteil in der Gewißheit, daß die Äußerung des *désir cru et nu* – der rohen und nackten Begierde – erniedrigend wäre. Das anfängliche Verhalten der Frau, resümiert Sartre, ist eine Weigerung, »die Begierde als das zu erfassen, was sie ist, sie gibt ihr nicht einmal einen Namen, sie erkennt sie nur in dem Maß an, wie sie sich auf die Bewunderung, die Achtung, den Respekt hin transzendiert« (SN133; EN94).

Dies also ist Sartres Analyse der ersten Phase des Rendezvous. Bei meinem Versuch, diese Darstellung zu verstehen, stoße ich auf eine Reihe von Schwierigkeiten. Erstens setzt Sartre als selbstverständlich voraus, daß seine Leser die Motive des Mannes

stillschweigend anerkennen. Aber will er wirklich andeuten, alle
Welt wisse schließlich, daß ein Mann, der sich mit einer Frau in
einem Café trifft, dies bewußt und absichtlich nur als Vorspiel
zum Geschlechtsverkehr versteht? Beim Nachdenken über dieses
Problem verblüfft mich die beiläufige Wendung »was man ›erste
Annäherungen‹ nennt«. Das rhetorische Mittel ist offenkundig:
Indem er auf eine reale Welt gemeinsamer Konventionen verweist, versucht Sartre eine stillschweigende Übereinstimmung
seiner Werte mit denen seiner Leser herzustellen. Dieser Satz,
der sich als eine allgemeine Lexikon-Definition ausgibt – wir
alle nennen dies die »ersten Annäherungen«, nicht wahr? –, enthüllt in der Tat, daß Sartre sich seine Leser männlich, nicht weiblich, vorstellt. Im Französischen enthält der Plural *approches* (*les
premières approches*) bestimmte militärische Konnotationen im
Zusammenhang mit den Bemühungen eines Angreifers, in eine
Festung einzudringen, oder mit getarnten unterirdischen Versuchen, die Festung des Feindes zu unterminieren. Nach dem *Petit
Robert* hat diese ziemlich alte militärische Konnotation in ihrem
allgemeineren und übertragenen Sinn als »eigennütziges Vorgehen, Manöver zum Erreichen eines Ziels« überlebt. Diese Ausdrucksweise, die einen unverkennbaren Beigeschmack männlicher Kameraderie enthält, kann durchaus in Männergesprächen
üblich gewesen – und geblieben – sein. Ich vermag jedoch nicht
zu glauben, daß sich die Mehrzahl der Frauen damals dieser Ausdrucksweise im Zusammenhang mit eigenen Flirtversuchen bedient hätte. Ich bezweifle auch, daß die Mehrzahl der Frauen
den Flirtversuch eines Mannes – sofern er nicht unverschämt zynisch vorgeht – so beschreiben würde. Aber der Umstand, daß
die Frau nicht im Traum daran denkt, so zu reden, ist der sprin-
gende Punkt bei Sartre: Da er es ablehnt, die für die beiden Protagonisten geltenden unterschiedlichen gesellschaftlichen Konventionen zu berücksichtigen, kann Sartre in der Weigerung der
Frau nur ein Zeichen ihres Willens zur Selbsttäuschung sehen.
Die eigentliche, tiefere Bedeutung dieser beiläufigen Ausdrucks-

weise wird nun offenkundig: *Solange die Frau sich weigert, so zu sprechen, als wäre sie ein Mann, ist sie unaufrichtig.*

Diese bedauerliche Schlußfolgerung drängt sich auf, obwohl Sartres grundlegende philosophische Prämisse angeblich geschlechtsneutral ist. Seiner Meinung nach hat geschlechtliche Differenz nichts mit Unaufrichtigkeit zu tun; jedes denkende Subjekt hat dieselbe Fähigkeit, aufrichtig oder unaufrichtig zu sein. Dennoch argumentiert er hier, als sei jedes denkende Subjekt ein Mann. Mit anderen Worten: Er hat die gesellschaftlichen und geschlechtlichen Unterschiede übersehen, die den Diskurs und das Verhalten der in dieser Szene Agierenden grundlegend bestimmen. Das Ergebnis ist patriarchale Philosophie – und nicht die wahrhaft universale Analyse, die zu schreiben er sich vorgenommen hat.

Sartre hält sich auch nicht mit der Untersuchung des Problems auf, das mit der Definition der für diese Szene entscheidenden Aktivität verbunden ist. Obwohl er das Wort »Flirt« verwendet, um die Café-Szene zu beschreiben (SN133; EN95), besteht er nichtsdestoweniger auf ihrem zielorientierten Charakter: Der Mann weiß, was er will, die Frau aber ist gleichermaßen dafür zu tadeln, daß sie vorgibt, nicht zu wissen, was *er* will, zugleich aber wirklich nicht weiß, was *sie* will. Wenn dies jedoch ein Flirt sein soll, widerspricht Sartres Annahme meiner eigenen Erfahrung gesellschaftlicher Wirklichkeit: Gewiß setzt nicht jeder Flirt ein eindeutig sexuelles Ziel als unvermeidliches Ergebnis der Aktivität voraus. Vielleicht redet Sartre überhaupt nicht vom Flirten? Vielleicht sollte diese Szene eher als eine Verführungsszene gedeutet werden? Aber wo läge da der Unterschied?

Nach *Le petit Robert* kennzeichnet ein Flirt »mehr oder weniger keusche verliebte Beziehungen [*relations amoureuses*], die im allgemeinen frei von tieferen Gefühlen sind«. Das Wort hat keine besondere epistemologische Dimension: Obwohl vollkommen oberflächlich, schließt ein Flirt nicht unbedingt Täuschung mit ein. Angesichts seines ziemlich offenen, spielerischen Charakters soll er auch kein glaubwürdiger Ausdruck tieferer Gefühle sein. Man kann durchaus flirten, ohne es »ernst zu meinen«: Sobald man es »ernst meint«, ist meiner Meinung nach »Flirt« nicht mehr das passende Wort. Flirt basiert also auf Ambiguität: Er ist ein Spiel, bei dem man seine Karten nicht auf den Tisch legt. Mit der »Wahrheit herausrücken« zu müssen, zu bekennen, wie die Dinge »wirklich« liegen, heißt die bloße Möglichkeit des Flirts zunichte zu machen. In diesem Sinne ist der Flirt keine zielorientierte Aktivität. Weil er nichts verspricht, kann er die Beteiligten auch zu nichts verpflichten: Flirten ist ein Spiel, aus dem man sich jederzeit ohne Schaden zurückziehen kann. Die Hauptsache an diesem Spiel ist einerseits, daß es den Beteiligten ein positives Gefühl vermittelt: Du gibst mir das Gefühl, attraktiv zu sein, und ich gebe dir das Gefühl, begehrenswert zu sein; ich verschönere dir deinen Tag, du verschönerst mir meinen. Andererseits kann dieses angenehme Spiel, wenn gewünscht, auch als willkommene Gelegenheit betrachtet werden, sich darüber klarzuwerden, ob Flirten *alles* ist, worauf man sich einlassen will. Der Flirt als strukturell mehrdeutige, spielerische Aktivität ist für Frauen, die einer strengen patriarchalen Kontrolle ihrer Sexualität unterworfen sind, eminent nützlich, da er ihnen die Gelegenheit bietet, sich in Gedanken auf etwas einzulassen, ohne es wirklich zu tun, und so weder den Verlust ihrer Jungfräulichkeit noch ihrer Ehre, noch ihres Rufs oder ihrer gesamten Zukunft zu riskieren.

Im Französischen wird *séduisant* (verführerisch) nicht unbedingt mit dem Aushecken machiavellistischer Verführungspläne in Verbindung gebracht: Es bedeutet lediglich, ausnehmend charmant und attraktiv zu sein. In diesem Sinne scheint ein gewisses Maß an *séduction* in jedem Flirt ein überaus nützliches Element zu sein. In seinem eingeschränkten und vorherrschenden Sinne jedoch bedeutet *séduire* etymologisch »beiseite führen« (lat. *seducere*), jemanden in die falsche Richtung führen. *Le petit Robert* definiert *séduire* als »jemanden vom Guten abbringen, zu schlechtem Verhalten veranlassen«: Entsprechende Synonyme sind Verben wie *verderben, entehren, korrumpieren, mißbrauchen, irreführen, täuschen* und so weiter. Verführung, die immer ein eindeutig sexuelles Ziel als das Endergebnis ihrer Aktivitäten im Auge hat, schließt auch Verstellung, Lügen und Vorwände unterschiedlichster Art mit ein. Nach der Definition des Wörterbuchs flirten Männer und Frauen gleichermaßen, doch wenn es um Verführung geht, sind Frauen die Opfer und Männer die Täter: »Ein zynischer Verführer, der eine unglückliche fremde Frau ihrem Ehemann wegnimmt«, lautet das vom *Petit Robert* mitgelieferte Zitat, das den Charakter einer solchen Beziehung erklären soll. Bei einer Verführung legt es eine Person darauf an, die andere zynisch zu manipulieren, wie beispielsweise im Fall Valmonts und Cécile de Volanges' in *Gefährliche Liebschaften*. Die verführte Person ist verführt worden, eben weil sie den wahren Sachverhalt *nicht kennt*. Nach Sartre, könnte man hinzufügen, ist ein Lügner nicht unaufrichtig (vgl. SN121f; EN86f); und das Opfer der Lüge, sollte man annehmen, auch nicht.

Sartre und sein männlicher Protagonist scheinen fest davon überzeugt zu sein, daß das, was da vor sich geht, eine Verführungsszene ist. Nach Sartre ist der Mann nicht unaufrichtig: Da er weiß, was er will, würde es *ihm* vermutlich nicht schwerfallen, von »ersten Annäherungen« zu sprechen oder zuzugeben, daß sein Gerede von Bewunderung und Achtung für die junge Frau nicht viel mehr als ein Mittel zum Zweck ist. Mit anderen Worten: Er ist ein Verführer. Aber Sartre sagt dies nicht. Im Gegenteil, für ihn ist die Frau eine »Kokette« (SN136; EN97), eben weil sie vorgibt, nicht zu wissen, daß der Mann ein Verführer ist. Vorausgesetzt jedoch, daß in diesem Stadium zwischen den beiden Protagonisten nichts weiter stattgefunden hat als liebenswürdige Konversation, ist kaum einzusehen, warum sie es wissen sollte. Schließlich flirten auch Männer. Das eigentliche Problem dieser Textpassage ist nicht die Deutung der Frau, sondern Sartres milde Arroganz, er wisse mehr als die Frau.[3] Die Solidarität zwischen Sartre und seinem männlichen Protagonisten erinnert an die zwischen Freud und Herrn K., während sich die *jeune coquette* – wie Dora – als epistemologisch unterlegen oder, um es in Begriffen Sartres auszudrücken, in Immanenz und Faktizität versunken definiert sieht.

Wenn, nach Sartre, die junge Frau bereits in diesem Anfangsstadium des Rendezvous unaufrichtig ist, dann deshalb, weil sie sich weigert, sich als transzendent zu verstehen und einen eigenen Entwurf sexueller Begierde zu entwickeln. Aber was ist ein Entwurf? In dieser Szene erhält der Begriff einen ausgeprägt psychologischen Beigeschmack: Der Mann hat die Absicht, die Frau ins Bett zu kriegen. In diesem Kontext besteht Unaufrichtigkeit darin, zu leugnen, daß man die Freiheit hat, seine Entwürfe zu wählen. »Die Unaufrichtigkeit ist offenkundig eine Lüge, weil sie die totale Freiheit des Engagements verbirgt«, lautet die bündige Erklärung Sartres in *Ist der Existentialimus ein Humanismus?* (S. 57; ÜV). Sich in die Zukunft zu ent-werfen heißt folglich, die Faktizität zu transzendieren, die eigene Freiheit zu erkennen und so ganz Mensch zu werden.[4]

Im allgemeinen neigt Sartre dazu, den Entwurf in deutlich phallischen Begriffen zu beschreiben: Er stellt ein aktives, transzendentes und teleologisches »Sich-nach-vorn-Werfen« dar; der Entwurf wirft sich nach vorn in Zeit und Raum, bis er sein Ziel erreicht. In *Was ist Literatur?* (1948) betrachtet Sartre das Schreiben von Prosa als eine Form des Handelns, das heißt als einen transzendenten Entwurf. Wörter sind wie geladene Pistolen (S. 24), schreibt er, oder wie eine nützliche Verlängerung »unseres« Körpers: Sie sind »ein sechster Finger, ein drittes Bein« (S. 20). Solche Körperteile dürfen nicht aufs Geratewohl benutzt werden – wenn der Schriftsteller spricht, schießt er: »Er kann schweigen, aber da er das Schießen gewählt hat, muß er wie ein Mann auf ein Ziel schießen und nicht wie ein Kind auf gut Glück mit geschlossenen Augen und nur, um vergnügt das Knallen zu hören« (S. 24). Das Ergebnis dieser ballistischen Darbie-

tung ist Veränderung: »Sprechen heißt handeln: Jedes Ding, das
man benennt, ist schon nicht mehr ganz dasselbe, es hat seine
Unschuld verloren«, behauptet Sartre. Simone de Beauvoir, die
Sartres Auffassung in *Das andere Geschlecht* anklingen läßt und
umkehrt, sieht in der männlichen Sexualität die Verkörperung
des existentialistischen Entwurfs. Der Körper des Mannes, der
erotische Lust begehrt, funktioniert in völliger Übereinstimmung mit seinem transzendenten Bewußtsein, weil der begehrende Mann »sich auf den anderen hin entwirft, ohne seine Autonomie zu verlieren« (AS452; DSb147).[5] Metaphorisch stellen
sowohl Sartre als auch Beauvoir den transzendenten Entwurf als
gewaltsam, penetrierend und phallisch dar. Es ist also kein Wunder, daß Sartre Verführung und nicht Flirten automatisch als ty-
pisches Beispiel für authentisches sexuelles Verhalten auffaßt.

Aber wenn man sich von Sartres Gleichsetzung männlicher
Verführung mit Transzendenz freimacht, besteht kein Grund,
nicht zu glauben, daß die junge Frau mit einem vollkommen
transzendenten eigenen Entwurf befaßt sein kann, der eben der
Flirt ist. In diesem Sinne kann es durchaus ihre Absicht sein, eine
Situation herzustellen, in der sie Vergnügen findet, ohne viel zu
riskieren, eine Situation, in der sie den Mann gelassen beobachten und entscheiden kann, worauf sie sich einlassen will und
worauf nicht. Tatsächlich ist sich Sartre darüber vollkommen
klar: »Es kommt darauf an, den Augenblick der Entscheidung so
weit wie möglich hinauszuschieben« (SN134; EN95). Es ist offenkundig, daß ein solcher Entwurf für einen auf rasche Verführung erpichten Mann äußerst irritierend sein kann; ebenso
offenkundig ist aber auch, daß er ein Entwurf *ist* und als solcher
dem des Mannes nicht nachsteht. In diesem Zusammenhang sei
daran erinnert, daß Frankreich 1943 ein Land war, in dem eine
Frau auf die Guillotine geschickt wurde, weil sie illegale Abtreibungen vorgenommen hatte.[6] Es war auch ein Land, in dem
Empfängnisverhütung verboten und die wichtigsten Methoden
der Geburtenkontrolle der Coitus interruptus oder das Bidet wa-

ren. Unter solchen Bedingungen mußte die Frau dem Mann beträchtlich vertrauen, bevor sie sich zum Geschlechtsverkehr mit ihm entschloß. Kein Wunder, daß sie sich Zeit lassen wollte. Sartres Analyse, die von der nicht diskutierten Voraussetzung ausgeht, daß die Frau *keinen eigenen Entwurf hat*, stellt sie als etwas Nichtvorhandenes, als Null dar: Sie wird die leere Leinwand, auf der der Mann seinen Entwurf niederschreibt, und zugleich ein geistloses, opakes Hindernis für seine durchsichtige Transzendenz.[7]

Gegen Sartre behaupte ich also, daß das Anfangsstadium des Rendezvous als Konfrontation zwischen zwei einander widersprechenden Entwürfen gedeutet werden kann: dem Flirt der Frau und der Verführung des Mannes. Die Situation ist insofern streng symmetrisch, als beide Seiten glauben, der Entwurf der anderen Person entspreche dem jeweils eigenen – oder sollte ihm entsprechen. Dieses Patt wird schließlich vom Mann durchbrochen: »Aber jetzt ergreift man ihre Hand«, schreibt Sartre (SN133; EN94f). Indem er durchaus richtig die schwierige Lage hervorhebt, in der sich die Frau plötzlich befindet, analysiert Sartre scharfsinnig ihr Dilemma: Wenn sie ihre Hand zurückzieht, zerstört sie den »Reiz« des Abends; wenn sie es nicht tut, könnte dies als Ausdruck der Einwilligung und des Engagements verstanden werden. Obwohl dies alles zutrifft, setzt Sartres Darstellung immer noch voraus, daß die Frau keinen eigenen Entwurf hat. Seiner Meinung nach drückt ihr Verhalten einfach den Wunsch aus, sich nicht zu engagieren: Sie wird als äußerst passiv dargestellt. Am Ende dieser phänomenologischen Beschreibung der unaufrichtigen Frau ist Sartres Prosa bemerkenswert einsichtsvoll, doch gelingt es ihr immer noch nicht, die Logik der Lage der Frau zu erfassen:

»Man weiß, was nun geschieht: Die junge Frau gibt ihre Hand preis, aber *sie merkt nicht*, daß sie sie preisgibt. Sie merkt es nicht, weil es sich zufällig so fügt, daß sie in diesem Augenblick ganz

Geist [*tout esprit*] ist. [...] sie zeigt sich unter ihrem wesentlichen Aspekt: eine Person, ein Bewußtsein. Und inzwischen ist die Scheidung von Körper und Geist vollbracht; die Hand ruht inert zwischen den warmen Händen ihres Partners: weder zustimmend noch widerstrebend – ein Ding.

Wir können sagen, diese Frau sei unaufrichtig« (SN134; EN95).

Daß der Mann sich der Hand der Frau bemächtigt, betont für Sartre die wesentliche Logik der ganzen Szene. In meinen Augen leitet dieses Zugreifen in bezug auf die Anfangssituation eine dramatische Veränderung ein. In einer Position gesellschaftlicher Macht handelnd, steht es dem Mann frei, sich die Hand der Frau anzueignen. Indem er die Initiative ergreift und der Frau seine Hand aufdrängt, definiert der Mann nun den Einsatz: *Ihm* steht es frei, seine Hand jederzeit unter jedem Vorwand zurückzuziehen, ohne zwangsläufig die Stimmung des Abends zu verderben. Sollte *sie* jedoch ihre Hand zurückziehen, würde sie, wie Sartre es ausdrückt, »diese unklare und unstabile Harmonie zerstören, die den Reiz der Stunde ausmacht« (SN133f; EN95), vermutlich weil der Mann verärgert oder beleidigt reagieren würde. Dennoch, behaupte ich, hat der Mann mit seinem Zugreifen den mehrdeutigen Reiz des Augenblicks bereits zerstört. Sein Handeln, das seinen Entwurf der Verführung verrät, setzt die Hand der Frau buchstäblich unter Druck: Sie ist nun *gezwungen*, die Art ihres Handelns zu *seinen* Bedingungen, nicht zu ihren, zu beschließen.

Kein Wunder, daß Simone de Beauvoir bei der Beschreibung derselben Szene in *L'Invitée* die Frau »unsicher auf die dicke Hand eines Mannes, die eben auf die ihre herabgestoßen war«, blicken läßt (SK53; I72; ÜV). Ihr Vokabular zeigt eine beträchtliche Verschiebung der Perspektive: Wo Sartre die »warme« Hand des Mannes die der Frau »ergreifen« läßt, sieht Beauvoir die »dicke« oder »große« (*grosse*) Hand des Mannes auf die der Frau »herabstoßen« (*s'abattre sur*). Sobald man die Gewaltsamkeit im Vorgehen des Mannes erkennt, verkörpert die Preisgabe der Hand den verzweifelten, aber vergeblichen Versuch der Frau, an ihrem ursprünglichen Entwurf festzuhalten.[8] Aber in diesem Punkt hat Sartre natürlich recht: Wenn die Dinge erst einmal so weit gediehen sind, kann die Frau die mehrdeutige Situation des Flirts nicht mehr aufrechterhalten: Der Zugriff des Mannes auf ihre Hand zwingt sie mit großer Wahrscheinlichkeit, den Entwurf des Mannes zu berücksichtigen. Was immer sie nun zu tun beschließt, es wird lediglich eine Reaktion auf die von dem Mann definierte Situation sein. Aber sich selbst einfach als Verneinung oder Bestätigung des Entwurfs einer anderen Person zu definieren, bedeutet eben nicht, die eigene existentielle Freiheit vorauszusetzen. Es überrascht, plötzlich zu erkennen, daß genau *dies* die »Entscheidung« ist, die Sartre offenkundig als einzig mögliches authentisches Vorgehen für die Frau im Café betrachtet. Aber das ist mehr als ein bißchen unlogisch: Wenn sich jedes Individuum dadurch definiert, daß es die Verantwortung für die eigenen Entwürfe frei anerkennt, kann die Frau nur durch ihren eigenen Entwurf definiert werden, nicht durch den irgendeines anderen.

Nach Sartres eigenen philosophischen Begriffen gibt es folglich *keine* authentische Verhaltensweise für eine Frau in dieser Situation. Indem sie ihre Hand wie ein Ding preisgibt, nimmt sie Zuflucht in der Faktizität und im *en-soi*: Sie ist offenkundig unaufrichtig. Aber wenn sie hier und jetzt eine starke Entscheidung treffen sollte, wäre dies immer noch kein eigener Entwurf. In dieser Café-Szene ist die »Freiheit«, sich für einen Entwurf eigener Wahl zu entscheiden, im einen Fall genau umrissen und im anderen nicht. Oder um es anders auszudrücken: Der Mann verkörpert hier das, was Existentialisten die *Situation* der Frau nennen würden, während sie nicht die seine ist. Das Fehlen jeder Gegenseitigkeit in dieser Situation widerspricht eklatant der existentialistischen Überzeugung, daß die grundsätzliche Freiheit *jedes* Bewußtseins unbedingt respektiert werden muß: »Sobald

Engagement vorhanden ist«, schreibt Sartre in *Ist der Existentialismus ein Humanismus?*, »bin ich verpflichtet, mit meiner Freiheit die Freiheit der anderen zu wollen; ich kann mir nicht meine Freiheit zum Ziel setzen, wenn ich mir nicht die Freiheit der anderen zum Ziel setze« (S. 59; ÜV). Nach dieser Definition läßt die Auffassung des »handgreiflichen« Mannes von Freiheit und Aufrichtigkeit eine Menge zu wünschen übrig.[9] Der Umstand, daß Sartre hier eine so unerschütterliche rhetorische Solidarität mit seinem männlichen Protagonisten an den Tag legt, macht mich neugierig auf die biographischen Wurzeln dieses Beispiels. Mittlerweile beginnt diese Szene verdächtig nach einem weiteren Beispiel dessen auszusehen, was Bourdieu Sartres Neigung nennt, »dem Einzelfall Allgemeingültigkeit zu verleihen« (*Sartre*, S. 12).[10]

Zwei Punkte bleiben noch zu klären. Erstens behaupte ich nicht, daß ein Mann, der die Hand einer Frau ergreift, immer ein falsches sexuelles Machtspiel im Sinn hat. Wenn sich der Mann über den Entwurf der Frau klarer und auf seinen eigenen weniger erpicht gewesen wäre, hätte er sein Vorgehen zeitlich besser abstimmen und weniger unangenehm gestalten können. Zweitens wäre es natürlich vorstellbar, daß die Frau zuerst die Hand des Mannes ergreift. Im Fall deutlicher gegenseitiger Sympathie wäre dies unproblematisch, obwohl sich die Machtverhältnisse zwischen den Geschlechtern im Frankreich des Jahres 1943 zweifellos gegen die Frau ausgewirkt hätten. Ein solches Vorgehen würde sie in eine Gefahr bringen, der sich der Mann nicht aussetzt: Er könnte ihr Verhalten lächerlich machen, so daß sie sich töricht, geil, aufdringlich und deplaziert fühlt.

Begegnung in einer Bergscheune

Ist es also vorstellbar, daß Frauen auf irgendeine Weise mit Erfolg flirten oder verführen können und trotzdem aufrichtig bleiben? In einem der letzten Kapitel von *L'Invitée*, das die Verführung

Gerberts durch Françoise – in deren Sicht – beschreibt (Teil II, Kapitel 8), beantwortet Beauvoir ebendiese Frage.[11] Das Kapitel, das die sexuelle Begegnung irgendwo in den Französischen Alpen beschreibt, ist übrigens das einzige in *L'Invitée*, in dem es weit und breit kein Café gibt. Im Sinne der Romanhandlung soll dieses Kapitel Françoises vollständigen sexuellen Sieg über ihre Rivalin Xavière demonstrieren. Strukturell gesehen liest sich das »Verführungskapitel« jedoch wie ein ziemlich umständliches Zwischenspiel in den verdichtet melodramatischen Schlußetappen von *L'Invitée*: Man hat allen Grund, zu fragen, warum Beauvoir es für notwendig hält, so viele Seiten zu füllen, nur um Gerbert in Françoises Arme zu führen. Es scheint, als habe sie beschlossen, die thematischen Belange ihres einzigen nicht in Paris spielenden Kapitels – die Probleme der Freiheit, des Begehrens und des Diskurses – seien zu wichtig, als daß sie um des Aufbaus oder der Handlung willen geopfert werden dürften.

Die *raison d'être* dieses besonderen Kapitels ist dennoch nicht ausschließlich philosophisch. Wie Beauvoir selbst erklärt hat, ist die Verführung Gerberts durch Françoise eine genaue Wiedergabe ihres eigenen Erlebnisses mit dem von ihr verführten jungen Jacques-Laurant Bost: »Es geschah alles genauso, wie ich es in *L'Invitée* beschrieben habe«, sagt sie zu Francis und Gonthier (S. 191). Ihre 1990 veröffentlichten *Lettres à Sartre*[12], die den dokumentarischen Beweis für diese Behauptung liefern, ermöglichen uns, die literarische und die briefliche Version der Verführungsszene miteinander zu vergleichen. In einem Brief aus Albertville, datiert auf den 27. Juli 1938, schreibt Beauvoir: »Mir ist etwas äußerst Angenehmes widerfahren, was ich bei meiner Abreise überhaupt nicht erwartet habe – vor drei Tagen habe ich mit dem kleinen Bost geschlafen. Natürlich war ich es, die das vorgeschlagen hat« (LSa62). Dieser forsche Bericht über die Mühelosigkeit, mit der sie Bost in einem Heuschober in Tignes verführte, hat wenig gemein mit der Qual der Gerbert begehrenden Françoise in *L'Invitée*. Es scheint, als ob sich Beauvoir hier ein bißchen zu sehr bemüht, ihre unverkrampfte, konflikt-freie Einstellung zum Sex zu demonstrieren: »Ich mag ihn sehr. Wir verbringen idyllische Tage und leidenschaftliche Nächte. Aber fürchten Sie nicht, mich am Samstag schlecht gelaunt, un-schlüssig oder befangen anzutreffen; das ist etwas Kostbares für mich, etwas Intensives, aber auch Leichtes und Natürliches, das in meinem Leben seinen richtigen Platz hat, einfach das glück-liche Aufblühen einer Beziehung, die ich schon immer als sehr angenehm empfunden habe« (LSa63). Man würde ihr gern glau-ben. Leider zeigt ein rascher Vergleich von Sartres *Lettres au Ca-stor* (*Briefe an Simone de Beauvoir*) und Beauvoirs *Lettres à Sartre* die scheinbar spontane Verführung des jungen Bost in einem ganz anderen Licht.

Nachdem Beauvoir am 13. oder 14. Juli Paris verlassen hatte, traf sie sich am Tag darauf in Haute-Savoie mit Bost. In ihrem Brief an Sartre vom 27. Juli verkündet sie, daß sie drei Tage zu-vor – also am 23. oder 24. Juli – angefangen habe, mit Bost zu schlafen. Mit anderen Worten: Bis die beiden zusammen im Bett landeten, waren sie bereits zehn Tage lang gemeinsam in den Bergen gewandert. Warum sollte ihre Freundschaft ausgerechnet zu diesem Zeitpunkt eine sexuelle Dimension annehmen? War etwas geschehen, was den entscheidenden Anstoß in diese Rich-tung gegeben hatte? Wenn man sich Sartres Briefe an Beauvoir ansieht, entdeckt man, daß Sartre in der Zeit vom 14. bis zum 17. Juli zwei weitschweifige Briefe an Beauvoir schreibt, in de-nen er auch das unerquicklichste Detail seiner Beziehung zu »Martine Bourdin« schildert (die in Beauvoirs Antwortbriefen bei ihrem richtigen Namen, Colette Gibert, genannt wird).[13] Am 22. Juli dankt Beauvoir Sartre für seine »langen Briefe«, die sie am 21. Juli erhalten hat, und behauptet, sie habe sie mit großem Vergnügen gelesen und warte gespannt auf den Rest der Geschichte. Einstweilen jedoch findet sie seine Schilderung »ele-gant« und schließt mit den Worten: »Es ist sehr lieb von Ihnen, daß Sie mir die ganze Geschichte so ausführlich erzählt haben, mein Geliebter« (LSa54). Einen oder zwei Tage später ist sie mit dem »kleinen Bost« im Bett.

Was das Ende der Geschichte betrifft, so ist Sartre am 20. Juli mit einem detaillierten Bericht gefällig, in dem er schildert, wie er »Martine Bourdin« von ihrer Jungfräulichkeit befreit habe, obwohl er Beauvoir versprochen hat, »nicht aufs Ganze zu gehen«. Sein letzter Brief aus diesem Zeitraum, datiert auf den 24. Juli, informiert Beauvoir über seinen sexuellen Umgang mit der immer noch jungfräulichen Wanda Kosakiewicz in Rouen. Am 30. Juli treffen die beiden Philosophen wieder zusammen, und wir hören nichts mehr von »Martine Bourdin«, bis sie im Februar 1940 als Opfer in einem beispiellos üblen Spiel Sartres wiederauftaucht.[14] Die briefliche Version der Ereignisse läßt also darauf schließen, daß die Verführung Bosts durch Beauvoir ein ziemlich offenkundiger Fall von »Wie du mir, so ich dir« ist. Die Rolle Beauvoirs in alldem hat etwas Mitleiderregendes: So tapfer sie sich auch bemüht, Sartres lässige Verachtung normaler menschlicher Gefühle in sexuellen Beziehungen zu kopieren, erscheint sie doch als gehorsame kleine Tochter, die einem Vater gefallen will, der es nicht wert ist. Es ist in der Tat eine traurige Lektüre.

Im Roman scheint das gesellschaftliche Verhältnis zwischen den beiden Protagonisten erstaunlich ungleich zu sein. Mit mehr sozialem, intellektuellem und kulturellem Kapital ausgestattet als Gerbert, ist Françoise in jeder Beziehung die gesellschaftlich Überlegene. Sie ist dreißig, er zwanzig; sie ist die Gefährtin des angesehenen Schauspielers und Theaterdirektors Pierre Labrousse und selbst erfolgreiche Dramaturgin und aufstrebende Schriftstellerin, während er nur ein junger, unbekannter Schauspieler ist, der Pierre vergöttert. Das Problem, das sich – zumindest am Anfang – Françoise als handelnder Person und Beauvoir als Romanautorin stellt, scheint die Formulierung einer Sprache zu sein, in der weibliches Verlangen nach einem gesellschaftlich untergeordneten Mann ausgedrückt werden kann. Das trifft die Sache jedoch nicht ganz, da wir wissen, daß im Patriarchat die bloße Tatsache, ein Mann zu *sein*, symbolisches Kapital mit sich bringt: Gerberts gesellschaftliche Unterlegenheit wird durch seine Männlichkeit gemildert, aber nicht ganz getilgt.

In literarischem Sinne erkundet Beauvoir ein relativ neues Gebiet: Vor ihr hatte das sexuelle Dilemma der beruflich erfolgreichen, unabhängigen Frau, die einen jüngeren und weniger bedeutenden Mann begehrt, in Frankreich kaum literarische Beachtung gefunden.[15] Es wäre übertrieben zu behaupten, die Verführungsszene in *L'Invitée* sei die erste ihrer Art in der französischen Frauenliteratur, aber sie zählt sicherlich zu den frühesten Beispielen dieser Gattung.[16] Die patriarchale Ideologie, die unabhängige Frauen als Blaustrümpfe, Mannweiber, alte Jungfern und alte Vetteln etikettiert, neigt dazu, Frauen in bedeutenden Positionen geradezu als Gegenteil des Verführerischen darzustellen. Da es im Frankreich des Jahres 1943 alternative Diskurse nicht gab, bedurfte es in der Tat ungewöhnlicher literarischer Fähigkeiten, um eine Sprache zu entwickeln, die mit den üblichen Klischees bricht: Françoise wie Beauvoir sind also erheblich im Nachteil.

Als Françoise und Gerbert ein einsames Berggasthaus erreichen, verzehrt sich Françoise vor Begierde: »Das unbestimmte Verlangen, das sie in all diesen Tagen mit sich herumgeschleppt hatte, […] war zu einer erstickenden Begierde geworden« (SK336; I446; ÜV). Im Gasthaus am Feuer sitzend, träumt sie davon, Gerbert zu berühren: »Wenn sie nur Gerberts Hand hätte berühren, ihm mit offener Zärtlichkeit hätte zulächeln können« (SK337; I448), doch ein solches Benehmen ist völlig ausgeschlossen. Françoise kann die ganze Situation nur als sinnlos empfinden. Dennoch geht ihr der Gedanke, Gerbert zu berühren, nicht aus dem Kopf: »War er wirklich so unerreichbar für sie? Oder lag es nur daran, daß sie nie gewagt hatte, die Hand nach ihm auszustrecken? Wer hielt sie zurück?« (SK337; I449; ÜV). Die

Flächen ihrer die Berührung nicht wagenden Hand sind feucht vor Begierde und Angst: »Warum entschloß sie sich nicht, zu wollen, was sie wünschte?« (SK338; I449).

Im Lichte dessen, was in dieser Szene *ungesagt* bleibt, wird der sinnlose Dialog zwischen den beiden amüsant und quälend zugleich. Im Unterschied zu Sartres Casanova respektiert Gerbert Françoise *wirklich*. In dieser Szene wird es kein plötzliches Händegrapschen geben. Während Françoise aufgrund ihrer gesellschaftlichen Überlegenheit den traditionellen Diskurs weiblichen Flirtens nicht anwenden kann, ist Gerbert aufgrund seiner Unterlegenheit außerstande, den ersten Schritt zu tun: »Sie war verzweifelt [*angoissée*]. Da saß er ihr gegenüber, allein, ungebunden, absolut frei. Seine Jugend, der Respekt, den er Pierre und ihr stets entgegengebracht hatte, ließen es unmöglich erscheinen, daß der Anstoß von ihm kam. Wenn sie wollte, daß etwas geschah, konnte Françoise nur auf sich selbst zählen« (SK339; I451; ÜV). Als sich das Abendessen dem Ende nähert, scheint Françoise einem Nervenzusammenbruch nahe. In diesem Augenblick beginnt Gerbert darüber zu klagen, wie schwierig es sei, mit Frauen zwanglos und unbeschwert umzugehen, von denen er in der dritten Person Plural spricht, als habe Françoise mit dieser Spezies nichts zu tun: »Ständig muß man ein großes Getue machen, damit man sich nicht im Unrecht fühlt« (SK339; I451; ÜV). Was er schätzt, sind Beziehungen, in denen man sein kann, wie man ist, ohne alles »Getue« (*manières*).

»›Bei mir müssen Sie sich keinen Zwang antun‹, sagte Françoise.

Gerbert brach in Gelächter aus.

›Oh, Sie! Sie sind wie ein Mann! [*Vous êtes comme un type!*]‹, sagte er voller Zuneigung.

›Das stimmt. Sie haben mich nie als Frau betrachtet‹, bestätigte Françoise. Sie spürte ein sonderbares Lächeln auf ihren Lippen. Gerbert blickte sie neugierig an. Sie wandte das Gesicht ab und leerte ihr Glas. Sie hatte es schlecht angefangen, sie sollte sich schämen, Gerbert mit linkischer Koketterie [*coquetterie mala-droite*] zu begegnen; sie hätte ganz offen [*franchement*] vorgehen sollen: ›Würde es Sie überraschen, wenn ich Ihnen vorschlüge, mit mir zu schlafen?‹ Oder irgend etwas anderes dieser Art. Aber ihre Lippen wollten diese Worte nicht hervorbringen« (SK339f; I452; ÜV).

Françoises Dilemma wird hier anschaulich offengelegt. Ihre außergewöhnliche Position als Frau, die mit Männern von Gleich zu Gleich verkehrt, das heißt, ohne daß sie sich unbehaglich fühlen, wird von Gerbert bestätigt, als er sie mit einem Mann vergleicht. Hier zumindest wird sie als Gleiche anerkannt. Angesichts ihrer offenkundigen gesellschaftlichen Überlegenheit in bezug auf Gerbert enthält dieses Lob allerdings mehr als einen Hauch von Ironie. Und der Preis, den sie dafür zahlt, ist hoch: Eine Position der Gleichheit kann sie nur auf Kosten ihrer Weiblichkeit erlangen. Der Sexismus in Gerberts Schilderung des »Getues«, das die Frauen in seiner Umgebung verlangen, ist offenkundig und wird vom Text nicht hinterfragt: Es ist kaum zu bezweifeln, daß die Erzählerin mit der Vorstellung von Françoises außergewöhnlichem Status übereinstimmt.

In diesem Punkt ist *L'Invitée* für Beauvoirs eigene damalige Position durchaus charakteristisch. Zumindest bis in die fünfziger, vielleicht sogar bis in die siebziger Jahre hinein, als Beauvoir sich der Frauenbewegung anschloß, genoß sie das Gefühl, unter Frauen einzigartig zu sein. In *Memoiren einer Tochter aus gutem Hause* berichtet sie: »Papa erklärte gern: ›Simone hat den Verstand eines Mannes. Sie *ist* ein Mann‹« (MT116; MJF169; ÜV). Nach Deirdre Bair betrachtete Beauvoir solche Bemerkungen ihres Vaters »als das höchste Kompliment, das er mir machen konnte« (S.67). Für Simone de Beauvoir ist eine Frau außergewöhnlich, wenn sie eine Frau *ist* und zugleich alle Vorzüge an den Tag legt, die normalerweise mit Männlichkeit in Verbindung gebracht werden. In ihrem eigenen Leben hat Beauvoir also alle Vorteile einer Vorzeigefrau genossen, wie sie in *Der Lauf der Dinge* offen zugibt:

»Nein. Weit davon entfernt, unter meiner Weiblichkeit zu leiden, habe ich vielmehr von meinem zwanzigsten Lebensjahr an die Vorteile beider Geschlechter genossen. Nach dem Erscheinen von *L'Invitée* behandelte mich meine Umgebung gleichzeitig als einen Schriftsteller und als eine Frau. Besonders auffällig war das in Amerika: Bei Empfängen und Parties standen die verheirateten Frauen beisammen und plauderten miteinander, während ich mich mit den Männern unterhielt, die mich höflicher behandelten als ihre Geschlechtsgenossen. Es war gerade diese bevorzugte Stellung, die mich ermutigte, *Das andere Geschlecht* zu schreiben. Sie erlaubte es mir, mich in völliger Gelassenheit zu äußern« (LD187; FCa264; ÜV).

Das Paradox ist natürlich, daß Beauvoir recht hat, wenn sie behauptet, daß es gerade ihre einzigartige Sprechposition war, die ihr das Schreiben von *Das andere Geschlecht* ermöglichte.

Françoises Erwiderung – ein Versuch, ihre Weiblichkeit durch Koketterie zurückzufordern – geht völlig ins Leere. Von der jungen Frau am Sartreschen Caféhaustisch ausgesprochen, würden diese Worte (»Sie haben mich nie als eine Frau betrachtet«) augenblicklich eine Erwiderung wie »Oh, für mich sind Sie die Frau schlechthin« auslösen. Aber Gerbert sagt nichts. Herkömmliches weibliches Flirten setzt den untergeordneten Status der Frau voraus: Bei der überlegenen Françoise funktioniert der Diskurs des Flirtens einfach nicht. Ihre Alternative wäre, so folgert sie, offen zu reden (»sie hätte ganz offen vorgehen sollen«), aber in diesem Augenblick stellt sie zu ihrer Verzweiflung fest, daß sie nicht einmal imstande ist, den Mund aufzumachen. Es ist ihr physisch unmöglich, ihr Begehren wörtlich auszudrücken. Wie Sartre in *Das Sein und das Nichts* sagt, würde »diese rohe und nackte Begierde sie erniedrigen und ihr Abscheu einflößen« –

oder genauer, die *Äußerung* roher Begierde würde sie erniedrigen, auch wenn *sie* diejenige wäre, die sie in Worte faßte.

Françoise, durch ein Stichwort gezwungen, eine Position der Gleichheit mit Gerbert einzunehmen, sieht sich automatisch als Mann ehrenhalber verstanden (»Sie sind wie ein Mann«). Diese diskursive Position schränkt sie doppelt ein, da sie sie nicht nur daran hindert, wie eine Frau zu flirten, sondern auch daran, wie ein Mann zu sprechen (oder Hände zu grapschen). In ihrer Position als Mann ehrenhalber könnte sie schwerlich anfangen, Gerbert – der schließlich ein junger Bursche ist – zu erzählen, wie sehr sie ihn bewundert und achtet, was nach Meinung Sartres jeder Möchtegern-Verführer tun würde. »Es geradeheraus zu sagen« stellt also Françoises Traum dar, dem zu entrinnen, was sie als die Unaufrichtigkeit oder Unehrlichkeit herkömmlichen weiblichen Flirtens empfindet, ohne in die zynische Haltung männlichen Verführens zu verfallen und auf der Klippe des *désir cru et nu* zu stranden.

Für Beauvoir steht in dieser Szene Françoises Status als freies Bewußtsein auf dem Spiel. Sie, die Gerbert als eine andere Freiheit versteht, will auch von ihm als eine Freiheit verstanden werden. Das existentialistische Ideal, das Françoise hier erkundet, ist das der *Gegenseitigkeit*, in der jede Freiheit die Freiheit des Anderen anerkennt. Wenn Françoise vorgehen würde wie Sartres männlicher Verführer, würde sie schlicht Gerberts Freiheit verneinen. Was also soll sie tun? Als sie verzweifelt nach einem akzeptablen weiblichen Vorbild für ihr Wagnis sucht, fällt ihr nur das rundherum negative Beispiel Elisabeths, der Schwester Pierres, ein, die sich selbst als eine »Frau, die nimmt« beschreibt. Der bloße Gedanke an Elisabeth jedoch läßt Françoise erröten: »eine Frau, die nimmt; bei dem Gedanken grauste ihr« (SK341; I454; ÜV).

Obwohl sich Elisabeth selbst als unabhängige Frau versteht, die ihrem sexuellen Vergnügen nachgeht, wo und wann sie will, zeigt *L'Invitée* sie faktisch nie bei der aktiven, beabsichtigten Verführung eines Mannes. Im Gegenteil, sie wird als Opfer ihres verheirateten Liebhabers, als eine in diversen anderen sexuellen Beziehungen unglückliche und gedemütigte Frau porträtiert. Im Gesamtzusammenhang des Romans ist die Verführung des jungen Schauspielers Gerbert durch Françoise als ziemlich pointierter Gegensatz zu Elisabeths beiläufiger Affäre mit dem jungen Schauspieler Guimiot herausgearbeitet. Guimiot, der seinen Weg in Elisabeths Bett findet, bevor sie sich überhaupt darüber klar ist, ob sie ihn wirklich dort haben will, macht Sex mit professioneller Geschicklichkeit und distanzierter Ironie. Sein Körper und seine Bewegungen sind etwas verweiblicht – er wird als »geschmeidig«, »weich« und »zart« beschrieben (SK81f; I107); er hat »weibliche Hände« und einen »geschmeidigen, sanften Körper« (SK82; I110) –, und Elisabeth entgeht nicht, daß er trotz seines technischen Geschicks im eigentlichen Geschlechtsakt äußerst ichbezogen ist: »Die Lust verzerrte Guimiots Mund und ließ seine Augen zu schrägen Schlitzen werden; jetzt dachte er mit der Gier eines Profiteurs nur an sich selbst. Sie schloß die Augen wieder, eine brennende Schmach verzehrte sie. Sie wollte nur noch, daß es ein Ende hatte« (SK82; I110; ÜV). Als reine Täuschung entlarvt, ist die von Elisabeth verkündete Haltung einer »Frau, die nimmt« die personifizierte Unaufrichtigkeit. Die Grausamkeit, mit der Beauvoir Elisabeth behandelt, kontrastiert mit ihrer Nachsicht in bezug auf Françoise, die sie in ihrem Handeln stets aufrichtig nach Authentizität streben läßt.

In Françoises Vision der Sexualität Elisabeths wird für einen kurzen Augenblick ihr Grauen sichtbar, eine Frau zu werden, die von den Männern, mit denen sie schläft, nicht wirklich begehrt wird: Elisabeth wird von ihren Liebhabern aus Bequemlichkeit gebumst, nicht aus Leidenschaft. Aber Françoises Abscheu vor solchen Beziehungen ist nicht einfach eine Wirkung gesellschaftlicher Konventionen, sondern Ausdruck ihres fest verwurzelten philosophischen Engagements für die eigene Freiheit. Wenn sie will, daß Gerbert sie frei *wählt*, dann nicht nur weil sie sich da-

durch begehrenswert fühlen wird: Nur wenn sie an seine Freiheit appelliert, kann sie verhindern, daß sie in seinen Augen auf
ein simples Objekt reduziert wird. Mit anderen Worten: Nur
wenn man die eigene Freiheit der Freiheit des anderen darbietet,
kann man hoffen, daß dafür die eigene Freiheit respektiert wird.
Aus dieser Logik der Gegenseitigkeit folgt, daß Françoise nur
dann darauf hoffen kann, daß eine sexuelle Beziehung zu Gerbert davor bewahrt bleibt, lediglich eine beiläufige sexuelle Begegnung zu werden, wenn sie ihn dazu bringen kann, *sie* in
derselben Bewegung zu wählen, in der sie *ihn* wählt. Wie die
Elisabeth heraufbeschwörenden Szenen zeigen, kommt der
Glaube, einseitiges »Nehmen« stelle Freiheit dar, philosophisch
und psychologisch der Selbstvernichtung gleich.

Kein Wunder also, daß Françoise sich nicht imstande sieht, die
entscheidenden Worte auszusprechen: Da ihr ein Diskurs nicht
zur Verfügung steht und sie den Dilemmas patriarchaler Machtverhältnisse[17] ausgesetzt ist, hat sie nicht die leiseste Ahnung,
»mit welchen Worten sie es sagen« könnte. Ihr Schweigen ist jedoch nur ein zeitweiliger Rückzug. Von ihrer Selbstachtung wie
von ihrer Begierde angetrieben, weigert sich Françoise, ihren
Entwurf aufzugeben: »Sie wollte nicht, daß diese Reise in Be-
dauern endete, das sich bald in Reue und Selbsthaß verwandeln
würde: Sie würde reden« (SK341; I454; ÜV). Im Unterschied zu
Sartres flirtender Frau weiß Françoise also genau, was sie tut.
Mehr noch, anders als Sartres männlicher Verführer zweifelt
Françoise plötzlich an ihrer Fähigkeit, in Gerbert Lust zu erwecken: »Aber wußte sie überhaupt, ob Gerbert Lust haben
würde, sie zu küssen?« (SK341; I454). An ihrer Selbstachtung
festhaltend, entscheidet sie, daß das einzige ehrliche Vorgehen
darin bestehe, ihr Ziel weiter zu verfolgen und dabei sicherzustellen, daß Gerbert jede Möglichkeit der »freimütigen Ablehnung« hat (SK351; I454). Als die beiden in der Scheune in ihre
Schlafsäcke schlüpfen, ist Françoise immer noch entschlossen,
bleibt aber stumm. »Sie hatte absolut keine Ahnung, auf wel-

chem Umweg sie sich der Frage nähern sollte« (SK342; I455). Nach einem immer zusammenhangloser werdenden Dialog gerät Françoise in einen Zustand akuter Verzweiflung: »Trotz des kalten Luftzugs, der durch das zerbrochene Fenster drang, war sie in Schweiß gebadet; sie hatte das Gefühl, an einem Abgrund zu hängen, unfähig, sich vorwärts oder rückwärts zu bewegen. Sie war ohne jeden Gedanken, ohne Wunsch, und plötzlich erschien ihr die Situation einfach absurd. Sie lächelte nervös« (SK344; I457; ÜV).

Gerbert, der ihr Lächeln wahrnimmt, verwickelt sie in einen knisternden Dialog der Art »Ich weiß, was Sie denken, aber ich sag's nicht«, bis Françoise den Tränen nahe ist. »Plötzlich stiegen ihr Tränen in die Augen; sie war mit den Nerven am Ende. Sie war zu weit gegangen; Gerbert selbst würde sie zum Reden bringen, und vielleicht würde diese schöne Freundschaft, die zwischen ihnen bestand, für immer zerstört werden« (SK344; I458; ÜV). Hier hat Françoise nicht nur einfach Angst davor, daß ihr die Initiative des Gesprächs entgleitet, sondern sie fürchtet den Verlust ihrer Freiheit: Wenn sie reden müßte, weil Gerbert sie dazu zwingt, würde sie ihre Unabhängigkeit in bezug auf seine Entwürfe einbüßen. In diesem Fall, könnte man hinzufügen, wäre sie in genau derselben Situation wie Sartres *coquette*, nachdem der Verführer ihre Hand ergriffen hat. Als Françoise zu sprechen beginnt, riskiert sie alles – ihre metaphysische Freiheit, ihre Selbstachtung als handelndes Subjekt, ihr Selbstverständnis als Frau und Gerberts Freundschaft:

»Françoise befreite sich von allem Denken [*fit le vide en elle*], und endlich kamen die Worte frei über ihre Lippen. ›Ich habe gelächelt, weil ich mich fragte, was Sie für ein Gesicht machen würden – Sie, der Sie doch alle Komplikationen hassen –, wenn ich Ihnen vorschlüge, mit mir zu schlafen.‹ [*Je riais en me demandant quelle tête vous feriez, vous qui n'aimez pas les complications, si je vous proposais de coucher avec moi.*]

›Und ich habe gedacht, Sie denken, ich hätte Lust, Sie zu küssen, wagte es aber nicht‹, sagte Gerbert« (SK344; I458; ÜV).

Es ist interessant, zur Kenntnis zu nehmen, daß diese Zeilen fast wörtlich in Beauvoirs Brief an Sartre vorkommen.[18] Françoises Versuch, »es geradeheraus zu sagen«, ein Meisterwerk syntaktischer und grammatikalischer Umständlichkeit, legt die Vermutung nahe, daß die direkteste mögliche Äußerung weiblichen Begehrens im Konditional der Vergangenheit stattfindet. Der quasi vokative Nebensatz in der Mitte der Passage soll vor allem die entscheidende Äußerung des Begehrens verzögern und das distanzierende *vous* betonen, das jetzt nicht weniger als dreimal auftaucht. Das *vous* hebt aber auch den gegenseitigen Respekt der beiden Gesprächspartner hervor: Keiner von beiden versucht mit dem vertraulichen *tu* in die Intimsphäre des anderen einzudringen. Der aufmerksame Leser könnte allerdings bei Gerberts euphemistischem »küssen« – im Gegensatz zu Françoises direktem »schlafen mit« – einen Moment stutzen: Kennzeichnet ihn dieser Ausdruck im Vergleich mit Françoise nicht als ein wenig kindlich?

Nach einer weiteren Seite voller Verzögerungen bringt Gerbert endlich sein Begehren zum Ausdruck. Wir haben also zu guter Letzt den entscheidenden Augenblick erreicht, in dem die beiden Körper einander zum erstenmal berühren, den Augenblick, in dem Françoises Entwurf von Erfolg gekrönt werden soll. Und da scheint dem Stil Beauvoirs – und Françoises – etwas Sonderbares zu widerfahren: »Ich würde Sie gern küssen«, sagt Gerbert. Françoises Antwort ist, gelinde gesagt, verblüffend: »»Also gut, dann tun Sie es, dummer kleiner Gerbert‹, sagte sie und bot ihm ihren Mund [*Eh bien, faites-le, stupide petit Gerbert, dit-elle en lui tendant sa bouche*]« (SK345f; I460). Françoises Erwiderung, vermeintlich heiter und einladend, ist in Wahrheit von bestürzender Herablassung und in ihrer Ungeschicklichkeit bar jeder Erotik. Dieses überaus peinliche und peinlich berührende

Textmoment, das ideologisch völlig unbeabsichtigt Françoise in bezug auf den »kleinen« und »dummen« Gerbert als Mutterfigur erscheinen läßt, beraubt den Diskurs Françoises seiner Sexualität und kastriert dabei ungewollt Gerbert. Doch es ging ja eigentlich darum, Françoise als reife, autonome, *sexuelle* Frau darzustellen: Beauvoirs Diskurs, der den Körper in dem Augenblick meidet, in dem Françoises Entwurf sein Ziel erreicht, verliert seine Kraft.

Von diesem Augenblick an versinkt das Kapitel in einer Orgie süßester Süßlichkeit und liest sich am Ende wie reine Harlekin-Romantik[19]. Plötzlich bemüht sich der Text, Françoise mit jeder denkbaren emotionalen Belohnung zu beglücken. Nach einigen Küssen entdecken die Protagonisten, daß sie einander schon seit langem begehren. Als die Diskurse der beiden Liebenden schließlich übereinstimmen, finden ihre Körper in einer keusch-symbiotischen Umarmung zusammen, in der Haut an Haut klebt:

»Françoise drückte ihre Wange an die seine.

›Ich bin froh, daß ich mich nicht habe entmutigen lassen‹, sagte sie.

›Ich‹, sagte Gerbert, ›bin auch froh.‹

Er preßte seine warmen Lippen auf ihren Mund, und sie fühlte, wie sich sein Körper eng an den ihren heftete [*se colla étroitement*]« (SK347; I462; ÜV).

Bis zum Ende des Kapitels ist Gerbert soweit, daß er Françoise in keineswegs unbestimmten Worten seine leidenschaftliche Liebe erklärt: »›Niemals habe ich eine Frau so geliebt, wie ich Sie liebe‹, sagte Gerbert. ›Ich liebe Sie weit, weit mehr‹« (SK348; I463; ÜV). Es ist, als wolle die Autorin von *L'Invitée* uns glauben machen, daß jede Frau, die ihr Begehren äußert, schließlich mit Liebe, Sex und Freundschaft beglückt wird. Die Autorin des *Anderen Geschlechts* weiß es freilich besser: Die begehrende Frau, schreibt Beauvoir, »läuft Gefahr, durch die Verachtung des Mannes zu einem nutzlosen Objekt zu erstarren. Eben darum fühlt sie sich so tief gedemütigt, wenn er ihr Angebot zurückweist« (AS853; DSb610; ÜV). Da der Text den emotionalen Belohnungen, die Françoise erfährt, soviel Gewicht verleiht, liest er sich fast wie eine Rechtfertigung ihrer Begierde durch die Liebe, so daß die letzten Seiten des Kapitels zu einer emanzipierten, existentialistischen Version des »idealen Liebesromans« werden, wie ihn Janice Radway beschrieben hat.[20]

Wie haben wir uns eine so drastische Veränderung des diskursiven Tons zu erklären? Meiner Meinung nach markiert Beauvoirs jäher Stilwechsel den Augenblick, in dem der diskursive und der philosophische Entwurf des Textes plötzlich und dramatisch zu divergieren beginnen. Françoises autonomes Handeln hat Erfolg, aber es wird nicht mehr von einem ebenso autonomen Diskurs getragen: Statt Originalität werden uns Klischees angeboten. Der Umstand, daß diese *décalage* genau in dem Augenblick auftritt, in dem die Körper der beiden Liebenden einander zum erstenmal begegnen sollen, enthüllt die Angst, die das Phänomen des Körpers in Beauvoirs Werken erzeugt. Die körperlichste Passage in *L'Invitée* bleibt Elisabeths ausschließlich negative sexuelle Erfahrung mit Guimiot. Und was Françoise und Pierre betrifft, so pflegen sie sich hinter Wandschirmen zu entkleiden und das Licht auszumachen, bevor sie schweigend ins Bett schlüpfen.

Beauvoirs Zurückhaltung kann durchaus einiges mit der Verdrängung der Sexualität während des Vichy-Regimes zu tun haben, aber das vermag die Logik dieser Szene immer noch nicht ganz zu erklären. Ihr plötzlicher Tonwechsel stellt eine Flucht vor dem Körper, eine Flucht in die romantische Seele dar. Bis zum Augenblick der sexuellen Annäherung gelingt es Beauvoir ziemlich gut, das freie Bewußtsein einer begehrenden Frau zu beschreiben. Doch als der Entwurf dieses freien Bewußtseins im Begriff ist, sich im begehrenden weiblichen Körper zu verwirklichen, beginnen die Schwierigkeiten. »Die Begierde«, schreibt Sartre, »wird als *Aufgewühltheit* [*trouble*] definiert« (SN676; EN456). Beauvoirs stilistischer Wechsel zu romantischen Klischees in diesem entscheidenden Augenblick signalisiert unbewußt die Verlegenheit, in die sie ganz allgemein beim Schreiben über den begehrenden weiblichen Körper gerät. Was ich als verblüffende Veränderung in Ton und Stil registriert habe, verweist also auf ein fundamentales philosophisches Problem in Beauvoirs Werk: das Problem, in welcher Beziehung der Körper, namentlich der weibliche Körper, zu den Entwürfen des Bewußtseins steht. Der Körper, so Sartre, weder ein Ding in der Welt noch ein freies Bewußtsein, weder Transzendenz noch rohe Faktizität, bedeutet Störung. Weil er in Beauvoirs Werk ein so umfassendes und komplexes Thema darstellt, will ich an dieser Stelle nicht näher darauf eingehen: Das Problem des Körpers wird im Mittelpunkt des nächsten Kapitels stehen.

Freie Frauen oder geschlechtslose Subjekte?

Beauvoirs Verführungsszene, die sich wie *Das Sein und das Nichts* mit Bewußtsein, Freiheit, Verantwortung und Transzendenz befaßt, scheint den originalen Begriffen Sartres uneingeschränkt zu folgen. Doch ihre eigenen kurzen Caféhaus-Szenen deuten bereits die Gewaltsamkeit an, die im Spiel sein kann, wenn sich ein Mann plötzlich der Hand einer Frau bemächtigt. In der Verführungsszene tritt der Unterschied zwischen Beauvoir und Sartre deutlicher hervor: Da sie die Geschlechtsrollen verkehrt hat, muß Beauvoir zwangsläufig ein viel stärkeres Bewußtsein für die gesellschaftlichen Zwänge, denen ihre Protagonisten ausgesetzt sind, an den Tag legen als Sartre. Beauvoir wirft die Frage der Gegenseitigkeit und der Achtung vor der Freiheit des Anderen auf; Sartre tut dies nicht. Sie registriert den Einfluß gesellschaftlicher Rollen, er nicht. Überdies veranschaulicht Françoises physische Unfähigkeit, ihr Begehren auszusprechen, die Situation der Frau im Patriarchat mit großer Intensität.

Eben wegen dieser Abweichung von Sartre ist Beauvoirs Schilderung keine »Verführungsszene« im traditionellen Sinne mehr. Sie ist auch kein Beispiel für den Flirt: Beauvoirs Versuch, freies weibliches Begehren darzustellen, endet faktisch damit, daß sie die Kategorien des Flirts und der Verführung in Frage stellt. Der bemerkenswerte Stilwechsel im Augenblick der gelungenen Verführung läßt vermuten, daß Beauvoir 1943 die Implikationen ihres eigenen Diskurses nicht ganz zu erfassen vermochte. Ein Grund für dieses Scheitern ist der Umstand, daß Beauvoir trotz der beträchtlichen Unterschiede zwischen diesen beiden Texten Sartre nicht bewußt kritisiert. Wie ich bereits dargelegt habe, muß man Beauvoir dahingehend verstehen, daß sie ihre eigene Marginalität aus einer Position der Zentralität untersucht. Die Konsequenz dieser strukturellen Ambiguität ist eine bemerkenswerte Unsicherheit in bezug darauf, ob es sich bei ihrem Thema um »Frauen« oder um das »freie (geschlechtslose) Subjekt« handelt. Wie Beauvoir selbst zugibt, hatte sie um 1943 über Fragen patriarchaler Machtstrukturen überhaupt noch nicht nachgedacht: Sie versteht Françoise als freies Bewußtsein, nicht als freie Frau. Beauvoir ist fest davon überzeugt, daß ihr Schreiben über Françoise dasselbe ist wie Sartres Schreiben über Mathieu. Das Paradox besteht darin, daß allein der Akt der Imitation Sartres dazu führt, daß sie seine Kategorien in Frage stellt und verändert.

Diese Veränderung geht jedoch nicht weit genug. Daß sich Beauvoir beispielsweise des Geschlechts ihrer Heldin relativ wenig bewußt ist, bewirkt in hohem Grade die Desexualisierung Françoises. In Beauvoirs Romanen ringen Frauen mit dem, was sie für universale philosophische Probleme halten, als sei dies ihre offenkundige Pflicht und ihr Recht. Dagegen beschreibt Sartre in seinen Romanen nicht eine einzige denkende Frau. In *Zeit der Reife* beispielsweise beschäftigen sich alle männlichen

Hauptpersonen – Mathieu, Brunet, Daniel und Boris – mit den Problemen Freiheit und Verantwortung und setzen sich mit der Frage auseinander, wie sie sich in bezug auf andere und auf die Welt definieren sollen. Die weiblichen handelnden Personen – Marcelle, Ivich und Lola – sind an solchen Problemen auffallend uninteressiert. Wo die Männer aufrichtig oder unaufrichtig sind, Transparenz oder Selbsttäuschung an den Tag legen, dem Bürgertum oder der Arbeiterschicht angehören, sind die Frauen entweder gierige Schöße oder kapriziöse Jungfrauen. Im Vergleich zu Sartre ist Beauvoirs unbedingter Glaube an die moralischen und philosophischen Qualitäten der Frau erfrischend unsexistisch. Dieses positive Ergebnis ist darauf zurückzuführen, daß es Beauvoir niemals einfällt, Denken oder Philosophie als »männlich« zu etikettieren. Doch der Preis, den sie dafür zahlt, ist hoch: In ihrer Autobiographie wie in ihren Essays und Erzählwerken kehrt das zurück, was man das Problem der tendenziellen Maskulinisierung der freien Frau nennen könnte, und geistert durch ihre Texte.

Wenn das angeblich geschlechtslose freie Subjekt des Existentialismus im Diskurs Sartres und Beauvoirs tatsächlich als »männlich« gekennzeichnet ist, muß jeder Versuch, Frauen als freie Subjekte darzustellen, darauf hinauslaufen, sie ebenfalls als etwas männlich zu charakterisieren. Das ist genau das, was Françoise widerfährt, die in den Widersprüchen ihrer Rolle des »Kameraden« gefangen ist. Meiner Meinung nach ist dies ein theoretisches und kein psychologisches Problem: Daraus läßt sich nicht schließen, Beauvoir »wolle«, daß Frauen wie Männer werden. In diesem Punkt sollten ihre dringlichen Proteste für bare Münze genommen werden: Beauvoir erwartet von Frauen keineswegs, daß sie irgendeine Identität annehmen, sie will nur, daß sie *frei* sind. Das darf jedoch nicht dahingehend verstanden werden, Beauvoir sei *gegen* Identität. Im Unterschied zu vielen heutigen Feministinnen betrachtet sie jedoch Identität als Folge und nicht als Ursache der Freiheit. Für sie haben Frauen keine verborgene, lange unterdrückte Identität, die befreit werden muß, wenn der Kampf um Freiheit gewonnen werden soll. Im Gegenteil, es ist der Freiheitskampf, der die Frauen befähigen wird, ihre eigene Identität frei und unbehindert von patriarchalen Weiblichkeitsmythen zu formen.

Beauvoirs Blindheit in bezug auf die patriarchalen Machtstrukturen im Existentialismus beruht auf ihrer persönlichen und historischen Situation. Ihre spätere Entwicklung bestätigt ihre Fähigkeit, die eigenen analytischen Kategorien zu verändern, in hohem Maße. Jedoch offenbart nicht einmal *Das andere Geschlecht* das überlegene Beherrschen von Rhetorik und Ideologie, das für die Entwicklung einer fundierten feministischen Kritik ihrer eigenen philosophischen Kategorien erforderlich wäre. In diesem Sinne, würde ich sagen, ist die eigentliche Ursache für Beauvoirs Probleme vor allem der Umstand, daß sie sich auf Sartres unselig vereinfachende Theorie der Sprache als transparentes Instrument des Handelns stützt (vgl. *Was ist Literatur?*) und ihre einzige Annäherung an ein ideologisches Konzept der schematische, begrenzte Begriff der »Mystifikation« ist. Was Beauvoir folglich nicht zu erkennen vermag, ist die Art und Weise, in der sich patriarchale Machtverhältnisse mitunter selbst in den Kern philosophischer Begriffe einschleichen.[21] Diese Blindheit vor allem, behaupte ich, erzeugt die Widersprüche und Probleme bei ihrem Versuch, Françoise als freie Frau darzustellen. Angesichts der Logik ihrer eigenen Problematik von Freiheit und Herrschaft ergibt sich daraus jedoch nicht, daß solche Machtverhältnisse nicht überwunden werden könnten: Im Gegenteil, für Beauvoir wie für Sartre ist bereits der Umstand ihrer Entlarvung ein erster Schritt zur Veränderung.

Das Persönliche und das Philosophische

Nach meiner Interpretation der beiden Verführungsszenen ist Beauvoirs Analyse heterosexueller Verführung überzeugender, komplexer und bezüglich der widersprüchlichen Interessen, die in einer solchen Situation auf dem Spiel stehen, entschieden wachsamer als Sartres Erörterung des Flirtens in *Das Sein und das Nichts*. Wenn ich mit dem Scharfsinn des durchschnittlichen patriarchalen Kritikers argumentieren wollte, würde ich nun den Schluß ziehen, daß Beauvoir Sartre eben doch überlegen sei. Eine solche Behauptung wäre natürlich absurd: Man kann eine Behauptung allgemeiner Überlegenheit nicht auf ein Beispiel allein stützen. Der Umstand, daß Patriarchen mit dieser Praxis in der Regel ungestraft davonkommen, macht die Sache auch nicht besser. Worauf es unbestreitbar ankommt, ist das *Ziel* der Interpretation: In diesem Kapitel habe ich bewußt die Strategie verfolgt, die Debatte umzukehren. Angesichts der Tatsache, daß jeder andere Kritiker sich bemüht, Beauvoir mit Sartre auf *seinem* Terrain zu vergleichen, indem er Fragen stellt, die zum Repertoire der klassischen Philosophie gehören, halte ich es nur für fair, wenigstens einmal Sartre mit Beauvoir auf *ihrem* Terrain zu vergleichen: Und ihr Thema ist die Lage der Frauen – besonders der intellektuellen Frauen – in der patriarchalen Gesellschaft. Mit der Interpretation eines literarischen Textes wollte ich nicht zuletzt Beauvoirs Anspruch, eher Romanschriftstellerin als Philosophin zu sein, ernst nehmen. Gezeigt habe ich, daß Sartre – keineswegs überraschend – zur Frage der Freiheit der Frauen im allgemeinen und ihrer sexuellen Freiheit im besonderen nicht viel zu bieten hat. Meine Interpretation beweist also nicht, daß Beauvoir Sartre »überlegen« ist: Was sie hingegen demonstriert, ist, daß es zumindest ein wichtiges Forschungsgebiet gibt – das der Freiheit der Frauen –, in dem Beauvoirs Analysen subtiler sind als die Sartres. Allein diese Tatsache sollte es schwerer machen, zu weiteren geistlosen Runden des Vergleichsspiels zurückzukehren.

Bevor ich jedoch dieses Thema abschließe, will ich einige der tieferen Gründe dafür, daß Sartres Analyse der unaufrichtigen Frau nicht zu überzeugen vermag, in Augenschein nehmen. Ganz allgemein würde ich behaupten, daß die grundlegende Schwäche seiner Analyse auf seiner Neigung beruht, dem partikularen Fall Allgemeingültigkeit zu verleihen, oder um es anders ausdrücken: seine persönliche Erfahrung als allgemeingültig darzustellen.[22] Auf theoretischer Ebene weigert sich Sartre in den vierziger Jahren, das Vorhandensein persönlicher oder »subjektiver« Determinanten im philosophischen Diskurs zuzugeben. Den Einfluß von Leidenschaft – nicht zu reden vom Unbewußten – auf seine Theorie oder sein Handeln zu akzeptieren heißt für ihn, die Freiheit zu leugnen: »Jeder Mensch, der sich hinter der Entschuldigung seiner Leidenschaften versteckt, jeder Mensch, der einen Determinismus erfindet, ist unaufrichtig«, verkündet er in *Ist der Existentialismus ein Humanismus?* (S. 57; ÜV). Sartres Angst vor den »Determinismen« des Unbewußten ist so groß, daß er sich sogar weigert, darüber nachzudenken, daß der Schriftsteller seine Arbeit nicht ganz unter Kontrolle haben könnte: »So weit [der Leser] auch gehen mag«, schreibt Sartre in *Was ist Literatur?* (1948), »der Autor ist weiter gegangen als er. Welches immer die Beziehungen sein mögen, die [der Leser] zwischen den verschiedenen Teilen des Buches […] herstellt, er besitzt eine Garantie: Sie waren ausdrücklich gewollt« (S. 48). Der Augenschein spricht jedoch nicht für Sartre: Seine Analyse in *Das Sein und das Nichts* enthält mehr als eine Spur seiner unbewußten Phantasien von Begierde, von Löchern und Schleim oder etwa seine Behauptung, wissenschaftliche Forschung sei wie Vergewaltigung. Ich vermag auch nicht ganz zu glauben, daß Sartre wirklich *beabsichtigt* hat, seine Analyse der unaufrichtigen Frau zu einer Fallstudie philosophischen Sexismus werden zu lassen. Unnachgiebig darauf beharrend, sich selbst als einen Sonderfall des Allgemeinen zu betrachten, strebt Sartre danach, sich der Welt einzuschreiben, ohne jemals zuzugeben, daß die Welt sich auch ihm einschreibt.

Gerade wenn es um die Frage der Präsenz des Persönlichen geht, unterscheidet sich die Rhetorik von *Das Sein und das Nichts* deutlich von der Beauvoirs in *Das andere Geschlecht*. Vorausgeschickt sei, daß Beauvoir selbst ausdrücklich zugibt, daß *Das andere Geschlecht* das unvorhergesehene Ergebnis ihres Wunsches war, einen autobiographischen *essai-martyr* zu schreiben, einen Text, in dem die Protagonistin ohne Rücksicht auf die Folgen die innerste Wahrheit ihres Seins offenbart (vgl. LD97; FCa136). Wie wir jedoch in Kapitel 2 gesehen haben, ist ihr Meisterwerk auch ein philosophischer Essay, der nach den Regeln der französischen Philosophie geschrieben wurde. Das hat zur Folge, daß sich der Konflikt zwischen dem Persönlichen und dem Philosophischen schon in der Struktur ihrer Rhetorik bemerkbar macht. Selten das phänomenologische »ich« benutzend, deutet Beauvoir ihre eigene Beteiligung in bestimmten Episoden und Anekdoten an: Ihr »ich« ist, alles in allem, sympathisch zurückhaltend. Das hindert sie jedoch nicht daran, ihre Subjektivität hinter der dritten Person Singular »Frau« zu verbergen. So finden wir beispielsweise ihr gestörtes Verhältnis zum weiblichen Körper sogar in die Beweisführung von *Das andere Geschlecht* übertragen, so wie Sartres Hang zu zwangsweiser Verführung, der sich in der »Martine-Bourdin«-Affäre überzeugend offenbart, in *Das Sein und das Nichts* zum philosophischen Markstein erhoben wird.

Die Verwendung des Wortes »Frau« hat bei Beauvoir eine ganz subtile Wirkung. Einerseits kann eine Leserin, die bei jeder Gelegenheit mit dieser unerbittlich universalen »Frau« konfrontiert wird, das Gefühl haben, von »ihr« daran gehindert zu werden, eigene, den Behauptungen Beauvoirs widersprechende Erfahrungen zu benennen. Andererseits haben viele Frauen den Text auch als zutiefst bestätigend, als Beweis dafür empfunden, daß ihre eigenen Erfahrungen doch nicht einmalig, anomal oder verwerflich waren. Diese mehrdeutige Wirkung ist vor allem darauf zurückzuführen, daß Beauvoirs »Frau« nicht besonders gut maskiert beziehungsweise daß *Das andere Geschlecht* sehr viel transparenter autobiographisch ist als *Das Sein und das Nichts*. Gerade diese mehrdeutige Transparenz in bezug auf das Autobiographische, meine ich, bewahrt *Das andere Geschlecht* davor, lediglich wie ein weiterer unzulässig verallgemeinernder Meistertext gelesen zu werden. Beauvoirs Rhetorik in *Das andere Geschlecht* ist in hohem Maße ambivalent: Sie zeigt alle Spuren eines intensiven Ringens zwischen dem Diskurs des klassischen französischen philosophischen Essays und dem persönlicheren Diskurs, der existentialistischer Erfahrung aufrichtig verpflichtet ist. Obwohl dieses Ringen unentschieden bleibt, offenbart allein seine Existenz ein tieferes Verständnis der Implikationen existentialistischen Denkens als Sartres eher traditioneller Respekt vor den – von ihm meisterhaft beherrschten – klassischen Formen philosophischer Rhetorik.

Für Feministinnen sind unzulässige Verallgemeinerungen stets besonders ärgerlich gewesen: Das wichtigste Beispiel ist im Grunde der Versuch, die Erfahrungen weißer, bürgerlicher Männer für allgemein menschlich zu erklären. Von dieser Strategie begreiflicherweise abgestoßen, haben manche Feministinnen beschlossen, jeden allgemeinen Diskurs zu meiden, und sind beispielsweise in die Form des persönlichen Bekenntnisses ausgewichen. Das macht die Sache problematisch: Sie übersehen häufig, daß die Darstellung des Persönlichen, wenn sie für andere interessant sein soll, notwendigerweise auch allgemein sein muß. Zu akzeptieren, daß der eigene theoretische oder wissenschaftliche Diskurs das Merkmal des Persönlichen trägt, heißt nicht, die Theorie auf eine Darstellung des eigenen Ich zu reduzieren: Wenn Feministinnen nicht imstande sind, haltbare theoretische Verallgemeinerungen aufzustellen, hat der Feminismus keine politische Zukunft. Paradoxerweise bestehe ich gerade wegen meines Engagements für die Theorie auf der Notwendigkeit, das Persönliche als persönlich zu *kennzeichnen*, wann immer es auftritt. Das Problem bei Sartres Diskurs liegt im Grunde nicht darin, daß er zu allgemein ist, sondern darin, daß er nicht allgemein genug ist. Um den Fallen unzulässiger Verallgemeinerung zu entgehen, müssen wir ein hinreichend differenziertes Bewußtsein für unsere Strategien entwickeln. Zwischen der stillschweigenden Verallgemeinerung des eigenen Falls und dem ausdrücklichen Versuch, sich selbst als potentiell signifikante Fallstudie zu benutzen, besteht ein himmelweiter Unterschied. In diesem Punkt konvergieren Freuds psychoanalytische und Bourdieus soziologische Bemühungen: Wenn wir vermeiden sollen, nur der Spielball unserer Leidenschaften zu sein, müssen wir nicht nur fähig sein, sie zu erleben, sondern auch wissen, daß wir dies tun.

Sartre wollte, wie wir uns erinnern, aus einem Aprikosen-Cocktail Philosophie machen. Auch für Beauvoir sind Existenz und Ideen insofern *identisch*, als jedes Handeln eine ganze Lebensphilosophie enthüllt: »In Wahrheit gibt es keine Trennung zwischen Philosophie und Leben«, schreibt sie 1948 in ihrer Einleitung zu *L'existentialisme et la sagesse des nations* (S. 12). Meiner Meinung nach liegt eine der großen Stärken des Existentialismus gerade in seiner Überzeugung, daß das Persönliche letztlich das Philosophische *ist*. Während Sartres und Beauvoirs Status als Erben der französischen philosophischen Legitimität ihrer jeweiligen rhetorischen Strategie seinen Stempel aufgedrückt hat, kann Beauvoir aufgrund ihrer marginaleren Position die Rhetorik des Persönlichen weiter treiben als Sartre. Für sie ist jede bequeme Unterscheidung zwischen dem Persönlichen und dem Unpersönlichen, zwischen dem Autobiographischen und dem Philosophischen unmöglich: »Trotzdem, deine Kraft, eine Idee mit Körper und Seele zu leben, ist ungewöhnlich«, sagt Pierre in *L'Invitée* bewundernd zu Françoise. »Aber für mich«, erwidert Françoise, »ist eine Idee nichts Theoretisches; man erlebt sie [*ça s'éprouve*]; wenn sie theoretisch bleibt, ist sie nichts wert« (SK281; I376; ÜV). Ob man nun Françoise als Frau sieht, die ihr emotionales Leid in philosophischen Begriffen erlebt, oder aber als Frau, die Philosophie emotional erlebt, sie ist in jedem Fall ein hervorragendes Beispiel für Simone de Beauvoirs lebenslangen Entwurf: die Unterscheidung zwischen Philosophie und Leben aufzuheben und so dem Leben die Wahrheit und die Notwendigkeit der Philosophie zu verleihen – und der Philosophie den Reiz und die Leidenschaftlichkeit des Lebens.

5 Die Ambiguität der Frauen:
Entfremdung und Körper in
Das andere Geschlecht

> Für die Frauen, die so uneinig, so beschimpft, so
> benachteiligt sind, gibt es mehr Risiken, Siege
> und Niederlagen als für die Männer.
>
> *Der Lauf der Dinge*

Die Ambiguität des Seins

1947 veröffentlichte Simone de Beauvoir einen kurzen philosophischen Essay mit dem Titel *Für eine Moral der Doppelsinnigkeit*
(*Pour une morale de l'ambiguïté*). »Von allen meinen Arbeiten ist es
diese, die mich am meisten ärgert«, kommentiert sie in *Der Lauf
der Dinge* unzufrieden (LD72; FCa99). *Das andere Geschlecht* dagegen verlor in ihren Augen niemals seinen Glanz: »Alles in allem
ist es vielleicht unter meinen Büchern dasjenige, das mir die tiefste Befriedigung gewährt hat. Wenn man mich fragt, wie ich es
heute beurteile, zögere ich nicht mit der Antwort: Ich stehe dazu« (LD189; FCa267; ÜV). Während *Das andere Geschlecht* eine
Quelle des Stolzes und der Befriedigung darstellt, bereitet *Für
eine Moral der Doppelsinnigkeit* der Autorin offenkundig nur Verlegenheit. Den leeren Idealismus, den hochtrabenden Moralismus und den Mangel an Realismus kritisierend, betrachtet sie
das ganze Buch als mißlungen: »Es war ein Irrtum, die Moral
außerhalb des gesellschaftlichen Zusammenhangs definieren zu

wollen« (LD73; FCa99; ÜV). Trotz ihrer Einwände stellt Beauvoir jedoch die erstmals in einem Gespräch im »Café de Flore« geäußerte Grundidee ihres Essays, es sei möglich, eine auf *Das Sein und das Nichts* basierende Moral zu entwickeln, nicht wirklich in Frage. In der Einleitung zu *Das andere Geschlecht* hat sie ihre Meinung nicht geändert: »Unsere Perspektive ist die der existentialistischen Ethik« (AS25; DSa31). Sartre hat jedoch die am Ende von *Das Sein und das Nichts* angekündigte Moral nie veröffentlicht[1]; im Frankreich des Jahres 1949 lag als einzige gedruckte existentialistische Moral die von Beauvoir verfaßte vor.[2]

Als Beauvoir im späten Frühjahr oder im Frühsommer 1946 *Für eine Moral der Doppelsinnigkeit* beendet hatte, wußte sie nicht, was sie sich als nächstes vornehmen sollte: »Mein Essay war fertig, und ich fragte mich: Was nun? Ich setzte mich in die ›Deux Magots‹ und starrte auf das leere Blatt Papier. Ich spürte in den Fingerspitzen das Bedürfnis zu schreiben und in der Kehle den Geschmack der Worte, aber ich wußte nicht, was ich machen sollte« (LD97; FCa135). Im Juni 1946, als sie in einem Café in Saint-Germain-des-Prés saß, wurde ihr klar, daß sie über sich selbst schreiben wollte; sie sprach mit Sartre darüber und erkannte, daß sie sich mit ihrem Frausein auseinandersetzen mußte. Wie wir in Kapitel 2 gesehen haben, war das Ergebnis dieses Gesprächs *Das andere Geschlecht*: »Ich ließ den Plan einer persönlichen Beichte fallen, um mich mit der Lage der Frau im allgemeinen zu befassen« (LD98; FCa136; ÜV). Biographisch wie philosophisch ist also der Ausgangspunkt für ihren Lieblingstext in ebendem Essay zu suchen, den sie später so heftig ablehnte.

Das soll nicht heißen, daß Beauvoir *Für eine Moral der Doppelsinnigkeit* ganz zu Unrecht verworfen hätte: Mich stören die Wiederholungen und der schlechte Aufbau des wenig überzeugenden Essays. Ihre einleitende Untersuchung der grundlegenden Ambiguität menschlichen Seins bleibt jedoch für das Verständnis des *Anderen Geschlechts* von entscheidender Bedeutung. Die »tragische Ambivalenz« (MD79; MA10) der menschlichen

Existenz, behauptet Beauvoir, sei nicht nur die Tatsache, daß wir geboren sind, um zu sterben, sondern daß wir dies wissen. Das Bewußtsein des Todes impliziert das Bewußtsein unserer materiellen Existenz als Körper: Die »tragische Ambiguität« besteht in eben dieser Spannung zwischen unserem Bewußtsein des Todes und dem Faktum des Todes selbst (MD79f; MA10).

In Beauvoirs Verständnis untersucht nur der Sartresche Existentialismus die grundlegende Ambiguität des Seins. Für diesen Sartre, der das *Sein und das Nichts* geschrieben hat, sind Menschen vor allem bewußte Wesen. Das Bewußtsein, das sich spontan auf die Welt richtet, ist nichts anderes als das Bewußtsein dessen, was es nicht ist: Es ist *für-sich* [*pour-soi*]; mit anderen Worten, das Bewußtsein selbst ist *nichts* [*néant*]. Die Welt dagegen ist *an-sich* [*en-soi*]: ohne Bewußtsein, *ist* sie lediglich. Insofern das Bewußtsein die Welt nur als das kennen kann, was es selbst nicht ist, ist es reine Negativität. Daraus folgt, daß es dem Bewußtsein unmöglich ist, zu *sein* – ein Ding in der Welt, ein An-sich zu werden –, ohne dabei selbst zugrunde zu gehen. Für Sartre bleibt jedoch der Wunsch, eine Synthese zwischen dem Sein an-sich und dem Sein für-sich herzustellen, die grundlegende Passion des Bewußtseins. Wenn ein solcher Zustand erreicht werden könnte, wären wir Gott. »Aber die Gottesidee ist widersprüchlich, und wir gehen umsonst zugrunde«, folgert Sartre: »Der Mensch ist eine nutzlose Passion« (SN1052; EN708).

Nach Sartre ist das Verhältnis zwischen dem Für-sich und dem An-sich nicht das eines einfachen Gegensatzes. Im Gegenteil, die beiden Aspekte der Welt sind durch das Für-sich selbst miteinander verbunden: »Das Für-sich ist ja nichts anderes als die reine Nichtung [*néantisation*] des An-sich; es ist wie ein Seinsloch innerhalb des Seins« (SN1055f; EN711). Durch die »nichtende« Aktivität des Bewußtseins, durch die bloße Ausübung meines Unvermögens, zu *sein*, mache ich mich paradoxerweise als Mensch *existieren*. Mit anderen Worten, menschliche Existenz ist das ständige Unvermögen, zu sein.

Sartre folgend, betont Beauvoir, daß der Versuch, die Kluft zwischen Bewußtsein und Faktizität – zwischen Bewußtsein und Tod – zu überwinden, zum Scheitern verurteilt ist. Der Mensch, schreibt sie, ist »ein Sein, das Abstand hat zu sich selbst und das sein Sein zu sein hat« (MD82; MA15). Eben weil unser Sein nicht gegeben ist, sondern immer – und vergeblich – errungen werden muß, brauchen wir eine Moral: Schließlich stellt man für einen Gott keine Morallehre auf, wie es Beauvoir lapidar ausdrückt (vgl. MD81; MA14). Als Bewußtseine sind wir »Seinsmangel« (*manque d'être*), und dennoch erlangt die Welt nur durch die wahrnehmende Aktivität unseres Bewußtseins ihre Bedeutungen und Werte. »Der Mensch«, schreibt Beauvoir, Sartre zitierend, »macht sich aus seinem Seinsmangel heraus sein, *damit das Sein sei*« (MD82; MA15; ÜV). Oder mit anderen Worten: Mein Mangel erzeugt deine Fülle, mein Unvermögen erzeugt das Sein der Welt.

Es führt zu nichts, sich ausführlicher mit Beauvoirs ziemlich quälenden Erklärungsbemühungen zu befassen, nach denen moralisches Handeln genau darin besteht, dieses Paradox klarsichtig zu akzeptieren. Im allgemeinen Sinne mag es genügen, ihre Grundidee hervorzuheben, nach der wir der freien, transzendenten Aktivität des Bewußtseins, die die Welt *sein* macht, einen Wert beimessen müssen. Werte und Bedeutungen, die weder von einer Instanz außerhalb des Bewußtseins (etwa Gott) gesetzt werden noch den Dingen und Aktivitäten selbst innewohnen, sind Schöpfungen der transzendenten Aktivität des Bewußtseins. Darum ist das Leben nicht absurd (das heißt nicht sinnlos), sondern *doppelsinnig*: »Wer sagt, daß [die Existenz] doppelsinnig ist, behauptet, daß der Sinn der Existenz niemals festliegt, daß er unaufhörlich neu gewonnen werden muß«, schreibt Beauvoir (MD169; MA186). Wie wir sehen werden, ist dieses Bewußtsein einer grundsätzlichen *Offenheit* des Sinns für Beauvoirs Verständnis des Frauseins wesentlich.

Die Rhetorik der Philosophie in Das andere Geschlecht

»Ganz sicher macht der Stil den Wert der Prosa aus«, schreibt Sartre. »Nur muß er unbemerkt bleiben. Da Wörter transparent sind und der Blick durch sie hindurchgeht, wäre es absurd, sie mit Mattscheiben zu unterlegen« (*Was ist Literatur?*, S. 48). Obwohl Beauvoir selbst *Das andere Geschlecht* durchaus für einen exemplarischen Fall transparenten Schreibens gehalten haben mag, liest sich ihr Text für mich völlig anders. Meiner Meinung nach lenkt Beauvoirs Sprache die Aufmerksamkeit in einem solchen Maße auf sich, daß ich nicht auf ihre Philosophie eingehen kann, ohne die Auswirkungen ihres Stils zu erläutern. Anhand eines Beispiels – ihrer allgemeinen Analyse der Unterdrückung der Frauen – will ich zeigen, was ich meine.

»Jedesmal, wenn die Transzendenz in Immanenz zurückfällt, findet eine Herabminderung der Existenz in ein ›An-sich‹ und der Freiheit in Faktizität statt«, schreibt Beauvoir. »Dieses Zurückfallen ist eine moralische Verfehlung, wenn das Subjekt es bejaht; wird es ihm auferlegt, führt es zu Frustration und Bedrückung; in beiden Fällen ist es ein absolutes Übel« (AS 25; DSa 31). Mit der Behauptung, daß dem Subjekt Faktizität oder Immanenz *auferlegt* werden kann, tut Beauvoir hier einen ihrer grundlegendsten – und fruchtbarsten – Schritte in *Das andere Geschlecht*. Von der Voraussetzung ausgehend, daß die meisten – wenn nicht alle – Unzulänglichkeiten der Frauen auf ihre gesellschaftlichen, politischen und historischen Lebensbedingungen zurückzuführen sind, folgert Beauvoir hier, daß man Frauen nicht automatisch vorwerfen kann, sie seien unaufrichtig, wenn sie es unterlassen, sich als authentisch freie Seine zu verhalten. Ohne diese Wendung von Sartrescher Ontologie zu Soziologie und Politik hätte *Das andere Geschlecht* nicht geschrieben werden können.[3]

Für Beauvoirs Hinwendung zu einer soziologische Perspektive findet sich in *Das Sein und das Nichts* keine theoretische Rechtfertigung. Genaugenommen läßt Sartres Ontologie des Bewußtseins die Behauptung nicht zu, man müsse in irgendeiner bestimmten Weise – oder überhaupt – handeln, um die eigene ontologische Freiheit zu beweisen; insofern das Bewußtsein transzendent *ist*, sind wir zur Freiheit »verdammt«. Zu behaupten, Bewußtsein sei Transzendenz, heißt also nicht, daß man irgend etwas Besonderes tun müsse. Daraus können keine Werturteile – keine moralischen Rangordnungen des Verhaltens – abgeleitet werden: Im Prinzip kann jedes Handeln in authentischer oder inauthentischer Weise ausgeführt werden. In *Die Fliegen* (*Les mouches*, 1943) beispielsweise soll Orests Mord an Ägist und Klytämnestra ein Fall authentischen Handelns sein, aber er wird es nur dadurch, daß Orest die Verantwortung für die Tat auf sich nimmt. Elektra dagegen, die sich weigert, ihre Verantwortung für die beiden Morde ebenfalls zu akzeptieren, erweist sich als Beispiel für Unaufrichtigkeit schlechthin. Ganz ähnlich ist Hugos Mord an Hoederer in *Die schmutzigen Hände* (*Les mains sales*, 1948) höchst doppelsinnig: Nur eine vollkommen willkürliche Wahl ermöglicht ihm, den Mord eher als politische Tat denn als simples *crime passionnel* auszugeben. Und in *Tote ohne Begräbnis* (*Morts sans sépulture*, 1946) hat der Mensch, so scheint es, sogar noch unter der Folter die Freiheit, seine Transzendenz zu behaupten. Wie wir jedoch bereits in Kapitel 4 gesehen haben, hindert all dies den angeblich nicht-moralischen Sartre nicht daran, eine höchst moralisierende Darstellung weiblichen Flirtens zu Papier zu bringen: Trotz seiner gegenteiligen Behauptungen ist *Das Sein und das Nichts* viel weniger eine reine Ontologie, als Sartre glaubt. Wenn Beauvoir von der Ontologie zu Soziologie und Politik übergeht, kann sie durchaus behaupten, daß Sartres Text sie dazu ermutige. Beauvoir ist – natürlich – nicht »schlechter« als Sartre (immerhin kann er seine moralisierenden Abschweifungen philosophisch nicht besser rechtfertigen als Beauvoir ihre Wendung zur Soziologie); ich bin vielmehr der Meinung, daß es sich lohnt, die rhetorischen Wirkungen der Strategie Beauvoirs zu untersuchen.

Beauvoir macht keinen Versuch, die Kluft zwischen ontologischer Freiheit und konkretem Handeln in der Welt zu überbrücken. Rhetorisch gesehen vollzieht sich Beauvoirs vielgepriesener Wechsel von Sartres Ontologie zu Geschichte und Soziologie meiner Ansicht nach über ein stark metaphorisches Vorgehen. In *Das andere Geschlecht* ist gesellschaftliche und politische Freiheit nicht so sehr als von der ontologischen Freiheit *abgeleitet* dargestellt, sondern sie erscheint *wie* oder *ähnlich wie* sie.[4] Gelegentlich jedoch weicht die Metapher der Metonymie oder der Synekdoche.[5] Menschen beispielsweise als Lebewesen zu definieren, die mit Bewußtsein ausgestattet sind, ist eine Sache; den Teilbegriff für das Ganze zu setzen, eine ganz andere. Wie wir noch sehen werden, erweist sich dieses spezifische sprachliche Vorgehen – die Substitution von Bewußtsein für den Menschen insgesamt – als Quelle eines großen Teils der »Körperproblematik« in *Das andere Geschlecht*. Eine weitere Komplizierung ergibt sich daraus, daß in der existentialistischen Philosophie diese erste metonymische Substitution rasch ein Wuchern von Metaphern hervorruft. Da beispielsweise das Bewußtsein als Transzendenz definiert wird, werden Menschen sehr schnell als im wesentlichen der unaufhörlichen Aktivität des phänomenologischen Bewußtseins *gleichartig* dargestellt. Wenn Menschen es unterlassen, sich gemäß diesem metaphorischen Bild zu verhalten (beispielsweise nicht aktiv und tatkräftig), wirft man ihnen Unaufrichtigkeit vor. Dieselbe Logik der metaphorischen Gleichheit ist in der Annahme wirksam, daß ein konkreter Entwurf in der Welt »inauthentisch« ist, wenn er nicht dem konstanten Gerichtetsein des Bewußtseins auf die Welt *gleich* ist. Die Implikationen dieses Denkens sind einigermaßen merkwürdig: Wie kann man sagen, daß wir unserem Bewußtsein gleichen? Und wenn wir ihm gleichen, warum ist es dann notwendig, uns vor den moralischen Gefahren zu warnen, wenn wir ihm auf irgendeine Weise doch nicht gleichen?

In *Für eine Moral der Doppelsinnigkeit* betont Beauvoir die *Bewegung*, den *Schwung*, das *Emporquellen* der Freiheit (vgl. MD95;

MA44). »Dasein heißt sich zum Seinsmangel *machen*, sich in die Welt *werfen*«, schreibt sie (MD105; MA61). Solche Metaphern energischen Strebens führen dazu, daß Beauvoir nicht umhinkann, *Vitalität* zur höchsten menschlichen Tugend zu erklären. Menschen, denen diese »lebendige Wärme« fehlt, werden als gehemmt, kleinlich und lau, kurz: als wahre *Untermenschen*[6], empfunden. »Jene Menschen, die diese ursprüngliche Bewegung absichtlich aufhalten, kann man als Untermenschen [*des soushommes*] betrachten«, verkündet Beauvoir (MD105; MA61; ÜV). Wie wir noch sehen werden, hat ihre ständige Darstellung der Transzendenz als Bewegung auch die merkwürdigsten Folgen für ihre Analyse des Geschlechtsverkehrs.

Auch der existentialistische Entwurf wird als Bewegung dargestellt, aber nur als Bewegung nach oben oder nach vorn, da ja dem Bild des Entwurfs männliche Erektion und Ejakulation zugrunde liegen. Wenn Sartre den Entwurf metaphorisch als ein »Nach-vorn-Werfen« oder ein »Erheben« beschreibt, wird für Beauvoir der Nicht-Entwurf ein »Fall« oder eine »Erniedrigung«. Konkrete Entwürfe in der Welt zu beginnen wird zu einem »Sich-nach-vorn-Werfen« in die Zukunft: Nach dieser Logik zählen nur lineare Entwürfe. Sich wiederholende, periodische, zyklische, regellose oder zufällige Formen des Handelns vom Flirt bis zur Haushaltsarbeit haben nicht die geringste Chance, jemals als authentisch transzendent eingestuft zu werden. Gelegentlich geraten verschiedene Sprachfiguren miteinander in Konflikt: Weil Menschen durch Metonymie als Bewußtsein definiert worden sind, scheint beispielsweise die Geburt eines Kindes, die doch der phallischen Projektion eines Dings in die Welt metaphorisch sehr ähnlich ist, zu biologisch, zu eng mit der Faktizität verbunden zu sein, als daß man sie als transzendent werten könnte.

Da Sartre und Beauvoir beharrlich ein sich ständig wiederholendes Sortiment phallischer Metaphern verwenden, um ihre Theorie der Freiheit und Transzendenz zu veranschaulichen, gelingt es ihnen, eine beträchtliche Menge höchst sexistischer Prosa zu produzieren, die von Feministinnen zu Recht kritisiert worden ist. Noch überraschender ist jedoch der Umstand, daß die relativ kleine Auswahl an verwendeten Metaphern den potentiellen Bereich authentischen Handelns sogar einschränkt. Auf diese Weise gerät Sartres Theorie in Widerspruch zu sich selbst: Wo seine Theorie behauptet, daß jedes Handeln potentiell transzendent sei, lassen seine Metaphern vermuten, daß dies nicht so ist. Aber zu behaupten, daß Sartres und Beauvoirs Metaphern auf eine radikale *Einschränkung* ihrer ursprünglichen Theorie der Freiheit schließen lassen, liefe auf die Aussage hinaus, zu sagen, daß diese spezifischen Sprachfiguren weder die unvermeidliche Konsequenz noch den eigentlichen »Sinn« ihrer Philosophie darstellen: Sie hätten jederzeit andere wählen können. Die Gründe dafür, daß sie dies nicht taten – wie dafür, daß sie dieses Problem nicht von vornherein gesehen haben –, sind in den spezifischen historischen und intellektuellen Voraussetzungen der beiden Existentialisten zu suchen.

Beauvoirs und Sartres obsessive Sexualisierung ihrer wesentlichen Begriffe ist weder notwendig noch ideologisch harmlos. Als heutige Leser ihrer Prosa sind wir nicht dazu verpflichtet, ihre Obsessionen nachzuvollziehen: Jede andere Empfehlung würde darauf hinauslaufen, Leser nur als wehrlose Opfer des Textes zu betrachten. *Das andere Geschlecht*, das sich auf die existentialistischen Begriffe der Freiheit und Transzendenz stützt, bietet sowohl eine überzeugende Theorie menschlichen Handelns als auch einen positiven und einen negativen Freiheitsbegriff (Freiheit, *zu* handeln, und Freiheit *von* Unterdrückung). Feministinnen brauchen diese beachtlichen Stärken der Theorie Beauvoirs also nicht abzulehnen, nur weil sie glauben, ihren Metaphern ausgeliefert zu sein: Wie ich zu zeigen versucht habe, erzeugt ja die männlich begriffene Freiheit und Transzendenz einen Widerspruch innerhalb der existentialistischen Theorie, den eine geschlechtsneutrale Interpretation der Begriffe vermeiden würde. Mit anderen Worten: Selbst ein Existentialist, der behauptet, das Bewußtsein sei frei und transzendent, behauptet damit nicht *wirklich*, es sei eine Erektion. Im Lateinischen bedeutet *trans-scandere* »(hin)aufsteigen« oder »(hin)übersteigen«, »überschreiten«, »übertreffen« oder »überragen«. Der Ausdruck enthält eine ganze Reihe potentieller Bezüge auf Differenz, Abweichen und Emporstreben, auf Bergwanderungen ebenso wie auf das Vergnügen, endlich den schönsten Aussichtspunkt erreicht zu haben; glücklicherweise steht es uns vollkommen frei, eines oder keines dieser oder anderer Sprachbilder schöpferisch zu verwenden.

Ebenso problematisch wie die Bildersprache des Entwurfs ist im Existentialismus das Sprachbild für den Nicht-Entwurf. Wenn man konkrete Entwürfe in der Welt verwirklichen muß, um von seiner Freiheit Gebrauch zu machen, wird der Nicht-Entwurf – von Beauvoir oft als »Immanenz« bezeichnet – zum eigentlichen Merkmal von Unaufrichtigkeit. Der Begriff »Immanenz«, der in *Das Sein und das Nichts* nur zweimal und in *Für eine Moral der Doppelsinnigkeit* überhaupt nicht vorkommt, ist in der Tat für *Das andere Geschlecht* charakteristisch.[7] Am genauesten als *Nicht-Transzendenz* definiert, scheint der Begriff »Immanenz« in *Das andere Geschlecht* vom Zustand dinghafter Faktizität, den das Für-sich anstrebt, bis zu Unaufrichtigkeit und unfreien Situationen unterschiedlichster Art alles zu umfassen. Metaphern der Immanenz, die sich durch Beauvoirs ganze, über neunhundert Seiten starke Untersuchung ziehen, haben in ihrer Analyse des Frauseins eine untilgbare Spur hinterlassen. Im allgemeinen neigt sie zu dem metonymisch bedingten Irrtum, alles, was dem weiblichen Körper widerfährt, ohne jede Beziehung zum Bewußtsein zu sehen; von der Voraussetzung ausgehend, daß solche Ereignisse – sexuelles Begehren, Orgasmus, Schwangerschaft, Entbindung und so weiter – niemals am transzendenten Bewußtsein teilhaben, stellt sie sie unvermeidlich als Ausdruck reiner Faktizität dar. In dieser Weise werden etwa Niederkunft und Stillen als »immanent« betrachtet: »In jedem Fall aber sind

Austragen und Stillen keine *Aktivitäten*, sondern natürliche Funktionen. Kein Entwurf ist darin einbezogen«, schreibt sie im Kapitel über die Geschichte der Frauen (AG88f; DSa112). Angesichts dieser etwas brüchigen Prämisse sollte es uns nicht überraschen, Beauvoir folgenden vollkommen logischen – und völlig absurden – Schluß ziehen zu sehen: Da Schwangerschaft und Niederkunft immanent, Mord und Kampf aber transzendent sind, haben letztere einen höheren Wert für die Menschheit. »Nicht indem er Leben schenkt, sondern indem er es einsetzt, erhebt sich der Mensch über das Tier«, argumentiert sie. »Deshalb wird innerhalb der Menschheit der höchste Rang nicht dem Geschlecht zuerkannt, das gebiert, sondern dem, das tötet« (AG89f; DSa113). In solchen Passagen scheint es eine Spannung zwischen Transzendenz als ontologische Kategorie und Transzendenz als Wert zu geben, die wir im Auge behalten sollten: Vom Faktum zum Wert überwechselnd und wieder zurück, bietet sich Beauvoir der ätzenden feministischen wie patriarchalen Kritik förmlich an.

In *Das andere Geschlecht* erscheint die Idee der Immanenz wie ein unwiderstehlicher Magnet für eine erstaunliche Auswahl obsessiver Bilder von Dunkelheit, Nacht, Passivität, Stauung, Verlassenheit, Versklavung, Beschränkung, Gefangenschaft, Zerfall, Erniedrigung und Zerstörung. Positive Aspekte der Passivität finden hier keine Würdigung: Ausruhen, Besinnung und Stille sind Wörter, die Beauvoirs Feder nicht hervorzubringen vermag. Wir haben bereits gesehen, daß die Bildersprache des Entwurfs philosophische Widersprüche erzeugt, weil sie den potentiellen Bereich ihrer Anwendung *einschränkt*. Beauvoirs Darstellung der Immanenz dagegen unterminiert deren logischen Zusammenhang, weil der Begriff weit über vernünftige Grenzen hinaus *ausgedehnt* wird. Es ist beispielsweise schwer zu verstehen, wie das Verlangen nach irgend etwas – und sei es der Wunsch nach Selbstzerstörung – etwas anderes als transzendent sein kann. Vom philosophischen Standpunkt aus gesehen, tendiert Beauvoirs Bildersprache der dunklen Nacht der Immanenz dazu, das Für-sich völlig aus dem Blickfeld auszusparen. Aber kurz vor dem Tod bewahren wir stets einen Schimmer von Bewußtsein, so entfremdet, irregeleitet und unaufrichtig wir auch sein mögen: Wenn Menschen unter der Immanenz leiden, könnte man sagen, kann diese unmöglich dasselbe sein wie der Tod. Die Kraft, die Beauvoirs obsessiver Bildersprache von schoßartiger Dunkelheit und Zerstörung innewohnt, meine ich, hat weniger mit den Erfordernissen ihrer Beweisführung zu tun als mit der Intensität ihrer persönlichen Obsession von Vernichtung, Leere und Tod.[8]

Die Ambiguität der Frauen

Soweit trifft alles, was Beauvoir gesagt hat, für Männer wie für Frauen zu. Wir alle sind gespalten, alle vom »Fall« in die Immanenz bedroht, und wir alle sind sterblich. In diesem Sinne stimmt kein Mensch jemals mit sich selbst überein: Uns allen mangelt es an Sein. Um der Spannung und der Angst (*angoisse*) vor dieser Ambiguität zu entgehen, können wir alle durchaus versucht sein, in der Unaufrichtigkeit Zuflucht zu suchen. Aber damit enden die Allgemeingültigkeiten:

»Was nun die Situation der Frau in einzigartiger Weise definiert, ist, daß sie sich – obwohl wie jeder Mensch eine autonome Freiheit – in einer Welt entdeckt und wählt, in der die Männer ihr vorschreiben, die Rolle des Anderen zu übernehmen; sie soll zum Objekt erstarren und zur Immanenz verurteilt sein, da ihre Transzendenz fortwährend von einem essentiellen anderen Bewußtsein transzendiert wird. Das Drama der Frau besteht in diesem Konflikt zwischen dem fundamentalen Anspruch jedes Subjekts, das sich immer als das Wesentliche setzt, und den Anforderungen einer Situation, die sie als unwesentlich konstituiert« (AG25f; DSa31).

Dies ist möglicherweise die einzige Passage von höchster Bedeutung in *Das andere Geschlecht*, vor allem weil Beauvoir hier eine radikal neue Theorie der geschlechtlichen Differenz aufstellt. Zwar sind wir alle gespalten und der Ambiguität unterworfen, argumentiert sie, aber Frauen sind es *noch mehr* als Männer. Für Beauvoir sind Frauen grundsätzlich durch eine doppelte (ontologische und gesellschaftliche) *Ambiguität* und einen entsprechend doppelten *Konflikt* charakterisiert. Der wesentliche Widerspruch der Situation der Frauen beruht auf dem Konflikt zwischen ihrem Status als freie und autonome Menschen und dem Umstand, daß sie in einer Welt sozialisiert werden, in der Männer sie konsequent als Andere definieren, einer Welt, in der sie Objekte des männlichen Subjekts sind. Die Transzendenz der Frau wird von einer anderen Transzendenz objektifiziert. Das hat zur Folge, daß Frauen als Subjekte in einen schmerzlichen Konflikt zwischen Freiheit und Entfremdung, Transzendenz und Immanenz, Subjekt-sein und Objekt-sein gezwungen werden. Dieser grundsätzliche Widerspruch ist für die *Frauen im Patriarchat wesentlich*. Für Beauvoir hat dies – zumindest im Prinzip – nichts Ahistorisches: Wenn die patriarchalen Machtverhältnisse aufgehoben sind, werden Frauen nicht mehr und nicht weniger gespalten und widersprüchlich sein als Männer. (Wie ich jedoch noch zeigen werde, deutet ihre Analyse allerdings an, daß Frauen, auch wenn die Hauptwidersprüche ihrer Situation verschwinden mögen, weiterhin etwas mehr von Konflikten zerrissen sein werden als Männer.)

Erneut stützt sich Beauvoirs Theorie auf eine grundlegende Metapher: Die gesellschaftliche Unterdrückung der Frauen, gibt sie zu verstehen, *spiegelt* oder *wiederholt* die ontologische Ambiguität der Existenz. Beauvoirs Argumentation, die die philosophische Dringlichkeit wie den philosophischen Rang der Frage der Frauenunterdrückung offenbart, läuft auch Gefahr, das Problem zu naturalisieren oder, genauer, zu »ontologisieren«. Indem sie so zwischen dem Politischen und Ontologischen wechselt, geht Beauvoir beträchtliche philosophische Risiken ein. Paradoxerweise bezieht ihre Untersuchung aus ihrer metaphorischen Struktur aber auch potentielle Kraft, weil das Fehlen jeder logischen Verbindung zwischen den beiden Ebenen der Analyse uns erlaubt, die eine abzulehnen, ohne auch die andere verwerfen zu müssen. Auf diese Weise kann Beauvoirs Darstellung der im Patriarchat zwischen Freiheit und Entfremdung zerrissenen Frauen durchaus auch von Lesern als überzeugend empfunden werden, die Sartres Theorie des Bewußtseins radikal ablehnen.

Beauvoirs Vokabular der Ambiguität und des Konflikts, ebenso umfangreich wie mannigfaltig, reicht von Ambivalenz, Distanz, Trennung und Spaltung bis zu Entfremdung, Widerspruch und Verstümmelung. Aber nicht jede Ambiguität ist negativ: In *Das andere Geschlecht* wird die Ambiguität niemals im voraus gewertet. Jede einzelne Beschreibung der »gelebten Erfahrung« von Frauen in *Das andere Geschlecht* dient dazu, Beauvoirs Theorie des fundamentalen Widerspruchs der Situation der Frauen zu untermauern. Leider macht es die schiere Materialfülle unmöglich, auf das gesamte Spektrum ihrer Untersuchungen einzugehen. Ich werde mich deshalb auf ihre Darstellung der weiblichen Subjektivität und der weiblichen Sexualität konzentrieren, die nach wie vor die bedeutsamsten – und weitaus komplexesten – Beispiele für Widersprüche und Ambiguität in *Das andere Geschlecht* sind. Unter »Sexualität« verstehe ich die psychosexuellen wie die biologischen Aspekte der weiblichen sexuellen Existenz oder, mit anderen Worten, die Wechselwirkung zwischen Begehren und Körper.

Männliche und weibliche Entfremdung

»Man kommt nicht als Frau auf die Welt, man wird es«, sagt Beauvoir (AG334; DSb13). Die Frage ist natürlich, wie. Wie wird das kleine Mädchen eine Frau? Elisabeth Roudinesco schreibt in ihrer eindrucksvollen Geschichte der Psychoanalyse in Frankreich Beauvoir das Verdienst zu, die erste Schriftstellerin gewesen zu sein, die das Problem der Sexualität mit dem der politischen Emanzipation in Verbindung gebracht hat. Beauvoirs Interesse an den verschiedenen psychoanalytischen Auffassungen der Weiblichkeit war so groß, daß sie ein Jahr bevor sie ihr Buch beendete, Jacques Lacan anrief, um ihn zu diesem Thema um Rat zu bitten: »Geschmeichelt verkündet Lacan, daß sie fünf oder sechs Monate brauchen würden, um das Problem im Gespräch zu klären. Simone will nicht soviel Zeit damit verbringen, Lacan wegen eines Buches zuzuhören, das bereits sehr gut recherchiert ist. Sie schlägt vier Treffen vor. Lacan lehnt ab« (Roudinesco, S. 517). Es überrascht nicht, daß Lacan sich von Beauvoirs Bitte geschmeichelt fühlte: Im Paris des Jahres 1948 verfügte sie über viel mehr intellektuelles Kapital als er; um es einfacher auszudrücken: Sie war berühmt, er nicht. Aufgrund der für Lacan überaus bezeichnenden Meinungsverschiedenheit über die zeitliche Abstimmung muß jedoch die verlockend frevelhafte Phantasie eines Lacanschen *Anderen Geschlechts* im Imaginären bleiben. Zwar hat Beauvoir niemals Lacan zu Füßen gesessen, doch zitiert sie sein frühes Werk *Les complexes familiaux dans la formation de l'individu*, und ihre Darstellung der frühen Kindheit und der Weiblichkeit liest sich weitgehend wie eine Art freie Ausarbeitung von Lacans Begriff der Entfremdung des Ichs im anderen während des Spiegelstadiums.

Der Begriff der Entfremdung findet sich in *Das andere Geschlecht* tatsächlich überall. Zur Erklärung von nahezu allem herangezogen – das Spektrum reicht von weiblicher Sexualität bis zu Narzißmus und Mystizismus –, spielt der Begriff eine Schlüsselrolle in Beauvoirs Theorie der geschlechtlichen Differenz.

Nach Beauvoir erlebt das Kleinkind die Krise der Entwöhnung als »das ursprüngliche Drama eines jeden Existierenden, das Drama seiner Beziehung zum Anderen« (AG335; DSb14). Dieses Drama ist gekennzeichnet durch die existentielle Angst, die von der Erfahrung des *délaissement* oder, um mit Heidegger zu sprechen, der *Überlassenheit*[9] hervorgerufen wird und am ehesten mit »Verlassenheit« übersetzt werden kann. Schon in diesem frühen Entwicklungsstadium träumt das Kind davon, seiner Freiheit zu entrinnen, indem es entweder mit dem kosmischen Ganzen verschmilzt oder ein Ding wird, ein An-sich:

»In fleischlicher Gestalt entdeckt [das Kind] die Endlichkeit, die Einsamkeit, die Verlassenheit in einer fremden Welt. Es versucht, mit dieser Katastrophe fertig zu werden, indem es seine Existenz in einem Bild entfremdet, dessen Wirklichkeit und dessen Wert von anderen begründet werden. Anscheinend beginnt es seine Identität in dem Augenblick zu behaupten, in dem es sein Abbild im Spiegel erfaßt – einem Augenblick, der mit der Entwöhnung zusammenfällt. Sein Ich deckt sich so sehr mit dem Abbild, daß es sich nur durch Entfremdung bilden kann [*il ne se forme qu'en s'aliénant*]. [...] Es ist bereits ein autonomes Subjekt, das sich auf die Welt hin transzendiert, aber noch kann es sich selbst nur in entfremdeter Gestalt begegnen« (AG336; DSb15; ÜV).

Zunächst also sind alle Kinder gleicherweise entfremdet. Das überrascht nicht, da der Wunsch, sich in einer anderen Person oder einem Ding zu entfremden, nach Beauvoir allen Menschen eigen ist: »Die Primitiven entfremden sich im Mana, im Totem; die Zivilisierten in ihrer individuellen Seele, in ihrem Ich, ihrem Namen, ihrem Eigentum, ihrem Werk; das ist die erste Verlockung zur Inauthentizität« (AG72; DSa90). Aber bald verändert die geschlechtliche Differenz die Situation. Für kleine Jungen, argumentiert Beauvoir, ist es viel leichter, ein Objekt zu finden, in dem sie sich entfremden können, als für kleine Mädchen: Der Penis, für die Rolle des idealisierten *alter ego* vortrefflich geeignet, wird schnell zum persönlichen Totempfahl eines jeden Jungen: »Der Penis ist besonders geeignet, für den kleinen Jungen diese Rolle eines ›Doubles‹ zu spielen: Er ist für ihn ein fremdes Objekt und gleichzeitig er selbst« (AG72; DSa90). Indem sich kleine Jungen in ihren Penis projizieren, statten sie ihn mit der vollen Last ihrer Transzendenz aus (vgl. AG73; DSa91). Für Beauvoir repräsentieren also phallische Vorstellungen Transzendenz, nicht Sexualität.

Das kleine Mädchen dagegen hat es in dieser Beziehung schwerer. Da es keinen Penis hat, verfügt es über kein greifbares Objekt, in dem es sich entfremden kann. »Das kleine Mädchen indes kann sich in keinem Teil seiner selbst verkörpern«, schreibt Beauvoir (AG346; DSb27). Da kleine Mädchen ihre Geschlechtsorgane nicht in die Hand nehmen [*empoigner*] können, ist es so, als ob diese nicht existieren: »In gewissem Sinne hat das Mädchen kein Geschlecht«, schreibt Beauvoir. »Es empfindet dieses Fehlen jedoch nicht als einen Mangel. Die Vollständigkeit seines Körpers ist ihm selbstverständlich. In der Welt aber wird das weibliche Kind auf andere Art situiert als das männliche, und ein ganzer Komplex von Faktoren kann dazu führen, daß dieser Unterschied sich in den Augen des Mädchens in eine Minderwertigkeit verwandelt« (AG339; DSb19). Da dem kleinen Mädchen ein sichtbares Objekt der Entfremdung vorenthalten wird, entfremdet es sich schließlich in sich selbst:

»Ohne dieses *alter ego* geboren, kann das kleine Mädchen sich nicht in einem greifbaren Ding entfremden, kann es seine Integrität nicht wiedererlangen [*ne se récupère pas*]: Dadurch wird es dazu veranlaßt, sich ganz zum Objekt zu machen, sich als das Andere zu setzen. Die Frage, ob es sich mit dem Jungen verglichen hat oder nicht, ist sekundär; wichtig ist, daß das Fehlen des Penis, sogar wenn es nicht davon weiß, das Mädchen hindert, sich selbst als Geschlecht zu vergegenwärtigen. Daraus ergeben sich viele Konsequenzen« (AG73; DSa91).

Gleichgültig ob sie von der Existenz des Penis Kenntnis haben oder nicht, kleine Mädchen sind bereits für sich selbst Objekte, unlösbar im entfremdeten Bild ihrer selbst gefangen. Aber damit nicht genug. Nach Aussage dieser erstaunlichen Passage werden kleine Mädchen von ihrer Anatomie gezwungen, sich in sich selbst zu entfremden. Darüber hinaus, behauptet Beauvoir, gelingt es ihnen nicht, sich selbst »wiederzuerlangen« (*récupérer*). Diese Äußerungen, die Beauvoirs gesamte Theorie der Entfremdung in komprimierter Form bieten, haben eine Reihe weitreichender und komplexer Implikationen, die ich im folgenden untersuchen will.

Ganz wie Lacan betrachtet Beauvoir das Moment der Entfremdung als konstitutiv für das Subjekt; aber im Unterschied zu Lacan glaubt sie, daß das Subjekt nur dann authentisch entsteht, wenn es die dialektische Bewegung vollendet und das entfremdete Bild seiner selbst – das Double, das *alter ego* – in der eigenen Subjektivität *wiedererlangt* (*récupérer*) oder in die eigene Subjektivität reintegriert. Aufgrund dieser Hegelschen Logik besteht Beauvoir darauf, daß kleine Jungen die geforderte Synthese leicht zustande bringen, während es kleinen Mädchen nicht gelingt, sich selbst »wiederzuerlangen«. Warum nun erlangen kleine Jungen ihre Transzendenz mühelos wieder? Für Beauvoir ist die Antwort in den anatomischen und physiologischen Eigenschaften des Penis zu suchen. Der Junge projiziert seine Transzendenz in den Penis, ein Objekt, der Teil seines Körpers ist, jedoch ein bemerkenswertes Eigenleben hat: »Das Urinieren und später die Erektion [sind] halb willkürliche und halb unwillkürliche Funktionen«, schreibt Beauvoir; der Penis ist »eine gewissermaßen fremde, eigenwillige Quelle einer subjektiv empfundenen Lust«; er wird »vom Subjekt als es selbst und anders als es selbst gesetzt« (AG73; DS890; ÜV). Der Penis, nicht so fremd und fern, daß er ohne jede Beziehung zum Körper des Jungen zu sein scheint, aber auch nicht so nah, daß er eine deutliche Unterscheidung zwischen der Subjektivität des Jungen und seiner projizierten Transzendenz verhindern könnte, so Beauvoir, befähigt den Jungen, sich in seinem *alter ego* wiederzuerkennen:

»Da er ein *alter ego* hat, in dem er sich wiedererkennt, kann er seine Subjektivität unerschrocken annehmen«, schreibt sie. »Das Objekt selbst, in dem er sich entfremdet, wird zum Symbol der Autonomie, der Transzendenz, der Macht« (AG345; DSb27).

Die Idee des *Wiedererkennens* muß hier als Hinweis auf die Hegelsche *Anerkennung*[10] verstanden werden. Der Penis, relativ anders (so daß eine Unterscheidung zwischen Subjekt und dem Anderen gesetzt werden kann), jedoch nicht völlig anders (so daß das Wiedererkennen im Anderen erleichtert wird), erleichtert die Wiederherstellung der entfremdeten Transzendenz des Jungen in dessen Subjektivität. Indem er seine Transzendenz für sich selbst zurückgewinnt, entgeht der Junge seiner Entfremdung: Sein Penis-Totem wird das Instrument, das ihm schließlich ermöglicht, »seine Subjektivität anzunehmen« und authentisch zu handeln. Daß sich in Beauvoirs Beweisführung der Einfluß Hegels feststellen läßt, besagt jedoch nicht, daß sie besonders orthodox wäre. Die Themen des Wiedererkennens und der dialektischen Dreiheit selbständig entwickelnd, übersieht Beauvoir völlig, daß für Hegel »Anerkennung« ein wechselseitiger Austausch zwischen zwei *Subjekten* ist. Zu folgern wäre nämlich, daß nicht nur der kleine Junge sich in seinem Penis, sondern auch der Penis sich in dem Jungen wiedererkennen muß. Glücklicherweise ist Beauvoir sich darüber wohl nicht ganz klar; zumindest behauptet sie nirgendwo, daß der Penis wirklich repliziert.[11]

Wie wir gesehen haben, ist Beauvoir der Ansicht, daß sich das Mädchen aufgrund seiner Anatomie in seinen ganzen Körper entfremdet, nicht nur in ein halb separates Objekt wie den Penis. Auch wenn man ihm eine Puppe zum Spielen gibt, ändert sich die Situation nicht. Puppen sind passive Objekte, die den ganzen Körper repräsentieren und als solche das kleine Mädchen anregen, »sich in seiner ganzen Person zu entfremden und diese als ein lebloses Gegebenes zu betrachten« (AG346; DSb27). In seinem entfremdeten Zustand wird das kleine Mädchen offenbar »passiv« und »leblos«. Aber warum führt die Entfremdung des Mädchens zu diesem Ergebnis? Immerhin wird der »entfremdete« Penis von dem kleinen Jungen als stolzes Bild seiner Transzendenz wahrgenommen. Warum widerfährt dies nicht auch dem ganzen Körper des Mädchens? Wo bleibt *seine* Transzendenz?

Es ist nicht eben leicht, Beauvoirs Text in diesem Punkt zu folgen. Nach meinem Verständnis argumentiert sie dahingehend, daß die Entfremdung des Mädchens eine doppelsinnige – ambigue – Spaltung zwischen ihm und dem entfremdeten Bild seiner selbst hervorruft. »Wie der Mann *ist* die Frau ihr Körper«, schreibt Beauvoir über die erwachsene Frau, »aber ihr Körper ist etwas anderes als sie« (AG53; DSa67). Die erwachsene Frau hat also die Reintegration ihrer Transzendenz immer noch nicht erreicht. Der Grund dafür, daß ihr dies nicht gelingt, liegt paradoxerweise darin, daß sie von vornherein nicht entfremdet genug war. Eben weil das kleine Mädchen sein Körper *ist*, könnte man sagen, hat es Schwierigkeiten, zwischen seinem entfremdeten Körper und seinem transzendenten Bewußtsein dieses Körpers zu unterscheiden. Oder mit anderen Worten, der Unterschied zwischen dem ganzen Körper und dem Penis besteht darin, daß der Körper von seinem »Eigentümer« nie einfach als ein Ding in der Welt betrachtet werden kann: Der Körper *ist* schließlich unsere Form des Seins in der Welt: »Das In-der-Welt-Sein impliziert unwiderlegbar das Vorhandensein eines Körpers, der sowohl ein Ding in der Welt als auch eine Anschauung dieser Welt ist« (AG31; DSa40).

Indem sich das kleine Mädchen in seinem Körper entfremdet, entfremdet es seine Transzendenz in einem »Ding«, das in doppeltem Sinn Teil seiner ursprünglichen Transzendenz bleibt. Seine Entfremdung, so könnte man sagen, erzeugt eine undurchdringliche Mischung von Transzendenz, Dinglichkeit und dem entfremdeten *Bild* eines Körper-Ego. Die trügerische Unbestimmtheit dieses Gemischs aus dem An-sich und dem Für-sich erinnert an Sartres schauerliche Vision des »Klebrigen« und »Schleimigen« als das, was ewig undefiniert ist und das Für-sich ständig zu verschlingen droht. Diese ambivalente Mischung, die keine deutliche Setzung eines Subjekts und eines anderen zuläßt, hindert das Mädchen daran, seine entfremdete Transzendenz zu reintegrieren, was für den Jungen offenbar ganz einfach ist. Insofern als das, was man »wiedererlangen« soll, etwas anderes ist als man selbst, macht das Fehlen eines unproblematischen Gegensatzes zwischen den ersten beiden Momenten der Dialektik es dem Mädchen nahezu unmöglich, seine Transzendenz in einer neuen Synthese »wiederzuerlangen«.

Daraus folgt jedoch nicht, daß sich das kleine Mädchen überhaupt nicht als transzendent empfindet. Wenn das der Fall wäre, müßte es *völlig* entfremdet sein, und genau das ist es nicht. Statt dessen scheint Beauvoir der Ansicht zu sein, daß es zwischen der transzendenten Subjektivität des Mädchens und seiner ambivalenten Entfremdung eine stets gegenwärtige Spannung – sogar einen Kampf – gibt. Aufgrund dieser Ansicht müssen die psychischen Strukturen des Mädchens im Patriarchat eher als ein komplexer und veränderlicher *Prozeß* denn als statisches und beständiges *Bild* dargestellt werden. In Beauvoirs Theorie findet sich eine fruchtbare Spannung zwischen ihrem höchst konkretisierten Ausgangsbegriff der Entfremdung und dem eher veränderlichen und schwankenden Ergebnis dieses Prozesses im Fall kleiner Mädchen. Das hat zur Folge, daß ihre Theorie weiblicher Subjektivität weitaus interessanter und origineller ist als ihre fast zu gewandte und glatte Darstellung männlicher psychischer Strukturen.

Gegen Ende des *Anderen Geschlechts* vertritt Beauvoir die Ansicht, daß der Prozeß der Entfremdung für den Narißmus konstitutiv sei. (In diesem Punkt, könnte man hinzufügen, entspricht ihre Auffassung vollkommen der Lacans.) »Tatsächlich ist der Narißmus ein wohldefinierter Entfremdungsprozeß«, schreibt Beauvoir. »Das Ich wird als absoluter Zweck gesetzt, und das Subjekt flieht sich in ihn« (AG782; DSb525). Für das narißtische Subjekt ist sein Ego oder Selbst nichts anderes als ein entfremdetes und idealisiertes *Bild* seiner selbst, ein weiteres, in der Welt gefährdetes *alter ego* oder Double. Nach meinem Verständnis besteht der Unterschied zwischen der narzißtischen und der nicht-narzißtischen Frau darin, daß letztere sich ein Bewußtsein der Ambiguität und Widersprüchlichkeit bewahrt, während erstere überzeugt ist, das von ihrer Entfremdung projizierte Bild zu *sein*. Darum, so Beauvoir, stellt der Narzißmus die äußerste Anstrengung dar, »die unmögliche Synthese des An-sich und Für-sich zu verwirklichen«: Die »erfolgreiche« Narzißtin glaubt wirklich, sie sei Gott (AG785; DSb529).

Wenn wir uns in einem anderen Ding oder einer anderen Person entfremden, so Sartre und Beauvoir, berauben wir uns der Macht, für oder durch uns selbst zu handeln. Der Handlungsfähigkeit beraubt, ist unsere entfremdete Transzendenz den Gefahren der Welt schutzlos preisgegeben. Beauvoir braucht deshalb keine spezifische Theorie der Kastrationsangst zu bemühen, um zu erklären, warum kleine Jungen ihren Penis ständig in Gefahr wähnen. Ihre Sorge um die Sicherheit ihres Penis ist jedoch dem Gefühl kleiner Mädchen, in ihrer ganzen Person auf unbestimmte Weise bedroht zu sein, unendlich vorzuziehen:

»Die diffuse Furcht, die das kleine Mädchen im Hinblick auf sein ›Inneres‹ empfindet […], [verliert] sich oft auch in seinem späteren Leben als Frau nicht. Das Mädchen ist äußerst besorgt um alles, was in ihm geschieht. Es ist von Anfang an viel undurchsichtiger für sich selbst, viel tiefer vom verwirrenden Geheimnis des Lebens durchdrungen als der Knabe« (AG345; DSb27).

In diesem Abschnitt wie überall sonst in *Das andere Geschlecht* steht Beauvoirs subtile und präzise Untersuchung der Situation der Frauen neben einer allzu schwärmerischen Betrachtung der Männlichkeit. Da sie vom Einfluß gesellschaftlicher Faktoren auf die Entwicklung geschlechtlicher Differenz überzeugt ist, überschätzt sie auch die Wirksamkeit des Penis als verläßliches Instrument der Entfremdung und Reintegration gewaltig. Schließlich erweist sich nicht jeder kleine Junge oder jeder erwachsene Mann als authentisch transzendentes Subjekt. Beauvoirs Bewunderung der Männlichkeit geht so weit, daß sie sogar annimmt, kleine Mädchen, die eher von Männern als von Frauen großgezogen werden, blieben »von den belastenden Seiten der Weiblichkeit weitgehend verschont« (AG348; DSb30). Nach meinem Verständnis soll das heißen, daß solche Frauen auf irgendeine Weise weniger entfremdet sein müssen als andere. Angesichts der Tatsache, daß es das *Patriarchat* ist, das die besondere Form der weiblichen Entfremdung verschlimmert, ist dies, gelinde gesagt, eine ziemlich sonderbare Behauptung, die nur dann plausibel erscheint, wenn man annimmt, daß Männer stets *weniger* als Frauen geneigt sind, kleinen Mädchen die patriarchale Ideologie aufzuzwingen. Im Licht von Beauvoirs allgemeiner Analyse des Patriarchats jedoch kommt mir diese Auffassung mehr als ein bißchen widersprüchlich vor.

Es gibt gewichtige biographische Gründe für Beauvoirs irregeleitete Bewunderung des Männlichen (die unbewußte Idealisierung des Vaters, die Bewunderung für Sartre und so weiter), doch scheint die wichtigste rhetorische Quelle für Beauvoirs rührendes Vertrauen in den Penis metaphorisch zu sein: Da sie sich den existentialistischen Entwurf nur als aktiv, linear und phallisch vorstellen kann, kommt sie dahin, daß sie die Eigenschaften des freien Entwurfs in der Bewegung des Penis gespiegelt sieht. Ihr Text, mit Hinweisen auf die starken symbolischen Wirkungen des Urinierens im Stehen statt im Hocken verunziert, betont wiederholt die Fähigkeit des Penis nicht nur zu quasi unabhängiger Bewegung, sondern auch zum Lenken von Flüssigkeiten über eine bestimmte Entfernung. Was sie offenbar vor allem fasziniert, ist die Vorstellung, daß sich das männliche Organ bewegt und, mehr noch, daß es *aufwärts beweglich* ist, besonders bei der grandiosen Lenkung des Urinstrahls: »Jeder Wasserstrahl erscheint als ein Wunder, eine Herausforderung der

Schwerkraft: Ihn zu lenken, ihn zu beherrschen bedeutet einen kleinen Sieg über das Naturgesetz«, behauptet Beauvoir mit Berufung auf Sartre und Bachelard, um ihren Standpunkt zu untermauern (AG341; DSb22).

Wenn ich die Verbindungen zwischen Entfremdung und Anatomie in Beauvoirs Theorie besonders hervorhebe, könnte ich den Eindruck erwecken, Beauvoir glaube, daß die Entwicklung unterschiedlicher Formen der Entfremdung lediglich vom anatomischen Vorhandensein oder Nichtvorhandensein des Penis abhängt. Doch Beauvoir besteht selbst darauf, daß nach ihrer Theorie Weiblichkeit und Männlichkeit *gesellschaftlich* erzeugt werden, und lehnt überdies jede Art biologischen oder anatomischen »Schicksals« kategorisch ab. Im Gegenteil, argumentiert sie, sei es der gesellschaftliche Kontext, der biologischen und psychologischen Faktoren Bedeutung verleihe: »Nur innerhalb der in ihrer Totalität erfaßten Situation [*la situation saisie dans la totalité*] begründet das anatomische Privileg ein menschliches« (AG73; DSa91). Erst wenn das Mädchen entdeckt, daß Männer Macht haben in der Welt und Frauen nicht, läuft es Gefahr, seine Verschiedenheit fälschlich für Minderwertigkeit zu halten: »Es begreift, daß die Herren dieser Welt nicht die Frauen, sondern die Männer sind. Diese Enthüllung ist es – weit mehr als die Entdeckung des Penis –, die das Bewußtsein des Mädchens von sich selbst gebieterisch verändert« (AG356f; DSb38).

Wenn man Mädchen die angemessene gesellschaftliche Unterstützung zuteil werden läßt, so Beauvoir, kann es ihnen immer noch gelingen, ihre Transzendenz wiederzuerlangen. Während der Penis in der frühen Kindheit ein privilegierter Besitz ist, behält er sein Prestige ab dem Alter von acht oder neun Jahren nur aufgrund seiner gesellschaftlichen Bewertung. Gesellschaftliche Praxis, nicht Biologie, bestärkt das Mädchen, in Passivität und Narzißmus versunken zu bleiben, und zwingt kleine Jungen, aktive Subjekte zu werden. Weil kleine Jungen härter angefaßt werden, nicht weil sie sich prinzipiell weniger gehenlassen als Mädchen, werden sie besser darauf vorbereitet, sich in die konkurrierende Welt konkreten Handelns zu entwerfen (vgl. AG347f; DSb28f). Es scheint, als ob Beauvoirs Theorie der Entfremdung tatsächlich impliziert, daß gesellschaftliche Faktoren Mädchen *stärker* beeinflussen als Jungen; eben weil sich die Transzendenz kleiner Mädchen in einem labilen Gleichgewicht zwischen völliger Entfremdung und authentischer Subjektivität befindet, braucht es nicht viel, um das Mädchen in die eine oder die andere Richtung zu drängen. Diese Ambiguität, die bei Jungen weniger ausgeprägt ist, könnte man argumentieren, macht Mädchen für gesellschaftlichen Zwang besonders anfällig:

»Neben dem authentischen Anspruch des Subjekts auf unumschränkte Freiheit [gibt es] bei dem Existierenden auch ein unauthentisches Verlangen nach Selbstaufgabe und Flucht. Eltern und Erzieher, Bücher und Mythen, Frauen und Männer führen dem kleinen Mädchen schillernd die Wonnen der Passivität vor Augen. Schon in der frühesten Kindheit bringt man ihm bei, sie zu genießen. Die Versuchung wird immer schleichender, und das Mädchen gibt ihr um so unvermeidlicher nach, je härter die Widerstände, auf die der Elan seiner Transzendenz stößt« (AG369; DSb53).

Daß Beauvoir beharrlich auf gesellschaftliche Faktoren verweist, halte ich für einen der stärksten Punkte ihrer Position. Wenn es jedoch darum geht, genau zu erklären, wie wir die Beziehung zwischen dem Anatomischen und dem Gesellschaftlichen zu verstehen haben, wird ihr Diskurs merkwürdig unsicher. Keinen Penis zu haben beispielsweise, ist nicht unbedingt ein Handikap: »Gelänge es der Frau, sich als Subjekt zu behaupten, würde sie Äquivalente zum Phallus erfinden: Die Puppe, in der sich die Verheißung des Kindes verkörpert, kann ein kostbarerer Besitz werden als der Penis« (AG73; DSa91). Puppen verursachen also doch nicht zwangsläufig entfremdete Passivität: »Auch der Junge kann einen ›Liebling‹ haben, einen Teddybär oder einen Hampelmann, in den er sich projiziert [*se projette*]. Erst die gesamte jeweilige Lebensform verleiht jedem Faktor, ob Penis oder Puppe, sein Gewicht« (AG347; DSb29; ÜV).

Beauvoirs widersprüchliche Einschätzung der Rolle von Puppen offenbart ein tieferliegendes theoretisches Problem: eine Möglichkeit zu finden, ein anatomisches und psychologisches Argument mit einem soziologischen zu verknüpfen. Der Umstand, daß sie dieses Problem nicht explizit zur Debatte zu stellen versucht, läßt sie eine bedeutsame Lücke in ihrer Darstellung der Entfremdung übersehen. Aufmerksamen Lesern mag bereits aufgefallen sein, daß Beauvoirs Text von der Lacanschen Theorie der Entfremdung des Kindes im Blick des anderen unmittelbar zu der recht unterschiedlichen Idee übergeht, daß Jungen und Mädchen sich in ihren Körpern entfremden. Leider unternimmt Beauvoir keinen Versuch, ihren Standpunkt mit dem Lacans zu verbinden. Offenbar bestehen für sie einfach beide nebeneinander. Da sie dies nicht als Problem zu erkennen vermag, versäumt sie auch eine entscheidende Gelegenheit, die Lücke in ihrer Theorie zu schließen, indem sie etwa andeutet, daß es der Blick des anderen ist, der ursprünglich das entfremdete Bild des Kindes von sich selbst mit den phallozentrischen Werten ausstattet, die das Kind dann in seiner eigenen Entfremdungsarbeit wiederholt. Der Blick des anderen, könnte man hinzufügen, würde zwangsläufig die anatomischen Unterschiede wahrnehmen – und in der Regel unverzüglich ideologisieren – und dazu übergehen, Mädchen und Jungen mit unterschiedlichen psychosexuellen Werten auszustatten. Wenn Beauvoir ihre Theorie in diesem Punkt etwas mehr an Lacan orientiert hätte, wäre sie meiner Meinung nach imstande gewesen, eine befriedigendere Darstellung der Beziehung zwischen dem Biologischen und dem Psychosozialen vorzulegen.

Es ist, gelinde gesagt, bedauerlich, daß Beauvoir ihre scharfsichtige Theorie der Weiblichkeit als Folie für das funktionieren läßt, was auf kaum mehr als geistlose Bewunderung von Männlichkeit hinausläuft. Ihre Rhetorik, die gesunde männliche Entfremdung und komplexe weibliche Ambiguität beharrlich nebeneinanderstellt, neigt dazu, die weibliche Position zu entwerten, sosehr Beauvoir auch das Gegenteil behauptet. Wie ich jedoch noch zeigen werde, widerspricht ihre Idealisierung des Phallus ganz entschieden Sartres Darstellung der männlichen Begierde und Transzendenz. So paradox es klingt, verrät Beauvoir also gerade in den Passagen, in denen sie sich unbewußt bemüht, Sartre Tribut zu zollen, seine Philosophie.

Ich möchte jedoch betonen, daß Beauvoirs Überbewertung der Männlichkeit sie nicht daran hindert, eine bemerkenswert originale Theorie der weiblichen Subjektivität im Patriarchat zu entwickeln. Für mich ist ihre Auffassung der Frauen, die sie in einem doppelsinnigen Widerspruch zwischen ihrem transzendenten Bewußtsein und ihrer Identifikation mit einem entfremdeten, patriarchalen Bild ihrer selbst gefangen sieht, ein mutiger Versuch, die der Situation der Frauen innewohnenden Widersprüche voll zu erfassen. Die Stärke ihrer Theorie der für geschlechtliche Differenz konstitutiven Entfremdung beruht nicht nur darauf, daß es ihr – wenngleich etwas unvollkommen – gelingt, darzulegen, daß im Aufbau der weiblichen Subjektivität patriarchale Machtstrukturen wirksam sind, sondern auch darauf, daß Beauvoir genau zu zeigen versucht, *wie* sich dieser Prozeß vollzieht. Es handelt sich hier um einen bewundernswerten Versuch, ein uneingeschränkt *gesellschaftliches* Verständnis von Subjektivität zu entwickeln. Daß Beauvoirs Untersuchung auf eine wirkliche Erörterung der Beziehung zwischen dem Anatomischen und dem Gesellschaftlichen verzichtet, ist und bleibt ihre Hauptschwäche. Wie ich jedoch bereits angedeutet habe, könnte dieses Problem – vielleicht durch eine weniger zurückhaltende Orientierung an Lacan – gelöst werden. Beauvoirs Darstellung, Grundlage für eine differenzierte Analyse der Schwierigkeiten von Frauen, sich im Patriarchat als gesellschaftliche und geschlechtliche Subjekte zu verstehen, impliziert, daß es sowohl ungerecht als auch unrealistisch ist, die Probleme zu unterschätzen, die damit verbunden sind, eine freie Frau zu werden. Da Beauvoirs Theorie der Entfremdung mit der Idee des Körpers verknüpft ist, kann sie jedoch nur im Zusammenhang mit ihrer Analyse des weiblichen Körpers unter den Aspekten von Sexualität und Fortpflanzung voll eingeschätzt werden.

Der Körper in Bedrängnis

»Wie der Mann *ist* die Frau ihr Körper«, schreibt Beauvoir, »aber ihr Körper ist etwas anderes als sie« (AG53; DSa67). Die Frau ist und ist nicht ihr Körper; der Umstand, einen weiblichen Körper zu haben, macht sie zur Frau, doch eben dieser Umstand entfremdet und trennt sie auch von sich selbst. Was also ist eine Frau? Ein freies Subjekt? Oder ein freies Subjekt, das gegen seinen weiblichen Körper kämpft? Ist die körperliche Begierde mit Freiheit vereinbar? Diese Fragen, die für Beauvoirs Verständnis der Unterdrückung von Frauen und ihrer schließlichen Befreiung entscheidend sind, erfordern eine Untersuchung ihrer Auffassung von Begierde und Sexualität im allgemeinen.

Für Beauvoir sind Frauen die Sklavinnen der Menschheit. Jeder biologische Vorgang im weiblichen Körper ist eine »Krise« oder eine »Heimsuchung«, und das Ergebnis ist immer Entfremdung. Die Liste der Beschwerden und Leiden während der Menstruation ist, gelinde gesagt, beeindruckend und reicht von erhöhtem Blutdruck und beeinträchtigtem Hör- und Sehvermögen bis zu unangenehmen Gerüchen, Destabilisierung des zentralen Nervensystems, Unterleibsschmerzen, Verstopfung und Durchfall (vgl. AG53; DSa66).[12] In dieser Zeit, behauptet Beauvoir, »empfindet [die Frau] ihren Körper am quälendsten als ein opakes, entfremdetes Ding [*une chose opaque aliénée*]« (AG53; DSa67). Aber die Menstruationsbeschwerden sind nichts im Vergleich zu den Schrecken der Schwangerschaft: »Eine noch tiefer gehende Entfremdung erfährt die Frau, wenn das befruchtete Ei in die Gebärmutter wandert und sich darin entwickelt«, erklärt Beauvoir (AG54; DSa67). Schwangerschaft, Niederkunft und Stillen schwächen die Gesundheit der Frau und bringen sie sogar in Lebensgefahr: »Die Niederkunft selbst ist schmerzhaft und gefährlich. [...] Auch das Stillen ist eine anstrengende Pflicht [*servitude*]; die stillende Mutter nährt den Säugling auf Kosten ihrer eigenen Kraft« (AG54; DSa68; ÜV).

Erst die alternde Frau entkommt der Knechtschaft der Fortpflanzung, wenngleich sie dafür mit der »Krise« der Menopause bezahlt: »Nun ist die Frau von den Zwängen ihrer Weiblichkeit befreit. Sie ist aber nicht mit einem Eunuchen vergleichbar, denn ihre Vitalität ist noch vollständig vorhanden. Gleichwohl ist sie nicht mehr das Opfer sie überwältigender Mächte: Sie stimmt nun mit sich selbst überein« (AG55; DSa69; ÜV). Für Beauvoir erzeugt das Patriarchat, wie wir gesehen haben, einen Konflikt zwischen der freien Subjektivität der Frauen und dem Zwang, diese Subjektivität zu entfremden und zu objektifizieren. Da Frauen auch unter einer Reihe autonomer biologischer Prozesse (Menstruation, Schwangerschaft, Laktation, Menopause) leiden, wird dasselbe widersprüchliche Szenario auf der Ebene des Körpers selbst wiederholt, aber nie überwunden: Die Frau ist dazu verdammt, an ihrer Unterordnung unter die Menschheit zu leiden. Je mehr die Frau sich als Individuum behaupten will, desto schwerer ist es für sie, ihr biologisches Schicksal zu akzeptieren. »Von allen weiblichen Säugern«, schreibt Beauvoir, »ist die Frau am tiefsten sich selbst entfremdet, und sie lehnt diese Entfremdung am heftigsten ab. [...] Man könnte meinen, daß ihr Schicksal um so schwerer ist, je mehr sie sich dagegen auflehnt, indem sie sich als Individuum behauptet« (AG56; DSa70).

Der Mann dagegen ist »unendlich bevorzugt«, erklärt Beauvoir. »Sein Geschlechtsleben stört seine persönliche Existenz nicht, es verläuft gleichbleibend, ohne Krise und im allgemeinen

ohne Komplikation« (AG56f; DSa7of). Die Frau, in einen Abstand zu sich selbst gesetzt, kann niemals die unproblematische
physische Intaktheit des Mannes kennenlernen. Bei der Beschreibung sexuellen Begehrens kommt Beauvoir auf diesen
Gegensatz zwischen männlicher Einfachheit und weiblicher
Kompliziertheit zurück. Männliche sexuelle Erregung, behauptet sie, ist unkompliziert, authentisch und transzendent; weibliche Erregung ist genau das Gegenteil. Vor allem sind die
Geschlechtsorgane der Frauen weder einfach noch sauber:

»Das männliche Glied ist einfach und sauber wie ein Finger […].
Das weibliche Geschlecht ist der Frau selbst ein Geheimnis, verborgen, unbehaglich, schleimig, feucht. Mit den monatlichen
Blutungen, manchmal auch mit schmierigem Ausfluß führt es
ein geheimes, bedrohliches Eigenleben. Daß die Frau sich in ihm
nicht wiedererkennt, ist für sie oft ein wesentlicher Grund, ihre
sexuellen Gelüste nicht als die eigenen anzuerkennen« (AG469;
DSb166).

Im Unterschied zum kleinen Jungen, deutet Beauvoir an, ist die
Frau nicht imstande, ihre Transzendenz in ihren Sexualorganen
zu entfremden, und vermag sich deshalb in ihnen nicht »wiederzuerkennen«. Mit anderen Worten: Die Frau hat nichts, worin
sie ihre Transzendenz »plazieren« könnte; ihr sexuelles Begehren
wird in ihren gesamten, entfremdeten Körper resorbiert. Aber
wie wir bereits gesehen haben, ist für Beauvoir der entfremdete
Körper ein verlassenes, den Gefahren der Welt preisgegebenes
Objekt. Weibliches Begehren, das den Körper schonungslos der
transzendenten Macht des Mannes ausliefert, beraubt die Frau
der Herrschaft über ihren Körper.

Wenn also ein Mann eine Frau penetriert, wird ihre sexuelle
Subjektivität von ihm objektifiziert und besessen. Für Beauvoir
ist die begehrende Frau wahrhaft in Bedrängnis: »Tiefer entfremdet als der Mann, da sie in ihrem ganzen Körper Begehren und

Erregung [*trouble*] ist, bleibt sie Subjekt nur durch die Vereinigung mit ihrem Partner«, schreibt Beauvoir über die Frau beim heterosexuellen Geschlechtsverkehr (AG485; DSb183).[13] Zum Glück für ihre feministischen Leserinnen ergibt sich diese verblüffende Schlußfolgerung ja nicht aus Beauvoirs Theorie der *unvollständigen* weiblichen Entfremdung (»die Frau *ist* ihr Körper«). Zu behaupten, wie sie es hier tut, daß die Frau im Mann *völlig* entfremdet ist, hieße ihre Auffassung beträchtlich zu verändern. Offenbar läßt also für Beauvoir das bloße Erlebnis des Begehrens das weibliche Bewußtsein in völlige Entfremdung entgleiten; oder mit anderen Worten: Sexuelles Begehren verschlingt, was immer von der Transzendenz der entfremdeten Frau übriggeblieben sein mag:

»Sie erleidet die Erregung [*trouble*] wie eine schändliche Krankheit, die nicht aktiv, sondern ein Zustand ist, und selbst in der Vorstellung kann sie sich durch keinen autonomen Entschluß davon befreien. Sie träumt nicht vom Nehmen, Durchdringen, Vergewaltigen. Sie wartet, sie lockt. Sie empfindet sich als abhängig, und sie fühlt sich in ihrem entfremdeten Fleisch bedroht« (AG394f; DSb82).

Wenn Beauvoir konkrete sexuelle Situationen beschreibt, neigt sie dazu, den weiblichen Körper als reine Faktizität darzustellen. Zugleich aber deutet sie an, daß dem Körper der begehrenden Frau immerhin noch so viel transzendente Subjektivität bleibt, daß er mit den sexuellen Entwürfen der Frau in Konflikt gerät: »Ihre Anatomie zwingt sie, ungeschickt und impotent zu bleiben wie ein Eunuch«, schreibt Beauvoir. »Das Verlangen, zu besitzen, ist mangels eines Organs, in dem es sich verkörpern könnte, vergeblich« (AG459; DSb155; ÜV). Was Beauvoir hier beschreibt, ist eine Art äußerster Frustration des gesamten weiblichen Körpers: Es scheint, als ob der bloße Besitz eines Penis die Situation auf magische Weise bereinigen, dem weiblichen Begehren das notwendige Ventil verleihen und die Faktizität des weiblichen Körpers in Transzendenz verwandeln würde. So unwahrscheinlich dies auch sein mag, ist es doch genau das, was Beauvoir meint. Wenn der Mann begehrt, schreibt sie, wird sein Körper zum unkomplizierten Ausdruck seines transzendenten Entwurfs:

»Die Erektion ist Ausdruck dieses Bedürfnisses. Mit seinem Glied, seinen Händen, seinem Mund, mit seinem ganzen Körper strebt der Mann zu seiner Partnerin, aber er bleibt stets im Zentrum seiner Aktivität, wie er ganz allgemein das Subjekt gegenüber den Objekten, die er wahrnimmt, und den Werkzeugen, die er handhabt, bleibt. Er entwirft sich auf den anderen hin, ohne seine Autonomie zu verlieren. Das weibliche Fleisch ist ihm eine Beute, von der er diejenigen Eigenschaften erfaßt, die seine Sinnlichkeit jedem Objekt abverlangt« (AG452; DSb147).

Eine begehrende Frau dagegen muß sich bemühen, ihre aktive Begierde in Passivität zu verwandeln. Dieses Bemühen erzeugt einen neuen Konflikt in der Selbsterfahrung der Frau: »Sich zum Objekt *machen*, sich passiv *geben* ist etwas ganz anderes als passiv *sein*«, betont Beauvoir (AG461; DSb156). Im Geschlechtsverkehr ist die Frau gezwungen, einen überaus heiklen Balanceakt zwischen »Glut« und »Hingabe« zu vollbringen (AG461; SSb156). Wenn die Frau versucht, den Vorgang selbst zu steuern – ja sich auch nur zu bewegen –, zerstört sie die passive Verzauberung (*envoûtement*), die allein ihr Lust bereiten kann:

»Bei der Frau dagegen verhindert jeder Willensakt, daß ihr Körper Feuer fängt. Darum lehnt sie spontan jede Form des Koitus ab, die ihr Anstrengung und Spannung abverlangt. Zu plötzliche, zu häufige Stellungswechsel, die Aufforderung zu bewußt gesteuerten Aktivitäten – Gesten oder Worten – reißen sie aus der Verzauberung« (AG461; DSb157; ÜV).

Die Bildersprache in diesen Passagen sagt alles: Beauvoirs Darstellung männlichen und weiblichen Begehrens wird völlig von ihren Metaphern beherrscht. Wenn Transzendenz wie eine Erektion ist, muß Erektion transzendent sein. Wenn der weibliche Körper über kein Organ verfügt, das sich aufwärts und abwärts bewegt, muß das Begehren der Frau immanent sein. Wenn Transzendenz Bewegung ist, müssen Frauen beim Sex zwangsläufig stocksteif daliegen. Nachdem sie der Frau entschlossen ihre Grenzen gezeigt hat, argumentiert sie weiter, daß schon die Position, in der sie sich jetzt befindet – flach auf dem Rücken –, ihre *Niederlage* symbolisiert und deshalb ihr Gefühl, für den Mann lediglich eine Beute zu sein, noch verstärkt (AG470; DSb165). Die Schwierigkeit, die Quadratur des Kreises zu bewerkstelligen oder, mit anderen Worten, eine Erklärung dafür zu liefern, wie Begehren jederart, ob männlich oder weiblich, vorstellbar immanent sein kann, führt zu gewundenen Versuchen, einen Unterschied herzustellen zwischen »direktem« Handeln und dem aktiven Bemühen, sich selbst in Passivität zu verwandeln.

Der weibliche sexuell erregte Körper, stets passiv, wird überdies zum Gegenstand des Abscheus: Sartres Beschreibungen von Löchern und Schleim sind in Beauvoirs Darstellung weiblicher sexueller Erregung nur dünn kaschiert:

»Die weibliche Erregung fühlt sich an wie weiches Muschelfleisch. Wo der Mann ungestüm wird, zeigt die Frau nur Ungeduld. Ihr Warten kann leidenschaftlich werden, ohne darum weniger passiv zu sein. Der Mann stürzt sich wie ein Adler, ein Greif auf seine Beute. Die Frau lauert wie eine fleischfressende Pflanze, die Insekten verschlingt, wie ein Moor, in dem Kinder versinken. Sie ist ein Sog, ein Saugnapf, ein Humus [*elle est succion, ventouse, humeuse*], sie ist Pech und Vogelleim, eine stille, sich einschmeichelnde klebrige Lockung [*appel*], so jedenfalls empfindet sie sich dumpf« (AG470; DSb167).

Diese Phantasie der begehrenden Frau als ein ungeheures, schleimiges fleischfressendes Loch, in dessen schmutzigem, feuchtem Inneren Tod und Zerstörung lauern, läßt an einen Fieberwahn denken. Die rhetorische Intensität dieser Passage signalisiert das Vorhandensein starker unbewußter Obsessionen. Wenn schon sexuelle Erregung bedrohlich ist, so stellt der Augenblick des Orgasmus totale Vernichtung dar: »Sie badet in sehnsüchtiger Passivität. Mit geschlossenen Augen, anonym und verloren, fühlt sie sich von Wellen emporgehoben, in Qualen gewälzt, in der Nacht begraben: in der Nacht des Fleisches, der Gebärmutter, des Grabes. Vernichtet geht sie in das Ganze ein, ihr Ich verschwindet« (AG807; DSb555). Beim Geschlechtsverkehr, fügt Beauvoir hinzu, schließen Frauen die Augen, weil sie sich »in einer fleischlichen Nacht, verschwommen wie der Mutterschoß, verlieren« wollen (AG484; DSb183; ÜV). Die düstere Bildersprache von Dunkelheit, ozeanischen Tiefen, Schößen und Tod spricht für sich: Wenn die Frau dem Mann erliegt – sich fortreißen läßt –, wird sie wieder eins mit dem stillen Fruchtwasser der Urmutter. Die Passagen in *L'Invitée*, die Xavière oder das unterirdische Rankengewirr des Unbewußten beschreiben, und die Bildersprache der sexuellen Frau in *Das andere Geschlecht* zeigen eine auffallende Ähnlichkeit in Stil und Intensität. In beiden Fällen vermute ich, daß die Intensität, die Feindseligkeit und Grobheit der Prosa Beauvoirs derselben Quelle entspringen: einem äußerst ambivalenten Verhältnis zur Mutter.[14]

Die Beziehung zwischen dieser Theorie und Sartres Darstellung der Begierde in *Das Sein und das Nichts* soll hier nicht im Detail erörtert werden. Wenn es jedoch um das Verständnis *männlichen* Begehrens geht, unterscheidet sich Beauvoirs Position auffallend von der Sartres. »Die Begierde wird als *Aufgewühltheit* [*trouble*][15] definiert«, schreibt Sartre. »Wenn das begehrende Bewußtsein *Aufgewühltheit* ist, so deshalb, weil es eine Analogie zum aufgewühlten Wasser aufweist« (SN676f; EN456). Wie aufgewühltes Wasser wird Begierde als etwas erlebt, das das Bewußtsein seiner Durchsichtigkeit und seiner Klarheit beraubt, etwas, das überall und nirgendwo im besonderen existiert, aber auf allem anderen seine Spur zu hinterlassen vermag. Sexuelle Begierde ist weder »kalt« noch »klar« (SN677; EN456); sie »ist ganz und gar Sturz in die Komplizenschaft mit dem Körper« (SN678; EN457), schreibt Sartre, bevor er sich auf »unsere« gemeinsame Erfahrung beruft:

»Jeder braucht sich nur an seine eigene Erfahrung zu halten: Man weiß, daß in der sexuellen Begierde das Bewußtsein wie verklebt ist, man scheint sich von der Faktizität einnehmen zu lassen, nicht mehr vor ihr zu fliehen, und in ein *passives* Einvernehmen mit der Begierde zu geraten. In anderen Momenten scheint die Faktizität das Bewußtsein gerade bei seiner Flucht einzunehmen und es für es selbst opak zu machen. Es ist wie ein verklebendes Hochkommen des *Faktums*« (SN678; EN457).

Ohne auf die Details seiner Darstellung einzugehen, ist nicht daran zu zweifeln, daß für Sartre auch männliche Begierde das Bewußtsein in die Faktizität hinabzuziehen droht. Sartres bemerkenswerte Schilderung eines von Begierde überwältigten Mannes bekräftigt dies: »Jeder von uns hat diese Erscheinung der Begierde bei anderen beobachten können: Den Mann, der begehrt, überkommt plötzlich eine schwere Ruhe, die erschreckend ist: Seine Augen werden starr und scheinen halb geschlossen, seine Bewegungen sind geprägt von einer schweren und klebrigen Weichheit; viele scheinen einzuschlafen« (SN679; EN457). Ich sollte vielleicht anmerken, daß meine eigenen Recherchen in Pariser Cafés die von Sartre so überzeugt mitgeteilten Beobachtungen begehrender Männer mit schläfrig verhangenen Augen bislang nicht bestätigt haben. Wie immer die Wirklichkeit in diesem Punkt aussehen mag, Beauvoirs Glaube an die Transzendenz männlicher Erektion fehlt in Sartres Darstellung des Geschlechtsverkehrs vollkommen:

»Man muß ja die organische Passivität des Geschlechts beim Koitus beachten: Der ganze Körper bewegt sich vor- und rückwärts, er *trägt* das Geschlecht nach vorn oder zieht es zurück; die
Hände helfen bei der Einführung des Penis; der Penis selbst erscheint wie ein Instrument, das man handhabt, das man hinein-
schiebt, das man zurückzieht, das man benutzt, und ebenso kann
das Sichöffnen und Feuchtwerden der Vagina nicht willentlich
erreicht werden« (SN693; EN467).

Der Gegensatz zu Beauvoirs Anschauung des erigierten Penis als
»einfach und sauber wie ein Finger« (AG469; DSb166) könnte
nicht größer sein. Für Sartre ist der Penis eindeutig *kein* Finger,
kein unmittelbarer Ausdruck des Bewußtseins. Beauvoir vergleicht das Feuchtwerden der Vagina mit fleischfressenden Pflanzen und kinderverschlingenden Sümpfen; er vergleicht es mit
dem Penis; und wo er den Penis zu einem bloßen Instrument
degradiert, vergöttlicht sie ihn als das Symbol der Transzendenz
schlechthin.

   1945 veröffentlichte Beauvoir in *Les temps modernes* eine wohl-
wollende Kritik über Maurice Merleau-Pontys Untersuchung
Phänomenologie der Wahrnehmung. Seine Analyse des Körpers als
unsere Form des Seins in der Welt mit Lob bedenkend, betont
sie auch die »Ergiebigkeit« seiner Untersuchung der Sexualität
(S. 367). In ihrer beflissen neutralen Darstellung des philosophischen Unterschieds zwischen Merleau-Ponty und Sartre (Merleau-Ponty vertritt die Ansicht, daß Existenz nicht als reines Für-
sich untersucht werden kann, da Bewußtsein immer in einem
Körper inkarniert ist) verzichtet Beauvoir darauf, diese Verschiedenheit zu kommentieren. In *Das andere Geschlecht* verweist sie
zwar zustimmend auf Merleau-Ponty, doch bleibt ihr Lob oberflächlich, und sie setzt sich nie wirklich mit seinen Analysen auseinander.

   Offenbar übersieht Beauvoir, daß Merleau-Pontys Auffassung
der Sexualität mit ihrer Theorie der Ambiguität weiblicher Ent-

fremdung in hohem Maße übereinstimmt. Für Merleau-Ponty enthält die Sexualität den Schlüssel zum Verständnis menschlichen Lebens. »Der Leib [ist] in jedem Augenblick Ausdruck der Existenz«, schreibt er (*Phänomenologie*, S. 198). Für ihn kann keine Rede davon sein, den sexuellen Körper für *weniger* transzendent zu halten als den gehenden oder rennenden Körper. Für Merleau-Ponty *ist* Sexualität Ambiguität, das, was vom Bewußtsein niemals voll erfaßt werden kann, aber nichtsdestoweniger konstitutiv für die Wahrnehmung unserer selbst und der Welt ist:

»Ebenso kann auch die Sexualität die privilegierten Formen meiner Erfahrung motivieren, ohne doch Gegenstand eines ausdrücklichen Bewußtseinsaktes zu sein. So genommen, nämlich als zweideutige Atmosphäre, erstreckt die Geschlechtlichkeit sich so weit wie das Leben selbst. Mit anderen Worten, die Zweideutigkeit [*l'équivoque*] ist der menschlichen Existenz wesentlich – alles, was wir erleben oder denken, hat stets einen mehrfachen Sinn« (*Phänomenologie der Wahrnehmung*, S. 201 f.).

Für Merleau-Ponty macht es die grundsätzliche Unbestimmtheit oder Ambiguität der Sexualität unmöglich, zwischen sexuellen und nicht-sexuellen Handlungen eine klare Trennlinie zu ziehen. Sexualität ist »ein Prinzip der Unbestimmtheit in der menschlichen Existenz«, schreibt er, und diese Unbestimmtheit ist die grundlegende Struktur des Seins (*Phänomenologie*, S. 201). Indem er die Präsenz von Sexualität als ein Prinzip der Ambiguität in jedem menschlichen Handeln betont, vermeidet es Merleau-Ponty, den radikalen Gegensatz zwischen Geist und Körper oder zwischen Bewußtsein und Begierde zu postulieren, der Sartre und Beauvoir daran hindert, eine überzeugendere und weniger phallozentrische Auffassung der Sexualität zu entwickeln. Meiner Meinung nach bietet seine Anschauung einen weitaus fruchtbareren Boden für eine nicht-sexistische Darstellung weiblicher Sexualität als Sartres Beschwörung eines »kalten«

und »klaren« Bewußtseins, das in das Chaos des Körpers ab-
gleitet. Simone de Beauvoir, die uns immerhin ausdrücklich vor-
schreibt, der Ambiguität des Seins einen Wert beizumessen,
hätten die Vorteile der Position Merleau-Pontys einleuchten
müssen. Doch ihre Texte unterstellen Ambiguität und Unbestimmtheit entschieden der kontrollierenden Klarheit des transzendenten Bewußtseins. Nirgendwo ist Beauvoirs grundsätzliche Ergebenheit Sartre gegenüber deutlicher – und für ihr
eigenes philosophisches Projekt nachteiliger – als in ihrer Bevorzugung von *Das Sein und das Nichts* vor Merleau-Pontys *Phänomenologie der Wahrnehmung*.[16]

Sich auf Sartres Unterscheidung zwischen dem aktiven – handelnden – und dem passiven »Fleisch« (*la chair*) stützend (SN682;
EN460), geht Beauvoir in der geschlechtsbezogenen Charakteri-
sierung dieses Gegensatzes sogar noch weiter als Sartre. Insoweit
zumindest scheint sie keine schlüssige Verteidigung gegen feministische Kritik an einer solchen Darstellung weiblicher Sexualität zu haben. Bevor wir jedoch unsere letzten Schlüsse ziehen,
müssen wir berücksichtigen, daß Beauvoir sich ja nach eigener
Aussage mit patriarchaler Ideologie auseinandersetzt. »Die Frau
hat den Kopf voller Gemeinplätze, die den männlichen Trieb
[*rut*] verherrlichen und die weibliche Erregung [*trouble*] zur beschämenden Selbstaufgabe erklären: Ihre intime Erfahrung bestätigt diese Ungleichheit«, schreibt sie, bevor sie ihre mörderische Beschreibung weiblichen Begehrens von sich gibt (AG469;
DSb166). Die »Gemeinplätze«, auf die hier angespielt wird, sind
die Mythen der Weiblichkeit, die Beauvoir mit soviel Verve im
Ersten Buch des *Anderen Geschlechts* analysiert, wo sie heftige
Kritik an eben den Begriffen übt, die sie selbst bei der Beschreibung des weiblichen Orgasmus verwendet:

»Sagt man aber, die *Frau* sei das *Fleisch* und das *Fleisch* sei die
Nacht und der *Tod*, oder sie sei die Herrlichkeit des *Kosmos*, so
verläßt man die Wahrheit der Erde und schwingt sich zu einem

leeren Himmel auf. Denn auch der Mann ist für die Frau Fleisch, und sie ist etwas anderes als ein Objekt der Fleischeslust. Das Fleisch nimmt für jeden und in jeder Erfahrung eine individuelle Bedeutung [*des significations singulières*] an« (AG321; DSa398).

In der Einleitung zum Zweiten Buch des *Anderen Geschlechts*, also dem Teil, der Beauvoirs Schilderung der weiblichen Sexualität enthält, macht sie uns ausdrücklich darauf aufmerksam, daß sie das »herkömmliche Los der Frau«, das »Erbe einer schweren Vergangenheit«, den »gemeinsamen Hintergrund, vor dem sich jede weibliche Existenz abzeichnet« (AG333; DSb9; ÜV), untersuchen werde. Aber folgt daraus, daß sie selbst nicht eigentlich *glaubt*, daß die weibliche Sexualität passiv und immanent ist, an fleischfressende Pflanzen, mörderische Sümpfe und dergleichen erinnert? Es gibt *einige* Argumente, die eine solche Sicht unterstützen. Vor allem hat Beauvoir vermutlich recht, wenn sie das sexuelle Elend der Frauen im Frankreich der vierziger Jahre hervorhebt: Frauen, denen sexuelle Aufklärung, Empfängnisverhütung und das Recht auf Abtreibung systematisch vorenthalten werden und die der üblichen doppelten Moral des Patriarchats unterworfen sind, mögen in der Tat ihre Schwierigkeiten haben, Sex für eine unkomplizierte Quelle des Vergnügens zu halten.[17] In *Das andere Geschlecht* findet sich überdies kein Hinweis darauf, daß sich die von Beauvoir dargelegte beklagenswerte Situation nicht ändern könnte. Es sollte uns nicht überraschen, daß Beauvoir mit Nachdruck erklärt, *alle* von ihr beschriebenen sexuellen Probleme seien auf die patriarchale Unterdrückung zurückzuführen:

»Solange ein Geschlechterkampf besteht, schafft die Asymmetrie zwischen männlicher und weiblicher Erotik unlösbare Probleme, die jedoch leicht zu bewältigen sind, wenn die Frau sich vom Mann begehrt und zugleich geachtet fühlt. Wenn er sie nämlich in ihrer Sinnlichkeit begehrt und dabei ihre Freiheit anerkennt, findet sie sich in dem Augenblick, da sie sich zum Objekt macht, als das Wesentliche wieder. Sie bleibt frei in der von ihr bejahten Unterwerfung« (AG489f; DSb189).

In diesem Kontext der Gegenseitigkeit jedoch sind Männer auch Objekte für Frauen: Es findet sich immer noch eine Spur der männlich-zentrierten Perspektive Beauvoirs in dieser Passage. Ihr Standpunkt bleibt nichtsdestoweniger eindeutig: Unter nichtunterdrückenden Bedingungen kann Geschlechtsverkehr schließlich doch zu einem großen Erlebnis der Gegenseitigkeit werden:»In konkreter und fleischlicher Form erfüllt sich die wechselseitige Anerkennung des Ichs und des Anderen im schärfsten Bewußtsein vom Anderen und vom Ich« (AG490; DSb189; ÜV).

Während die meisten sexuellen Probleme der Frauen ihrer gesellschaftlichen Situation zugeschrieben werden können, bleiben die anatomisch bedingten Unterschiede offenkundig bestehen. Für Beauvoir scheint sich auch eine freie Frau dem Mann zu *unterwerfen*, wenngleich ohne dabei ihre Freiheit zu entfremden. Die Anatomie des weiblichen Körpers, argumentiert sie, macht das aktive *Besitzen* des anderen einfach unmöglich: Für sie hat dieser Gedanke offensichtlich nichts mit patriarchaler Ideologie zu tun. Gleichgültig ob man ihre Bevorzugung der Sartreschen Kategorie des Besitzens[18] akzeptiert oder ablehnt, kann man sich der Schlußfolgerung kaum erwehren, daß es nach Beauvoirs Logik Frauen *immer* schwerer haben werden als Männer, sich zugleich als sexuelle Wesen und als freie Subjekte zu erfahren: In der einen oder anderen Weise werden Frauen sich stets im Widerstreit mit ihrer Anatomie befinden. Auch in einer freien Gesellschaft wird es immer eine subtile Nichtübereinstimmung zwischen Frauen und ihrer Anatomie geben (»aber ihr Körper ist etwas anderes als sie«). Sexuelle Differenz, verstanden als ein Aspekt der Materialität des Körpers, erweist sich als grundlegend für die Beauvoirsche Untersuchung des Schicksals der Frau im

Patriarchat: Für sie werden Frauen und Männer niemals einfach *gleich* sein. Begriffen werden muß jedoch, daß aus der Anerkennung des biologischen Unterschieds *nichts* Besonderes folgt, da für Beauvoir wie für alle Existentialisten die *Bedeutung* dieses Unterschieds nicht gegeben ist, sondern stets neu geschaffen werden muß.

Obwohl die patriarchale Ideologie die Entfremdung der Frau zu intensivieren und zu maximieren trachtet, verinnerlichen nicht alle Frauen die unterdrückenden Strukturen im selben Maße. Schon in *Das Blut der anderen* (1945) hebt Beauvoir den Unterschied zwischen der passiven Unterwerfung unter das Begehren und dessen aktiver Wahl hervor. Der Umstand, daß ein und dieselbe Frau beide Situationen erlebt, demonstriert Beauvoirs Glauben an die Fähigkeit der Frauen, sich zu ändern, wie an ihre Kraft, existentiell zu wählen. Als Hélène sich von ihrem Verlobten Paul, für den sie mehr als widersprüchliche Gefühle empfindet, beinahe verführen läßt, bedient sich Beauvoir genau desselben negativen Vokabulars von Pflanzen, Insekten, Weichheit, Dunkelheit und Klebrigkeit wie in *L'Invitée* und *Das andere Geschlecht*. Ihre Augen schließend, fühlt Hélène, wie Pauls Liebkosungen sie in eine Pflanze oder einen Baum verwandeln:

»Sie fühlte, wie ihre Knochen und Muskeln sich auflösten; ihr Fleisch verwandelte sich in feuchtes, schwammiges Moos, das von dunklen Lebewesen wimmelte; tausend Insekten stachen sie mit ihrem süßen Honigstachel. [...] Sie konnte kaum noch atmen und drang tief in die schwarze Nacht und versank darin; mit geschlossenen Augen lag sie, gelähmt unter einem Netz von glühender Seide. Es schien ihr, als könne sie nie wieder an die Oberfläche der Welt emporsteigen, als müsse sie immer in diesem klebrigen Schatten verweilen: eine kraftlose unbekannte Qualle auf einem verzauberten Brennnesselbett« (BA73; SA105f).

Als sich Hélène jedoch entschließt, mit Jean, den sie liebt, ins Bett zu gehen, wird Jean vom Erlebnis ihrer Freiheit überwältigt:

»Du aber warst in meinen Armen nie ein preisgegebener [*abandonné*] Körper, sondern ganz und gar eine Frau. Du lächeltest mich offen an, um mir zu zeigen, daß du in aller Freiheit da warst und dich im Aufruhr deines Blutes nicht verloren hattest. Du fühltest dich nicht als Beute eines schamlosen Zwangs, und noch im leidenschaftlichsten Begehren sagte etwas in deiner Stimme und in deinem Lächeln: ›Es ist, weil ich einverstanden bin.‹ Weil du mich ständig auf deine Freiheit hingewiesen hast, schenktest du mir den Frieden mit mir selbst« (BA98; SA139; ÜV).

So weit Hélène ihre Augen auch öffnet, um ihre Freiheit zu demonstrieren, sie und ihr Geliebter teilen immer noch Beauvoirs Abscheu vor der *Preisgabe*: Vor allem darf man sich niemals gehenlassen. Der Sturz in die Faktizität ist eine stets gegenwärtige Bedrohung: Unter jedem Akt authentischer Freiheit lauert die Gefahr der Immanenz.

Beauvoirs Darstellung weiblichen Begehrens ist also komplexer, als sie zunächst erscheint. Einerseits zeigt sie auf geradezu abschreckende Weise, wie auch die privatesten und persönlichsten Aspekte im Leben unterdrückter Frauen dem zerstörerischen Einfluß der patriarchalen Ideologie unterworfen sind. In diesem Sinne enthüllt ihre Untersuchung vor allem die Art und Weise, wie die patriarchale Ideologie von ihren Opfern verinnerlicht wird. Andererseits jedoch neigt Beauvoir auch dazu, sich – vor allem wegen ihrer auffallend phallozentrischen Auffassung der Transzendenz – in eben den patriarchalen Kategorien völlig zu verstricken, die sie doch beschreiben will. Und schließlich ist nicht daran zu zweifeln, daß ihr viszeraler Ekel vor den weiblichen Sexualorganen mehr als einen unbewußten Abscheu nur vor dem Patriarchat verrät: Hier lauert sicherlich das bedrohliche

Bild der Mutter, das in der melodramatischen Phantasie von *L'Invitée* eine so zentrale Rolle spielt.

Der philosophische Diskurs wird immer von den Geistern des Unbewußten heimgesucht: Während Sartres Logik ihre Stringenz verliert, sobald er über Frauen nachdenkt, sieht es ganz so aus, als ob Beauvoirs Argumente in die Irre zu gehen drohen, sobald sie sich, wie indirekt auch immer, dem Thema der weiblichen Sexualität nähert.[19] Nach eingehenderer Prüfung jedoch glaube ich eher, daß diese Formulierung die dialektische Dynamik der Irrtümer in Beauvoirs Argumentation nicht erfaßt. Denn Beauvoirs Logik versagt sehr viel drastischer in bezug auf den Phallus als im Zusammenhang mit dem weiblichen Körper: Nichts könnte absurder sein als Beauvoirs ausdrückliche Behauptung, daß Männer (und Frauen nach der Menopause) wirklich *mit sich selbst übereinstimmen*, da doch nach Sartres und Beauvoirs Logik *kein Subjekt* jemals mit sich selbst übereinstimmt: Zur Freiheit verurteilt, sind wir alle in dem völlig vergeblichen (*inutile*) Streben befangen, zu sein.

Beauvoirs Körperproblem ist also nicht ausschließlich auf Frauen bezogen. Eher scheint es so, als ob die in *Das andere Geschlecht* wirksame Logik dieselbe ist wie in *L'Invitée*. Die Autorin des *Anderen Geschlechts*, die zwischen der Mutter und dem Vater schwankt und darum ringt, sich vom stets gegenwärtigen Körper der Mutter zu lösen, indem sie die Mutter ablehnt und den Phallus idealisiert, bewegt sich auf derselben instabilen und doppeldeutigen »hysterischen Stufe« wie die Heldin in *L'Invitée*. Aber damit nicht genug: Wie ich im folgenden zeigen werde, hat Beauvoir noch eine weitere Überraschung für uns parat.

Das Menschsein verkörpern

In *Das andere Geschlecht* wird das Frausein im Patriarchat theoretisch als eine Reihe von Konflikten auf drei verschiedenen Ebenen aufgefaßt. Auf der ontologischen Ebene sind Männer und Frauen gleicherweise gespalten: Wir alle sind in der Spannung zwischen dem Wunsch, zu sein, und dem Nichts der Existenz gefangen; niemand stimmt jemals mit sich selbst überein. Auf dieser Ebene sind wir alle versucht, in Immanenz und Unaufrichtigkeit zu verfallen; in der heterosexuellen menschlichen Verbindung sind beide Partner im Prinzip gleicherweise darauf aus, die eigene Unaufrichtigkeit auf den anderen zu projizieren. »Statt die Ambiguität der eigenen Situation [*de leur condition*] zu leben«, schreibt Beauvoir am Ende des *Anderen Geschlechts*, »versucht jeder, alles Niedrige auf den anderen abzuwälzen und sich selbst das Ehrenwerte vorzubehalten« (AG895; DSb658).

Menschen leben jedoch auch in der Gesellschaft. Auf der gesellschaftlichen Ebene besteht die patriarchale Unterdrückung aus einer Reihe von ungerechten Einschränkungen der Freiheit der Frauen. Gegen diese Unterdrückung plädiert Beauvoir für gleiche Teilhabe am wirtschaftlichen und politischen Leben, für Chancengleichheit und Entscheidungsfreiheit. Zudem kann diese Gleichheit nicht ohne freien Zugang zu Empfängnisverhütung, ohne unbeschränktes Recht auf Abtreibung und ohne gesicherten Anspruch auf Kinderbetreuung verwirklicht werden.[20] Gesellschaftliche Unterdrückung besteht jedoch auch aus der Erzeugung von Mythen und Ideologie. Nach Beauvoir wird den Frauen durch das gesellschaftliche Frauenbild Faktizität aufgezwungen: Frauen werden in eine Position gedrängt, in der sie zwischen Freiheit und Entfremdung, Transzendenz und Immanenz hin und her gerissen werden. Das führt zur Erzeugung einer spezifischen psychosexuellen Subjektivität, die vor allem durch Entfremdung charakterisiert ist, das heißt durch eine unausgeglichene Spaltung zwischen der Freiheit der Frau und ihrer Identifizierung mit dem entfremdenden Bild von Weiblichkeit als das objektifizierte Andere. Diese besondere Spaltung betrifft Männer nicht. Zwar produziert das Patriarchat auch einengende Leitbilder der Männlichkeit, doch stellen solche Leitbilder Männer nicht als Andere in bezug auf irgendeine gesellschaftliche Gruppe dar: So lästig solche Bilder auch sein mögen, können sie doch nicht eine so radikale Objektifikation des Subjekts erzeugen, die Beauvoir als Entfremdung bezeichnet. Daraus folgt natürlich nicht, daß Männer niemals entfremdet wären; doch wenn sie es sind, ist es nicht das *Patriarchat*, das ihnen die Entfremdung aufzwingt.

Auf gesellschaftlicher und auf psychosexueller Ebene besteht die Unterdrückung der Frauen also in der Wiederholung und Verstärkung der allgemeinen ontologischen Spaltung zwischen Transzendenz und Faktizität. Die dritte und letzte Ebene, auf der sich die Unterdrückung der Frauen abspielt, ist die des Körpers. Beauvoir, die sich auf die existentialistische Theorie von der Totalität der Bedeutung stützt, geht von der Voraussetzung aus, daß der anatomische Geschlechtsunterschied – vor allem das Fehlen des Penis, aber auch die reproduktive Biologie des weiblichen Körpers – als ein bedeutungsvoller Teil der Totalität weiblicher Existenz betrachtet werden kann. Die Körpererfahrung der Frauen beeinflußt also zwangsläufig ihre Subjektivität und ihre Wahrnehmung der Welt.

Für Beauvoir konvergieren ontologische, gesellschaftliche und biologische Faktoren in menschlicher sexueller Aktivität; im Patriarchat wird deshalb Sexualität zur Arena, in der sich die allgemeinen Konflikte im Leben von Frauen am schärfsten bemerkbar machen. »Die erotische Erfahrung«, schreibt Beauvoir, »gehört zu denen, die dem Menschen die Ambiguität seines Menschseins am eindringlichsten enthüllen. Er empfindet sich dabei als Körper und als Geist, als der Andere und als Subjekt« (AG491; DSb190). Für Beauvoir offenbart also die sexuelle Erfahrung das ontologische Drama unserer Existenz. Aufgrund der Objektifikation, die das Patriarchat den Frauen aufzwingt, spitzen sich die Konflikte ihrer Existenz besonders zu:

»Für die Frau nimmt dieser Konflikt einen höchst dramatischen Charakter an, weil sie sich zunächst als Objekt erfaßt, weil sie in der Lust nicht sofort eine sichere Autonomie findet. Sie muß ihre Würde als transzendentes und freies Subjekt zurückgewinnen, indem sie ihre Fleischlichkeit annimmt: ein unbequemes und risikoreiches Unterfangen, das oft fehlschlägt« (AG491; DSb190; ÜV).

Eben wegen der Schwierigkeit ihrer Situation, behauptet Beauvoir, bleiben Frauen vor den Täuschungen bewahrt, denen sich Männer hingeben: Sie lassen sich »bereitwillig von den trügerischen Vorrechten ködern, die [ihre] aggressive Rolle und die befriedigte Einsamkeit des Orgasmus mit sich bringen« (AG491; DSb191). Aber wenn das Menschsein durch Ambiguität und Konflikt charakterisiert ist und wenn Frauen aufgrund ihrer Anatomie, ihrer Biologie und ihrer gesellschaftlichen Situation der Ambiguität und dem Konflikt noch mehr unterworfen sind als Männer, dann folgt daraus, daß *im Patriarchat Frauen das Menschsein umfassender verkörpern als Männer*. Genau das behauptet Beauvoir in der Tat: »Die Selbsterfahrung der Frau«, schreibt sie, »ist authentischer als die des Mannes« (AG491; DSb191).

Frauen, der Falschheit und Feigheit ausgesetzt, die Männer im sexuellen Umgang mit ihnen an den Tag legen, erfassen oft spontan »die Ambiguität, die jedem Prinzip, jedem Wert, allem, was existiert, innewohnt«, schreibt Beauvoir (AG764; DSb503). Sich der grundlegenden Ambiguität des Seins zu stellen heißt authentisch leben: Nach Beauvoirs Analyse bietet das Leben der Frauen breiteren Raum für existentielle Authentizität – und größere Risiken existentiellen Scheiterns. Existentiell gesehen, riskieren Frauen mehr, fallen tiefer und steigen höher als Männer; obwohl man die Frau, die in ihrem Ringen um Authentizität versagt, nicht entschuldigen sollte, gebührt ihr auf jeden Fall Verständnis.

In Beauvoirs Darstellung wird Sexualität für Frauen zu einer bedeutenden Quelle der Erkenntnis. Die Frau, die sich der Herausforderung stellt, die ihre Schwierigkeiten überwindet und sich als authentischer Mensch in ihrer – und durch ihre – Sexualität erkennt, muß der Wahrheit des Menschseins gründlicher und umfassender ins Auge gesehen haben als der authentische Mann. Opfert die Frau ihre Sexualität, dann opfert sie den besseren Teil ihres Menschseins: Wenn *Das andere Geschlecht* zum Zeitpunkt seiner Veröffentlichung einen solchen Sturm der Entrüstung hervorrief, dann vor allem, weil Beauvoirs Forderung an die Frauen, ihre Freiheit und ihre Sexualität zu einem Ganzen zusammenzufassen, als skandalös empfunden wurde.[21]

In *Der Lauf der Dinge* scheint Beauvoir über ihre eigenen Schlußfolgerungen immer noch ein wenig erstaunt zu sein:

»Mit dreißig Jahren wäre ich überrascht und sogar irritiert gewesen, wenn man mir vorausgesagt hätte, daß ich mich mit Frauenproblemen beschäftigen würde und mein ernsthaftestes Publikum Frauen sein würden. Ich bedauere es nicht. Für sie, die so uneinig, so beschimpft, so benachteiligt sind, gibt es mehr Risiken, Siege und Niederlagen als für die Männer« (LD190; FCa268).

Ihre Überraschung ist verständlich. Als erfolgreiches Produkt der französischen Philosophieausbildung rechnete Beauvoir im frühen Stadium ihrer Laufbahn zweifellos damit, sich durch die Behandlung klassischer Probleme der Philosophie einen Namen zu machen. Die Philosophen der westlichen Welt, die Männer als repräsentativ auffassen, haben Frauen stets als Sonderfall betrachtet: Beauvoir bildete keine Ausnahme, bevor sie *Das andere Geschlecht* schrieb. Dennoch beruht die Stärke ihrer Analyse des Frauseins in *Das andere Geschlecht* gerade auf der Art und Weise, wie es ihr gelingt, gegen diese Übermacht und mit beträchtlichen Schwierigkeiten die übliche philosophische Verbindung von Männlichkeit und Allgemeingültigkeit im eigenen Diskurs zu unterbrechen: Letztlich, argumentiert Beauvoir, wird das universale Menschsein von Frauen umfassender verkörpert. Zudem verkehrt ihre Analyse nicht einfach patriarchale Paradigmen: Beauvoir behauptet ja nicht, daß Frauen das Allgemeingültige und Männer der Sonderfall seien. Die Stärke ihrer Argumentation liegt gerade in der Grundvoraussetzung der Gleichheit: Durchaus ungewöhnlich in der westlichen Philosophietradition, vertritt Beauvoir die Ansicht, daß Frauen genauso menschlich sind wie Männer.

In diesem Punkt jedoch werden die enormen Widersprüche in Beauvoirs Darstellung von Männern offenkundig. Denn wie wir gesehen haben, verherrlicht und idealisiert die Autorin des *Anderen Geschlechts* den Phallus auch, glaubt fest daran, daß Männer »mit sich selbst übereinstimmen« und das Glück haben, in ihrer Freiheit nicht von gesellschaftlichen und historischen Bedingungen eingeschränkt zu werden. Außerdem haben Männer keine Mühe, sich in ihrer Transzendenz frei und authentisch zu verhalten – wenn schon nicht im Umgang mit Frauen, dann wenigstens im Umgang mit ihresgleichen. Auch der spezifische Konflikt zwischen dem Körper der Frau und »ihr selbst« ist Männern unbekannt: »Wie der Mann *ist* die Frau ihr Körper, aber ihr Körper ist etwas anderes als sie.« Beauvoir scheint ernstlich zu glauben, daß der männliche Körper irgendwie weniger *biologisch* ist als der weibliche. Die Gegenüberstellung von idealisierter Männlichkeit und Beauvoirs viszeralem Abscheu vor den weiblichen Sexualorganen kann für Frauen nur verächtlich sein. Doch gerade aufgrund ihrer Analyse der weiblichen Sexualität kommt Beauvoir zu dem Schluß, daß Frauen trotz allem das Menschsein umfassender verkörpern als Männer. In ihren mühelosen Orgasmen unbekümmert den Höhepunkt genießend, bleiben Männer die epistemologisch Getäuschten: Diese besondere Beobachtung enthält mehr als eine Spur von Verachtung.

Nirgendwo in *Das andere Geschlecht* sind die Spannungen zwischen dem Persönlichen und dem Philosophischen stärker als in Beauvoirs Darstellung der Männlichkeit. Wie wir gesehen haben, finden sich die Widersprüche des *Anderen Geschlechts* auch in *L'Invitée*. Wenn Beauvoir behauptet, daß Frauen im Patriarchat von Konflikt und innerem Kampf zerrissen werden, verrät das Buch in seiner ganzen Struktur, daß dies für sie selbst nicht weniger zutrifft als für andere Frauen. *Das andere Geschlecht* präsentiert geradezu die von Beauvoir beschriebenen Widersprüche; ihr Text, der ihre Analyse bestätigt, leugnet sie auch. Der größte Widerspruch liegt jedoch darin, daß sich dieser bedeutendste antipatriarchale Text des 20. Jahrhunderts liest, als sei er von einer ergebenen Tochter geschrieben, die nur allzusehr darauf bedacht ist, dem Vater zu gefallen.

Wir sollten nicht versuchen, diesen Widerspruch aufzuheben, indem wir *Das andere Geschlecht* entweder zu einer antifeministischen Attacke gegen Frauen herabwürdigen oder aber in ein makelloses Denkmal politischer Korrektheit verwandeln. Insofern sich dieses Kapitel ausschließlich auf Beauvoirs Darstellung von Subjektivität und Sexualität konzentriert, scheint es die Bedeutung dieser Themen ohnehin überzubetonen. In meiner Betrachtungsweise liegt auch ein gewisser Anachronismus: Beauvoir heute ausgerechnet wegen einer Darstellung weiblicher Sexualität zu lesen, wäre, so könnte man sagen, das gleiche, wie wenn man bei Hélène Cixous eine Analyse der Frauen in der französischen Arbeiterschicht suchen wollte. Oder mit anderen Worten: Wenn man bei Beauvoir eine Theorie weiblicher Subjektivität sucht, muß man sie im Zusammenhang mit den in den siebziger Jahren aufgestellten Prämissen feministischer Theoretikerinnen lesen, die aus triftigen historischen Gründen der Ansicht waren, daß es an der Zeit sei, die Verschiedenheit der Frau vom Mann zu preisen.[22] Wenn man jedoch nach den zugänglichen Zeugnissen urteilt, haben die Hunderttausende von Frauen, die in den fünfziger und sechziger Jahren in *Das andere Geschlecht* Anregung, Trost und Kampfeswillen fanden, Beauvoirs Darstellung der Sexualität wenig Beachtung geschenkt: Was sie entdeckten, war eine scharfe Kritik der bürgerlichen Ehe, eine

heftige Attacke gegen repressive Gesetze in bezug auf Empfängnisverhütung und Abtreibung sowie die beste Untersuchung
von Haushaltsarbeit, die je geschrieben wurde. Und sie fanden
auch eine atemberaubende Vision der Freiheit, die sie ihr oft
schweres Leben ertragen ließ. Dieser Vision will ich mich nun
zuwenden.

6 Beauvoirs Utopie:
Die Politik des Anderen Geschlechts

> Die freie Frau wird eben erst geboren.
>
> *Das andere Geschlecht*

> Was der Frau heute im wesentlichen fehlt, um
> große Dinge zu tun, ist Selbstvergessenheit. Um
> sich aber selbst zu vergessen, muß man erst einmal
> genau sicher sein, daß man sich selbst gefunden
> hat. Als Neuling in der Welt der Männer und nur
> notdürftig von diesen unterstützt, ist die Frau
> noch zu sehr damit beschäftigt, sich zu suchen.
>
> *Das andere Geschlecht*

Es hat mein Leben verändert:
Feministische Reaktionen auf Das andere Geschlecht

Seit seiner Veröffentlichung hat *Das andere Geschlecht* bei Frauen
ein erstaunlich widersprüchliches Spektrum von Reaktionen
hervorgerufen. Die befreienden Wirkungen der bahnbrechenden Untersuchung Beauvoirs sind dennoch gut dokumentiert.
»Es hat mein Leben verändert«, lautet der Refrain, den man von
Frauen jeden Alters und unterschiedlichster Nationalität hört.[1]
Kate Millett vermittelt einen Eindruck von der Gefährlichkeit
und der Aufregung, die das Buch im ersten Jahrzehnt nach seinem Erscheinen umgab:

»Es war ein sehr beunruhigendes Buch. Frühe Ausgaben hatten
ja oft nackte Frauen auf dem Umschlag, und es hatte fast eine Art

verderblichen Anstrich. Allem Anschein nach war es so verderb-
lich, daß man es auch mit Sexbüchern verwechselte. Man war
eine regelrechte Rebellin, wenn man das Buch las […]. Die Leute stritten sich ständig um das Buch. […] Es lockte eine Menge
anderer Leute an und war ein sehr bedenkliches Buch. Es konnte einen dazu bringen, daß man nicht nur kein braves College-
Mädchen mehr sein, sondern obendrein auch noch die Fenster
einschlagen wollte« (Forster/Sutton, S. 20 ff).

Der Zorn und die Empörung, mit denen das französische Esta-
blishment auf die Veröffentlichung des *Anderen Geschlechts* rea-
gierte, bestätigt Milletts Bericht voll und ganz. Sobald 1948/49
die ersten Auszüge in *Les temps modernes* erschienen, wurde
Beauvoir zur Zielscheibe einer beispiellosen Reihe gemeiner
und sexistischer Attacken: »Welche Freuden der Obszönität!« erinnert sie sich temperamentvoll in *Der Lauf der Dinge.* »Man sagte, ich sei unbefriedigt, frigid, priapisch, nymphoman, lesbisch,
habe hundert Abtreibungen hinter mir und sogar heimlich ein
Kind. Man machte sich erbötig, meine Frigidität zu heilen oder
meine vampirischen Gelüste zu befriedigen« (LD184; FCa260;
ÜV). Während Camus ihr vorwarf, sie mache den französischen
Mann lächerlich, zeigte sich die katholische Bourgeoisie von
ihrer Sprache schockiert: François Mauriac konnte sich den
Kommentar nicht verkneifen, Beauvoirs Vagina habe für ihn
nun keine Geheimnisse mehr.

Auch jüngere Frauen, die Beauvoirs Untersuchung erst lange
nach dem Auftreten der neuen Frauenbewegung kennenlernten,
haben Zeugnis davon abgelegt, wie das Buch auf sie gewirkt hat.
Angie Pegg, eine vereinsamte und deprimierte englische Hausfrau, las in den späten siebziger Jahren *Das andere Geschlecht*, und
es änderte buchstäblich ihr Leben:

»Ich sah Simone de Beauvoirs Buch eines Tages in der Buch-
handlung, und ich kaufte es, bloß weil es *Das andere Geschlecht*

hieß, und das interessierte mich. Ich las den Abschnitt über Haushaltsarbeit. Als ich das Buch 1979 kaufte, habe ich am selben Tag um acht Uhr mit dem Lesen angefangen und bin, glaube ich, erst um vier Uhr ins Bett gegangen – es brachte mich völlig durcheinander. Es war, als ob jemand ins Zimmer gekommen wäre und zum erstenmal mit mir gesprochen und gesagt hätte: ›Es ist ganz normal, was du empfindest. Es ist ganz normal.‹ [...] Ein paar Monate nachdem ich Beauvoir gelesen hatte, wurde mir klar, daß ich etwas für mich tun mußte. [...] Ich schrieb mich, gegen den beträchtlichen Widerstand meines Mannes, an der Universität ein« (Forster/Sutton, S. 55–57).

Der Schritt, den Angie Pegg an jenem Tag tat, führte für sie nicht nur zu einem akademischen Grad in Philosophie, sondern auch zur Scheidung, zu einer zweiten Ehe und einem weiteren Kind. Ihre Erfahrung bezeugt, daß Frauen weiterhin von Beauvoirs Text beeinflußt wurden, auch nachdem die Frauenbewegung ihnen eine Fülle von anderen feministischen Büchern zugänglich gemacht hatte. In den fünfziger und frühen sechziger Jahren jedoch war *Das andere Geschlecht* das *einzige* Buch, das Frauen eine nonkonformistische Analyse ihrer Situation bot. Paradoxerweise trug der Kontext der gesellschaftlichen Unterdrückung, in dem *Das andere Geschlecht* zum erstenmal erschien, dazu bei, daß es für Tausende von Frauen zu einem Symbol der Hoffnung wurde. Im Joch der familienorientierten Ideologie der fünfziger Jahre empfanden viele Frauen Beauvoirs Betonung der unterdrückenden Wirkungen von Ehe und Mutterschaft als befreiend. Während das Patriarchat darauf beharrte, daß die Frauen *selbst* schuld seien, wenn sie sich nicht wunderbar erfüllt fühlten, lautete Beauvoirs Botschaft, daß es nur natürlich sei, unter der Heuchelei der patriarchalen Ideologie und den gesellschaftlichen Einschränkungen der weiblichen Freiheit zu leiden.[2]

Für viele war es sicherlich sehr schmerzlich, sich diesem Gedanken zu stellen: »Als ich in den fünfziger Jahren *Das andere Ge-*

schlecht zum erstenmal las«, schreibt Betty Friedan, »trug ich, noch im Weiblichkeitswahn befangen, ›Hausfrau‹ in die Formulare für die Volkszählung ein. Und das Buch wirkte auf mich so deprimierend, daß mir danach war, wieder ins Bett zu gehen – nachdem ich den Kindern das Frühstück gemacht hatte – und mir die Decke über den Kopf zu ziehen« (*It Changed My Life*[3], S. 304 f.). Um dieselbe Zeit fühlte sich eine so erfolgreiche amerikanische Intellektuelle wie Elizabeth Hardwick offenbar von *Das andere Geschlecht* weder angeregt noch beunruhigt. Hardwick, die Beauvoir vorwirft, sie erkenne nicht, daß der patriarchale Status quo unvermeidlich sei, verrät einen Konservatismus, der kaum in ihrem Interesse gewesen sein kann:

»Haushaltsarbeit, das Großziehen, Säubern, Pflegen, Ernähren, Hüten […] von Kindern muß von jemandem oder, schlimmer, von Millionen Jemanden tagaus, tagein getan werden. Im Haushalt zumindest scheint der ›Brauch‹ weniger ein launischer Einfall als eine Folge der Entdeckung zu sein, daß Frauen für diese notwendige Routinearbeit ziemlich gut geeignet sind. Und sie müssen dabeibleiben, ob es ihnen gefällt oder nicht« (S. 53).

Beauvoirs Analyse der Haushaltsarbeit, die auf Angie Pegg befreiend wirkte, ruft bei Elizabeth Hardwick lediglich Verärgerung hervor: Vielleicht hat der Unterschied etwas mit der Menge der häuslichen Plackerei zu tun, die jede Frau tatsächlich zu bewältigen hat.

Eine Generation nach der Veröffentlichung des *Anderen Geschlechts* hat sich die Situation der Frauen in der westlichen Welt beträchtlich gewandelt. Vielen sind die schmerzlichen Erfahrungen einer Betty Friedan oder Angie Pegg erspart geblieben. Eine neue Frauengeneration hält erst vor kurzem errungene Möglichkeiten für selbstverständlich und findet den »etablierten« feministischen Diskurs ermüdend und belanglos. In dieser Situation sucht Jenny Turner, eine junge schottische Studentin, bei Beauvoir nach etwas Neuem und Frischem. Im Unterschied zu Beauvoir, klagt Turner, hätten heutige Feministinnen keinen Mut und kein wirkliches Interesse an Geschichte und an ihrer Umwelt. *Das andere Geschlecht* dagegen konnte nur mit »großem Mut geschrieben [werden]. Diese Art Mut, alles neu zu sehen, müssen die Frauen wiederfinden. Wir können nicht alles als selbstverständlich betrachten, alles hängt in der Luft und kann uns jederzeit wieder genommen werden« (Forster/Sutton, S. 42).

Paradoxerweise scheinen seit den sechziger Jahren ausgerechnet feministische Intellektuelle – Frauen, die über feministische Themen dozieren und publizieren – Beauvoir am strengsten zu kritisieren. Indem sie überhaupt Intellektuelle wurden, haben sich diese Frauen zu wahren Töchtern Beauvoirs gemacht: Kein Wunder, daß viele das Bedürfnis hatten, sich von einer so starken Mutter-Imago zu lösen. Solche Feministinnen, die ihre Vorläuferin bezichtigen, sie verabscheue den weiblichen Körper, verherrliche die Männlichkeit und lasse jedes Mitgefühl, jedes Verständnis für traditionelle weibliche Ziele einschließlich Ehe und Mutterschaft vermissen, nehmen es ihr übel, daß sie die Frauen nicht *positiver* darstellt. Die britische Soziologin Mary Evans beispielsweise behauptet, »daß Beauvoir in ihrer Einschätzung dessen, was Eigenschaften ausmacht, männliche Standards und Voraussetzungen widerspiegelt« (S. 151). Nach Evans ist Beauvoirs Freiheitsbegriff nicht einfach »männlich«, sondern repräsentativ für die sexistische Moral des westlichen Kapitalismus insgesamt. Außerdem, argumentiert Evans, sei Beauvoir aufgrund ihrer dogmatischen Abhängigkeit von Sartres individualistischem Voluntarismus unfähig, die gesellschaftlichen Einschränkungen der Freiheit zu erkennen. Schließlich ist sogar Beauvoirs Ruf nach weiblicher Unabhängigkeit und Autonomie verdächtig, weil diese »Werte aus der kapitalistischen Moral der individuellen Verantwortung abgeleitet« seien (S. 191). Das, so fügt Evans hinzu, erkläre, warum »Beauvoir für viele Feministinnen in den Vereinigten Staaten zur ›freien‹ Frau wurde: Sie liefert eine Erklärung und die Bestätigung als ökonomisch selbständige heterosexuelle Frau mit liberalen Sympathien, die sich mit den Werten des nordamerikanischen Liberalismus in vollkommener Übereinstimmung befindet« (S. 191).

Wenn man jedoch den amerikanischen Feminismus genauer betrachtet, findet sich kaum ein Beweis für eine ausgesprochen kapitalistische Bewunderung Simone de Beauvoirs. Wie Evans wirft die Mehrzahl der amerikanischen Feministinnen Beauvoir vor, sie sei in der einen oder anderen Weise männlich identifiziert und wisse weibliche Eigenschaften nicht zu schätzen. »Simone de Beauvoir«, tadelt Janet Leighton, »stellt das Frausein an sich als absolut zweitklassig dar« (S. 34). *Das andere Geschlecht*, verkündet dieselbe Kritikerin mit Nachdruck, sei nicht nur eine »lange, traurige Klage über die Leiden der Frauen, sondern auch eine Schmähung des weiblichen Geschlechts« (S. 118). »Beauvoirs stets gegenwärtige pragmatische, rationale und antisexuelle Weltanschauung«, schreibt eine andere Kritikerin, »läßt sie die positiven Seiten vieler Eigenschaften, die Frauen zugeschrieben werden, ignorieren oder unterbewerten« (Greene, S. 206).

Das größte Paradox von allen ist vielleicht der Umstand, daß Feministinnen, die von der in den siebziger Jahren entwickelten sogenannten französischen feministischen Theorie angeregt wurden, dazu neigen, Beauvoir entweder zu ignorieren oder sie als theoretisches Fossil abzutun. Hélène Cixous beispielsweise erwähnt in *Le rire de la Méduse*, ihrem epochalen Essay über die *écriture féminine*, die Autorin des *Anderen Geschlechts* nicht ein einziges Mal. Daß Beauvoirs Name in Cixous' Text fehlt, ist um so bestürzender, als ihr Essay zuerst im Sonderband 1975 von *L'Arc* erschien, der ausdrücklich Simone de Beauvoir gewidmet war.[4] Als Beauvoir 1986 starb, nutzte die mit Hélène Cixous verbündete Antoinette Fouque – Leiterin von *Psych et Po* und Gründerin des Verlags *»des femmes«* – die Gelegenheit, der Autorin des *Anderen Geschlechts* ihre unversöhnliche Feindschaft zu erklären. Sich selbst die Tugenden des Pluralismus und der Offenheit zuschreibend, sang Fouque das Lob der »fruchtbaren Unterschiede, die, wie jeder weiß, der Differenz zwischen den Geschlechtern entspringen, von ihr belebt werden und ihr entstammen«, um dann Beauvoir als Vertreterin eines »intoleranten, gleichmacherischen, sterilisierenden Universalismus, der jedes Anderssein haßt und herabsetzt«, zu bezeichnen (*Libération*, S. 5).

Luce Irigaray weist in *Speculum: Spiegel des anderen Geschlechts* (1974), ihrer bahnbrechenden Studie über Philosophie und Feminismus, nicht ein einziges Mal auf die Gründergestalt der feministischen Philosophie in Frankreich hin. Als sie schließlich 1990 erklärt, daß auch sie einst Leserin des *Anderen Geschlechts* gewesen sei, dann nur, um Beauvoir als enttäuschend frustrierende Gestalt darzustellen, eine »ältere Schwester«, die sich ganz unverständlicherweise von Irigaray ferngehalten habe: »Wie kann man diese Distanz zwischen zwei Frauen verstehen, die doch hätten zusammenarbeiten können, ja sollen?« beklagt sich Irigaray (*Je, tu, nous*, S. 10 f.). Vielleicht ist es diese Frustration, die sie dazu treibt, jede Frau vehement zu attackieren, die – wie Simone de Beauvoir – glaubt, die gesellschaftliche Gleichheit der Geschlechter sei für den Feminismus ein erstrebenswertes Ziel. Nach Irigaray wollen solche Feministinnen geschlechtliche Unterschiede völlig ausmerzen. Daraus folgt offenbar, daß sie gegen Zeugung sind und damit einem neuen Holocaust das Wort reden: »Die geschlechtliche Differenz abschaffen zu wollen«, schreibt Irigaray, »heißt einen Genozid zu befürworten, der vollständiger wäre als jede andere Vernichtung in der Geschichte« (S. 13). Mit anderen Worten: Beauvoir ist nicht nur ein Eichmann – sie ist noch schlimmer als er.

Im Werk Julia Kristevas ist vor der Veröffentlichung ihres Romans *Les Samouraïs* 1990 der Name Simone de Beauvoir kaum anzutreffen.[5] Kristevas Romantitel, eine bewußte Anspielung auf Beauvoirs *Die Mandarins von Paris*, signalisiert nichtsdestoweniger ein verspätetes Moment der Anerkennung jener Frau, die Mary McCarthy einmal die führende französische *femme savante* genannt hat (McCarthy, S. 44). In einem *Le monde*-Interview bekennt sich Kristeva zu einer gewissen Identifizierung mit Beauvoir, »selbst wenn es ein ziemlich sinnloser Ehrgeiz ist, eine Haltung zu riskieren, die der ihren vergleichbar wäre« (S. 19). In einem anderen Zusammenhang vergleicht Kristeva, die rituelle Feindseligkeit hervorhebend, mit der man in Frankreich den Werken intellektueller Frauen begegnet, die Rezeption von *Les Samouraïs* mit der von *Die Mandarins von Paris*. Beauvoir – und folglich auch Kristeva selbst – werde immer als »doppelt frustrierte Frau [dargestellt], wegen ihrer Geschlechtszugehörigkeit ebenso wie wegen ihrer Zugehörigkeit zur Klasse der Mandarins« (*Lettre ouvert à Harlem Désir*, S. 84). Offenkundig fühlt sich Kristeva also nur dann frei, ihre Bewunderung für ihre bedeutende intellektuelle Vorläuferin zum Ausdruck zu bringen, wenn sie die Theorie verläßt und sich der erzählenden Literatur zuwendet.

Solche Reaktionen sind jedoch keineswegs typisch für alle französischen Feministinnen. In einer überzeugenden symbolischen Geste bat 1977 die Gruppe um die feministische Zeitschrift *Questions féministes* Simone de Beauvoir, als ihre Herausgeberin zu fungieren. Die Gruppe, die den von ihnen so genannten Kult der Differenz – beispielsweise im *Psych et Po*-Kollektiv – ablehnte und der zu unterschiedlichen Zeiten Christine Delphy, Monique Plaza, Colette Guillaumin und Monique Wittig angehörten, plädierte für einen materialistischen Feminismus ganz im Sinne Simone de Beauvoirs.[6] In der französischen feministischen Philosophie wird der anti-beauvoirschen Haltung Luce Irigarays von Michèle Le Doeuffs präziser Analyse der Position Beauvoirs als Philosophin – vor allem in *L'étude et le rouet* – nachdrücklich widersprochen.

Auch nach einem so knappen Überblick sollte klar sein, daß trotz beträchtlicher Uneinigkeit in anderen Fragen die große Mehrheit intellektueller Feministinnen – französischer wie amerikanischer – vor allem der Meinung ist, daß Beauvoir dem Anderssein der Frau keinen Wert beimißt. Wie wir in Kapitel 5 gesehen haben, sind solche Vorwürfe nicht unbegründet. Wenn ich jedoch manche feministische Kritiken an Beauvoir als grundsätzlich entstellend empfinde, dann nicht so sehr weil sie Beauvoirs Auffassung der Differenz mißdeuten (wie manche es tun), sondern weil sie absolut nicht begreifen, daß sich Beauvoirs politischer Entwurf radikal von ihrem unterscheidet. Da solche Kritikerinnen es für selbstverständlich halten, daß effektive feministische Politik eine Theorie weiblicher Identität voraussetzt, sind sie nicht imstande, alternative Positionen in Betracht zu ziehen. Deshalb ist *Das andere Geschlecht* – an einem so fremden Maßstab gemessen – dazu verurteilt, als mangelhaft befunden zu werden; die Prämissen solcher Debatten sind faktisch eine Garantie dafür, daß Beauvoirs Entwurf verkannt wird.

Um bestimmte grundsätzliche Mißverständnisse auszuschließen, möchte ich die Leserinnen dieses Kapitels an das wesentliche Axiom des *Anderen Geschlechts* erinnern, nach dem das Bewußtsein *frei* ist; es besagt nicht, daß das Bewußtsein geschlechtlich unterschieden oder definiert ist beziehungsweise werden sollte. Für Beauvoir ist das Gegenteil von Freiheit Unterdrückung: In ihrer Problemstellung geht es um *Macht*, nicht um Identität und/oder Differenz. Wenn sie auf der Notwendigkeit gleicher gesellschaftlicher, politischer und ökonomischer Rechte beharrt, dann deshalb, weil das Fehlen dieser Rechte männlicher Tyrannei eine *carte blanche* zur Verfügung stellt. Für Beauvoir besteht der Skandal der Menschheitsgeschichte darin, daß eine Gruppe freier Subjekte gezwungen worden ist, sich selbst als Objekte, als *andere* in bezug auf eine andere Gruppe freier Subjekte, zu definieren. Eine solche Herrschaft über die Freiheit des anderen ist immer unerträglich und darf niemals entschuldigt werden. Für Beauvoir wie für Sartre »geht die Existenz der Essenz voraus«; daraus folgt, daß Fragen der Identität den Fragen des Handelns und der Wahl untergeordnet sind. Nach Beauvoir erschaffen Frauen ihre jeweils besondere Identität durch ihr Handeln in der Welt. Die Identität, die sich aus der immer neuen existentiellen Wahl einer Frau entwickelt, ist überdies stets offen für Veränderung: Nur der Tod setzt der potentiellen Wiederherstellung des Seins ein Ende.[7]

Aber wenn Beauvoirs Kritikerinnen daran scheitern, die Art ihres Anliegens wirklich zu begreifen, neigen sie auch dazu, die Komplexität ihrer Theorie der Befreiung zu übersehen. Mary Evans beispielsweise behauptet, bemerkenswert sei in *Das andere Geschlecht* »das Fehlen jeglichen Hinweises auf die Ambiguität der Belohnungen und Werte in den Beziehungen zwischen Männern und Frauen« (S. 119). Wie wir jedoch in Kapitel 5 gesehen haben, ist *Das andere Geschlecht* vor allem anderen eine Theorie der Ambiguität. Vollkommen unzweideutig bleibt in Beauvoirs Untersuchung allerdings, daß sie die männliche Sexualität als entschieden phallisch und die Männer als absolut frei darstellt. Doch obwohl Beauvoir die Männer unbestreitbar idealisiert, folgt daraus nicht, daß diese Idealisierung für ihre Theorie der Frauenbefreiung wesentlich wäre. Überflüssig zu sagen, daß es unmöglich ist, Beauvoirs Feminismus auch nur annähernd zu verstehen, ohne ihre Vision der Freiheit zu berücksichtigen.

In diesem Kapitel will ich also die Politik des *Anderen Geschlechts* behandeln. Angesichts der Fülle von Mißverständnissen, die dieser Text hervorgerufen hat, wird meine Untersuchung wohl auf wenig mehr als einen ziemlich prosaischen Versuch hinauslaufen, Irrtümer zu korrigieren. Meine Darstellung der Politik Beauvoirs ist zudem nur im Zusammenhang mit meiner Erörterung der rhetorischen, philosophischen und emotionalen Implikationen des Beauvoirschen Diskurses in Kapitel 5 zu verstehen. In einem intellektuellen Feld, das von der Politik der weiblichen Identität dominiert wird, stellt *Das andere Geschlecht* eine echte Herausforderung etablierter Dogmen dar: Wenn der Feminismus aus den gegenwärtigen politischen und theoretischen Sackgassen herausfinden will, kann er es sich in den neunziger Jahren nicht leisten, Beauvoirs bahnbrechende Erkenntnisse zu ignorieren.

Utopie und Geschichte: Das andere Geschlecht *in seiner Zeit*

Das Schreiben des *Anderen Geschlechts*, behauptete Beauvoir oft, habe sie zur Feministin gemacht.[8] Im Film über ihr Leben hebt Sartre eben dieses Thema hervor: »Als Sie das Buch schrieben, wurden Sie Feministin, Sie haben Ihre Feinde erkannt, Sie haben sie angegriffen, und dann haben Sie klargemacht, was es bedeutete, eine Frau zu sein« (Dayan, S. 67). Hier setzt Sartre mit Recht voraus, daß die Erörterung der gesellschaftlichen Lage der Frauen, ihrer Sexualität oder ihrer Identität nicht an sich schon ein feministisches Unterfangen ist. Feministin zu sein, heißt eine politische Haltung einnehmen: Es erfordert die Fähigkeit, bestimmte Ziele zu setzen und seine Feinde zu erkennen, sowie den Willen und die Fähigkeit, sie zu attackieren. Feminismus, könnte man sagen, verlangt von uns nicht, daß wir einfach nur den Status quo beschreiben, sondern auch, daß wir ihn als ungerecht und unterdrückend definieren. Er erfordert überdies die Vision einer Alternative: einer utopischen Perspektive, die den Kampf gegen die alltägliche Unterdrückung inspiriert und durchdringt.

Das andere Geschlecht enthält eine außerordentlich konsequente Vision der Freiheit. In jedem Kapitel bezieht Beauvoirs unerbittliche Analyse der Lage der Frauen im Patriarchat ihre Kraft und ihre Verve aus der absoluten Überzeugung, daß der Versklavung und Unterdrückung ein Ende bereitet werden könne; im Anschluß an jeden Bericht vom Elend der Frauen weist Beauvoir beharrlich auf die Möglichkeit der Freiheit hin. Durch und durch polemisch, ist *Das andere Geschlecht* auch – und vor allem – ein vehementer Angriff auf patriarchale Machtstrukturen. Die Politik in Beauvoirs Untersuchung, polemisch und oppositionell zugleich, kann durchaus als *Widerstand* gegen Macht verstanden werden. »Wo es Macht gibt, gibt es Widerstand«, schreibt Michel Foucault in *Der Wille zum Wissen.* »Und doch oder vielmehr gerade deswegen liegt der Widerstand niemals außerhalb der

Macht« (S. 116). Foucault sagt allerdings nicht, daß jeder Akt des Widerstandes von einer Vision besserer Verhältnisse inspiriert ist. Diese Vision ist jedoch keineswegs außerhalb der Situation denkbar, gegen die Widerstand geleistet wird. Utopische Visionen, die ja eine Kritik des historischen Augenblicks voraussetzen, sind aus den negativen Aspekten der Gegenwart abgeleitet. Utopie, könnte man sagen, ist die Negation der Negation des Status quo. Jede politische Strategie, sei sie noch so »negativ«, ist von einem Traum erstrebenswerten Lebens beseelt: Wenn *Das andere Geschlecht* in der Geschichte der feministischen Theorie ein so einzigartiges Dokument ist, dann vor allem deshalb, weil es die Beziehung zwischen Utopie und Kritik ungewöhnlich deutlich macht.

Da Beauvoirs Vision der Befreiung aus ihrer Kritik der Unterdrückung hervorgeht, ist sie also wie jede andere Utopie an ihren eigenen historischen Augenblick gebunden. Simone de Beauvoir begann *Das andere Geschlecht* im Juni 1946 und beendete es genau drei Jahre später im Juni 1949.[9] In diesem Zeitraum besuchte sie zum erstenmal die Vereinigten Staaten (Januar–Mai 1947) und nahm sich danach die Zeit, nebenher einen umfangreichen Reisebericht mit dem Titel *Amerika – Tag und Nacht* (1948) zu schreiben. Welche politischen Fragen beherrschten zu dieser Zeit die Debatte in Frankreich? Von welchen fühlte sich Beauvoir betroffen? Welche Position hatte sie im geistigen Leben Frankreichs inne? Und wie war die Situation der französischen Frauen im allgemeinen? Eine erschöpfende Behandlung dieser Fragen würde leicht ein eigenes Buch füllen. Ich kann nur hoffen, daß eine kurze Darstellung der relevanten Fakten besser ist als überhaupt keine.

Die beste Informationsquelle für viele dieser Fragen ist der Erste Teil von Beauvoirs *Der Lauf der Dinge*, der die Nachkriegsjahre von der Befreiung Frankreichs im August 1944 bis zum Sommer 1952 behandelt. In dieser Zeitspanne wandelte sich das Bild Beauvoirs in der Öffentlichkeit: Die noch relativ unbekannte

Schriftstellerin wurde am Ende des Krieges als Sartres Gefährtin und führende Frau des Existentialismus schlagartig berühmt. Schon um 1945 war der Existentialismus zu einer Modeerscheinung geworden, die – von Filmen und Nachtklubs bis hin zu Frisur und Garderobe (lange Haare und schwarze Pullover) – alles inspirierte. Die Namen Sartre und Beauvoir wurden nicht nur in Frankreich, sondern in der gesamten westlichen Welt rasch bekannt. 1945 starteten sie die Intellektuellenzeitschrift *Les temps modernes*, die auf dem linken Seine-Ufer sofort zum Brennpunkt der literarischen und politischen Aufmerksamkeit wurde. Die Produktivität Beauvoirs war in diesen Jahren erstaunlich: In rascher Folge veröffentlichte sie drei Essays (*Pyrrhus und Cineas*, 1944; *Für eine Moral der Doppelsinnigkeit*, 1947; *Der Existentialismus und die Volksweisheit*, 1948), zwei Romane (*Das Blut der anderen*, 1945; *Alle Menschen sind sterblich*, 1946) und sogar ein Schauspiel (*Les bouches inutiles*, 1945). Der Skandal, den *Das andere Geschlecht* hervorrief, schmälerte die Wirkung des Buches kaum. Der Vatikan setzte es sogar auf den Index. Als Simone de Beauvoir im Januar 1950 42 Jahre alt wurde, war ihr Ruf als – zwar höchst umstrittene – führende intellektuelle Frau in Frankreich fest etabliert. Eine glänzende intellektuelle Karriere war damals für eine Frau in Frankreich äußerst ungewöhnlich, und das von ihrem Erfolg hervorgerufene Ressentiment läßt sich an den zunehmend böswilligen Reaktionen der französischen Kritiker ermessen. Beauvoir verkörpert also eindeutig das, was Bourdieu eine *miraculée* nennen würde – eine erstaunliche Ausnahme von der statistischen Regel.[10]

Beauvoirs Position als höchst erfolgreiche Schriftstellerin schützte sie vor vielen Ungerechtigkeiten des französischen patriarchalen Systems. Das soll nicht heißen, daß sie sich ihrer nicht bewußt gewesen wäre: Sie hätte *Das andere Geschlecht* sonst kaum geschrieben. 1944 erhielten die französischen Frauen zur Belohnung für ihre Beteiligung an der Résistance das Wahlrecht. Wie Beauvoir schreibt, hatte sie ihr neues Recht bis 1949 nicht wahrgenommen. Das Vichy-Regime war brutal frauenfeindlich gewesen: Zur Amtszeit Pétains wurde den Frauen das Recht auf Arbeit – außer in traditionellen Frauenberufen – verweigert, Abtreibung wurde zum Verbrechen gegen den Staat, und Empfängnisverhütung blieb illegal. Die Folge war, daß die Frauenarbeitslosigkeit in der Zeit von 1940 bis 1944 ständig stieg; am 30. Juli 1943 wurde Marie-Jeanne Latour guillotiniert, weil sie Abtreibungen vorgenommen hatte; Frauen und Männer wurden zu langen Gefängnisstrafen verurteilt, nur weil sie Ratschläge zur Empfängnisverhütung gegeben hatten.[11]

Obwohl diese empörend patriarchalen Gesetze von der Vierten Republik aufgehoben wurden, blieben zahlreiche eklatante Ungerechtigkeiten bestehen. Vor 1970 hatten verheiratete Frauen in Frankreich keine gesetzlichen Elternrechte über ihre Kinder. In seiner Eigenschaft als *chef de famille* war allein der Vater berechtigt, notwendige medizinische oder juristische Formulare zu unterschreiben, die seine Kinder betrafen. Verheiratete Frauen erhielten erst 1965 das Recht, ein eigenes Bankkonto zu eröffnen und ohne Erlaubnis ihrer Ehemänner einen Beruf auszuüben. Zudem hatte vor 1965 allein der Ehemann das Recht, über den Wohnsitz des Ehepaars zu entscheiden. Verheiratete wie ledige Frauen litten unter einer höchst restriktiven Gesetzgebung in bezug auf Empfängnisverhütung und Abtreibung: Empfängnisverhütung wurde in Frankreich erst 1967 legalisiert, und Abtreibung war bis 1974 gesetzlich verboten.[12]

In den späten vierziger Jahren blieben Kommunisten ebenso wie Konservative einer geburtenfördernden und familienorientierten Politik verpflichtet. Die Folge war ein der sexuellen Freiheit der Frauen überaus feindliches Klima, aber auch eine starke Gesetzgebung, die Mutterschaftsurlaub, kostenlose staatliche Kindertagesstätten, staatliche Schulen mit hervorragendem Niveau, wirtschaftliche Anreize für kinderreiche Familien und dergleichen mehr garantierte. Aus diesen Gründen macht es Frankreich heute – mehr als die meisten anderen Länder – Frauen aller

Gesellschaftsschichten relativ leicht, Mutterschaft mit Berufs-
tätigkeit außer Haus zu verbinden. 1949 jedoch lag die Entwicklung des französischen Wohlfahrtsstaats noch weitgehend in der
Zukunft: Beauvoirs Einschätzung in *Das andere Geschlecht*, daß
die meisten Frauen kaum damit rechnen könnten, das Aufziehen
von Kindern mit den Anforderungen beruflicher Arbeit zu verbinden, traf nach wie vor zu.

Auf einer anderen politischen Ebene sah die Zeitspanne von
1944 bis 1952 die hochgestimmten Hoffnungen der Befreiung zu
Asche werden: Der Traum von einem neuen, einigen und sozialistischen Frankreich, ungeteilt von der Klassenpolitik der Vor-
kriegszeit, den 1944 die überwältigende Mehrheit der Intellektuellen träumte, war bis 1947 zerstört. Statt eine breite Einheitsfront zu bilden, spaltete sich das politische Leben Frankreichs in
drei einander bekämpfende Blöcke, die von den Gaullisten auf
der Rechten über verschiedene christ-demokratische, liberale
oder sich selbst so nennende »radikale« Parteien in der Mitte bis
zu den Sozialisten und Kommunisten auf der Linken reichten.
1948 waren auch die französischen Sozialisten und Kommunisten hoffnungslos gespalten: Bis in die siebziger Jahre hinein gab
es in Frankreich kein Linksbündnis mehr. Im Bereich der
Außenpolitik wurde die französische Hoffnung, gegenüber den
beiden Supermächten nationale oder wenigstens europäische
Unabhängigkeit zu bewahren, zerstört, und mit Beginn des kalten Krieges sah sich Frankreich gezwungen, Partei zu ergreifen.
Als einer der Hauptempfänger der Marshallplan-Hilfe hatte
Frankreich in Wirklichkeit gar keine Wahl: Dem westlichen
Bündnis beitretend, gestattete es General Eisenhower 1949, sein
NATO-Hauptquartier in Paris einzurichten.

In diesem politischen Zusammenhang war Beauvoirs Standpunkt der einer Linksintellektuellen, die der Bourgeoisie ihres
Landes äußerst kritisch gegenüberstand und dem sozialistischen
Ideal einer gerechten, klassenlosen Gesellschaft ohne Ausbeutung, Unterdrückung, Gewalt und Hunger verpflichtet war. Sie

war jedoch keine Kommunistin und hielt deutlich Distanz zur PCF (der französischen kommunistischen Partei). Ihr Haupteinwand gegen die kommunistische Politik in Frankreich wie anderswo galt dem Autoritarismus und der Mißachtung der Menschenrechte, die der Stalinismus an den Tag legte. Beauvoirs Abscheu vor dem Totalitarismus des Kommunismus fand seine Entsprechung in ihrer scharfen Kritik des ausbeuterischen Kolonialismus der westlichen Welt. Denn während dieser Zeitspanne kämpften französische Streitkräfte mit zunehmender materieller Unterstützung der USA um die Aufrechterhaltung der kolonialen Herrschaft in Vietnam. Schon im Mai 1945 massakrierten französische Truppen nach einem nationalistischen Aufruhr in der algerischen Stadt Sétif, bei dem 29 Europäer starben, 6000 bis 8000 algerische Moslems. Bei einem Aufstand in Madagaskar 1947 kamen 550 Europäer und 1900 Eingeborene ums Leben. Im April 1948 übten französische Expeditionsstreitkräfte grausame Rache: Nach offiziellen Angaben wurden 89000 Madegassen getötet.[13] In dieser Zeit war *Les temps modernes* die einzige Zeitschrift in Frankreich, die konsequent kritische Berichte über koloniale Konflikte veröffentlichte. In *Die Mandarins von Paris* (1954) verweist Beauvoir wiederholt ausdrücklich auf die Massaker in Madagaskar und deren Nachwirkungen. Die blutigen Unruhen in Sétif dagegen wurden noch Jahre nach dem Ereignis totgeschwiegen. Mit dem Propagandakrieg der Supermächte beschäftigt, widmete der Rest der französischen Medien kolonialen Fragen wenig oder gar keine Aufmerksamkeit, bis der algerische Unabhängigkeitskrieg (1954–1962) schließlich das Thema an die erste Stelle der politischen Tagesordnung drängte.

Für Beauvoir bestand die politische Tragödie der Nachkriegszeit im Verlust der französischen Unabhängigkeit, die sogar neutrale Linke wie sie und Sartre dazu zwang, zwischen der Sowjetunion und den Vereinigten Staaten zu wählen. In den vierziger Jahren verwandelte sich Sartres politisches Engagement – es muß gesagt werden, daß Beauvoir in dieser Zeit politische Initiativen lieber ihm überließ – vom Glauben an die Notwendigkeit einer sozialistischen Einheitsfront unmittelbar nach dem Krieg in einen kurzlebigen Versuch, eine eigene neutralistische, nicht-kommunistische sozialistische Partei zu etablieren (1948/49). Beim Ausbruch des Koreakriegs sah sich Sartre außerstande, für die eine oder andere Seite aufrichtig Partei zu ergreifen, und zog sich vorübergehend aus der Politik zurück. Seine zunehmende politische Isolierung zeigt sich nirgendwo deutlicher als in der von Beauvoir in *Der Lauf der Dinge* beschriebenen »burlesken und unerfreulichen« gemeinsamen Reise nach Französisch-West-afrika im Frühjahr 1950, wo Sartre durch seine Isolierung von den Kommunisten für die kolonialen Widerstandsbewegungen zur *persona non grata* geworden war (LD214; FCa303). Das Gefühl der Ohnmacht und der Isolation trieb Sartre schließlich in ein Bündnis mit der PCF. Im Sommer 1952 veröffentlichte er seinen gewichtigen Essay über die Kommunisten und den Frieden, brach mit Camus und wurde halboffizieller Gesinnungsgenosse der Kommunistischen Partei.

Materiell litt Frankreich nach 1944 noch jahrelang an den ver-heerenden Folgen von Krieg und Okkupation. Gemäß dem französischen Historiker Jean-Pierre Rioux erreichte die franzö-sische Wirtschaft 1947 Krisenniveau. Viele Grundnahrungsmittel waren rationiert, und als die Brotzuteilung 1947 auf 200 Gramm pro Person gesenkt wurde – weniger als während der Nazi-Ok-kupation –, kam es in zahlreichen Städten Frankreichs zu Unru-hen. Die Knappheit führte zu extremen Preissteigerungen, die Löhne waren niedrig und Streiks im ganzen Land an der Tages-ordnung. Die Industrieproduktion lag unter dem Stand von 1929, und die französische Regierung verfügte weder über Devi-sen für den Import von Nahrungsmitteln noch über das für den Wiederaufbau der Industrie notwendige Material. Die Woh-nungsnot war die schlimmste in der französischen Geschichte. Ende 1947 war klar, daß nur ein massiver Zufluß von US-Dollars Frankreich aus einer potentiell revolutionären politischen Situation heraushelfen konnte: Von 1948 bis 1952 erhielt Frankreich von den Vereinigten Staaten 2,629 Milliarden Dollar, von denen 2,122 Milliarden freie Zuschüsse waren. Die Frau, die *Das andere Geschlecht* schrieb, war dürftig gekleidet, schlecht ernährt und wohnte in schäbigen Hotelzimmern auf dem linken Seine-Ufer, bevor sie im Oktober 1948 ein feuchtes Zimmer in einem heruntergekommenen Haus unweit von Notre-Dame bezog. Zur selben Zeit jedoch sicherten ihr eigener und Sartres wachsender Ruhm den beiden ein Einkommen, das weit über dem normaler Intellektueller dieser Tage lag: Trotz der mißlichen Lebensbedingungen war Beauvoir durchaus privilegiert.

Auch im emotionalen Bereich war Beauvoirs Situation schwierig. Im Januar 1945 lernte Sartre in New York Dolorès Vanetti kennen und ließ sich spontan auf die vermutlich leidenschaftlichste Liebesaffäre seines Lebens ein. Trotz aller Bemühungen fühlte sich Beauvoir von Sartres Passion für Vanetti bedroht und verunsichert. 1947 begegnete sie in New York Nelson Algren und stürzte sich vorbehaltlos in eine Affäre, die bis 1951 dauerte; *Das andere Geschlecht* entstand weitgehend während Beauvoirs Liaison mit dem amerikanischen Romancier.

Aus diesem kurzen Überblick zu Beauvoirs Lebenssituation von 1946 bis 1949 müssen einige wesentliche Punkte herausgeschält werden. Der erste wäre die erstaunliche Originalität des *Anderen Geschlechts*. Zwar läßt sich Beauvoirs Entrüstung mit der im damaligen Frankreich allgemein schlechten Lage der Frauen erklären, doch darf man nicht übersehen, daß 1949 in Frankreich Frauenfragen keine wesentliche Rolle im politischen Programm irgendeiner größeren Partei oder Gruppierung spielten und es außerhalb der etablierten Parteien keine unabhängige Frauenbewegung gab; in dieser historischen Situation ist *Das andere Geschlecht* geradezu einzigartig. Im Zusammenhang mit Beauvoirs wachsender politischer Enttäuschung nach 1947 gesehen, kann die Originalität ihrer Untersuchung als das Ergebnis eines intensiven Bemühens erscheinen, sich ein neues Gebiet des Engagements zu erschließen, in dem ihr leidenschaftlicher Wunsch, die Welt zu verändern, nicht sogleich in die zunehmend sterilen Polaritäten des kalten Krieges hineingezogen werden würde.

Der bloße Umstand, daß sie sich der Frauenfrage zuwandte, sicherte Beauvoir natürlich von vornherein ein intellektuelles Terrain, das nicht von Sartre beherrscht wurde. In ihren erschöpfenden Erörterungen des Problems, unter patriarchalen Bedingungen Liebe und Freiheit miteinander zu vereinen, brachte Beauvoir auch – mehr oder weniger unbewußt – viele Erkenntnisse zum Ausdruck, die sie in ihrer Beziehung zu Algren gewonnen hatte. Auf diese Weise durchtränkte sie ihren politischen Diskurs mit persönlichen Belangen: Zwar wäre es mir lieber, wenn sie dies offener getan hätte, doch habe ich nicht den geringsten Zweifel, daß die Intensität ihrer sexuellen Leidenschaft für Algren Beauvoir half, die Sexualität entschlossen in den Mittelpunkt ihrer Thematik zu rücken. Das Ergebnis war ein grundlegender Durchbruch in der feministischen Analyse: Beauvoir ist die erste Denkerin in Frankreich, die Sexualität ausdrücklich politisiert hat.

Vom herrschenden politischen Diskurs vernachlässigt, war das Thema der Frauenunterdrückung, wenn es denn überhaupt als Thema galt, in Frankreich sogar noch nebensächlicher als die Probleme des Kolonialismus und Rassismus. Es ist kein Zufall, daß Beauvoir in ihrer Untersuchung immer wieder Vergleiche zwischen der Lage der Frauen und der von Juden oder Schwarzen zieht. Wie wir noch sehen werden, lohnt es sich sehr, ihre politische Analyse mit der Frantz Fanons in Beziehung zu setzen, dessen *Schwarze Haut, weiße Masken* 1952, nur drei Jahre nach *Das andere Geschlecht*, in Paris erschien.

Patriarchale Weiblichkeit

Im Ersten Buch des *Anderen Geschlechts* geht Beauvoir daran, die patriarchalen Mythen der Weiblichkeit zu attackieren und zu zerstören. In *Der Lauf der Dinge* berichtet sie, der entscheidende Impuls, *Das andere Geschlecht* zu schreiben, sei von der Entdeckung ausgelöst worden, wie stark sie selbst von der patriarchalen Mythologie geprägt worden war. »Diese Welt ist eine Männerwelt, meine Jugend wurde mit Mythen gespeist, die von Männern erfunden worden waren, und ich hatte keineswegs so darauf reagiert, wie wenn ich ein Junge gewesen wäre. […] Ich nahm mir vor, in der Bibliothèque Nationale die entsprechende Literatur zu lesen und die Mythen der Weiblichkeit zu untersuchen« (LD98; FCa136; ÜV). Was Beauvoir 1949 als »Mythen« bezeichnet, ähnelt der Verwendung dieses Begriffs in *Die elementaren Strukturen der Verwandtschaft* von Lévi-Strauss; sie hatte sich mit dem Manuskript befaßt, bevor sie ihre eigene Untersuchung abschloß.[14] Ihre kritische, ironische und oft sehr amüsante Analyse der patriarchalen Mythologie weist auch voraus auf die von Roland Barthes in *Mythen des Schicksals* gesammelten Essays, die ab 1954 erschienen. Für Beauvoir sind Mythen grundsätzlich falsche Darstellungen der Wirklichkeit, nicht weil sie die Fakten stets mißdeuten, sondern weil sie das Vorhandensein ewiger, unwandelbarer, nicht-kontingenter Wesenheiten verkünden. Wenn wir solche Mythen verinnerlichen und uns mit ihnen identifizieren, sind wir − im Sinne Beauvoirs − »mystifiziert«, das heißt Opfer falschen Bewußtseins. Mythen wirken sich also ganz real auf das Leben von Menschen aus: Mythologie ist eine entscheidende Waffe im patriarchalen Arsenal. Verglichen mit differenzierteren Ideologie- und Sprachtheorien läßt Beauvoirs Auffassung von Mythologie und Mystifikation allerdings sehr zu wünschen übrig.[15] Das hindert sie jedoch nicht daran, eine vernichtende Analyse der Falschheiten und Lügen vorzunehmen, die zur Sicherung patriarchaler Machtstrukturen zitiert werden.

In einer der wichtigsten Passagen des *Anderen Geschlechts* faßt sie die Wirkung patriarchaler Mythologie elegant zusammen:

»So stellt das mythische Denken der verstreuten, kontingenten, vielfältigen Existenz *der* Frauen das einmalige und starre Ewigweibliche gegenüber; wenn dessen Definition durch das Verhalten der Frauen aus Fleisch und Blut widerlegt wird, sind sie es, die unrecht haben: Man erklärt nicht, daß das Weibliche eine Wesenheit ist, sondern daß solche Frauen nicht weiblich sind. Die Widerlegungen durch die Erfahrung können dem Mythos nichts anhaben [*ne peuvent rien*]« (AG319; DSa395; ÜV).

Wenn Beauvoir das festgelegte Wesen mythischer Weiblichkeit mit der Mannigfaltigkeit realer Frauenleben vergleicht, geht es ihr darum, das Fiktionale des patriarchalen Denkens zu entlarven. Dieser polemische Entwurf liefert auch die Gesamtstruktur für *Das andere Geschlecht*, in dem die patriarchalen Mythen des Ersten Buchs bewußt und provokativ der im Zweiten Buch beschriebenen »gelebten Erfahrung« von Frauen gegenübergestellt werden. Obwohl Beauvoir dazu neigt, von »der Frau« zu sprechen, unterscheidet *Das andere Geschlecht* faktisch sehr sorgfältig zwischen *drei* Kategorien von Frauen: traditionell unterdrückten Frauen, unabhängigen Frauen und den freien Frauen der Zukunft. Keine dieser Frauengruppen wird als gesellschaftlich oder ideologisch homogen dargestellt. Der weitaus größere Teil ihrer Untersuchung ist der ersten Kategorie oder dem, was Beauvoir das »herkömmliche Los der Frau« nennt (AG333; DSb9), gewidmet. Als gesellschaftliches Problem betrifft patriarchale Mythologie offenkundig nur die beiden ersten Kategorien.

Als Konstrukt des Patriarchats existiert die mythologische Weiblichkeit in zwei unterschiedlichen Formen: Den Frauen durch den Prozeß der Entfremdung aufgezwungen, wird sie zu einem Aspekt der Struktur ihrer Subjektivität; als Teil der patriarchalen Ideologie verstanden, wird »Weiblichkeit« zu einem äußerlichen Kanon von Regeln, wie eine Frau sich beispielsweise zu kleiden oder zu benehmen habe etc.: »Eben weil die Vorstellung von Weiblichkeit künstlich durch Gewohnheiten und Moden definiert ist«, schreibt Beauvoir, »wird sie jeder Frau von außen aufgezwungen. [...] Es steht dem Individuum nicht frei, nach Belieben darauf einzuwirken« (AG845; DSb601). In jedem Fall ist diese »Weiblichkeit« das Ergebnis von Versklavung: Für Beauvoir ist sie das Gegenteil von Freiheit. Es sollte mittlerweile klar sein, daß die von Beauvoir vorgeführte »Weiblichkeit« sich von anderen, positiveren Auffassungen der Weiblichkeit, die seit den siebziger Jahren in der feministischen Theorie entwickelt worden sind, deutlich unterscheidet. Um Verwechslungen zu vermeiden, werde ich von nun an Beauvoirs Weiblichkeitsbegriff als *patriarchale Weiblichkeit* bezeichnen.

Da nicht die Rede davon sein kann, sich mit der *Bedingung* der Versklavung einverstanden zu zeigen, argumentiert Beauvoir, kann auch keine Rede davon sein, ihren Folgen einen Wert beizumessen. Nach dieser Logik ist patriarchale Weiblichkeit der Signifikant von Unterdrückung. Der Kampf zwischen den Geschlechtern wird andauern, bis die Frauen frei sind, schreibt Beauvoir, und damit die Frauen frei werden, muß die patriarchale Weiblichkeit verschwinden. »Der Streit wird andauern, solange Mann und Frau sich nicht als Gleiche [*semblable*] anerkennen, das heißt, solange die Weiblichkeit als solche bestehenbleibt« (AG885; DSb646f). Beauvoir lehnt also jeden Versuch ab, Frauen zu *definieren* oder *festzulegen*, mithin jeden Versuch, den vielfältigen und besonderen Erfahrungen realer Frauen eine gegebene, festgelegte Norm der Weiblichkeit aufzuzwingen.

Wenngleich die Autorin des *Anderen Geschlechts* patriarchale Weiblichkeit in allen ihren Erscheinungsformen verabscheut, zeigt sie doch tiefes Mitgefühl für die Misere der Frauen im Patriarchat. Frauen, schreibt sie, haben keine Heimat in dieser Welt; sie leben in immerwährendem Exil, sie sind Fremde in einer Welt, die ihnen doch ebenso gehören sollte wie den Männern: »Beklommen, bedrängt, wird die Frau sich selbst fremd, weil sie dem Rest der Welt fremd ist« (AG403; DSb91). Das Paradox der Situation der Frauen, argumentiert Beauvoir, besteht darin, daß »sie zugleich der männlichen Welt und einer Sphäre [angehören], in der diese Welt zurückgewiesen wird. In der zweiten gefangen und von der ersten besetzt, können sie sich nirgends ruhig niederlassen« (AG747; DSb484).

Beauvoirs Entrüstung, ihr Zorn über die den Frauen zugefügten Beschädigungen offenbaren sich überall. Die Erziehung, die dem kleinen Mädchen zuteil wird, entfremdet und spaltet es innerlich; die Heranwachsende wird gezwungen, ein vom Patriarchat geschaffenes destruktives, beschämendes Bild ihres Körpers zu akzeptieren und sich mit einer Auffassung von Weiblichkeit zu identifizieren, die sie nur kränken kann: Auf der Schwelle zum Erwachsenenleben ist die junge Frau bereits von der patriarchalen Unterdrückung beschädigt, gespalten und verstümmelt: »Da alle Wege ihr versperrt sind, da sie nichts *tun* kann, da sie zu *sein* hat, lastet ein Fluch auf ihr«, schreibt Beauvoir (AG438; DSb130). »Verletzt, beschämt, beunruhigt und schuldbeladen geht das Mädchen seiner Zukunft entgegen« (AG401; DSb88).

Wenn das junge Mädchen erkennt, was ihm bevorsteht, schreibt Beauvoir, rebelliert es mit Recht gegen sein Schicksal. Doch die patriarchale Ideologie hat ihr Werk bereits getan: Das junge Mädchen ist zu echtem Widerstand oft nicht mehr fähig. »Es ist mit dem Schicksal nicht einverstanden, das ihm von der Natur und von der Gesellschaft zugewiesen wird, lehnt sein Los aber auch nicht entschieden ab: Es ist innerlich viel zu gespalten, um gegen die Welt zu kämpfen. Es beschränkt sich darauf, die Wirklichkeit zu fliehen oder symbolisch anzufechten. Jeder Wunsch, den es empfindet, geht mit Angst einher« (AG430; DSb122). In ihrem Bemühen, die widersprüchlichen Forderungen patriarchaler Mythologie miteinander in Einklang zu bringen, schreibt Beauvoir, entfalten Frauen oft hervorragende Fähigkeiten der Authentizität und Transzendenz. Da sie nun einmal der doppelten Moral der Männer ausgesetzt sind, finden sie beispielsweise zu Moralvorstellungen, die denen der Männer überlegen sind (AG684; DSb411). Junge Mädchen entwickeln in der Regel auch eine viel größere Feinfühligkeit als junge Männer:

»Das junge Mädchen ist verschwiegen, gequält, schwierigen Konflikten ausgesetzt. Diese Komplexität bereichert es. Sein Innenleben entwickelt sich tiefer als das seiner Brüder. Es achtet mehr auf die Regungen seines Herzens, die dadurch nuancierter, vielfältiger werden. Es hat ein besseres psychologisches Gespür als die äußeren Zielen zugewandten Männer. Es ist fähig, seiner Auflehnung gegen die Welt Gewicht zu verleihen. Es entzieht sich den Fallen der Ernsthaftigkeit und des Konformismus. Es nimmt die Lügengebilde seiner Umgebung ironisch und hellsichtig wahr. Tagtäglich empfindet es die Ambiguität des Frauseins, und es kann über den fruchtlosen Protest hinaus durchaus den Mut haben, den herrschenden Optimismus, die etablierten Werte, die scheinheilige und beruhigende Moral in Frage zu stellen« (AG440; DSb133).[16]

Ein hervorragendes Beispiel für Beauvoirs leidenschaftliche und scharfsichtige Analyse der widersprüchlichen Situation der Frauen im Patriarchat findet sich in ihrer Darstellung der scheinheiligen Behandlung von Prostituierten. Gegen Ende des 19. Jahrhunderts, schreibt Beauvoir, stieß die französische Polizei bei einer Razzia in einem Bordell auf zwei Mädchen im Alter von zwölf und dreizehn Jahren. In der nachfolgenden Gerichtsverhandlung mußten die Mädchen als Zeuginnen aussagen und erwähnten die Anzahl einflußreicher Kunden, die sie gehabt hatten. Eines der Mädchen, so Beauvoir, öffnete den Mund, um einen Namen zu nennen:

»Der Staatsanwalt schnitt ihr sogleich das Wort ab: ›*Unterstehen Sie sich, den Namen eines Ehrenmanns zu beschmutzen!*‹ Ein dekorierter Herr von der Ehrenlegion bleibt auch dann ein Ehrenmann, wenn er ein kleines Mädchen entjungfert – er hat seine Schwächen, aber wer hätte die nicht? –, während das kleine Mädchen, das an die sittliche Ebene des Allgemeingültigen nicht heranreicht, das weder ein General noch ein großer Franzose ist, sondern lediglich ein kleines Mädchen, seinen moralischen Wert auf der kontingenten Ebene der Sexualität verspielt: Es ist pervers, verkommen, lasterhaft, reif für die Besserungsanstalt« (AG765; DSb504f; ÜV).

Der Mann, der von der »unmoralischen« Tätigkeit der Frau profitiert, behält seine Würde und sein öffentliches Ansehen. Wenn die Frau seine Spielchen zu enthüllen droht, liegt die Schande allein bei ihr:

»Die Frau spielt die Rolle von Geheimagenten, die man beseitigt, wenn sie sich erwischen lassen, und mit Belohnungen überhäuft, wenn sie erfolgreich sind. Sie soll für die ganze Unmoral der Männer geradestehen. Nicht nur die Prostituierten, alle Frauen dienen als Kloake für den strahlenden, blitzsauberen Palast der anständigen Leute. Wenn man ihnen dann von Würde, Ehre, Loyalität, von all den hohen männlichen Tugenden erzählt, braucht man sich nicht zu wundern, daß sie sich weigern, ›mitzumachen‹« (AG766; DSb505).

Sexismus besteht für Beauvoir darin, daß Frauen – und kleinen Mädchen – die Teilhabe am Universalen verweigert wird. Solange Frauen weiterhin als das Besondere definiert werden, argumentiert sie, werden Männer und Frauen dazu neigen, unterschiedliche Werte und Einstellungen zu entwickeln, auch wenn es um intellektuelle und philosophische Entscheidungen geht.

Beauvoir will also gar nicht leugnen, daß Frauen in Reaktion auf die patriarchale Unterdrückung mitunter wertvolle Eigenschaften entwickeln. Moralisches Denken, psychologisches Verständnis, Authentizität, Klarheit, Bewußtsein der Ambiguität des Seins: Im Patriarchat sind diese Werte eher bei Frauen als bei Männern zu finden. Für Beauvoir jedoch sind die Werte Freiheit, Großzügigkeit, Klarheit des Bewußtseins, Realismus, Gegenseitigkeit, Authentizität und Autonomie weder männlich noch weiblich, sondern einfach *menschlich*; sie der patriarchalen Opposition zu überlassen heißt die Mythen nähren, die der Männlichkeit Allgemeingültigkeit verleihen. In diesem Punkt erinnert *Das andere Geschlecht* an Mary Wollstonecrafts leidenschaftliche Ablehnung der »Vorurteile, die der Tugend ein Geschlecht verleihen« (*Vindication*, S. 83).

Es wäre auch ein Irrtum, anzunehmen, Beauvoir wolle jede spezifische Handlung oder Tätigkeit anprangern, die normalerweise mit patriarchaler Weiblichkeit in Verbindung gebracht wird: Genau das würde individuellem Tun besondere Bedeutung verleihen. Für Beauvoir kann jede Tätigkeit entweder frei oder als Pflicht im Rahmen der einschränkenden Unterdrückungsstrukturen ausgeführt werden. Das Aufziehen von Kindern, Putzen von Fußböden, Heiraten oder Erleben der Natur an sich sind weder »gute« noch »schlechte« Aktivitäten. Jede Handlung kann aufrichtig oder unaufrichtig vollzogen werden: Nur eine allgemeinere Interpretation der Situation, in der diese Handlungen ausgeführt werden, offenbart uns, welche Bedeutungen sie in individuellen Zusammenhängen annehmen. Wenn es in *Das andere Geschlecht* einen ständig wiederholten Gesichtspunkt gibt, dann den, daß es Frauen unter Bedingungen gesellschaftlicher Unterdrückung niemals wirklich freisteht, zu wählen: Beauvoirs Utopie ist die Vision einer Gesellschaft, in der Wahlmöglichkeiten nicht ungerecht von gesellschaftlichen Bedingungen eingeschränkt werden. Was Beauvoir also ablehnt, ist weniger irgendeine besondere Aktivität als vielmehr das Bestreben, *Wesenheiten zu produzieren*, das heißt Aktivitäten oder Personen spezifische Bedeutungen und Eigenschaften zuzuschreiben: Für sie ist und bleibt der verdammenswerteste Aspekt patriarchaler Ideologie das ständige Herumreiten auf dem Thema des »Ewigweiblichen«.

Große Schriftstellerinnen hat es nicht gegeben

Ein aufschlußreiches Beispiel für Beauvoirs antipatriarchale Polemik findet sich in ihrer Erörterung der sogenannten kreativen Unterlegenheit der Frau. Als *agrégée* der Philosophie und etablierte Schriftstellerin empfand sie die patriarchale Litanei von der kulturellen Unzulänglichkeit der Frauen natürlich als besonders ärgerlich. Sie reagiert auf diesen Mythos vor allem mit einer Ablehnung jeden Vergleichs. Im Patriarchat, argumentiert sie, sei die Situation kreativer Frauen und Männer so unterschiedlich, daß sich jeder Vergleich erübrige: »Es ist müßig, durch Vergleiche entscheiden zu wollen, ob die Frau dem Mann überlegen, unterlegen oder ebenbürtig ist«, schreibt sie. »Ihre Situationen sind grundverschieden« (AG780; DSb521). Nach dieser Logik ist es beispielsweise sinnlos, *Das andere Geschlecht* mit *Das Sein und das Nichts* zu vergleichen, zumindest nicht im Sinne »rein« philosophischen Werts. Folglich macht Beauvoir das *Faktum* weiblichen Andersseins im Patriarchat zum Ausgangspunkt ihrer Erörterung.

Bis die Situation der Frau der des Mannes entspricht, behauptet Beauvoir, werden die konkreten Ergebnisse weiblicher Kreativität in der Regel denen der Männer unterlegen sein. Diese Diskrepanz beruht allein auf dem Vorteil der Situation des Mannes im Patriarchat: »Er hat viel mehr konkrete Möglichkeiten, seine Freiheit in die Welt zu entwerfen. Daraus folgt notwendigerweise, daß Männer unendlich viel mehr realisieren als Frauen, denen es beinahe verboten ist, auch nur irgend etwas zu *tun*« (AG780; DSb521).[17] Beauvoir argumentiert hier statistisch:

Angesichts der weitaus größeren Zahl von Männern, denen die
Möglichkeit offenstehe, sich kulturell zu äußern, müsse es deutlich mehr herausragende von Männern als von Frauen geschaffene Werke geben.[18]

Beauvoir akzeptiert also, daß es in der Tat nur wenige Philosophinnen, Malerinnen, Bildhauerinnen und Komponistin-
nen gegeben hat. Aber daß sie darauf beharrt, es habe auch
kaum wirklich große Schriftstellerinnen gegeben, ist besonders
störend. Was ist mit George Eliot? Virginia Woolf? Der Dame
Murasaki? Madame de Staël? Madame de Lafayette? *Das andere
Geschlecht* belegt eindeutig, daß Beauvoir gar nicht daran denkt,
die in ihrem intellektuellen Feld vorherrschenden Kriterien für
»Größe« anzuzweifeln. Für sie ist das schriftstellerische Werk von
Frauen im Patriarchat weniger »universal« als das von Männern.
In diesem Punkt steht ihre unkritische kantianische Verwendung
des Wortes »universal« in merkwürdigem Widerstreit mit ihrer
allgemeinen politischen Kritik der abstrakten Universalien der
Aufklärung; daraus resultiert eine totale Nichtbeachtung der
historischen Bedingtheit von Werturteilen. Obwohl *Das andere
Geschlecht* im allgemeinen einen umfassenden Katalog patriarchaler Verbrechen gegen Frauen bietet, findet sich nicht der geringste Hinweis darauf, daß die Rezeption der Werke von Schriftstellerinnen in der Regel äußerst sexistisch gewesen ist und sie un-
gerechtfertigt als unbedeutend abzutun pflegte. Ironischerweise
traf dies für *Das andere Geschlecht* nicht weniger zu als für andere
von Frauen geschriebene Bücher. Beauvoirs Ästhetik, die ihrer
allgemeinen politischen Analyse radikal widerspricht, bleibt ab-
strakt und universalistisch. Man hat den Eindruck, die Autorin
des *Anderen Geschlechts*, die sich doch so sehr um die Politisierung von Subjektivität und Sexualität bemüht hat, schrecke nun
davor zurück, auch die Ästhetik politisieren zu müssen.

Dennoch wäre es anachronistisch, Beauvoir diesen ästhetischen Konservatismus als persönlichen Makel anzulasten: In
diesem Punkt ist ihre Blindheit für das intellektuelle Feld Frank-

reichs insgesamt charakteristisch. Ich bezweifle, daß 1949 außer den Verfechtern des stalinistischen sozialistischen Realismus irgend jemand den traditionellen Kanon der französischen Literatur kritisiert hat. Sartres Zusammenfassung der französischen Literaturgeschichte in *Was ist Literatur?* (1948) beispielsweise ist in der Auswahl von Texten und Autoren völlig traditionell. Meiner Erfahrung nach sind in Frankreich Intellektuelle, die die gültigen ästhetischen und philosophischen Kriterien in Frage stellen, dünn gesät. Trotz beträchtlicher Bemühungen in jüngster Zeit, Texte von Frauen und frankophonen Autoren durchzusetzen, bleiben die Franzosen in den neunziger Jahren geschlossen der jakobinischen Auffassung eines zentralisierten und universalen ästhetischen Kanons verpflichtet. Es ist kein Zufall, daß auch die drei wichtigsten feministischen Theoretikerinnen Frankreichs der siebziger und achtziger Jahre (Cixous, Kristeva, Irigaray) in ihrer Auswahl literarischer und philosophischer Texte niemals von diesem Kanon abweichen, so wie es auch nicht ganz von ungefähr kommt, daß sich seit den sechziger Jahren jeder neue französische theoretische Trend (*Tel Quel*, Dekonstruktion, Postmoderne) damit begnügt hat, innerhalb der Grenzen der akzeptierten literarischen Tradition zu bleiben.

Beauvoir ist also nicht darauf aus, einen alternativen Maßstab weiblicher Größe zu entwickeln. Sie behauptet nicht, daß es in Wahrheit viele weibliche Mozarts oder Michelangelos gegeben habe, sondern daß es sie *geben werde*: »Wie sollten Frauen je Genie gehabt haben, da ihnen doch jede Möglichkeit verwehrt war, ein geniales Werk – oder überhaupt ein Werk – zu vollenden?« fragt sie (AG880; DSb641). Unter den gegenwärtigen gesellschaftlichen Bedingungen sei die konkrete Freiheit der Frauen so eingeschränkt, daß ihnen als einzig authentisches Verhalten nur die Auflehnung bleibe (AG780; DSb522). Beauvoir ist der Meinung, daß Frauen sich kreativen Bestrebungen gar nicht voll widmen können, solange sie die notwendigen gesellschaftlichen Bedingungen der Freiheit nicht erlangt haben. Wenn es keine großen Dichterinnen gegeben hat, argumentiert Beauvoir, beweise das kaum, daß Frauen nicht schreiben können, sondern vielmehr, daß ihre historische Situation mit der des französischen Proletariats oder der Vereinigten Staaten als Nation um 1790 oder mit der Lage der Schwarzen in den vierziger Jahren unseres Jahrhunderts vergleichbar sei:

»Die freie Frau wird eben erst geboren. Wenn sie soweit ist, daß sie sich selbst erobert hat, wird sie vielleicht Rimbauds Prophezeiung rechtfertigen [...]: ›Dichter werden sein! Wenn die endlose Leibeigenschaft der Frau zerschlagen sein wird, wenn sie für sich und durch sich leben wird, weil der – bislang abscheuliche – Mann sie entlassen hat, wird auch sie Dichterin sein! Die Frau wird das Unbekannte finden!‹« (AG881; DSb641)

Es sei unmöglich zu sagen, ob sich die »Gedankenwelten« der Frauen von denen der Männer sonderlich unterscheiden werden, schreibt Beauvoir, da sie sich nur befreien können, wenn sie sich mit ihnen »gleichsetzen«, das heißt, wenn sie freie Subjekte aus eigenem Recht werden. Mittlerweile wird gewiß jede Leserin Beauvoirs beharrliche Neigung wiedererkannt haben, in solchen Behauptungen den Mann zu idealisieren. »Sich wie ein Mann verhalten« bedeutet für Beauvoir in aller Regel »sich frei und authentisch verhalten«. Die Mängel dieser Auffassung habe ich bereits im vorigen Kapitel erörtert. Daraus folgt jedoch nicht, daß Beauvoir die Frau abwerten will. Im Gegenteil, ihr nahezu grenzenloser Glaube an weibliche Fähigkeiten offenbart sich auf jeder Seite ihrer Untersuchung: »Fest steht nur, daß die Möglichkeiten der Frauen bisher erstickt worden, daß sie der Menschheit verlorengegangen sind und daß es in ihrem eigenen Interesse wie auch im Interesse aller höchste Zeit ist, sie ihre Fähigkeiten endlich ausschöpfen zu lassen« (AG881; DSb641). In bezug auf die freie Frau der Zukunft hat Beauvoir also keine vorgefaßte Meinung: Einige geschlechtliche Differenzen werden bestehenbleiben, andere verschwinden, neue vielleicht hinzukommen; selbstverständlich ist nur, daß wir unmöglich voraussagen können, welche Unterschiede bestehenbleiben und welche – wenn überhaupt – gesellschaftlich von Bedeutung sein werden.

Die Frische und der Optimismus der Zukunftsvision Beauvoirs sind atemberaubend. Doch folgt aus ihrer eigenen Argumentation, daß sie als eine Person schreibt, die erst auf der Schwelle einer neuen Zeit steht: Wenn die freie Frau 1949 eben erst geboren wurde, ist Simone de Beauvoir keine freie Frau. Nach ihrer eigenen Einschätzung ist sie bestenfalls eine »unabhängige Frau«: eine Frau, die in einen schmerzlichen Konflikt zwischen dem Alten und dem Neuen, zwischen patriarchaler Weiblichkeit und weiblicher Freiheit gefangen ist: »Die heutige Frau ist zwischen der Vergangenheit und der Zukunft hin und her gerissen. Meistens erscheint sie als eine ›echte‹ Frau in Männerkleidung, und sie fühlt sich in ihrem weiblichen Fleisch ebenso unwohl wie in ihrer männlichen Aufmachung. Sie muß sich häuten und sich ihre eigenen Kleider schneidern« (AG892; DSb655; ÜV).

Unabhängige Frauen

Für Simone de Beauvoir ist wirtschaftliche Unabhängigkeit die unerläßliche Voraussetzung der Frauenbefreiung. Solange Frauen daran gehindert werden, sich ihren Lebensunterhalt selbst zu verdienen, werden sie stets von anderen abhängig sein. Frauen, die tatsächlich einer bezahlten Arbeit nachgehen, werden jedoch bei jeder Gelegenheit mit der Ausbeutung ihrer Klasse und mit sexistischer Unterdrückung konfrontiert. Zu Hause unterjocht, sehen sie sich in der Arbeit ausgebeutet, unterbezahlt und entfremdet. Im Kapitalismus, schreibt Beauvoir, habe die Fabrikarbeit nichts Befreiendes: Kein Wunder, daß Frauen der Arbeiterschicht lieber Hausfrauen wären, wenn sie es sich leisten könnten, zumal sie in der Regel die Haushaltsarbeit ohnehin tun müssen.[19] Unter solchen Bedingungen sind Frauen in einem teuflischen Dilemma gefangen: Wenn sie keiner bezahlten Arbeit nachgehen, sind sie der Ausbeutung durch den Mann ausgeliefert: Tun sie es doch, arbeiten sie doppelt und können dafür am Ende der Woche nur sehr wenig Geld vorzeigen. Zwar bemühen sich manche Frauen tapfer, ihre Situation zu ändern, indem sie in Gewerkschaften oder verschiedenen sozialistischen Parteien politisch aktiv werden, doch den meisten bleibt dafür – verständlicherweise – kaum Kraft.

Daraus ergibt sich ein zermürbender Widerspruch: Nur Arbeit kann Frauen emanzipieren, aber nichts versklavt sie vollständiger als Arbeit. Um wahre Freiheit zu ermöglichen, müssen die gesellschaftlichen Bedingungen weiblichen Lebens radikal verändert werden. Erforderlich ist, wie Beauvoir schreibt, was die bolschewistische Revolution versprochen, aber nie verwirklicht hat:

»Die Frauen, in der gleichen Weise erzogen und ausgebildet wie die Männer, würden bei gleichem Lohn unter den gleichen Bedingungen arbeiten. Die erotische Freiheit wäre sittlich zugelassen, aber der Geschlechtsakt würde nicht mehr als ein Dienst betrachtet, der sich auszahlt. Die Frau wäre *gezwungen*, sich einen anderen Lebensunterhalt zu sichern. Die Ehe wäre ein freier Zusammenschluß, den beide Partner zu jedem beliebigen Zeitpunkt aufkündigen könnten. Auch die Mutterschaft wäre frei, das heißt, Geburtenkontrolle und Abtreibung wären erlaubt, und umgekehrt würden allen Müttern – ob ledig oder verheiratet – und ihren Kindern unterschiedslos die gleichen Rechte zuerkannt. Der Schwangerschaftsurlaub würde vom Staat [*la collectivité*] bezahlt, und diesem fiele auch die Sorge für die Kinder zu, was nicht heißt, daß die Kinder den Eltern *entzogen* würden, sondern daß man sie ihnen nicht *überließe*« (AG891; DSb653f; ÜV).

Bis sich diese utopischen Bedingungen – denn dies ist die vollständigste Beschreibung von Beauvoirs gesellschaftlicher Utopie in *Das andere Geschlecht* – durchgesetzt haben, werden Frauen ökonomisch und beruflich benachteiligt bleiben. Obwohl wirtschaftliche Unabhängigkeit der entscheidende Ausgangspunkt für die Befreiung ist, behauptet Beauvoir keineswegs, daß Geld allein Freiheit und Glück garantiert. Das zeigt sich besonders in ihrer Erörterung des Status der »unabhängigen Frauen«, das heißt der »recht großen Zahl privilegierter Frauen, die in ihrem Beruf durchaus eine ökonomische und gesellschaftliche Autonomie finden« (AG843; DSb600). Beauvoir selbst ist natürlich ein herausragendes Beispiel gerade einer solchen Frau.

Unabhängige Frauen sind nicht frei. »Sie sind erst auf halbem Wege. Eine Frau, die sich ökonomisch vom Mann unabhängig macht, befindet sich darum noch lange nicht in der gleichen sittlichen, sozialen und psychologischen Situation wie er. [...] Die Tatsache, eine Frau zu sein, stellt einen autonomen Menschen heute vor ganz besondere Probleme« (AG844; DSb600). Die Situation unabhängiger Frauen ist besonders widersprüchlich: Sie versuchen gleichsam die Zukunft zu leben, bevor die objektiven Bedingungen voll entwickelt sind. Es ist also nicht überraschend, daß solche Frauen sogar noch mehr von Konflikten und Widersprüchen zerrissen sind als ihre traditionelleren Schwestern.

»Die unabhängige Frau von heute ist gespalten zwischen ihren beruflichen Interessen auf der einen und den Problemen ihrer sexuellen Berufung [*les soucis de sa vocation sexuelle*] auf der anderen Seite«, behauptet Beauvoir (AG861; DSb618). Vollständige, autonome Menschen sind sexuelle Menschen: »Der Mann ist ein geschlechtlicher Mensch. Die Frau kann nur dann ein vollständiges Individuum und dem Mann ebenbürtig sein, wenn auch sie ein geschlechtlicher Mensch ist«, schreibt sie. »Auf ihre Weiblichkeit verzichten hieße, auf einen Teil ihrer Menschlichkeit verzichten« (AG844; DSb601). Wenn Frauen ihre sexuellen Bedürfnisse und Wünsche den Zwängen gesellschaftlicher Konventionen opfern, verstümmeln sie sich selbst, da Freiheit das Recht auf sexuelle Verwirklichung einschließt. Für unabhängige Frauen gab es 1949 in Frankreich diese Freiheit kaum. Wie wir gesehen haben, waren Empfängnisverhütung und Abtreibung illegal. Ein uneheliches Kind zu bekommen lief in der Regel auf beruflichen Selbstmord hinaus, während die Eheschließung für die Frau durchaus das Ende jeder wirklichen Unabhängigkeit bedeuten konnte. Auch wenn man annimmt, daß die Frau das Problem der Empfängnisverhütung irgendwie löste, konnte sie nicht einfach auf der Straße einen Mann auflesen, ohne Geschlechtskrankheiten und Gewalttätigkeit befürchten zu müssen. In kleineren Provinzstädten wäre ein solches Verhalten ohnehin nicht in Frage gekommen. Angesichts der herrschenden patriarchalen Mythologie konnte eine wirklich erfolgreiche Frau potentielle Sexualpartner abschrecken, die nach konventionelleren Verkörperungen patriarchaler Weiblichkeit Ausschau hielten. Eine unabhängige, in einer festen Beziehung lebende Frau dagegen konnte es mehr oder weniger unbewußt darauf anlegen, größeren beruflichen Erfolg zu vermeiden, um in bezug auf ihren Partner nicht zu dominant zu erscheinen: »Geteilt zwischen dem Wunsch, sich zu behaupten, und dem Wunsch, sich bescheiden zurückzuhalten«, schreibt Beauvoir, »ist sie gespalten, zerrissen« (AG858; DSb616; ÜV).

Solche Konflikte, die dem Wunsch der Frau entspringen, ihre Sexualität nicht zu unterdrücken, sind besonders schmerzlich. Sie signalisieren aber auch das Vorhandensein eines Kampfeswillens und können eine beträchtliche Klarheit des Bewußtseins erzeugen: Ein unabhängige Frau ist sich ihrer Schwierigkeiten wahrscheinlich bewußter als eine Frau, die ihre Entwürfe und ihre Wünsche begräbt, aber sie ist trotzdem unendlich viel besser dran. Gerade weil sie die Ambiguität der Unterdrückung an sich selbst erfährt, wird die unabhängige Frau authentischer – aber nicht freier – als die meisten Männer. In diesem Punkt also vereint sich Beauvoirs politische Analyse mit ihrer philosophischen

Auffassung des Frauseins: Die Widersprüche und Konflikte, bewußt erlebt und akzeptiert, machen die Frauen deutlich menschlicher als Männer.

Für Beauvoir stellen Lesbierinnen eine bedeutsame Kategorie unabhängiger Frauen dar. Weibliche Homosexualität, schreibt sie, ist »eine Art unter anderen, die Probleme zu lösen, die ihr Frausein im allgemeinen und ihre erotische Situation im besonderen mit sich bringen« (AG515; DSb218). Nach *Das andere Geschlecht* also kann weibliche Homosexualität als eine existentielle Wahl wie jede andere verstanden werden. Heterosexualität, könnte man hinzufügen, ist ebenfalls eine Wahl. Zumindest deutet Beauvoir an, daß weibliche Homosexualität nicht weniger »natürlich«, sondern eher »natürlicher« sei als Heterosexualität: »Und wenn man sich schon auf die Natur bezieht, kann man wohl sagen, daß jede Frau von Natur aus homosexuell ist«, schreibt sie (AG495; DSb195). Lesbierinnen können ihre Sexualität authentisch oder inauthentisch leben – *per se* sind sie anderen Frauen weder über- noch unterlegen: »Wie alle menschlichen Verhaltensweisen führt sie entweder zu Verstellung, Mangel an Gleichgewicht, Enttäuschung und Lüge, oder sie wird, ganz im Gegenteil, eine Quelle fruchtbarer Erfahrungen, je nachdem, wie sie gelebt wird, ob in Unaufrichtigkeit, Bequemlichkeit und Inauthentizität oder in klarem Bewußtsein, Großzügigkeit und Freiheit« (AG515; DSb218; ÜV). Wenngleich Beauvoir die – häufig vom patriarchalen Diskurs vertretene – Ansicht nicht ganz ausschließt, daß hormonale oder anatomische Faktoren in manchen Fällen zur lesbischen Objektwahl beitragen, lehnt sie den Gedanken, die Anatomie allein bestimme die sexuelle Orientierung, entschieden ab. »Doch Anatomie und Hormone bestimmen nur eine Situation, ohne das Objekt zu setzen, auf das hin diese transzendiert werden soll« (AG493; DSb193).

Einige lesbische Feministinnen haben ihrer Enttäuschung darüber Ausdruck verliehen, daß Beauvoir keine Theorie lesbischer Identität anbiete. Claudia Card beispielsweise beklagt, daß

Beauvoir »lesbische Beziehungen einfach als menschliche und nicht als spezifisch lesbische Beziehungen wertet« (S. 213), und Ann Ferguson ist unzufrieden, weil Beauvoir »den historischen Unterschied zwischen lesbischen Praktiken und lesbischer Identität nicht macht« (S. 207). Die Frage, ob eine überzeugende Theorie lesbischer Identität wirklich ein Desiderat ist, soll hier nicht diskutiert werden. Da jedoch Beauvoir die Maxime »Die Existenz geht der Essenz voraus« allgemein auf jede Form von Sexualität und Identität anwendet, stimmt ihre Auffassung weiblicher Homosexualität als existentialistisches *Handeln*, das sich in einer bestimmten Objektwahl ausdrückt, mit ihrem allgemeinen theoretischen System überein. Identität geht für Beauvoir unserem Handeln in der Welt nicht voraus, sondern sie ist *seine Folge*. Insofern als verschiedene Frauen verschiedene Gründe für ihre Wahl haben, »sich zur Lesbierin zu machen«, um mit Beauvoir zu reden, werden sie nicht alle dieselbe Auffassung dessen entwickeln, was es bedeutet, eine Lesbierin zu sein. So wie es keine allgemeine, allen Frauen gemeinsame »weibliche Essenz« gibt, besagt *Das andere Geschlecht*, kann es auch kein allgemeines »lesbisches Wesen« geben.

Beauvoirs Erörterung lesbischen Lebens zeigt alle rhetorischen und philosophischen Widersprüche, die ich in Kapitel 5 analysiert habe. Hier findet sich dieselbe Betonung der Passivität weiblicher Sexualität (in diesem Punkt unterscheidet Beauvoir nicht zwischen heterosexuellen und homosexuellen Frauen), dieselbe Neigung, das Männliche als das Universale aufzufassen, obwohl sie ausdrücklich vor eben diesem Trugschluß warnt. Tatsächlich ist ihr relativ kurzes Kapitel über weibliche Homosexualität sowohl im Aufbau als auch thematisch ungewöhnlich konfus. Das Spektrum reicht von Hosen für Frauen (die nun am Strand üblich seien, wie Beauvoir anmerkt) bis zur bizarren Geschichte einer adeligen Transvestitin in Österreich, die Beauvoir der notorisch unzuverlässigen »Studie« über Frigidität bei Frauen von Wilhelm Stekel entnommen hat; dazu läßt sie immer wieder kurze Hinweise auf Radclyffe Hall und Sarah Ponsonby, auf heftige Eifersuchtsanfälle, auf »viriles« und »feminines« Verhalten einfließen und führt schließlich die lesbische Objektwahl auf alle nur denkbaren Gründe zurück: auf das Bedürfnis nach Entspannung oder auf eine Vorliebe für weiche Haut (die nach Beauvoir allen Frauen eigen ist), auf den Wunsch, sich von Männern nicht zum Objekt erniedrigen zu lassen, *oder* den Wunsch, mit Männern auf deren eigenem Terrain zu konkurrieren.

Die theoretische und rhetorische Konfusion dieses Kapitels deutet auf tieferliegende Schwierigkeiten hin: Es scheint, als ob allein das Thema weibliche Homosexualität Beauvoir unfähig mache, ihr Denken zu ordnen. Die Enthüllung der lesbischen Praktiken Beauvoirs in ihren postum veröffentlichten *Lettres à Sartre* (1990) läßt Beauvoirs verstörte Reaktion auf dieses Thema in einem neuen Licht erscheinen. In diesem Zusammenhang jedoch ist es wichtig, daran zu erinnern, daß Beauvoir selbst sich niemals für lesbisch gehalten hat: Die Definition weiblicher Homosexualität, die sie in *Das andere Geschlecht* liefert, gilt auch für ihren Fall. Nach Beauvoir sind Lesbierinnen nicht einfach Frauen, die sexuelle Beziehungen zu anderen Frauen genießen; der entscheidende Punkt ist, daß dies *alles* ist, was sie genießen: »[Die Lesbierin] zeichnet sich nicht durch ihre Neigung zu Frauen, sondern durch die Ausschließlichkeit dieser Neigung aus«, betont sie (AG496; DSb196; ÜV). Mit anderen Worten: Lesbierinnen sind Frauen, die Männer *niemals* als potentielle Lustobjekte betrachten. Nach dieser Definition ist jede andere Frau, sie selbst eingeschlossen, heterosexuell.

Darin könnte mehr als nur eine Spur Unaufrichtigkeit liegen: Beauvoir formulierte ihre Definition immerhin lange nach ihrer wichtigsten lesbischen oder eher bisexuellen Periode in den späten dreißiger und frühen vierziger Jahren. Vielleicht war es für sie von Vorteil, sich durch ihre Definition von Lesbierinnen zu unterscheiden. Vielleicht konnte sie es einfach nicht ertragen, sich selbst anders als heterosexuell zu verstehen, unabhängig davon, wie ihre sexuellen Praktiken gewesen sein mögen. Vielleicht – und in den *Lettres à Sartre* spricht vieles dafür – sah sie in ihren lesbischen Praktiken lediglich eine »Ergänzung« zum heterosexuellen Sex. Was immer ihre Gründe gewesen sein mögen, Tatsache ist, daß die Autorin des *Anderen Geschlechts* für den Rest ihres Lebens jede Frage nach eigenen sexuellen Beziehungen zu Frauen negativ beantwortete. 1982 beispielsweise stellte ihr Alice Schwarzer die Frage, ob sie jemals eine sexuelle Beziehung zu einer Frau gehabt habe, und Beauvoir antwortete: »Nein. Ich hatte immer zwar wichtige Freundschaften mit Frauen, sehr zärtliche, manchmal auch körperlich zärtlich. Aber daraus ist nie eine erotische Leidenschaft geworden« (Schwarzer, S. 118).

Beauvoirs Antwort enthält einen Hauch jesuitischer Kasuistik. Aber wahr ist wohl auch, daß sie vermutlich nie daran gedacht hat, man könne Frauen, die auch Beziehungen zu Männern haben, für lesbisch halten. Das bestätigt die sonderbare Episode in den *Lettres à Sartre*, in der sie bestreitet, daß Nathalie Sorokine Lesbierin sei, obwohl Beauvoir selbst mit eben dieser Sorokine 1939 und 1940 eine stürmische Affäre hatte. Im moralisch repressiven Vichy-Regime kostete sie die Affäre mit Sorokine 1943 sogar ihre Stellung.[20] In ihrem Brief vom 28. August 1950 schreibt Beauvoir folgendes an Sartre:

»Als Sor. aufgebrochen war, erzählte mir Algren, seinen Freunden sei ihr lesbischer Zug aufgefallen. Es stimmt, daß sie mich vor den Leuten in einer Weise streichelt und küßt, die merkwürdig erscheinen muß. Aber Christine hat sie aufgrund ihrer Stimme am Telefon für eine Lesbierin gehalten, und Algren sagt, sie habe auf ihn denselben Eindruck gemacht, seit sie aus dem Taxi gestiegen sei. Sie ist aber keine – sie hatte eine komische, mißlungene Erfahrung mit einer professionellen Lesbierin, das ist alles –, sie ist vor allem sexuell infantil« (LSb392).

Wenn man sich auf die in der Öffentlichkeit allgemein geläufige Information verlassen kann, gibt es nach 1944 im Leben Beauvoirs nicht viele Indizien für lesbische Praktiken. Sylvie Le Bon de Beauvoir – Beauvoirs Adoptivtochter und Herausgeberin der *Lettres à Sartre* – tut nichts, um den Leser von dem Gedanken abzubringen, daß ihre lebenslange Beziehung zu Beauvoir auch eine sexuelle Beziehung war. »[Es war] Liebe zwischen Castor [Beauvoir] und mir«, betont sie. »Schwierig war das deshalb, weil wir beide nicht darauf vorbereitet waren, ich vor allem nicht, einen Menschen zu lieben, der eine Frau war. Aber genau das war es: Liebe, und fertig« (Bair, S. 640). Darum gebeten, sich genauer zu äußern, ob sie nicht doch eine sexuelle Beziehung gehabt hätten, sagte Le Bon de Beauvoir, daß Beauvoir in der Öffentlichkeit immer betont habe, »wir seien nur gute Freundinnen, weil ich nicht wollte, daß sie mehr sagte – aus vielen Gründen, aus vielen schlechten Gründen« (Bair, S. 641).[21]

Was also hat Beauvoir über lesbische Sexualität zu sagen? Ist sie wirklich eine Flucht vor der Objektifikation, die den Frauen im Patriarchat aufgezwungen wird? In vieler Hinsicht scheint die Antwort »ja« zu lauten. Gerade Beauvoirs Erörterung weiblicher Homosexualität enthält eine der positivsten Schilderungen sexueller Beziehungen in *Das andere Geschlecht*: »Unter Frauen ist die Liebe Kontemplation. Die Zärtlichkeiten sind weniger dazu bestimmt, sich die Partnerin anzueignen, als sich über sie ganz allmählich wiederzufinden. Die Trennung ist aufgehoben, es gibt weder Kampf noch Sieg, noch Niederlage. In vollkommener Wechselseitigkeit sind beide Subjekt und Objekt, Herrscherin und Sklavin zugleich. Die Dualität ist Einvernehmen« (AG 506; DSb 208). Nach dieser Darstellung scheinen Lesbierinnen tatsächlich das existentialistische Ideal der Gegenseitigkeit zu verwirklichen. Der Kontrast zu Françoises tapferen Bemühungen, Gerbert nach dem Modus der Gegenseitigkeit zu verführen, ist signifikant. Françoise sieht sich in einem Netz gesellschaftlicher Hierarchien gefangen, während hier die Dialektik Herr-Knecht aufgehoben ist, der Kampf zwischen den Geschlechtern keine Rolle spielt: Dies ist wirklich ein Verhältnis zwischen Gleichen. Das hindert Beauvoir jedoch nicht daran, sogar noch aufregendere Werte im *idealen* heterosexuellen Geschlechtsverkehr zu entdecken:

»[...] wenn sich die Frau vom Mann begehrt und zugleich geachtet fühlt, wenn er sie nämlich in ihrer Sinnlichkeit begehrt und dabei ihre Freiheit anerkennt, findet sie sich in dem Augenblick, da sie sich zum Objekt macht, als das Wesentliche wieder. Sie bleibt frei in der von ihr bejahten Unterwerfung. [...] In konkreter und fleischlicher Form erfüllt sich die wechselseitige Anerkennung des Ichs und des Anderen im schärfsten Bewußtsein von dem Anderen und dem Ich. [...] Die Alterität [hat] keinen feindlichen Charakter mehr. Eben dieses Bewußtsein von der Vereinigung der Körper in ihrer Trennung macht den Geschlechtsakt so aufregend. Und er ist es um so mehr, als die beiden Wesen, die gemeinsam ihre Grenzen leidenschaftlich negieren und behaupten, gleichartig [*semblables*] und doch unterschiedlich sind« (AG490; DSb189).

Wie wir in Kapitel 5 gesehen haben, entdeckt Beauvoir aufgrund ihrer philosophischen Idealisierung des männlichen Körpers auch im vollkommensten Beispiel heterosexuellen Geschlechtsverkehrs die weibliche »Niederlage«. In dieser Passage scheint gerade die Unterschiedlichkeit zwischen den beiden Körpern die Intensität der sexuellen Begegnung zu verstärken. Wahre Gegenseitigkeit, deutet Beauvoir an, setzt Unterschiedlichkeit voraus: Zuviel Gleichartigkeit reduziert sexuelle Interaktion auf ein narzißtisches Widerspiegeln des Anderen; es ist kein Zufall, daß sie gerade im Zusammenhang mit lesbischer Sexualität vom »Wunder des Spiegels« spricht (AG506; DSb207). Insgesamt also glaubt Beauvoir offenbar, daß homosexuelle Beziehungen der großen Mehrzahl der den Frauen im Patriarchat möglichen heterosexuellen Beziehungen vorzuziehen sind. Zugleich jedoch kommt sie einer Gleichsetzung weiblicher Homosexualität mit Narzißmus gefährlich nahe. Letzten Endes, so scheint es, setzt Beauvoir ihre sexuellen Hoffnungen auf wahrhaft gegenseitigen Sex mit Männern: Die Spuren Nelson Algrens sind in Beauvoirs glühender Lobpreisung idealen heterosexuellen Geschlechtsverkehrs kaum zu übersehen.

Für Beauvoir liegt der Vorteil ihrer theoretischen Position darin, daß sie ihre eigenen sexuellen Praktiken in den dreißiger und vierziger Jahren erklärt.[22] Nachteilig ist hier allerdings ihr Mangel an Logik. Denn wenn Homosexualität wirklich eine existentielle Wahl unter anderen darstellt und wenn solche Beziehungen potentiell in vollkommener Authentizität gelebt werden können, wie Beauvoir offenkundig glaubt, kann es keinen Grund geben, lesbische Beziehungen als weitgehend narzißtisch zu definieren. Denn wie wir in Kapitel 5 gesehen haben, ist Narzißmus für Beauvoir eine spezifische Form der weiblichen Entfremdung, die stets zu Unaufrichtigkeit führt: Nicht umsonst widmet sie dem Narzißmus als einer falschen Lösung des weiblichen Dilemmas im Patriarchat ein ganzes Kapitel. Man sollte auch nicht vergessen, daß für Existentialisten *jedes* Subjekt ein Anderer ist: Wenn sich die Dialektik Herr-Knecht in einer Begegnung zwischen zwei Männern abspielen kann, was Sartre wie Hegel für selbstverständlich halten, kann es auch keinen Grund geben, anzunehmen, daß die Spannung des Andersseins zwischen zwei Frauen nicht vorhanden wäre. Wie Beauvoir vermutet, mag im Patriarchat wahre Gegenseitigkeit leichter zwischen Frauen als zwischen Frauen und Männern zu verwirklichen sein. Es gibt keine Rechtfertigung dafür, anzunehmen, Frauen seien auf irgendeine Weise so von ihrer Gleichartigkeit geprägt, daß sie – statt das Anderssein der jeweils Anderen zu respektieren oder zu bekämpfen – einfach zu einer harmonischen, symbiotischen Verschmelzung mit der Anderen finden.

Trotz seiner Verworrenheit erzielt Beauvoirs Kapitel über

weibliche Homosexualität eine Reihe politisch wertvoller Punkte. Im Frankreich des Jahres 1949 erforderte es einigen Mut, das Thema überhaupt zur Sprache zu bringen. Es ist nicht daran zu zweifeln, daß Beauvoir weibliche Homosexualität wirklich als eine absolut vertretbare existentielle Wahl betrachtet; sie lehnt deutlich jede Art der Diskriminierung von Frauen grundsätzlich ab, die sich für ein lesbisches Leben entscheiden. Zu den Stärken dieses Kapitels zählt, daß Beauvoir die Vielfalt der Möglichkeiten, lesbisch zu sein, detailliert beschreibt; die Verworrenheit ihrer Darstellung ist teilweise auf die überbordende Fülle exzentrischer Beispiele zurückzuführen. So wie sich Beauvoir ausdrücklich weigert, in bezug auf die weibliche Identität Verallgemeinerungen anzustellen, lehnt sie im Prinzip auch jede Verallgemeinerung bezüglich der lesbischen Identität ab. Mit größter Sensibilität für die Schwierigkeiten, denen sich Lesbierinnen und andere unabhängige Frauen konfrontiert sehen, wenn sie im Patriarchat ihre Autonomie zu bewahren versuchen, beschreibt Beauvoir voller Mitgefühl und Verständnis ihre Dilemmas – die auch ihre eigenen sind. Die Hindernisse auf dem Weg zu wirklicher Freiheit sind nach wie vor entmutigend, doch Beauvoir weigert sich, den Kampf aufzugeben. Für sie bleibt alles möglich: Das Potential der Frauen ist unbegrenzt; die Zukunft steht ihnen weit offen.

Darstellungen der Befreiung

Wie also stellt sich Beauvoir die Zukunft vor? Was versteht die Autorin des *Anderen Geschlechts* unter Befreiung? Um diese Fragen zu beantworten, ist es hilfreich, *Das andere Geschlecht* im Zusammenhang mit Sartres *Schwarzer Orpheus* (1948) und Frantz Fanons *Schwarze Haut, weiße Masken* (1952) zu betrachten. Ganz zweifellos hat Beauvoir Sartres berühmten Essay über die *négritude* gelesen, der nur ein Jahr vor *Das andere Geschlecht* erschien.

Die These, *Schwarze Haut, weiße Masken* könne zur Erklärung des *Anderen Geschlechts* beitragen, mag eher überraschen, doch die Parallelen zwischen den beiden Texten sind erstaunlich. Wie *Das andere Geschlecht* bezieht sich Fanons epochale Studie über Rassismus und Kolonialismus ausdrücklich auf Lacans Theorie der Entfremdung im Spiegelstadium. So wie sich Beauvoir auf Lacan und Sartre stützt, um eine höchst komplexe Theorie der weiblichen Entfremdung im Patriarchat aufzustellen, zieht auch Fanon diese beiden Denker für seine Theorie der Entfremdung der Schwarzen in einer rassistischen Gesellschaft heran. Vorrangig mit der Frage nach der Subjektivität der Unterdrückten befaßt, bemühen beide Theoretiker eine ganze Reihe von Psychoanalytikern, um ihre jeweiligen Standpunkte zu entwickeln. Zudem macht, wie wir noch sehen werden, die persönliche Erfahrung von Unterdrückung und Marginalität beider Autoren die Frage des *Stils* für sie besonders wichtig – und besonders problematisch.

Fanon selbst erwähnt *Das andere Geschlecht* überhaupt nicht. Das Thema Frauenbefreiung scheint ihn nicht im entferntesten zu interessieren. Fanon, der seinen Esssay als Medizinstudent in Lyon schrieb, war vom Existentialismus beeinflußt und – nach seinen Fußnoten zu urteilen – ein eifriger Leser von *Les temps modernes*. Die existentialistische Zeitschrift veröffentlichte 1948 und 1949 etliche Auszüge aus *Das andere Geschlecht*, doch Fanon erwähnt nicht einen einzigen. Er verweist auch nicht auf das komplette Buch, obwohl ihm sein Erscheinen und die schokkierte Reaktion, die es in Frankreich 1949 und 1950 hervorrief, nicht entgangen sein können.[23] Leider sind Fanons ausdrückliche Bezugnahme auf Sartre und seine totale Vernachlässigung Beauvoirs typisch für die Reaktion männlicher Intellektueller auf den Existentialismus. Trotz der offenkundigen historischen Bezüge zwischen Fanon und Beauvoir scheinen heutige Kritiker des Kolonialismus und Postkolonialismus nichts getan zu haben, um diesen beklagenswerten Stand der Dinge zu ändern.[24]

In *Das andere Geschlecht* vergleicht Beauvoir die Befreiung der Frauen immer wieder mit den Freiheitskämpfen der Schwarzen. Ihre Reaktion auf *Schwarze Haut, weiße Masken* ist nicht überliefert. Meines Wissens hat sie sich nie zu der Vernachlässigung ihres Werks durch den martiniquanischen Theoretiker geäußert. In *Der Lauf der Dinge* liefert sie einen begeisterten Bericht über ihre Begegnung mit Fanon kurz vor dessen Tod 1961. In den späten fünfziger und frühen sechziger Jahren unternahm Beauvoir ausgedehnte Reisen, auf denen sie einigen der einflußreichsten Politiker und Intellektuellen der Welt begegnete: Fidel Castro, Nikita Chruschtschow, Albert Camus, Alberto Moravia, Jorge Amado, Nicolás Guillén und viele andere läßt sie auf den Seiten ihrer Autobiographie Revue passieren. Die einzige Person jedoch, die sich von diesem glänzenden Aufgebot abhebt, ist Fanon, der in den späten fünfziger Jahren in der algerischen Revolution zu einer wichtigen Gestalt geworden war. Als Beauvoir ihn kennenlernte, war er von Krankheit gezeichnet, doch fand sie ihn »außerordentlich lebendig«. Die »Fülle seines Wissens, seine Darstellungskraft, die Schnelligkeit und Kühnheit seines Denkens« rühmend, bezeugt Beauvoir sein intellektuelles Format (LD566; FCb427). »Er war ein außergewöhnlicher Mann«, schreibt sie. »In seiner Nähe kam einem das Leben wie ein tragisches, oft grauenhaftes, aber unendlich wertvolles Abenteuer vor« (LD566; FCb427; ÜV).

Da sich Fanons Essay unmittelbar mit den Auffassungen Sartres auseinandersetzt, ist es notwendig, zunächst *Schwarzer Orpheus* zu betrachten. Damit sich die Arbeiterklasse befreien könne, argumentiert Sartre, müsse sie ein Bewußtsein ihrer selbst als Klasse entwickeln, um sich dann ihren kapitalistischen Unterdrückern zu widersetzen. Die Entwicklung des notwendigen proletarischen Klassenbewußtseins sei ein rein objektiver Prozeß: Es gehe lediglich darum, die historische Situation des Proletariats zu erkennen, wobei die Subjektivität des individuellen Arbeiters in keiner Hinsicht involviert sei. Die Schwarzen dagegen, die tagtäglich vom Rassismus gezwungen werden, ihre Hautfarbe zur Kenntnis zu nehmen, erkennen, daß der erste Schritt zur Befreiung gerade darin bestehe, ihre Hautfarbe zu bejahen und zu verteidigen: »Der schließlichen Einheit, die alle Unterdrückten in ein und demselben Kampf zusammenführen wird, muß in den Kolonien vorausgehen, was ich das Moment der Separation oder der Negativität nennen möchte: Dieser antirassistische Rassismus ist der einzige Weg, der zur Beseitigung der Rassenunterschiede führen kann« (*Schwarze und weiße Literatur*, S. 45). Für Sartre ist das höchste Ziel des antirassistischen Kampfes »eine Gesellschaft ohne Privilegien«, in der »die Pigmentierung der Haut als bloßer Zufall angesehen wird« (*Schwarze und weiße Literatur*, S. 45). Dieser »antirassistische Rassismus« müsse zwangsläufig eine Sprache rassistischen Essentialismus erzeugen, die in radikalem Widerstreit mit seinen höchsten Zielen stehe. Wenn Rassismus die Schwarzen ihrer selbst entfremde, müssen sie um der Befreiung willen ihr Schwarzsein wiedererlangen, es sich sozusagen aneignen. Das ist richtig, auch wenn dieses wiedererlangte Schwarzsein keineswegs ein »pures« oder »essentielles« Schwarzsein, sondern das widersprüchliche Produkt von Rassismus und Kolonialismus ist. Für Sartre ist der »antirassistische Rassismus« der *négritude* ein absolut notwendiges Element in einem Prozeß, der den abstrakten Begriff universalen Menschseins letzten Endes in konkrete Realität verwandelt. Oder um es anders auszudrücken: Unter wahrhaft nicht-rassistischen Bedingungen wird Rasse keine *politischen* Implikationen mehr haben. Sartres Modell der Schwarzenbefreiung, könnte man sagen, stellt eine utopische Vision äußerster *Entpolitisierung* der Identität dar: Er geht jedoch davon aus, daß der Weg zu diesem Ziel über die radikale *Politisierung* rassischer Identität führt, so widersprüchlich und konfliktträchtig diese auch sein mag.

Wenn wir nun Fanons *Schwarze Haut, weiße Masken* näher betrachten, so ist der erste und auffallendste Aspekt des Buches sein *Stil*. Zweifellos ist der zutiefst persönliche Ton des Essays zum

Teil eine Folge der marginalen Position Fanons im intellektuellen und kulturellen Feld Frankreichs. Wechselnd zwischen
poetischer Prosa, Ironie, Anekdote und relativ fachlicher psy-
chiatrischer und philosophischer Analyse, ist die Vielfalt der Aus-
drucksweisen in Fanons Text so groß, daß sie den gesamten Essay
zu sprengen droht, um dann doch durch die intensive Inszenie-
rung – *mise en scène* – des erzählenden und erlebenden »Ich« zu-
sammengehalten zu werden. Gerade die Pluralität seines Diskurses bringt Fanons komplexes Verhältnis zur eigenen Erfahrung
und politischen Situation zum Ausdruck. Sie ermöglicht ihm
auch, seine Argumente auf einer Fülle verschiedener Ebenen
vorzutragen: In *Schwarze Haut, weiße Masken* werden die Widersprüche schwarzer Entfremdung und Identität in einer rassistischen Gesellschaft anhand von Erzählungen, Literaturkritik, Polemiken, persönlicher Erfahrung und poetischen Reflexionen
untersucht. Daraus ergibt sich, daß der Leser nicht nur die Widersprüche schwarzer Subjektivität im Kolonialismus, sondern
auch das Leid, die Verwirrung und die Enttäuschung zu erfassen
vermag, die unter solchen Bedingungen mit der Erfahrung des
Schwarzseins verbunden sind. Auf diese Weise wird gerade die
Subjektivität, um die es in Fanons Auseinandersetzung mit Sartre geht, im Zentrum des Textes rhetorisch präsentiert und
plaziert.

Durch seine überaus exzentrische – und für mich wahrhaft bewundernswerte – *écriture* gelingt es Fanon, zugleich seine Distanz
zu Sartres Auffassungen wie deren Bestätigung zu signalisieren.
Seine rhetorische Praxis, die seine theoretischen Investitionen
widerspiegelt und bricht, stellt einen radikalen Bruch mit der damals in Frankreich üblichen Form des philosophisch-politischen
Essays dar. Wenn der Sartre der späten vierziger Jahre die Verkörperung französischer »Philosophie« ist, spricht aus Fanons stilisti-
schen Streifzügen durch die Dichtung der *négritude*, zu der er ein
durchaus ambivalentes Verhältnis hat, ein subtiler Widerstand
gerade gegen die Stimme des französischen Meisterdenkers. Fa-

non, der sich über die gesellschaftlichen und politischen Implikationen der herausragenden Sprechposition Sartres völlig im klaren ist, sieht in Sartre den höchst wertvollen politischen Verbündeten der *négritude*-Bewegung wie zugleich auch den vernichtend herablassenden Theoretiker. Gegen Sartres anmaßende Reduzierung der schwarzen Erfahrung auf ein bloßes Moment in der Dialektik der Befreiung aufbegehrend, zeigt Fanon, daß der existentialistische Denker die emotionalen und empirischen Implikationen des schwarzen Diskurses überhaupt nicht zu erfassen vermag:

>*Schwarzer Orpheus* ist ein Datum in der Intellektualisierung des schwarzen *Existierens*. […] Jean-Paul Sartre hat in dieser Studie den schwarzen Enthusiasmus zerstört. Dem historischen Werden war die Unvorhersehbarkeit gegenüberzustellen. Ich hatte das Bedürfnis, mich absolut im Neger-sein zu verlieren. Vielleicht, eines Tages, inmitten dieser unglückseligen Romantik…[…] Die Dialektik, welche die Notwendigkeit in das Fundament meiner Freiheit stellt, vertreibt mich aus mir selbst. Sie durchbricht meine unüberlegte Haltung« (*Schwarze Haut, weiße Masken*, S. 87 f.; ÜV).

Fanon vertritt also nicht den Standpunkt, *négritude* (»diese unglückselige Romantik«) sei eine makellose theoretische Position – sie entspricht vielmehr einem emotionalen und politischen Bedürfnis. Indem Sartre seine Unterstützung der *négritude* überhaupt verkündet, verfehlt er das Verständnis dafür, daß Subjektivität und Körper untrennbar sind. Daraus folgt, daß ihm die *Körperlichkeit* schwarzer Erfahrung völlig entgeht: »Noch nicht weiß, nicht mehr ganz schwarz, war ich ein Verdammter«, schreibt Fanon. »Jean-Paul Sartre hat vergessen, daß der Neger anders an seinem Körper leidet als der Weiße« (S. 90).

Das Verlangen nach *négritude* ist also nicht einfach ein abstraktes Moment in der Dialektik, sondern ein unentrinnbarer Aspekt im

Gewebe schwarzer Subjektivität und ebenso tief in Fanons Körper verwurzelt wie sein Verlangen, am allgemeinen Menschsein
teilzuhaben, in dem die Hautfarbe eine Variable unter anderen
ist: »Meine schwarze Haut besitzt keine besonderen Werte«,
schreibt Fanon am Ende seines Essays. »Ich habe nicht die Pflicht,
dieses oder jenes zu sein« (S. 145, 146). Grundlegende existentialistische Themen anklingen lassend, fährt Fanon fort: »Man
darf den Menschen nicht festnageln wollen [*fixer*], denn es ist
seine Bestimmung, losgelassen [*lâché*] zu werden« (S. 147); er besteht auf seinem Wunsch, sich von den Lasten der Vergangenheit
zu befreien: »Ich habe nicht das Recht, den Determinationen der
Vergangenheit auf den Leim zu gehen. [...] Der Neger ist nicht.
Ebensowenig der Weiße« (S. 147 f.). Fanon hat also gegen die
äußerste Entpolitisierung der Identität nichts einzuwenden;
ihm geht es eher darum, daß Sartres Utopie überhaupt keinen
Raum für schwarze Identität zu enthalten scheint. Obwohl
Fanon in seiner Kritik an Sartre nicht ganz so weit geht, daß er
die Dialektik ausdrücklich ablehnt, tendiert seine bloße *écriture*
zum Nicht-Dialektischen. Es ist, als ob er nach einer Möglichkeit
taste, eine Theorie der Subjektivität zu entwickeln, in der die
von Sartre skizzierten dialektischen Momente ständig in Bewegung wären, so daß jedes Element unaufhörlich in neuen und
unvorhersehbaren Kombinationen die Pfade von anderen kreu-
zen würde. Obwohl Fanons Theorie eine solche postmoderne
Ausarbeitung des Problems nicht anbietet, kommt sein Diskurs,
wie ich finde, dessen *Verkörperung* immerhin nahe.

Welche Position nimmt nun Beauvoir in diesem Bild ein? Die
Unterdrückung der Frauen, argumentiert sie, gleiche in mancher
Hinsicht der Unterdrückung anderer gesellschaftlicher Gruppen,
etwa der von Juden oder Schwarzen. Angehörige dieser Gruppen werden ebenfalls von Mitgliedern der herrschenden Kaste
oder Rasse als Objekte behandelt. Dennoch sei die Situation der
Frauen grundsätzlich anders, vor allem weil Frauen über *alle* gesellschaftlichen Gruppen verstreut sind: »Das Band, das sie mit

ihren Unterdrückern verbindet, ist mit keinem anderen vergleichbar«, betont Beauvoir in der Einleitung zu *Das andere Geschlecht* (AG15; DSa19). Daraus resultiere, daß Frauen dazu neigen, sich eher mit Männern ihrer eigenen gesellschaftlichen Gruppe solidarisch zu fühlen als mit Frauen im allgemeinen. Im Patriarchat gebe es keine Frauengettos, keine Frauenlager, in denen ein kollektiver Aufstand organisiert werden könne: »Frauen«, schreibt Beauvoir 1949, »sagen nicht ›Wir‹ [...] sie setzen sich nicht authentisch als *Subjekt*« (AG15; DSa19). Wenn sich Schwarze gegen Weiße auflehnen, können sie ihr Schwarzsein als ein dialektisches Moment revolutionärer Negation setzen; eine vergleichbare Möglichkeit bietet sich Frauen in bezug auf Männer nicht, die – wenn nicht ihre Ehemänner oder Liebhaber – ihre Söhne, Brüder und Väter sind. »Es fehlen ihnen nämlich konkrete Mittel, um sich zu einer Einheit zusammenzuschließen, die sich selbst setzt, indem sie sich entgegen-setzt«, schreibt Beauvoir (AG15; DSa19).

Gerade weil die große Mehrheit der Frauen nie – von Männern getrennt – in eigenen Gemeinschaften gelebt hat, ist ihre Entfremdung sehr viel ambivalenter als die anderer unterdrückter Gruppen. Die weibliche Subjektivität, komplexes und widersprüchliches Resultat patriarchaler Sozialisation, ist eine doppeldeutige Mischung von Transzendenz und Freiheit. Keine andere unterdrückte Gruppe erlebt diese Art des Widerspruchs zwischen Freiheit und Entfremdung. *Das andere Geschlecht* stellt ja eine exakte Parallele zwischen der subjektiven und der objektiven (gesellschaftlichen) Lage der Frauen her. In beiden Fällen ist ihre Situation durch das Fehlen eines deutlichen Gegensatzes zwischen den beiden ersten Momenten der Dialektik charakterisiert. Daraus folgt, daß die Frauenbefreiung nicht in die von Sartre vorgelegte klassisch Hegelsche Darstellung der Freiheit gepreßt werden kann.

Was also ist Beauvoirs Alternative zu Sartres Hegelscher Darstellung? In diesem Punkt erweist sich *Das andere Geschlecht* als etwas vage. Nach meiner Interpretation Beauvoirs scheint die Ambiguität weiblicher Subjektivität im Patriarchat zugleich eine politische Stärke und eine Schwäche zu sein. Eine Stärke ist sie insofern, als sie Frauen potentiell befähigt, Freiheit in einem weniger gewaltsamen Kampf zu erlangen als andere Gruppen: In diesem Szenario kann Veränderung dadurch erreicht werden, daß man die vielfältigen Widersprüche patriarchaler Ideologie ausnutzt und sich ihrer bedient, um das System von innen zu unterminieren. Eine Schwäche ist diese Ambiguität insofern, als sie die Frauen daran hindert, eine revolutionäre Bewegung aufzubauen, in der sie sich den Männern klar und deutlich widersetzen.[25] Nach dieser Logik macht gerade die Ambiguität der Frauen die revolutionäre Option – die ja eben die Entwicklung ist, die sich Sartre für die Schwarzen wie für die Arbeiterklasse vorstellt – unmöglich. Statt dessen werden Frauen einen ununterbrochenen Kampf gegen die widersprüchlichen Manifestationen patriarchaler Ideologie wie gegen offene Gewalt und rücksichtslose Ausbeutung führen müssen. Nach dieser Interpretation des *Anderen Geschlechts* erweist sich der Befreiungskampf der Frauen als langsamer und widersprüchlicher Prozeß, als die einzige wahrhaft gewaltlose Revolution in der Geschichte.

Was also ist das Ziel dieses Prozesses? Bemerkenswert klar und schlüssig setzt Beauvoirs Utopie voraus, daß die oben beschriebenen materiellen Bedingungen (S. 304) bereits erreicht seien. Den letzten Satz des *Anderen Geschlechts*, der Freiheit und Brüderlichkeit fest miteinander verbindet, haben Feministinnen oft als problematisch empfunden: »Es ist die Aufgabe des Menschen, dem Reich der Freiheit inmitten der gegebenen Welt zum Durchbruch zu verhelfen. Damit dieser höchste Sieg errungen werden kann, ist es unter anderem notwendig, daß Männer und Frauen über ihre natürlichen Unterschiede hinaus unmißverständlich ihre Brüderlichkeit behaupten« (AG900; DSb663). Entgegen allem Anschein kann dieser Satz nicht auf einen simplen Verrat der Werte der Schwesterlichkeit reduziert werden. Rhetorisch wie thematisch stellt das letzte Wort in *Das andere Geschlecht* Beauvoirs abschließende utopische Geste dar. »Jede Unterdrückung schafft einen Kriegszustand«, schreibt sie (AG883; DSb645). Nur wenn die Unterdrückung ein Ende hat, wird echte Solidarität zwischen Männern und Frauen möglich sein: Beauvoirs *fraternité* muß man sich in einem Raum angesiedelt vorstellen, in dem das Patriarchat nicht mehr herrscht, denn nur dann kann diesem Wort die wirklich universale Bedeutung gegeben werden, die es schon immer hätte haben sollen. In einem solchen politischen Raum wird das Wort *Schwesterlichkeit* endlich als ebenso universal verstanden werden wie *Brüderlichkeit*.

Natürlich handelt es sich hier um eine bewußte Anspielung auf die Französische Revolution: Ihr Utopia, sagt Beauvoir, sei eine Welt, in der die Ideale der Freiheit, Gleichheit und Brüderlichkeit endlich in Realität verwandelt wären. Gleichheit bedeutet hier nicht geschlechtliche *Gleichheit*: Ihre Theorie gilt nicht einer geschlechtslosen Gesellschaft in jeder Bedeutung des Wortes. Für Beauvoir setzt politische Gleichheit gesellschaftliche und ökonomische Gleichheit voraus. Zusammen ergeben diese drei Elemente die Conditio sine qua non für die ethische Gleichheit zwischen den Geschlechtern. Ethische Gleichheit impliziert die gegenseitige Anerkennung des Anderen als freies, handelndes Subjekt, und in *Das andere Geschlecht* wird dies in der Regel als *Gegenseitigkeit*, nicht als *Brüderlichkeit* bezeichnet. Es mag notwendig sein, hinzuzufügen, daß Beauvoir *konkrete* Gleichheit und nicht die vom traditionellen bürgerlichen Humanismus beschworene rein *abstrakte* Gleichheit meint. Konkrete Gleichheit schließt Unterschiedlichkeit mit ein: Mutterschaftsurlaub beispielsweise signalisiert die gesellschaftliche Anerkennung der spezifischen Rolle der Frau in der Fortpflanzung, beweist aber auch den gesellschaftlichen Willen, sicherzustellen, daß dieser Unterschied nicht zu einer beruflichen oder ökonomischen Benachteiligung führt. Anders ausgedrückt: Damit konkrete Gleichheit hergestellt werden kann, muß Unterschiedlichkeit anerkannt werden.

Ganz wie Marx träumt Beauvoir von einer Gesellschaft, in der die angeblich universalen Werte aus der Tradition der Aufklärung endlich für alle gültig sein werden. Heute, schreibt sie, »stellt der Mann [...] das Positive und das Neutrale dar, das männliche und das menschliche Wesen, während die Frau nur das negative, das weibliche Wesen ist« (AG496; DSb197). Solange Frauen die Teilhabe am Universalen versagt bleibt, wird geschlechtliche Differenz gegen sie verwendet. In Beauvoirs Utopia werden Frauen nicht mehr unausgesetzt an ihr Anderssein erinnert, werden sie nicht mehr das Gefühl haben müssen, von der patriarchalen Norm abzuweichen:

»Erst wenn es jedem Menschen möglich sein wird, seinen Stolz jenseits des Geschlechtsunterschieds im schwierigen Glanz seiner freien Existenz anzusiedeln, erst dann wird die Frau ihre Geschichte, ihre Probleme, ihre Zweifel und ihre Hoffnungen mit denen der Menschheit gleichsetzen können. Erst dann wird sie danach trachten können, in ihrem Leben und in ihren Werken die ganze Wirklichkeit und nicht nur ihre Person zu enthüllen. Solange sie noch darum kämpfen muß, ein Mensch zu werden, ist sie außerstande, eine Schöpferin zu sein« (AG880; DSb640).

Zwischen ihrer Existenz als Frauen und ihrer Existenz als Menschen hin und her gerissen, sind Frauen im Patriarchat genötigt, ihre Besonderheit entweder zu leugnen oder sich zwanghaft auf sie zu konzentrieren. Für Beauvoir ist weder die eine noch die andere Option akzeptabel. Teilhabe am Universalen zu verlangen heißt jedoch nicht, Unterschiedlichkeit zu leugnen. Der patriarchalen Weiblichkeit will Beauvoir entkommen, nicht dem Frausein an sich: »Was der Frau heute im wesentlichen fehlt, um große Dinge zu tun, ist Selbstvergessenheit. Um sich aber selbst zu vergessen, muß man erst einmal ganz sicher sein, daß man sich selbst gefunden hat« (AG867; DSb626). In *Das andere Geschlecht* findet sich die Erkenntnis, daß Frauen niemals frei sein werden, wenn sie nicht ein Bewußtsein ihrer selbst als Frauen wie als Menschen entwickeln. Daß Beauvoir auf dem Recht der Frauen besteht, sich sexuell uneingeschränkt zu verwirklichen, deutet in dieselbe Richtung.

Zwar stimmen Sartre, Beauvoir und Fanon darin überein, daß Unterdrückung die Ausschließung vom Universalen zur Folge hat, doch sind sie deutlich verschiedener Meinung, wenn es um den Wert geht, den sie der Subjektivität der Unterdrückten beimessen. Sartre, angeregt von Léopold Sédar Senghors *Anthologie de la nouvelle poésie nègre et malgache*, betont, daß »schwarze Subjektivität« für politische Zwecke erforscht werden müsse (*Schwarze und weiße Literatur*, S. 45), aber er stellt dies als ein rein negatives Moment des »antirassistischen Rassismus« dar. Indem sich Sartre die *négritude* zu eigen mache, argumentiert Fanon, beschränke er sie auf Negativität. Fanon dagegen, der die zutiefst miteinander verbundenen Wurzeln von Körper und Subjektivität hervorhebt, macht darauf aufmerksam, daß Schwarzsein in der unerbittlichen Bewegung der Dialektik nicht einfach abgewaschen werde (»Noch nicht weiß, nicht mehr ganz schwarz, war ich ein Verdammter«, S. 90). Für Fanon besteht also Befreiung darin, *als schwarzer Mensch* Teilhabe am Universalen zu erlangen.

Welche politische Rolle soll also der weiblichen Subjektivität im Übergang vom Patriarchat zur Freiheit zugewiesen werden? Trotz ihrer unterschiedlichen Auffassungen stimmen Sartre und Fanon darin überein, daß der Weg zur endgültigen, utopischen Entpolitisierung der Identität über deren radikale Politisierung führt. Im Vergleich zu Sartres und Fanons entschiedener Rechtfertigung ihrer Ansicht, die Subjektivität der Unterdrückten müsse politisch genutzt werden, bleibt Beauvoirs Position merkwürdig unschlüssig. In *Das andere Geschlecht* wird eine rein negative Notwendigkeit »antisexistischen Sexismus« nicht erwähnt. Nirgendwo postuliert Beauvoir ausdrücklich, daß der Wert weiblicher Widersprüchlichkeiten im Patriarchat bejaht werden müsse oder daß es ein notwendiger Schritt auf dem Weg zur Be-

freiung sei, das Lob der *féminitude* zu singen. Das hindert sie jedoch nicht daran, eine der ehrgeizigsten Theorien weiblicher –
nicht »universaler« – Subjektivität zu entwickeln, die je aufge-
stellt wurde. Es hindert sie auch nicht daran, zu erkennen, daß
Frauen um ihrer Freiheit willen fähig sein müssen, sich als Frau-
en zu behaupten. Letztlich jedoch schreckt sie davor zurück, aus
diesen Einsichten die politischen Konsequenzen zu ziehen. Es
scheint, als ob Beauvoir unsicher schwankt zwischen ihrer bahnbrechenden Erkenntnis der politischen Bedeutsamkeit weiblicher Subjektivität im Patriarchat und einem ebenso deutlichen
Widerstreben, diese Subjektivität als *notwendiges* Element im politischen Freiheitskampf der Frauen zu entwerfen. Um sich mit
dieser Lücke in ihrem Denken nicht auseinandersetzen zu müssen, sucht Beauvoir Zuflucht beim Marxismus: Alle Hoffnungen
auf eine sozialistische Revolution setzend, nimmt sie 1949 einfach an, daß das Hinscheiden des Kapitalismus auch das Ende des
Patriarchats bedeuten werde.

Letztlich besteht also die gravierendste politische Schwäche
des *Anderen Geschlechts* darin, daß Beauvoir das progressive Potential der »Weiblichkeit« nicht als einen politischen Diskurs zu
begreifen vermag. Über vierzig Jahre nach der Veröffentlichung
ihrer epochalen Untersuchung läßt sich leicht feststellen, daß sie
die potentielle politische Wirkung einer unabhängigen Frauenbewegung weit unterschätzte, so wie es ihr auch nicht gelungen
ist, eine angemessene Analyse der weiblichen Sexualität vorzulegen. Fanon mag keine voll entwickelte Alternative zu Sartres
Hegelscher Dialektik geliefert haben, doch seine Rhetorik verweist zumindest auf eine Alternative. Da Beauvoir nicht imstande ist, sich dem Problem ausdrücklich zu stellen – ob auf stilistischer oder theoretischer Ebene –, befindet sie sich in einer enge-
ren theoretischen Sackgasse als Fanon. Man ist versucht, daraus
zu schließen, daß es im historischen Augenblick des Jahres 1950
in Frankreich noch nicht möglich war, über die Grenzen klassischer marxistischer oder traditionell bürgerlicher Darstellungen

der Emanzipation ganz hinauszugelangen: Beauvoirs und Fanons Leistung besteht darin, daß sie die Unmöglichkeit bewiesen haben, mit der Verwendung solcher Paradigmen eine Theorie des Sexismus wie des Rassismus zu entwickeln.

Daß Beauvoir Sartres Hegelsche Darstellung der Befreiung nicht ausdrücklich abzulehnen vermochte, mag kaum überraschen. Aus einer rein persönlichen Perspektive ist der Umstand, daß sie ihr auch nicht ausdrücklich zustimmt, eigentlich viel bestürzender. Beauvoirs Schweigen zu diesem Problem ist jedoch stark überdeterminiert. Auf einer Ebene spiegelt ihre Unschlüssigkeit in der Frage des politischen Werts weiblicher Subjektivität ihre eigene Situation als unabhängige Frau, als eine Gestalt des Übergangs, die auf der Schwelle einer neuen Welt steht. Da Beauvoir die Erniedrigungen patriarchaler Weiblichkeit kennengelernt hat, widerstrebt es ihr verständlicherweise, deren welthistorische Notwendigkeit zu verkünden. Daß sie Weiblichkeit nicht als potentiell positive Kraft für Veränderung zu postulieren vermag, ist auch auf ihre überaus negative Analyse der weiblichen Sexualität zurückzuführen. Diese wiederum ist mit Beauvoirs beharrlicher Neigung verbunden, die Freiheit der Männer zu überschätzen und die Stärke traditioneller Frauen zu unterschätzen. Ein sogar noch wichtigerer Faktor ist jedoch die historische Situation der Frauen im Frankreich der vierziger Jahre. Während der Kampf gegen den Kolonialismus in diesem Jahrzehnt an Stoßkraft gewann, gab es keinerlei Anzeichen für die künftige Explosion der Frauenbewegung. 1949 war es sehr viel leichter, sich die Notwendigkeit einer autonomen Bewegung für Schwarze als für Frauen vorzustellen. Es wäre in der Tat ungerecht, Beauvoir dafür zu tadeln, daß sie ein Problem nicht vollständig zu durchdenken vermochte, das zuvor niemand je auch nur zur Sprache gebracht hatte.

Als sich Beauvoir im November 1971 der Frauenbewegung anschloß, beeilte sie sich, einige ihrer früheren Irrtümer einzuräumen:

»Ich erinnere mich, daß ich am Ende des *Anderen Geschlechts* sagte, ich sei Anti-Feministin, denn ich dachte, daß die Probleme der Frauen sich in einer Entwicklung hin zum Sozialismus von selbst lösen würden. Feministen sind Frauen – oder auch sogar Männer –, die (vielleicht in Verbindung mit dem Klassenkampf, aber doch außerhalb) für die Frau kämpfen, ohne die erstrebte Veränderung unbedingt von der der Gesamtgesellschaft abhängig zu machen. In diesem Sinne bin ich heute Feministin. Denn ich habe eingesehen, daß der Kampf auf der politischen Ebene nicht so schnell zum Ziel führt. Wir müssen also für die konkrete Situation der Frau kämpfen, bevor der erträumte Sozialismus kommt. Außerdem habe ich eingesehen, daß selbst in den sozialistischen Ländern die Gleichberechtigung zwischen Mann und Frau nicht eingetreten ist. Darum bin ich heute in der Bewegung zur Befreiung der Frauen aktiv« (Schwarzer, S. 30).

In den siebziger Jahren also erkannte Beauvoir die Notwendigkeit der unabhängigen feministischen Mobilisierung von Frauen *als* Frauen sowohl im Zusammenhang mit der allgemeinen sozialistischen Bewegung, der sie sich zugehörig betrachtete, als auch gegen diese. Für Beauvoir hatte dieser Separatismus jedoch nur strategische Bedeutung: Ihre allgemeine Vision der Befreiung änderte sich nie.

1976 hebt Beauvoir in einem Interview den positiven Charakter bestimmter »weiblicher« Eigenschaften hervor; Frauen, meint sie, neigen nicht zu Selbstüberschätzung, Selbstgefälligkeit und Arroganz, haben Humor, wenig Respekt vor Hierarchien und so weiter:

»Diese ›weiblichen‹ Qualitäten sind nicht angeboren, sondern resultieren aus unserer Unterdrückung. Aber wir könnten sie auch nach einer Befreiung bewahren – und die Männer müßten sie erlernen. Aber man darf nicht ins andere Extrem fallen: sagen, die Frau habe eine besondere Erdverbundenheit, habe den

Rhythmus des Mondes und der Ebbe und Flut im Blut und all dieses Zeug... Sie habe mehr Seele, sei von Natur aus weniger destruktiv et cetera. Nein! Es ist etwas dran, aber das ist nicht unsere Natur, sondern das Resultat unserer Lebensbedingungen. [...] Man darf nicht glauben, der weibliche Körper verleihe einem eine neue Vision der Welt« (Schwarzer, S. 80 f.).

Der Tendenz, konkrete Vorstellungen von »Frauenkultur« oder »Frauentradition« zu idealisieren, mit Skepsis begegnend, betrachtet die Autorin des *Anderen Geschlechts* diese Phänomene als widersprüchliche Ergebnisse des Patriarchats. Für Beauvoir hat weibliche Sexualität nicht die weitreichenden kulturellen Implikationen, die von späteren feministischen Generationen oft behauptet werden. Viele der Eigenschaften (Offenheit, Großzügigkeit, Spontaneität, Fluidität[26]), die beispielsweise die Verfechterinnen der *écriture féminine* in der weiblichen Sexualität begründet sehen, hält Beauvoir überhaupt nicht für spezifisch sexuell.[27] Auch in den siebziger Jahren blieb also ihre Position in bezug auf jene Feministinnen antagonistisch, die sich auf das Anderssein der Frau konzentrierten, dabei andere gesellschaftliche Bewegungen oft nicht beachteten und das von Beauvoir verkörperte »altmodische« Ideal der Gleichheit zweifellos entschieden verachteten.[28]

Wenngleich Beauvoir den historischen und den theoretischen Wert feministischer Identitätspolitik mit Recht in Frage stellt, bin ich der Meinung, daß sie den *strategischen* Wert einer Differenzpolitik erheblich unterschätzt. Das soll jedoch nicht heißen, daß ich mit ihrer Vision der Befreiung nicht übereinstimmte. Im politischen und theoretischen Raum der neunziger Jahre besteht nach wie vor ein realer Konflikt zwischen jenen, die die strategische Nutzung eines intellektuellen und politischen Separatismus akzeptieren, um eine neue, wirklich egalitäre Gesellschaft zu erreichen, und jenen, die davon überzeugt sind, daß den Interessen der Frauen mit der Etablierung eines dauerhaft herrschenden Systems der geschlechtlichen Differenz in jedem gesellschaftlichen und kulturellen Feld am besten gedient sei. Das heißt also: In den gegenwärtigen feministischen Debatten geht es um ganz unterschiedliche Visionen der Befreiung.

Wenn ich die Frage in diesen Begriffen aufwerfe, ist das schon für sich eine Huldigung an Simone de Beauvoir. Meiner Meinung nach besteht das überzeugendste Vermächtnis des *Anderen Geschlechts* darin, daß alle seine Analysen und Polemiken in eine eindringliche narrative Darstellung der Befreiung eingebettet sind. Indem Beauvoir von einer Geschichte historischen und gesellschaftlichen Wandels ausging, mit anderen Worten, indem sie dem Feminismus ein Ziel gab, eine Gesellschaft erdachte, in der man nicht mehr Feministin *sein* muß, lieferte sie den Frauen der ganzen Welt eine Vision der Veränderung. Ebendas verleiht ihrem Essay die Kraft und die Fähigkeit, seine Leserinnen zum Handeln anzuregen, und ebendeshalb bleibt *Das andere Geschlecht* der für den materialistischen Feminismus des 20. Jahrhunderts grundlegende Text.

Historisch gesehen haben narrative Darstellungen der Freiheit zum gesellschaftlichen Wandel bemerkenswert beigetragen: Wir verwerfen sie auf eigene Gefahr. Die Frage der Frauenbefreiung in einem postmodernen intellektuellen Feld aufzuwerfen heißt jedoch, sich sogleich dem Vorwurf der Teleologie und anderer metaphysischer Sünden auszusetzen: Kein Wunder, daß viele Feministinnen rasch ihren Glauben an die Zukunft des Feminismus verlieren. Doch den Feminismus seiner Utopien berauben heißt, ihn mit einem Schlag zu entpolitisieren: Feministische Theorie, die nicht von einer politischen Utopie getragen wird, gerät in eine Sackgasse. Das wird zur Folge haben, daß der Feminismus sein Ziel verliert, daß sich ein Gefühl absoluter Zwecklosigkeit einstellt und daß der Feminismus zu einer sich selbst perpetuierenden akademischen Institution wird wie jede andere auch. Feministische Theorie, die auf narrative Darstellungen der Befreiung verzichtet, wird anämisch, theoretizistisch und für die meisten Frauen belanglos. Der große Vorzug narrativer Darstellungen besteht darin, daß sie zu einem Ende gelangen: *Das andere Geschlecht* hilft mir, mich stets daran zu erinnern, daß es das Ziel des Feminismus ist, sich selber überflüssig zu machen.

TEIL III

7 Das Ärgernis der Einsamkeit und der Trennung: Schreiben der Depression

> Und wenn ich dich nicht liebe,
> dann kehrt das Chaos wieder.
>
> *Shakespeare, Othello*

> Mein Kummer ist das verborgene Antlitz
> meiner Philosophie.
>
> *Julia Kristeva, Soleil noir*

Beauvoirs Totenkopf

»Jede verliebte Frau erkennt sich in Andersens kleiner Meerjungfrau wieder, die auf Nadeln und glühenden Kohlen ging, nachdem sie aus Liebe ihren Fischschwanz gegen die Beine einer Frau getauscht hatte«, behauptet Beauvoir in *Das andere Geschlecht* (AG813; DSb561f; ÜV). *Jede* Frau? Auch Simone de Beauvoir? Sie zögert, diese besondere Schlußfolgerung zu ziehen: »Es stimmt nicht, daß der geliebte Mann ihr unbedingt notwendig ist«, heißt es in dem Absatz weiter, »und sie ist ihm nicht notwendig. Er ist nicht imstande, diejenige, die sich seiner Verehrung widmet, zu rechtfertigen, und er läßt sich nicht von ihr besitzen« (AG813; DSb562). Aber trotz ihrer Bemühungen, die Distanz zwischen der gelassenen Erzählerin des *Anderen Geschlechts* und der *amoureuse* zu vergrößern, hängt die Wirkung dieses unbedachten »jede verliebte Frau« noch immer in der Luft. Die kleine Meerjungfrau leidet, wie man sich erinnern wird, aus Liebe zu ihrem Prinzen qualvolle Schmerzen und gibt am Ende sogar ihre Seele für ihn hin. Die stumme Meerjungfrau, Inbegriff der *amoureuse*, ist von den Gefühlen des geliebten Mannes völlig abhängig.[1] Soll die kleine dänische Meerjungfrau nur als bloße Veranschaulichung falschen Bewußtseins abgetan werden, wie Beauvoir andeutet, oder signalisiert ihr beiläufiges Auftreten in *Das andere Geschlecht* das Vorhandensein grundsätzlicherer Befangenheiten?

Beauvoir gibt bereitwillig zu, daß das Gespenst der *amoureuse* ihre Romane heimsucht. In den *Besten Jahren* nennt sie in einer Parenthese Elisabeth in *L'Invitée*, Denise in *Das Blut der anderen* und Paule in *Die Mandarins von Paris* als besonders einschlägige Beispiele. Diese Figuren, schreibt sie, seien Verkörperungen ihres persönlichen »Totenkopfs« (*tête de mort*); sie »verkörpern die Frau, die ihre Unabhängigkeit der Liebe opfert« (BJ72; FA94). Beauvoirs Romane und Erzählungen kommen zwanghaft auf quälende Beschreibungen depressiver Passivität und mehr oder weniger selbstmörderischer Ausbrüche von Raserei zurück: Man denke an die maßlos narzißtische Régine in *Alle Menschen sind sterblich*, die eifersüchtige, deprimierte Monique in *Eine gebrochene Frau*, die paranoide Murielle in *Monolog*, die magersüchtige Laurence in *Die Welt der schönen Bilder* oder die überspannte Paule in *Die Mandarins von Paris*. Die extrem ex-zentrische liebende Frau ist faszinierend, schrecklich und, letzten Endes, tödlich; in Beauvoirs erzählendem Werk erweist sich die kleine Meerjungfrau nicht nur als Hexe, sondern auch als Mutter und als Medusa.

Meiner Meinung nach stellt Beauvoirs Werk – *Das andere Geschlecht* ebenso wie die Romane und die Memoiren – das ständige Bemühen dar, die todgeweihte Meerjungfrau abzuwehren. Indem Beauvoir das Bild der autonomen, zentrierten, ausgeglichenen Frau heraufbeschwört – Françoise, Anne, die »unabhängige Frau« in *Das andere Geschlecht* –, versucht sie, die Medusa zu entwaffnen, das schlangenhaarige Ungeheuer in sicherem Abstand von jeder Figur zu halten, die ihr selbst ähnelt. Doch es gelingt ihr nicht. Trotz ihrer Bemühungen sind es in ihren Romanen nicht nur die »abhängigen« Figuren, die neurotische Lähmung und Passivität erleiden. In *L'Invitée* beispielsweise ist die emotionale Wirklichkeit erstickender Angst und Depression in der aktiven – aber in ihrer Kreativität blockierten – Françoise hervorragend eingefangen, und am Ende der *Mandarins von Paris* ist es die vernünftige, beruflich tüchtige Anne – nicht Paule –, die, vor Verzweiflung zum Selbstmord entschlossen, in ihr Schlafzimmer geht, um nach dem Giftfläschchen zu greifen, das sie aus Paules Handtasche konfisziert hat.

Das Ideal der autonomen Frau ist in Beauvoirs Autobiographien stets gegenwärtig: *Memoiren einer Tochter aus gutem Hause*[2] liest sich wie ein ununterbrochener Versuch, den *Bildungsroman*[2] einer unabhängigen Frau zu schreiben; die Geschichte der jungen Simone soll ausdrücklich im Gegensatz zu der Maggie Tullivers in *Die Mühle am Floss* stehen, und dennoch hebt sogar hier die todbringende Medusa ihr gräßliches Haupt: Nicht mit Simones Triumph bei der *agrégation* oder ihrer Begegnung mit Sartre endet das Buch, sondern mit dem Tod Zazas, die an der Liebe einer egoistischen, engstirnigen Mutter stirbt. In Beauvoirs Version der Geschichte wird Zaza zur kleinen Meerjungfrau schlechthin, ihre Mutter zur Verkörperung der Medusa. Simones Unabhängigkeit wird mit Zazas Abhängigkeit bezahlt, Simones brillante Karriere auf Zazas totem Körper aufgebaut: Die *Memoiren einer Tochter aus gutem Hause* weben ihre Geschichte von Erfolg und Glück über die Schatten von Enttäuschung, Abhängigkeit und Tod.

Wann immer sich Beauvoir über den Konflikt äußert zwischen ihrem Verlangen, sich als unabhängige Frau zu behaupten, und dem schuldbewußten Wunsch, den Verlockungen der Abhängigkeit nachzugeben, kommt sie jedoch dem Eingeständnis nahe, daß die todbringende Medusa sich auch in ihrer eigenen Psyche verbirgt. Wenn sie in ihren Autobiographien von der Versuchung, »abzudanken«, schreibt, neigt sie zu einer verheerenden Aufrichtigkeit und zugleich zu einer gewissen Unaufrichtigkeit, mit der sie über die Bedeutung dieser Erfahrung hinweggeht. Im ersten Kapitel der *Besten Jahre* beispielsweise teilt sie bereitwillig mit, sie habe in ihren ersten beiden Jahren mit Sartre den Lockruf der Abhängigkeit vernommen. In den letzten Zeilen dieses Kapitels jedoch, als sie gerade Sartres Heiratsantrag abgelehnt hat und nun ihre Unabhängigkeit beweisen will, indem sie Paris verlassen wird, um in Marseille eine Stellung als Lehrerin anzutreten, leugnet sie rundheraus, daß es diese Gefahr überhaupt gegeben habe: »Heute«, schreibt sie (1960), »frage ich mich, in welchem Maße diese Gefahr bestanden hat« (BJ72; FA94). Immerhin fährt sie fort: »Den Wunsch, meine Unabhängigkeit aufzugeben, konnte nur der Mensch in mir erwecken, der gerade sein möglichstes tat, um mich daran zu hindern« (BJ72; FA94). Sartre habe sie in keiner Weise beherrschen wollen, behauptet sie, und sie hätte unmöglich einen konventionell patriarchalen Mann lieben können: »Wenn ein Mann soviel Egoismus und Mittelmäßigkeit besessen hätte, mich unterwerfen zu wollen, hätte ich ihn verurteilt, getadelt und mich von ihm abgewandt« (BJ72; FA94). Stillschweigend von einer Bedeutung des Wortes »Abhängigkeit« zu einer anderen wechselnd, geht ihre Analyse von der Idee der *Entfremdung im* Anderen zur Idee des *Beherrschtwerdens vom* Anderen über. Mit der Beteuerung, *Sartre* habe keinen Hang zum Beherrschen gehabt, hofft Beauvoir, jeden etwa bestehenden Verdacht in bezug auf *ihre* Neigung zu Entfremdung, Verschmelzung und Abhängigkeit zu zerstreuen.

Die liebende Frau, die *amoureuse*, ist in Beauvoirs Werk eine überdeterminierte Figur, ein Knotenpunkt, in dem mehrere ineinander verwobene Affekte und Haltungen zusammenlaufen: Sie verkörpert zugleich die Versuchung, die eigene Individualität der Liebe zu opfern, das Verlangen nach Verschmelzung mit dem geliebten Anderen, eine verzweifelte Sehnsucht nach emotionaler Intensität und eine ebenso verzweifelte Angst vor dem Verlassenwerden. In der Liebeserfahrung der *amoureuse* stehen zudem Augenblicke überschwenglichen Jubels neben Augenblicken äußerster Niedergeschlagenheit über den – realen oder vorgestellten – Verlust des Geliebten: Zwischen Depression und Hochgefühl schwankend, kennt die *amoureuse* keinen Mittelton.

Sartres Freiheitspakt – Beauvoirs Mythos der Einheit

Im ersten Kapitel der *Besten Jahre* schildert Beauvoir ihr Leben in Paris vom September 1929 bis zum Sommer 1931. Nach ihrem Erfolg bei der *agrégation* konnte sie sich als Teilzeitlehrerin in Paris einen bescheidenen Lebensunterhalt verdienen und sah sich endlich in der Lage, aus der Wohnung ihrer Eltern auszuziehen. Zum erstenmal in ihrem Leben hatte sie ein eigenes Zimmer, das heißt eine Tür, mit der sie zudringliche Blicke aussperren konnte: »Wie herrlich, meine Tür schließen zu können und geschützt vor allen Blicken meine Tage zu verbringen!« (BJ13; FA16) Zu alldem war sie verliebt: Als Sartre nach den langen Ferien wieder in Paris war, »fing mein neues Leben wirklich an« (BJ15; FA17). Für den Rest ihres Lebens sollten Beauvoir und Sartre den 14. Oktober als ihren »Hochzeitstag« bezeichnen.[3]

Nach Beauvoirs Erinnerung dauerte es nur wenige Wochen, bis Sartre die beiden »Pakte« vorschlug, die ihrer beider Leben für die nächsten fünfzig Jahre regeln sollten. Erstens, beharrte er, sollten sie nicht monogam sein. Die denkwürdige Passage, in der Beauvoir den ersten Pakt darlegt, verdient vollständig zitiert zu werden:

»Sartre war nicht zur Monogamie berufen; er war gern in Gesellschaft von Frauen [...]. Er war nicht bereit, mit dreiundzwanzig [*sic!*] Jahren für immer auf die Freuden der Abwechslung zu verzichten.[4] ›Bei uns beiden‹, erklärte er mir unter Anwendung seines Lieblingsvokabulars, ›handelt sich um eine *notwendige* Liebe: Es ist unerläßlich, daß wir auch die *kontingente* Liebe kennenlernen.‹ Wir waren von gleicher Art [*d'une même espèce*], und unser Bund würde so lange dauern wie wir selbst; er bot jedoch keinen Ersatz für den flüchtigen Reichtum der Begegnungen mit anderen Menschen. Warum sollten wir freiwillig auf die Skala der Überraschungen, der Enttäuschungen, der Sehnsüchte, der Freuden verzichten, die sich uns anboten?« (BJ23; FA28; ÜV)

Beauvoir war dieser Berufung Sartres auf das Gide-Thema sexueller Verfügbarkeit (*disponibilité*) nicht sofort geneigt. Eines Tages jedoch brachte er seine Sache entscheidend voran: Er schlug vor, sie sollten einen »Zwei-Jahres-Pakt« (*un bail*) schließen. Diese beiden Jahre würden sie »in möglichst engem Zusammenleben verbringen« (BJ23; FA29) und während dieser Zeit von der sexuellen Freiheit, die sie einander zugestanden, keinen Gebrauch machen. Danach würde er als Lehrer nach Japan gehen, und sie würden einander zwei oder drei Jahre nicht sehen. Daran wäre jedoch nichts Erschreckendes, da sie sich ja niemals *wirklich* trennen würden: »Wir würden einander nie fremd werden, keiner würde je vergebens an den anderen appellieren, und nichts würde diesem Bund den Rang ablaufen; aber er durfte weder in Zwang noch in Gewohnheit ausarten. Um jeden Preis mußten wir ihn vor dieser Zersetzung bewahren« (BJ23; FA29; ÜV). Erst jetzt fügte sich Beauvoir seinem Plan: Der berühmte »Freiheitspakt« war Wirklichkeit geworden.

Während Sartre praktisch für zwei Jahre Monogamie ein ganzes Leben ständiger Untreue eintauschte, scheint Beauvoir bereit gewesen zu sein, für das Versprechen zweijähriger unmittelbarer Nähe und absoluter Monogamie nahezu jeden Preis zu zahlen. Obwohl der bloße Gedanke an Trennung Angst in ihr auslöste, mußte die Zukunft zunächst einfach warten: »Ich gebe zu, daß die Trennung, die Sartre in Aussicht stellte, mich erschreckte; aber sie lag verschwommen in der Ferne […]. Wenn mich dennoch Angst überfiel, hielt ich sie für Schwäche und bemühte mich, sie zu unterdrücken« (BJ23; FA29). Bei diesen Bemühungen half ihr, wie sie hinzufügt, Sartres absolute Verläßlichkeit: Er hielt stets, was er versprach.

Aber damit nicht genug: »Allgemeiner ausgedrückt: Ich wußte, durch ihn würde mir nie ein Leid zugefügt werden, es sei
denn, er stürbe früher als ich« (BJ24; FA29). In diesem Satz findet sich ein starker Widerhall ihrer unerschütterlichen Überzeugung am Ende der *Memoiren einer Tochter aus gutem Hause*, sie
habe im August 1929 nach einer gemeinsam verbrachten Woche
gewußt, daß Sartre nie mehr aus ihrem Leben verschwinden werde (»Als ich mich Anfang August von ihm trennte, wußte ich,
daß er aus meinem Leben nie mehr verschwinden würde« –
MT331; MJF482). Nur dank des Vorwissens – das heißt, Leser
wie Autorin erinnern sich an die Existenz eines starken Mythos
im Zusammenhang mit dem Paar Beauvoir-Sartre – können diese Behauptungen als schlichte Tatsachenbeschreibungen erscheinen. Zudem ist offenkundig, daß es in Sätzen wie diesen keinerlei Distanz zwischen der Perspektive der reifen Beauvoir und
ihrem jüngeren Ich gibt: Was wir hier miterleben, ist zugleich
das Einsetzen und der Ausbau des fundamentalen Beauvoirschen
Mythos der Einheit zwischen ihr und Sartre.[5]

Auf der folgenden Seite untermauert Beauvoir den Grundge-
danken der Einheit, indem sie das »Zwillingszeichen [*ces signes
jumeaux*] auf unseren Stirnen« hervorhebt (BJ25; FA31f), das weitere langweilige Verpflichtungen wie das Zusammenleben unter
einem Dach überflüssig gemacht habe. Bei dem Versuch, den
außergewöhnlichen Charakter ihrer Einheit zu erklären, stößt
Beauvoirs Diskurs an die Grenzen der Verständlichkeit: »Ein
einziger Vorsatz belebte uns: alles erfassen, von allem Zeugnis
ablegen; [...] so daß uns sogar im Augenblick der Trennung ein
gemeinsamer Wille einte. Das band und das löste uns [*nous dé-
liait*]; und durch dieses Lösen [*déliement*] fanden wir uns wieder
im Innersten gebunden« (BJ25f; FA32).

Daß Beauvoir die unzerstörbare Einheit in ebendem Augen-
blick phantasiert, als sie ihre Angst beim Gedanken an eine
Trennung von Sartre beschreibt, ist kein Zufall: Nur ihr tiefer
Glaube an die Realität dieses Paktes, wie transzendent auch im-

mer, macht ihr Sartres Freiheitspakt überhaupt erträglich. Der Mythos der Einheit, der für ihre Identität bestimmend ist, befähigt sie, eine Reihe von Konflikten zu lösen. Vor allen Dingen überbrückt er die Kluft zwischen ihrer Trennungsangst und Sartres Verlangen nach unbegrenzter emotionaler und sexueller Freiheit. In seiner entschlossenen Absage an das Gewöhnliche und Alltägliche siedelt der Mythos das Wesentliche ihrer Beziehung auf einer transzendenten Ebene an, die definitionsgemäß von keiner wie immer gearteten Handlung der Welt herabgewürdigt werden kann. Er ermöglicht Beauvoir, Sartre ohne Rücksicht darauf, was er tatsächlich sagt oder tut, weiterhin zu idealisieren. Wenn sie Sartre in eine der Realität unzugängliche Sphäre versetzt, schützt sie sich jedoch auch vor der Erkenntnis, daß er ein Mensch mit normalen menschlichen Bedürfnissen und Wünschen ist. Wenn es Sartres Rolle ist, ihr absoluten Schutz gegen Verlust zu bieten, bleibt unklar, was sie nach eigenem Verständnis denn ihm zu geben hat. Indem sie Sartre in eine gottähnliche Gestalt verwandelt, scheint sie sich auch von der Aufgabe zu dispensieren, seine Bedürfnisse zu erkennen und auf sie zu reagieren: Das Bild Sartres als gute, alles bietende Mutter ist zweifellos eines der operativen Elemente in Beauvoirs grundlegender Paar-Phantasie. Für Sartre, könnte man sagen, bedeutet Beauvoirs Idealisierung ein gewisses Maß an Entmenschlichung.[6]

Was Beauvoir betrifft, so dient ihr romantischer Idealismus eindeutig als Abwehr gegen die von Einsamkeit und Trennung hervorgerufene Angst, aber der Preis, den sie dafür zahlt, ist in der Tat hoch. Da sie ihrer beider Einheit zum Axiom macht, schafft sie eine Situation, in der sie niemals imstande sein wird, sich selbst *gegen* Sartre zu definieren, ohne sich der Drohung völliger Trennung und endgültigen Verlustes auszusetzen. Wenn ihre Bedürfnisse mit den seinen in Konflikt geraten, wird sie ihre Wünsche einfach unterdrücken. Diese Selbstverleugnung unterscheidet sich von einer emotional selbstbewußteren Reaktion auf die Bedürfnisse eines anderen: Während die erstere ihren Opfern keine Freiheit und keine Wahl läßt, eröffnet die letztere die Möglichkeit, sich zu verweigern oder mit dem anderen zu verhandeln. Der Umstand vor allem, daß Beauvoir sich dem Freiheitspakt Sartres überhaupt fügt, veranschaulicht mein Argument: Da er ihn wünscht, kann sie ihren Schmerz nicht zum Ausdruck bringen; statt sich seinen Wünschen zu widersetzen, kompensiert sie ihre Enttäuschung mit der Entwicklung einer Phantasie transzendentaler Nähe. Insofern als der berühmte Pakt seine Existenz der emotionalen Unterordnung der Frau verdankt, kann er schwerlich als ein exemplarischer Fall existentieller Freiheit gelten.

Dieselbe Struktur ist übrigens in der Episode des »Trios« wirksam, als Sartre beschließt, Beauvoir die junge Olga Kosakiewicz, ihre Schülerin und enge Freundin, abspenstig zu machen. Obwohl Beauvoir Eifersucht und Zorn empfindet, kann sie sich nur fügen: »Ich wollte sie ihm nicht streitig machen, da ich keinen Zwist zwischen ihm und mir ertragen konnte« (BJ218; FA293). Mit anderen Worten, vollkommene Gemeinsamkeit bedeutet: Wenn er auf etwas besteht, gibt sie nach. Wie Françoise und Pierre in *L'Invitée* mögen die beiden durchaus eins sein, aber *er* ist derjenige, der sie sind.

Der Pakt der Offenheit

Dem Freiheitspakt folgte sogleich ein zweiter: »Wir schlossen einen weiteren Pakt: Weder würden wir einander je belügen noch etwas voreinander verbergen« (BJ24; FA29). In *L'Invitée* liefert Beauvoir eine lebhafte Beschreibung der Freuden wie der Qualen eines solchen Pakts. In den *Besten Jahren* jedoch verweilt sie bewußt bei seinen positiven Aspekten:

»Ich brauchte mich nicht mehr mit mir selbst auseinanderzusetzen: Ein Blick, wohlwollend zwar, aber unparteiischer als mein eigener, lieferte mir von jeder meiner Bewegungen ein Abbild, das ich für objektiv hielt; diese Kontrolle schützte mich vor Ängsten, falschen Hoffnungen, müßigen Zweifeln, Hirngespinsten, den Erregungszuständen, gängigen Begleiterscheinungen der Einsamkeit. Ich trauerte der Einsamkeit nicht nach, ich war glücklich, ihr entronnen zu sein. In Sartre konnte ich hineinsehen wie in mich selbst: Welche Beruhigung!« (BJ24; FA30)

In den *Besten Jahren* wird dieser Pakt lediglich als Ergänzung des Freiheitspakts dargestellt: Auf die potentiellen Nachteile zu großer Offenheit eingehend, meint Beauvoir, daß ein solcher Pakt nur für Paare geeignet sein könne, die so eng miteinander verbunden seien wie sie und Sartre. Für Beauvoir selbst jedoch gibt es zu diesem Pakt der Offenheit oder Transparenz keine Alternative. Da der zweite Pakt maximalen Zugang zum Denken des anderen garantiert, bewirkt er eine Verringerung der Distanz, die durch den ersten entstanden ist; Sartres Freiheit wäre ohne die Garantie der Transparenz unerträglich. Wenn Sartre Affären mit anderen Frauen haben soll, wird Beauvoir zumindest seine Gefühle gleichsam von innen her beobachten. Als Versuch, ihrer beider Bewußtseine miteinander zu verschmelzen, wird das Versprechen totaler Aufrichtigkeit zum eigentlichen Grundstein der Phantasie der Einheit, die Beauvoirs Verhältnis zu Sartre strukturiert.

Da Beauvoir sich ausschließlich auf ihre eigene Erfahrung mit dem zweiten Pakt konzentriert, bleibt es uns überlassen, seine Bedeutung für ihren Gefährten abzuschätzen. »Ich interessierte mich überhaupt nicht für mich«, schreibt Sartre mit Bezug auf die Zeit von 1925 bis 1940. »Ich war neugierig auf die Ideen und auf die Welt und auf das Herz der anderen. [...] Ich verabscheute Tagebücher, und ich dachte, daß der Mensch nicht geschaffen ist, sich selbst zu betrachten. [...] Nach dem Krieg werde ich dieses Heft nicht weiterführen [...]. Ich will nicht bis ans Ende meiner Tage von mir selbst heimgesucht werden« (*Tagebücher*, S. 206 f.). Wenn es wirklich zutrifft, daß er Beauvoirs starkes Bedürfnis, das eigene Bild vom anderen reflektieren zu lassen, nicht teilte, hätte der Pakt der Offenheit für ihn viel weniger emotionales Gewicht gehabt als für sie. Olivier Todd behauptet in seinen Erinnerungen an sein Leben mit der »kleinen Familie«, er habe Sartre gefragt, wie er es bewerkstellige, mit so vielen Frauen gleichzeitig zurechtzukommen:

»›Wie machen Sie das?‹
›Ich belüge sie‹, sagt Sartre. ›Das ist leichter und anständiger.‹
›Belügen Sie alle?‹
Er lächelt.
›Alle.‹
›Auch den Castor?‹
›*Besonders* den Castor‹« (*Un fils rebelle*, S. 116).

Wenn Todd recht haben sollte, hat Sartre den berühmten »Pakt« nie für mehr als eine beiläufige Konzession an eine von vielen in ihn verliebten Frauen gehalten: Mit wenigen sorglos dahingesagten Worten versetzt er Beauvoir einen vernichtenden Schlag.[7] Für Beauvoir dagegen hatte das Abkommen schwerwiegende Konsequenzen. Wie in einem Lehrbuchbeispiel zu Lacans Theorie der Entfremdung im Spiegelstadium verwandelt der Pakt der Transparenz Beauvoirs Ich in eine Wirkung der Subjektivität des anderen. Während das Spiegelbild dem Kleinkind ein Gefühl seiner psychischen Einheit vermittelt, schreibt Lacan, ist das, was das Kleinkind im Spiegel sieht, nicht es selbst, sondern die »ideale Imago des Doubles« (*Les complexes familiaux*, S. 44): »Die charakteristische Welt dieser Phase ist narzißtisch. [...] Diese Welt [...] enthält keine anderen« (S. 44 f.). Unfähig, zwischen Liebe und Identifikation zu unterscheiden, kann das narzißtische Ich nur sein Double lieben, aber dieses Double ist nicht ein an-

derer: Im Moment der Entfremdung bleibt das narzißtische Subjekt vollkommen allein. Als Beauvoir den Pakt der Transparenz
akzeptiert, vertauscht sie ihre Identität mit einem unsicheren
Bollwerk gegen Einsamkeit.

Höchstes Glück, tiefste Verzweiflung

Indem Beauvoir das »Verstehen von Grund auf«, das sie mit Sartre verbindet (BJ26; FA32), ausdrücklich mit ihrem Verhältnis zu
Zaza und davor mit der »überwältigenden Freude, wenn mein
Vater mir zulächelte« (BJ26; FA33) vergleicht, betont sie das vollkommene Glück, das ihr aus ihrer Gemeinschaft mit Sartre erwächst. Tatsächlich, teilt sie uns mit, habe sie in Sartre nicht nur
die Gemeinschaft wiedergefunden, die ihr Zaza geboten habe,
sondern die ganze emotionale Geborgenheit ihrer frühen Kindheit; Sartre nimmt die Stelle Gottes ein: »Ihm vertraute ich jetzt
so rückhaltlos, daß er mir, wie einst meine Eltern, wie einst
Gott, das Gefühl unbedingter Sicherheit gab« (BJ26; FA33). In
dieser frühen Zeit ihrer Beziehung, berichtet sie, habe sie sich
fortwährend in einem Zustand »triumphalen Glücks« (BJ27;
FA33; ÜV) befunden, dessen Intensität beinahe auch den
Schmerz über Zazas tragischen Tod im November 1929 »aufge-
sogen« hätte.

Genau diesen Augenblick ihrer Erzählung wählt Beauvoir, um
sich über ihre einzigartige Fähigkeit zum Glück zu verbreiten.
»In meinem ganzen Leben bin ich niemandem begegnet«,
schreibt sie, »der so zum Glück begabt gewesen wäre wie ich,
auch niemandem, der sich mit gleicher Hartnäckigkeit darauf
versteift hätte. Sobald ich es zu fassen bekommen hatte, wurde es
mein Lebensinhalt« (BJ27; FA34). Die Intensität ihres Glücks
wird eindeutig von dem Erlebnis überwältigender Einheit mit
einem dominanten Anderen hervorgerufen: In Sartre vereinigen
sich Zaza, Gott und ihre Eltern, er allein garantiert ihr Gebor-

genheit. Aber wenn ihre Glückseligkeit auf einer Phantasie der Verschmelzung mit einem dominanten Anderen beruht, kann die leiseste Bedrohung dieses höchst befriedigenden und erhebenden Gefühls der Einheit ein ebenso heftiges Erleben von Einsamkeit und Verlassenheit auslösen.

Und genau das geschieht. Ihr ganzes Leben lang, schreibt Beauvoir, habe tiefe Verzweiflung ihren Schild des Glücks durchdrungen. In *Memoiren einer Tochter aus gutem Hause* malt sie ein idyllisches Bild ihrer frühen Kindheit, um sich dann plötzlich über ihre heftigen Wutanfälle den Kopf zu zerbrechen. In den *Besten Jahren* lenkt sie unsere Aufmerksamkeit auf ein ähnliches Phänomen:

»Reue und Angst, weit davon entfernt, einander aufzuheben, [fielen] vereint über mich her. Ich überließ mich ihnen nach einem Rhythmus, der seit meiner frühesten Kindheit fast mein ganzes Leben beherrscht hat. Ich durchlebte Wochen der Glückseligkeit; und dann erhob sich ein Wirbelsturm und zertrümmerte in wenigen Stunden alles. Um die Verzweiflung wirklich zu verdienen, wälzte ich mich in den Tiefen des Todes, des Unendlichen, des Nichts. Ich habe nie gewußt, ob ich, wenn der Himmel sich wieder besänftigte, aus einem Alptraum erwachte oder in einen langen, süßen Traum zurücksank« (BJ60; FA76).

Diese Bildersprache der Leere, des Todes und des Verschlungenwerdens, die in Beauvoirs Werk immer wieder auftaucht, signalisiert stets die Empfindung großen emotionalen Leids.[8] In *L'Invitée* vermittelt diese mit Xavière verbundene Bildersprache die Angst vor einer feindlichen, besitzergreifenden, überwältigenden Mutter-Imago. In ihrem Roman deutet Beauvoir Françoises Erlebnis der Trostlosigkeit in Begriffen existentialistischer Philosophie. In den *Besten Jahren* dagegen vermeidet sie sorgsam Kommentare jeder Art: In diesem Punkt wiederholt und untermauert Beauvoirs Darstellung die Haltung ihres jüngeren Ichs, das sich trotz ihres Eifers, *alles* zu ergründen, einfach weigert, diese besonderen Erfahrungen als potentiell bedeutsame Phänomene zu betrachten. »Nur selten machte ich derartige Krisen durch«, schreibt sie. »Gewöhnlich beschäftigte ich mich wenig mit mir selbst: Alles andere hielt mich zu stark in Atem. Immerhin«, folgert sie brüsk, »färbte mein Unbehagen viele meiner Erfahrungen« (BJ60; FA78).

Im Frühjahr 1931 stand fest, daß Beauvoir im Oktober desselben Jahres eine Stellung als Lehrerin in Marseille antreten sollte, über achthundert Kilometer von Paris entfernt. Wie Deirdre Bair schreibt, löste diese Neuigkeit in den folgenden Monaten immer wieder Angstanfälle aus, häufig in Gegenwart von Freunden und Bekannten. In der Regel verliefen diese Anfälle nach einem festen Muster, das Beauvoir mit Bezug auf ihre Zeit in Rouen 1934 und 1935 folgendermaßen beschreibt:

»Manchmal jedoch stürzte ich von meinem Olymp. Wenn ich einmal abends ein Glas zuviel getrunken hatte, konnte es geschehen, daß ich Ströme von Tränen vergoß. Meine alte Sehnsucht nach dem Absoluten erwachte; von neuem entdeckte ich die Eitelkeit menschlichen Strebens und die drohende Nähe des Todes. Ich warf Sartre vor, er lasse sich von jener hassenswerten Mystifikation blenden: dem Leben. Noch am nächsten Tag stand ich unter dem Eindruck dieser Offenbarung« (BJ178; FA239).[9]

Deirdre Bair, die Beauvoir und viele ihrer Freunde interviewt hat, liefert folgende Beschreibung einer typischen »Krise«:

»Solche Ausbrüche fanden meist in der Öffentlichkeit statt, vor allem in Cafés. Erst trank sie eine ganze Weile still vor sich hin, wobei das beträchtliche Alkoholquantum keinerlei Wirkung zu hinterlassen schien, bis sie plötzlich in Tränen ausbrach und erst leise und verhalten, dann von krampfhaftem Schluchzen geschüttelt, zu weinen begann. Wie durch ein inneres Sicherheits-

ventil gewarnt, daß sie nun genug Druck abgelassen habe, hörte
sie ebenso plötzlich wieder auf, trocknete sich die Tränen, pu-
derte sich die Nase und fuhr mit der Unterhaltung fort, als ob
nichts geschehen sei« (S. 203).

Da Beauvoir sich entschieden weigert, ihre Anfälle von »Melancholie« auf einer anderen als der oberflächlichsten Ebene zu
erörtern, steht ihr keine Sprache zur Verfügung, in der sie ihre
Erfahrungen aufarbeiten kann, so daß sie der Leere, die ihre
Subjektivität zu verschlingen droht, schutzlos ausgeliefert ist.
Zwischen einem totalen Aufgehen in Zaza oder Sartre und
einem Gefühl absoluter Leere hin und her schwankend, scheint
die junge Beauvoir nicht imstande zu sein, eine stabile Identität
zu entwickeln. Zu dieser Schlußfolgerung findet sie in der Tat
selbst:

»Die Koexistenz mit anderen Menschen ist wahrscheinlich für
niemanden leicht; ich war dazu nie fähig gewesen. Ich herrschte,
oder ich verkümmerte. Zaza ergeben, hatte ich in Demut dahin-
gedämmert. Die gleiche Geschichte wiederholte sich [mit Sar-
tre], nur daß ich diesmal einen noch tieferen Fall tat und mein
Selbstvertrauen brutaler zerstört wurde. In beiden Fällen hatte
ich meinen Seelenfrieden bewahrt. Vom anderen fasziniert, ver-
gaß ich mich selbst so weit, daß von mir nichts übrigblieb, das
sich selbst hätte sagen können: Ich bin nichts« (BJ56; FA72f; ÜV).

Wie ihre Protagonistin Françoise, die sich eingesteht: »Schon vor
Jahren hatte sie aufgehört, selbst jemand zu sein; sie hatte nicht
einmal mehr ein Gesicht [...] niemals sagte sie ›Ich‹« (SK163;
I216), reagiert Beauvoir auf die Erfahrung des »Abdankens«, für
die sie sich selbst verantwortlich macht. »Ich selbst bin schuld«,
beharrt Françoise (SK163; I216). »Ich warf mir die große Leichtigkeit [*la trop grande facilité*] meines Lebens vor«, schreibt Beauvoir (BJ55, FA72; ÜV); »ich fühlte mich schuldig« (BJ57; FA73).

Beauvoirs Pflicht- und Verantwortungsgefühl, die intellektuelle Neigung, die ihr durch ihre Erziehung eingeprägt worden ist, das gesellschaftliche Bild ihrer selbst als vielversprechende junge Frau, die Erwartung ihres Vaters, daß sie Schriftstellerin werden würde – jede Struktur ihres Über-Ichs, könnte man sagen –, gerät in einen heftigen Konflikt mit ihrer Sehnsucht nach harmonischer Verschmelzung mit dem Geliebten. In diesem Konflikt steht alles auf dem Spiel, was für Beauvoir von Bedeutung ist: Wenn sie ihren narzißtischen Sehnsüchten nachgibt, wird sie von ihrem Über-Ich für diese »Abdankung« grausam bestraft, und sie fühlt sich schuldig, verliert ihre Selbstachtung und versinkt in Selbsthaß und Depression. Gleichzeitig erweist sich die Seligkeit des Liebesglücks als unzuverlässig: Beim geringsten Gefühl des Getrenntseins von Sartre wird Beauvoir von Leere, Angst und Depression heimgesucht. Ihr emotionales Überleben, so scheint es, hängt von ihrer Fähigkeit ab, die Forderungen ihres Über-Ichs zu erfüllen – sich als starke, auf sich selbst bauende und kreative Frau zu behaupten –, ohne sich dabei mehr Trennung und Einsamkeit zuzumuten, als sie ertragen kann. In diesem Kontext erweist sich ihr fester Glaube an die fundamentale Einheit mit Sartre als Grundlage einer höchst komplizierten – und bemerkenswert wirksamen – Verteidigungsstrategie.

Schizophrenie und Realität

Von Beauvoirs emotionalen Krisen aus dem Gleichgewicht gebracht, machte Sartre ihr einen Heiratsantrag, vor allem weil die Ehe die Gewißheit bedeutet hätte, gemeinsam in derselben Stadt angestellt zu werden. Beauvoir aber lehnte ab. Unglücklich über das, was sie selbst als kindliche Abhängigkeit von Sartre empfand, war sie entschlossen, nach Marseille zu gehen, um ihre »Schwäche« zu überwinden und ihre Identität wiederherzustellen. Angesichts ihrer großen Verzweiflung muß es eine der schwersten Entscheidungen gewesen sein, die Beauvoir je getroffen hat. Ihr Text bestätigt dies:

»Es gibt in meinem ganzen Leben keinen Augenblick, den ich entscheidend nennen könnte. Rückblickend haben manche jedoch einen so bedeutenden Sinn gewonnen, daß sie in der Vergangenheit mit dem Glanz großer Ereignisse aufleuchten. Ich erinnere mich an die Ankunft in Marseille, als hätte sie einen absoluten Wendepunkt in meinem Leben bezeichnet« (BJ79; FA103).

Um mit der Einsamkeit in Marseille fertigzuwerden, ergab sich Beauvoir der Leidenschaft des Wanderns. Systematisch jedes Dorf, jeden Hügel, jeden Berg in der Umgebung der Mittelmeerstadt erkundend, hatte sie das Gefühl, mit einer Mission beauftragt zu sein: »Meine Neugier ließ mich nicht ruhen. [...] Beharrlich machte ich mich wieder an die Aufgabe, die Dinge der Vergessenheit zu entreißen« (BJ81; FA106). Beauvoirs Leidenschaft für das Bergwandern hatte zu dieser Zeit etwas Getriebenes, sogar Obsessives. Als ihre Schwester sie besuchte, dachte sie nicht daran, von ihrem Wanderprogramm abzuweichen. Hélène, die tapfer mithielt, hatte Blasen an den Füßen und war schnell erschöpft, beklagte sich aber nie. Eines Tages bekam sie auf halber Strecke einer langen Wanderung Fieber: »Ich riet ihr, im Hospiz auszuruhen, Grog zu trinken und auf den Bus zu warten, der in einigen Stunden nach Marseille hinunterfuhr, und ich beendete meine Wanderung allein« (BJ82; FA107). Am Abend legte sich Hélène mit einer Grippe ins Bett. Ehrlich verwundert über ihr Verhalten, fragt sich Beauvoir, wie sie ihre Schwester nur so rücksichtslos hatte behandeln können:

»›Sie sind schizophren‹, sagte Sartre oft zu mir: Statt meine Pläne der Wirklichkeit anzupassen, verfolgte ich sie wider alles und jeden, die Realität war für mich bloße Nebensache. [...] Ich leugnete tatsächlich lieber die Existenz meiner Schwester, als daß ich von meinem Programm abgewichen wäre. […] Diese ›Schizophrenie‹ erscheint mir wie eine extreme und abwegige Form meines Optimismus. Wie mit zwanzig Jahren leugnete ich, daß das Leben noch einen anderen Willen kennt als den meinen« (BJ82; FA104).

Sartre hat Beauvoir lange mit ihrer »Schizophrenie« aufgezogen. Und sicherlich hat ihre verzweifelte Weigerung, die Realität auf ihre Entwürfe einwirken zu lassen, etwas durchaus Verrücktes: ihre sorgfältig ausgearbeiteten Zeitpläne und Wandertouren, ihr Glaube, daß ihr Glück von der strikten Einhaltung der eigenen Regeln abhängig sei. Es ist kaum möglich, in dieser Besessenheit, mit der sie ihren rigiden Plänen folgt, die Angst vor der Leere oder vielmehr dem emotionalen Chaos zu übersehen, das sich einstellen würde, wenn sie auch nur einen Zoll von ihren Plänen abwiche. Ihren Willen gegen die Realität aufbietend, setzt sie als Erwachsene die narzißtische Phantasie des Kindes ein, die Freud als »Allmacht der Gedanken« bezeichnet. Beauvoir, könnte man sagen, hatte es schwer, mit dem Realitätsprinzip in Einklang zu kommen.

In den *Besten Jahren* kommt Beauvoir wiederholt auf ihre »Schizophrenie« zurück: »Mein schizophrener Glücksfimmel machte mich blind für die politische Realität«, behauptet sie anläßlich der Krise von München (BJ308; FA415). Ein Weltkrieg war notwendig, um sie von dieser anomalen Selbstsucht zu befreien: »Was Sartre einst meine ›Schizophrenie‹ nannte, kapitulierte schließlich vor den Widerlegungen, die die Realität ihr entgegensetzte« (BJ415; FA555), erklärt sie 1941. Und als Frankreich im August 1944 befreit wird, behauptet sie, ihr »schizophrenes Delirium« sei endgültig verschwunden:

»Ich sollte nie wieder in das schizophrene Delirium zurücksinken, das jahrelang das Universum scheinbar unter das Joch meiner Pläne gezwungen hatte. […] Mein Leben war kein Spiel mehr. Ich kannte meine Wurzeln, ich gab nicht mehr vor, meiner Situation zu entkommen. Ich versuchte, sie auf mich zu nehmen. Von nun an wog die Realiät voll« (BJ512; FA686).

Wenn *Memoiren einer Tochter aus gutem Hause* der *Bildungsroman* einer intellektuellen Frau ist, stellt *In den besten Jahren* die Geschichte verlorener Illusionen dar: Sie erzählt, wie Simone de Beauvoir ihre »Schizophrenie« ablegte und endlich der Realität ins Auge blickte. Der existentialistische Grundsatz politischen und existentiellen Engagements bewahrte sie offenbar davor, ihre alten manischen Verteidigungsstrategien gegen die Leere weiterhin aufrechterhalten zu müssen. In diesem Zusammenhang ist es interessant, festzustellen, daß der britische Psychoanalytiker Donald Winnicott den Existentialismus ausdrücklich mit einer Abwehrstrategie in Verbindung bringt, die er Streben nach persönlichem Nicht-Sein nennt:

»In den Religionen kann diese Idee [das Verlangen nach Nicht-Sein] in der Vorstellung der Einheit mit Gott oder mit dem Universum erscheinen. Man kann diese Abwehr in existentialistischen Schriften und Lehren negiert [*sic!*] sehen, in denen das Sein zu einem Kult gemacht wird, zu einem Versuch, die persönliche Neigung zum Nicht-Sein als Teil einer organisierten Abwehr zu bekämpfen« (*Fear of Breakdown*, S. 95).

Winnicotts Äußerungen liefern eine hervorragende Erklärung für einen wesentlichen Aspekt der Konflikte Beauvoirs: Einerseits sind da die Erlebnisse ekstatischer Einheit mit der Natur in ihrer Jugendzeit, die später in das Erlebnis der Einheit mit Sartre verlagert werden wird; andererseits ist da die Angst vor Liebesverlust und ein Besessensein von Plänen (ihre »Schizophrenie«), die allmählich einer Investition in die Kategorie des Seins weicht. Es ist, als schwanke Beauvoir – philosophisch wie psychisch – zwischen dem Sirenengesang des Nicht-Seins und der stärkenden Herausforderung des Seins, wie sie in *Der Lauf der Dinge* selbst zugibt, als sie von der »Konfrontation des Seins [*existence*] mit dem Nichts« spricht, »die ich mit zwanzig Jahren in meinem Tagebuch angedeutet, durch alle meine Bücher hindurch verfolgt und nie aufgelöst hatte« (LD262; FCa370; ÜV). Ihre verschiedenen anderen Konflikte – zwischen Abhängigkeit und Unabhängigkeit, Einsamkeit und Gemeinsamkeit, Verzweiflung und Glück – sind in vieler Hinsicht Variationen über dieses Grundthema und dessen Verdrängung.

Es war jedoch nicht nur die Erfahrung historischer Realität, die dazu beitrug, daß Beauvoir ihre »Schizophrenie« überwand: Klar ist, daß auch die ereignisreiche Periode des »Trios« Beauvoir zwang, der Realität – nämlich daß Sartre Olga begehrte – ins Auge zu sehen, und zwar in ihren unerfreulichsten Aspekten. 1935 wurde Sartre dreißig und mußte sich eingestehen, daß er nach wie vor nur ein Philosophielehrer in der Provinz war, der nichts Bedeutendes veröffentlicht hatte. Seine Enttäuschung führte zu einer regelrechten Krise der Langeweile und Depression, die in Halluzinationen kulminierte, von Hummern verfolgt zu werden. »Sartre konnte sich nicht damit abfinden, in das ›Vernunftalter‹ einzutreten«, kommentiert Beauvoir ungnädig (BJ181; FA243). In einem hoffnungslosen Versuch, an seiner Jugend festzuhalten, stürzte er sich in das Erlebnis der Leidenschaft. »Ich habe [Olga] so hoch gestellt«, schreibt er in seinen Kriegstagebüchern, »daß ich mich zum erstenmal in meinem Leben vor jemand demütig und entwaffnet fühlte« (*Tagebücher*, S.118). Mit Olga, stellte Beauvoir besorgt fest, erlebte Sartre »Anwandlungen der Unruhe, Wut und Freude, wie er sie mit mir nicht kannte« (BJ223; FA299).

Verzweifelt bemühte sich Beauvoir, ihre fundamentale Einheit mit Sartre zu schützen, und ließ sich bereitwillig auf eine Dreiecksbeziehung ein. Da sie feststellen mußte, daß zwischen ihr und Sartre eine reale emotionale Uneinigkeit bestand, litt sie Qualen, die »über bloße Eifersucht hinausgingen«, schreibt sie.

»Es gab Augenblicke, in denen ich mich fragte, ob mein Glück nicht nur auf einer ungeheuren Lüge beruhe« (BJ223; FA299). Mit dem Schauspiel der Leidenschaft Sartres für eine andere Frau konfrontiert, mußte sich Beauvoir ihre Illusionen eingestehen: »Ich schwindelte, wenn ich sagte: ›wir sind eins‹«, schreibt sie. »Die Harmonie zwischen zwei Individuen ist niemals gegeben, sie muß immer wieder neu errungen werden« (BJ222; FA299; ÜV). Solche voluntaristischen Reflexionen vermochten die Spannung jedoch kaum zu mildern, und schließlich erkrankte Beauvoir schwer an Lungenentzündung. Als sie begriff, daß man sie auf einer Bahre aus ihrem Hotel trug, erkannte die benommene Simone de Beauvoir plötzlich, daß das Unglück wirklich *sie* getroffen hatte: Diesmal versagte ihre »Schizophrenie« vor der unerbittlichen Realität ihres Körpers. Eines ist jedoch gewiß: Erst als Beauvoirs »Schizophrenie« von ihr abzufallen begann, vermochte sie wirklich zu schreiben: »Von nun an hatte ich immer etwas zu sagen« (BJ517; FA694).

Die Leere füllen

In den *Besten Jahren* stellt der Zweite Weltkrieg den Abschluß eines schmerzlichen Prozesses dar, der Beauvoir zur Realität erwachen ließ; begonnen hatte er mit dem Experiment des »Trios«. Es kennzeichnete das Ende des unkomplizierten Glücks mit Sartre, aber auch das Ende einer gewissen Offenheit in Beauvoirs Memoiren: Von diesem Zeitpunkt an neigen ihre Texte dazu, die sexuelle Wahrheit mehr zu verschweigen als zuvor. Beauvoirs 1990 veröffentlichte Briefe und Kriegstagebücher bestätigen die Ansicht, daß das Trio einen neuen Abschnitt in Beauvoirs Verhältnis mit Sartre einleitete. Vor 1937 hatten weder Beauvoir noch Sartre mehr als nur beiläufige Affären. Danach jedoch scheinen beide ständig in unlautere, gelegentlich ziemlich schäbige Verhältnisse mit anderen verwickelt gewesen zu sein. Wie wir in Kapitel 4 gesehen haben, begann Beauvoir im Juli 1938 ein sexuelles Verhältnis mit Bost, dem Geliebten Olgas. Dies war der Anfang einer lange anhaltenden Affäre zwischen den beiden (sie dauerte mit Sicherheit bis in die späten vierziger Jahre). Sartre für sein Teil wechselte von Olga zu deren jüngerer Schwester Wanda, mit der er für den Rest seines Lebens ein Verhältnis hatte. Während des »Sitzkriegs« machte er – sehr zur Bestürzung Beauvoirs – Wanda sogar einen Heiratsantrag. Außerdem war er offenbar ständig in mehr oder weniger skandalöse Affären mit anderen Frauen verwickelt, die in seinen Briefen an »Castor« alle penibel verzeichnet sind. Beauvoir wandte sich einer Reihe junger Frauen zu, von denen sie einige – aber nicht alle – mit Sartre teilte.[10] Warum wollte Beauvoir so leben? Machte es sie glücklich? Und fühlte sie sich frei, sich anders zu entscheiden?

Im September 1939 wurden Sartre und Bost zum Kriegsdienst eingezogen. Sich selbst überlassen, mußte Beauvoir mit beider Abwesenheit fertig werden, so gut es ging. Am 10. November 1939 schreibt sie Sartre folgendes:

»*Tout cher petit être*,
Ihren Brief habe ich heute morgen erhalten. Ich werde ihn nicht in der dicken gelben Mappe in der Schule aufbewahren, ich werde ihn in einem Geheimfach in meiner Handtasche aufheben, und ich glaube, ich werde ihn jeden Tag lesen. Ich liebe Sie. Ich liebe Sie, und ich fühle Ihre Liebe so stark, wie ich die meine fühle: Wir sind eins [*on ne fait qu'un*]. Sie können sich nicht vorstellen, wie ruhig und stark mich das macht. Ich bin glücklich. Niemals, niemals habe ich mich so intensiv mit Ihnen verbunden und so allein mit Ihnen auf der Welt gefühlt.

Gestern, nachdem ich Ihnen geschrieben hatte, haben wir Agnès Capri besucht. Ich habe Bienenfeld aufgetragen, Ihnen darüber ausführlich zu berichten – es war sehr amüsant. Dann sind wir zurück ins Hotel gegangen, und sie hat in meinem Zimmer geschlafen (ohne sich den Schwestern Kos. gegenüber zu verplappern). Wir haben eine leidenschaftliche Nacht miteinander verbracht – die Kraft der Leidenschaft dieses Mädchens ist unglaublich. Sinnlich war ich stärker beteiligt als gewöhnlich, mit dem unbestimmten rohen Gedanken (glaube ich), daß ich wenigstens von ihrem Körper ›profitieren‹ sollte. Es hatte einen Hauch von Verderbtheit, den ich nicht genau benennen kann, aber ich glaube, daß es einfach das Fehlen von Zärtlichkeit war. Es war das Bewußtsein, sinnliche Lust ohne Zärtlichkeit zu empfinden – etwas, was mir grundsätzlich noch nie passiert ist. […] Jetzt, da Bienenfeld sich meiner angenommen hat und mich unterdrückt, hat Kos. etwas von der Anziehungskraft einer verbotenen Frucht – und ich finde sie verführerisch und bezaubernd. […] Mit Ihnen würde ich ein neues Leben anfangen und mit Freuden mit allem – Paris, Geld, allem – reinen Tisch machen. Ich brauche nur Sie und ein bißchen Freiheit. Ich liebe Sie. […] Ich bin so glücklich, weil ich Ihnen über meine Liebe nichts sagen muß, was Sie nicht genauso gut wissen wie ich, mein lieber Liebling.

Votre charmant Castor« (LSa247–250)

Bianca Bienenfeld, eine ehemalige Schülerin Beauvoirs (die in der französischen Ausgabe dieser Briefe »Louise Védrine« heißt), war damals auch Sartres Geliebte, und viele Briefe Beauvoirs sind voller Klagen über Bienenfelds Versuche, im Trio Gleichheit mit Beauvoir zu beanspruchen. »Vor Wut errötend, sagte ich ihr, ich könne nicht verstehen, wie sie sich unsere Beziehungen vorstelle; daß sie das Trio offenbar als exakte Dreiteilung verstehe, was mich in Erstaunen versetze. […] Einen Augenblick gab es einen echten, heftigen Disput« (LSa253). Das hinderte Beauvoir aber nicht daran, mit der Anstoß erregenden Bienenfeld ins Bett zu gehen: »Eine gefühlvolle, leidenschaftliche Nacht. Ich fühlte mich ganz elend vor Leidenschaft – wie Gänseleber, und obendrein von schlechter Qualität«, berichtet sie Sartre am 12. November (LSa 255).

Bianca Lamblin (geb. Bienenfeld), die sich zu Beauvoirs Version der Ereignisse äußert, wirft Beauvoir vor, sie habe ihr, Biancas, Verhältnis mit Sartre absichtlich in einer Weise zerstört, die einer Madame de Merteuil würdig gewesen wäre. Den ganzen Herbst und Winter 1939/40 füllt Beauvoir ihre Briefe mit negativen Bemerkungen über Bianca, die das Verbrechen begangen hat, gleichen Anteil an Sartre zu verlangen. Ende Februar 1940 trägt ihr Werk Früchte: »Tatsächlich erhielt ich gegen Ende des Monats, ohne Vorwarnung, plötzlich den Brief Sartres, der mir verkündete, daß zwischen uns alles aus sei«, schreibt Bianca Lamblin. »Der Schock war um so größer, da er völlig unerwartet kam: Alle vorausgehenden Briefe waren herzlich, zärtlich, liebevoll« (*Memoiren eines getäuschten Mädchens*, S. 73). Nach Beauvoirs Briefen zu urteilen, hat Lamblin recht, wenn sie Beauvoir in diesem Fall niederträchtiges Verhalten vorwirft. Auch Sartre steht nicht unbedingt als Ausbund von Redlichkeit da. Eine der erschreckendsten Passagen in Lamblins *Memoiren eines getäuschten Mädchens* ist ihr ätzender Bericht über den Verlust ihrer Jungfräulichkeit. Auf dem Rückweg zum Hotel »Mistral«, wo das bedeutsame Ereignis stattfinden sollte, konnte der 34jährige Sartre es sich nicht verkneifen, mit seinen anderen Eroberungen zu prahlen. »Das Zimmermädchen des Hotels wird ziemlich erstaunt sein«, sagte er beiläufig zu der 18 Jahre alten Bianca, »wo ich doch erst gestern einem jungen Mädchen die Jungfräulichkeit genommen habe« (S. 49). Als es zum Akt selbst kam, verhielt sich Sartre unerwartet brutal: »Keine emotionale Wärme entspannte die Situation, keine wirklich spontane Geste. Ich hatte den Eindruck, daß dieser Mann einem vorgefertigten, erlernten Programm folgte. Als würde da ein chirurgischer Eingriff vorbereitet, den ich nur über mich ergehen zu lassen brauchte« (S. 52). Im Unterschied zu Sartre, schreibt Lamblin, sei Beauvoir zu echtem körperlichem Genuß fähig gewesen: »Unser körperliches Verhältnis bereitete mir viel Lust und faszinierte mich« (S. 53).

In ihren Briefen an Sartre behauptet Beauvoir nichtsdestoweniger, daß sie ihre sexuellen Beziehungen zu Frauen nicht besonders genieße. Als sie Nathalie Sorokine schließlich »nachgegeben« habe, sei dies widerstrebend geschehen: »Wir begannen uns zu küssen, und ohne jedes Begehren – sondern wegen meiner Skrupel – fragte ich sie, ob sie ›vollständige Beziehungen‹ wolle« (LSb18). Dennoch war sie von Sorokines offenkundiger Unerfahrenheit berührt (»Sie hätte nicht jungfräulicher sein können« – LSb19), und gelegentlich gibt sie sogar zu, daß sie mit ihr schlafen wolle (vgl. beispielsweise ihren Brief vom 11. Januar 1940). Das hindert sie jedoch nicht daran, zu behaupten, daß, wenn es darum gehe, Frauen sexuelle Lust zu bereiten, Männer stets überlegen seien. Im Dezember 1939 klagt sie in ihrem Tagebuch (das sie auch für Sartre schrieb) über Bienenfelds Verhalten im Bett:

»[Es ist] haushälterisch, rationell und vernünftig [...] eine mechanische Reaktion. Ich spüre dieses Mechanische die ganze Zeit, während wir uns umarmen; und ich *hasse* Bienenfeld wild und genieße diesen Haß, während meine Zärtlichkeit sie in Ekstase versetzt. [...] Unter ihrem Würgegriff wundere ich mich über die Ungeschicklichkeit der Frauen bei Dingen, in denen die Männer sich auskennen« (KTB262; JG208).

An Sartre schreibend, kommt Beauvoir auf ihre Klage zurück: »Ich fragte mich, warum Frauen eher als Männer bei gezielten Liebkosungen ungeschickt sein müssen (da Kos., R. und Bienenfeld mich ebenfalls gequält haben). [...] Hier gibt es ein kleines Geheimnis« (LSa377). Das wirkliche Geheimnis besteht natürlich darin, warum sie sich regelmäßig weiblichen Liebkosungen aussetzt, die ihr angeblich so wenig Vergnügen bereiten. An und für Sartre geschrieben, deuten diese Briefe tröstend an, daß sexuelle Beziehungen zwischen Frauen nicht zählen: *Wirklichen* Sex gibt es anderswo, wie jeder Patriarch weiß.

Aber damit nicht genug. In diesen Passagen verrät Beauvoir auch die ungezügelte Intensität ihrer Gefühle diesen Frauen gegenüber: Sie *haßt* Bienenfeld, Olga hat sie *gequält*, und mit Sorokine wird sie buchstäblich handgemein. »Als Sorokine um sieben auftauchte und ich mir vorstellte, wie ich vier Stunden mit ihr zubringen sollte, begann ich sie zu hassen«, schreibt sie im Juli 1940 nach der Niederlage Frankreichs (LSb170). Als Sorokine sich weigerte, zur Sperrstunde zu gehen, geriet Beauvoir in Wut, Sorokine versuchte, sie zu verprügeln, und Beauvoir warf sie hinaus. Sorokine klingelte an der Tür, und Beauvoir war außer sich vor Zorn: »Vor Wut zitternd ging ich die Tür öffnen – ich wollte allein sein, ein bißchen Ruhe haben und schlafen. Ich habe sie richtig gehaßt« (LSb175). Am folgenden Abend kam es zu körperlicher Gewalt: »Unter Geschrei, mit Schlägen, Handgemenge und Drohungen warf ich sie schließlich hinaus« (LSb177). Man versöhnte sich wieder, bis die nächste Krise ausbrach. Solche Szenen der Wut und des Abscheus kommen in Beauvoirs Beziehungen zu Männern *niemals* vor: Im Umgang mit Männern ist sie vernünftig, freundlich und nett, im Umgang mit Frauen engstirnig, gereizt, leicht sadistisch und in hohem Grade ambivalent: »Ich habe diese maßlosen, verwerflichen und nicht zu unterdrückenden Wutanfälle verstanden, die Sie manchmal unbedeutenden, schwachen und wehrlosen Leuten gegenüber packt«, seufzt sie in einem Brief an Sartre (LSa293).

Wie ihre Briefe belegen, behandelte Beauvoir ihre weiblichen Geliebten mit der gleichen Wut, der gleichen Leidenschaft und Intensität, die Françoise gegen Xavière in *L'Invitée* mobilisiert. In vieler Hinsicht stellt Beauvoir ihre weiblichen Geliebten als exakte Kopien der eigenen Mutter dar. In *Ein sanfter Tod* beispielsweise kritisiert sie ihre Mutter, die ihre Töchter bespitzelte: »Sie ertrug es nicht, sich ausgeschlossen zu fühlen« (ST42; UM54). Sie hebt auch die »lästigen Einmischungen« ihrer Mutter und deren »Anwandlungen von Wichtigtuerei« hervor (ST43; UM55).[11] Im Umgang mit ihren Freundinnen legte Beauvoir einen regelrechten Verfolgungswahn an den Tag, bespitzelt zu werden und von Einmischungen bedroht zu sein. Ständig in Sorge, wo sie ihre persönlichen Papiere verstecken sollte, verwahrte sie Sartres Briefe in der Schule hinter Schloß und Riegel und ließ sich von Bost postlagernd schreiben (dabei war Olga von der seit 1938 bestehenden sexuellen Beziehung zu Bost bis 1941 offenbar nichts gesagt worden – oder sie hatte es nicht herausgefunden). Gelegentlich geriet sie beim bloßen Gedanken daran, daß Olga die Briefe Bosts lesen könnte, in Panik. Dann gab es noch das Problem Wanda, die Beauvoir nicht mochte – und die im selben Hotel wie Beauvoir und Olga wohnte. Mitunter war sich Beauvoir nicht zu schade, die Rollen der Spionierenden und der Ausspionierten zu vertauschen, und gibt freimütig zu, daß sie sich in Wandas Zimmer geschlichen habe, um *deren* Tagebuch zu lesen (vgl. LSb220).

Als die beiden Männer in ihrem Leben auf Urlaub nach Paris kamen, arrangierte Beauvoir ein komplexes Szenario von Vorwänden und Lügen. Sie täuschte einen Besuch bei ihrer Schwester in der Provinz vor, und sobald Sartre in Paris eintraf, entwischte sie auf das rechte Seine-Ufer, um dort heimlich vier Tage mit ihm zu verbringen. Als Sartre dann seine »offizielle« Rückkehr inszenierte, war er zwei Tage mit Beauvoir zusammen, vier mit Wanda und wiederum heimlich vier Tage mit Beauvoir. Auch für Sartres Mutter blieben in diesem allgemeinen Frauenreigen ein paar Tage übrig. Als Bost seinen Urlaub in Paris verbrachte, wurde dasselbe Szenario durchgespielt, allerdings ohne »offizielle« Tage für Beauvoir. Wann immer Bienenfeld nach Paris kam, wurde Sorokine rasend eifersüchtig. Sogar Olga, deren leidenschaftliche Affäre mit Beauvoir und Sartre eigentlich vorüber war, litt unter Anfällen von Eifersucht, wenn Beauvoir zuviel Zeit mit Bienenfeld verbrachte. Sartre zu einem seiner besonders trügerischen Briefe an Bienenfeld gratulierend, schnurrt Beauvoir befriedigt: »Alles in allem korrigieren Lügen und Wahrheit einander vortrefflich, und Sie und ich haben gute Ar-

beit geleistet« (LSa301). Olga wegen Bost belügend, Bienenfeld
wegen Sorokine und Sartre, Sorokine wegen Bienenfeld, Wanda
wegen Sartre – stets in vollem Einvernehmen mit Sartre als
Komplizen: In diesen unerquicklichen Vorgängen spielt Beauvoir kaum eine rühmliche Rolle.

Sosehr sie sich auch über ihr »charmantes Otterngezücht«
(LSa383) beklagte, nahm sie doch nie den naheliegenden Ausweg: Sie kam nicht einmal auf den Gedanken, ihre Beziehungen
zu den verschiedenen Frauen ihrer Umgebung abzubrechen.
Wenn man ihre Briefe liest, ist leicht zu verstehen, warum: Obwohl sie sich ständig beklagt und nahezu dramatisch darauf beharrt, daß sie Ruhe und Zeit zum Arbeiten brauche, profitiert
sie in Wirklichkeit von der emotionalen Intensität ihrer Frauen-
beziehungen. Vielleicht mochte sie den Sex mit ihnen wirklich
nicht; ganz zweifellos aber genoß sie das erregende Gefühl von
Präsenz, das von all den tränenreichen Szenen, den dramatischen
Krächen und den hochdramatischen handgreiflichen Auseinandersetzungen hervorgerufen wurde. Ihre Angst davor, daß andere Frauen ihre Briefe lesen könnten, hat sie nie veranlaßt, sie zu
verbrennen oder von vornherein kein Tagebuch zu führen: Andere mögen ihre Droge brauchen, Beauvoir brauchte ihre tägliche Dosis Angst. Ohne ihr »Otterngezücht« wäre die unter
ihren Versteckspielen verborgene Leere schwerer zu verdrängen
gewesen.

Der Preis, den sie für diese emotionale Absicherung zahlen
mußte, waren die Ansprüche ihrer Freundinnen an ihre Zeit und
ihre Zuneigung. Ihre Briefe erwecken den Eindruck, als ob sie
sich von ihren weiblichen Geliebten ständig überfallen, ja vergewaltigt fühle: »Ich bin so froh, daß Bienenfeld nicht kommen
konnte«, schreibt sie Weihnachten 1939 während eines Skiur-
laubs in Mégève an Sartre, »es ist so erholsam, allein und nie-
mandes Beute zu sein, nur an mich selbst zu denken« (LSa382).
Als sie Anfang Januar wieder in Paris ist, beginnt sie erneut zu
klagen: »Mein charmantes Otterngezücht fängt wieder an, mich

zu verschlingen, und ich finde es ein bißchen erdrückend – Sie
können sich nicht vorstellen, *wie sehr* ich arbeiten möchte«
(LSb15). Doch schon im folgenden Satz gibt sie zu: »Sorokine
beim Mittagessen zu sehen, gab meinem Herzen einen angenehmen kleinen Stoß – so sehr, daß ich ihr meinen Abend angeboten habe (ich schreibe an Sie, während ich auf sie warte)«
(LSb15). In dem Leben, das Beauvoir in Paris führte, wurde Zeit
ihr Faustpfand: Dreißig Minuten für eine Diskussion über Descartes mit Sorokine (die Philosophie studierte), dreißig Minuten
für Zärtlichkeiten im Bett. Ihre Tagebücher und Briefe sind bis
zum Rand mit präzisen Zeitplänen gefüllt, in denen die Stunden, die sie arbeitend, essend und schlafend verbringt, genau ge-
zählt werden. Ob es sich um Bergwanderungen in der Umgebung von Marseille oder Restaurantbesuche in Paris handelte,
Beauvoir legte dieselbe rigide Besessenheit von ihren Zeitplänen
an den Tag. »Sie sind eine Uhr in einem Kühlschrank!« schluchzt
Sorokine (BJ408; FA546).

In einer Hinsicht also war Beauvoir auf ihre weiblichen Geliebten verzweifelt angewiesen: Sie füllten ihr Leben aus und
halfen ihr so, die erschreckende Leere zu überdecken, die sie immer wieder heimsuchte. Beauvoir, die diese jungen Frauen in
ihrer Zuneigung bestärkte, ihre Bewunderung brauchte, genoß
das Gefühl, von ihnen verehrt zu werden und ihnen überlegen
zu sein; im Unterschied zur beruflich erfolgreichen Beauvoir
führten ihre Freundinnen ein finanziell ungesichertes Leben in
schäbigen Randbezirken von Paris. Beauvoir, die ihr Gehalt und
das Sartres mit etlichen von ihnen teilte, beklagte sich nie über
die Belastung ihrer ziemlich bescheidenen Mittel. Da sie alle
jung waren, gesellschaftlich eher marginal oder Beauvoir beruflich unterlegen waren, fiel es ihr nicht schwer, sich autonom und
einigermaßen erfolgreich zu fühlen, obwohl sie immer noch
keine Zeile veröffentlicht hatte. (Wir werden noch sehen, daß
sie als veröffentlichte Schriftstellerin von solchen Beziehungen
zu Frauen weniger abhängig wurde.) Indem sie sich mit einem

Kreis ausgewählter abhängiger Frauen umgab, glich Beauvoir ihr instabiles emotionales Gleichgewicht aus: Auf diese Weise gelang es ihr, sich unabhängig *und* geliebt zu fühlen; Liebe schloß Unabhängigkeit nicht mehr aus.

Es gehörte jedoch nicht viel dazu, um diesen trügerischen Anschein der Harmonie zu zerstören. Im Februar 1940 war Sartre auf Urlaub in Paris. In den Tagen, die Sartre mit Wanda verbrachte, versank Beauvoir in schwärzester Depression. »Nicht daß Sartre mit Wanda zusammen ist, bedrückt mich«, notiert sie in ihrem Tagebuch, »es wäre genauso, wenn er bei seiner Familie wäre – ein einziger Schmerz, ihn nicht zu sehen« (KTB346; JG275). Wie immer dem auch sei, klar ist, wenn Sartre mit anderen Frauen zusammen war, erstickten in Beauvoirs Welt die Gemütsregungen: »Sein Bewußtsein ist für mich etwas Absolutes, und die Welt erscheint mir heute absolut leer, als wäre ich in eine mineralische Einsamkeit geworfen«, fährt sie fort. »Angewidert denke ich an den Ersatz: Kos.[12], Bienenfeld, ich würde mich lieber (in diesem Moment) absolut isoliert fühlen, es ist für mich eine Last, sie heute abend sehen zu müssen« (KTB346; JG276).

Wenn jedoch Sartre oder Bost da waren, kehrten Glück, Freiheit und Freude zurück: »Sartre ist da, Bost fast, meine Arbeit im letzten Jahr ist wirklich gut gewesen, Paris ist schön – ein ganz starker, erfüllter und freier Augenblick, mit freudiger Fortsetzung« (KTB341; JG272). Eine Woche später, unmittelbar nach Sartres Abreise, fühlte sie sich immer noch »von [seiner] Liebe eingehüllt und getragen« (LSb82): ein auffallender Gegensatz zum »absolut nackten Elend der Abwesenheit«, das sie durchmachte, als er mit Wanda zusammen war (KTB347; JG276). Wenn Sartre an der Front – das heißt fern von allen Frauen – war, fühlte sie sich weniger allein und weniger verzweifelt, als wenn er sich in Paris aufhielt und seine Zeit mit Wanda, Bianca oder irgendeiner anderen Geliebten verbrachte. Was Beauvoir fürchtete, so scheint es, war nicht das Alleinsein, sondern der Verlust von Sartres Liebe.

Ihre Briefe und Tagebücher von 1939 und 1940 belegen, daß sie in Bost ernstlich verliebt war. Sie verbringt viel Zeit mit Versuchen, sich selbst zu beweisen, daß seine Beziehung zu ihr »wesentlich« (also nicht »zufällig«) und darum seinem Verhältnis mit Olga überlegen ist. Die Parallele zu Sartres Unterscheidung zwischen »notwendiger« und »kontingenter« Liebe ist gewiß kein Zufall. Etwas durchaus Anrührendes haben ihre Bemühungen, den bei ihrem letzten Treffen vor dem Krieg im Juli 1939 in Marseille gewonnenen Eindruck zu zerstreuen, daß *sie* für Bost nur »*eine* Geschichte unter anderen [ist], eine sehr angenehme zwar, aber doch auch eine lästige und *zufällige* – das hat mich in Juan-les-Pins zum Weinen gebracht, es war die Enttäuschung, die mich während der ganzen Ferien niedergedrückt hat« (KTB361; JG287; ÜV). Als Bost sie verläßt, um sich mit Olga zu treffen, registriert sie ein Gefühl der Leere: »Ich möchte Bost gern sehen, ein bloßer Wunsch, ohne Angst, nicht quälend, aber um mich herum Leere« (KTB364; JG290).

Frauen, ob Freundinnen oder Geliebten, gelingt es selten, Beauvoir die sexuelle und emotionale Erfüllung zu ersetzen, die sie bei Bost findet, und sie können sich nur vergeblich darum bemühen, die Lücke zu schließen, die Sartres absolute Präsenz hinterläßt. Beauvoirs verzweifelte Zeitpläne, ihre wahnsinnigen Anstrengungen, jedes Loch zu stopfen, ihr ungeheures Verlangen nach emotionaler *Ausfüllung* – eine manische Abwehr gegen Depression und Einsamkeit – ließen sie Trost in der *petite famille* suchen, dem kleinen Kreis von Menschen, die Sartre und Beauvoir als ihre Gurus und Ernährer verehrten. Die Bindungen zwischen den Mitgliedern des Kreises und dem Eltern-Lehrer-Paar waren stark, wurden stets gefördert und nie ganz zerstört. Während des Krieges bestand er aus Wanda, Olga, Bost, Sorokine und Bienenfeld; später schieden einige aus, andere kamen hinzu (Michèle Vian, Claude Lanzmann, Arlette Elkaïm und Sylvie Le Bon): Diese kleine Clique zankte und raufte sich, zerstritt sich und vertrug sich wieder; ihr Leben mag nicht eben be-

wundernswert gewesen sein, ihre Authentizität und ihr moralisches Verantwortungsgefühl mögen nicht ganz den Forderungen der existentialistischen Philosophie entsprochen haben, aber
auf all das kam es nicht an. Für Beauvoir zählte allein, daß *sie da
waren*: Ihre Leere füllend, waren sie ihre Antidepressiva.

Alter, Tod und Depression

Vielen Kritikerinnen ist Beauvoirs Todes-Obsession aufgefallen.
Elaine Marks legt in ihrer scharfsichtigen Untersuchung zu diesem Thema dar, für Beauvoir sei das »Ich in einen aussichtslosen
Kampf verwickelt, sich vor der Vernichtung und vor der Zu-
dringlichkeit anderer zu schützen. Der Tod ist für Simone de
Beauvoir das Nichts, Abwesenheit« (*Simone de Beauvoir*, S. 7). Für
einen Existentialisten ist der Tod absurd und zugleich das, was
dem Leben Sinn verleiht. Bei dem Versuch, diesem Paradox gerecht zu werden, betont Beauvoir einerseits das *Ärgernis* des Todes: »Einen natürlichen Tod gibt es nicht«, schreibt sie am Ende
von *Ein sanfter Tod*. »Alle Menschen sind sterblich: Aber für jeden
Menschen ist sein Tod ein Unfall und, selbst wenn er sich seiner
bewußt ist und sich mit ihm abfindet, ein ungerechtfertigter Gewaltakt« (ST119f; UM152; ÜV). Andererseits bemüht sie sich
auch, sich selbst und ihre Leser davon zu überzeugen, daß der
Tod in der Tat das ist, was dem Leben seinen Wert verleiht. So
schreibt sie einen ganzen Roman, *Alle Menschen sind sterblich*, in
dem es um das Elend des unsterblichen Grafen Fosca geht. Fosca, der sich selbst als »ein Phantom ohne lebendiges Herz« beschreibt (AM228; TH385), beklagt das Fehlen jeglicher Gemüts-
bewegung in seinem Leben. Auch als er an seine geliebte Marianne denkt, die im 18. Jahrhundert gestorben ist, vermag er
nichts zu empfinden: »Einbalsamiert in meinem Herzen, in der
Tiefe dieser eiskalten Gruft, war sie so tot wie in ihrem Grab«,
seufzt er (AM291; TH491; ÜV). Auf den Barrikaden der Fe-

bruarrevolution kämpfend, fühlt er sich noch immer unbeteiligt: »Mein Herz war unter kalter Lava begraben« (AM292; TH494; ÜV). Als man ihm zuredet, in der Gegenwart zu leben, erwidert er: »Aber die Worte verdorren auf meinen Lippen. [...] Die Wünsche verdorren in meinem Herzen und die Gebärden an meinen Fingerspitzen« (AM298; TH505). Mit einem eindrucksvollen metonymischen Vorgehen schildert Beauvoir Foscas lebendigen Tod, indem sie ihn mit allen Symptomen der Depression ausstattet: Fosca fühlt sich leer und einsam; seine Worte scheinen sinnlos zu sein; er ist unfähig, Gefühlsregungen in Menschen oder deren Angelegenheiten zu investieren; alle Aktivitäten erscheinen gleichermaßen vergeblich; er wünscht nur eines: zu sterben.

Für Beauvoir beschwört der Tod das Gespenst des Nicht-Seins herauf, während das Alter vor allem mit dem Verlust der sexuellen Anziehungskraft und darum – nach ihrer Überzeugung – mit dem Verlust der Liebe verbunden ist. In *Das andere Geschlecht*, bei dessen Erscheinen Beauvoir 41 Jahre alt war, behauptet sie, daß Frauen den Höhepunkt sexuellen Begehrens im Alter von 35 Jahren erreichen, zur selben Zeit aber ihrem unvermeidlichen Verfall ins Auge sehen müssen. Zwar kann sich die Frau eine Zeitlang »vor dem Spiegel noch etwas vormachen«, doch mit dem Herannahen der Menopause muß sie sich mit dem Tod auseinandersetzen: »Wenn sich dann der fatale, unwiderrufliche Prozeß anbahnt, der das ganze während der Pubertät in ihr entstandene Gebäude zerstört, fühlt sie sich von der Schicksalhaftigkeit des Todes selbst berührt« (AG724; DSb457). »Als ältere Frau«, berichtet Deirdre Bair, »vertrat [Beauvoir] immer noch den Standpunkt, daß Leute jenseits der Vierzig für Sex zu alt seien« (S.625, Anm.16[13]). In *Alles in allem* merkt Beauvoir dies auch selbst an: »Selbst mit 35 Jahren fühlte ich mich peinlich berührt, wenn Ältere in meiner Gegenwart auf ihr noch lebhaftes Eheleben anzuspielen wagten: Einmal müßte doch der Augenblick kommen, meinte ich, wo man soviel Anstandsgefühl haben müßte, darauf zu verzichten« (AA41; TCF52). In *Der Lauf der Dinge* jedoch geht sie mit beträchtlicher Ironie auf ihren früheren Standpunkt ein:

»Mit dreißig Jahren verkündete ich: ›Nach dem vierzigsten Lebensjahr muß man auf eine bestimmte Art der Liebe verzichten.‹ Ich verachtete die ›alten Bälge‹ [*les vieilles peaux*], wie ich sie nannte, und gelobte mir hoch und heilig, meinen Balg, wenn er ausgedient hatte, in den Schrank zu hängen. Was mich nicht daran gehindert hat, mich mit 39 Jahren auf eine Affäre einzulassen. Inzwischen war ich 44 geworden und endgültig ins Schattenreich hinübergewechselt. Aber, wie schon gesagt, obwohl mein Körper sich fügte, wollte meine Phantasie keineswegs resignieren. Wenn sich die Gelegenheit einer Wiedergeburt bieten sollte, würde ich sie ergreifen« (LD271; FCb9; ÜV).

Die Chance, die sie so freudig ergriff, war die Gelegenheit, eine Beziehung mit Claude Lanzmann einzugehen, einem Mitglied des Redaktionskomitees von *Les temps modernes*, der 17 Jahre jünger war als sie (Lanzmann sollte später als Regisseur des Films *Shoah*[14] berühmt werden).

   Aber auch wenn sich zeigt, daß die »alternde« Frau doch noch Sex haben will – und bekommt –, tut sich Beauvoir nach wie vor schwer, diese Tatsache zu akzeptieren. In *Die Mandarins von Paris* (erschienen 1954, als Beauvoir 46 Jahre alt war) ist die vierzigjährige Heldin zu einer High-Society-Party eingeladen, wo sie sofort eine Aufforderung zum Tanz ablehnt, weil sie sich dafür »zu alt« fühlt, um dann ihrem Abscheu vor den Körpern »älterer« Frauen freien Lauf zu lassen:

»Die Spiegel sind zu nachsichtig: Der eigentliche Spiegel ist das Gesicht der Frauen meines Alters, ihre lasche Haut, ihre verwischten Züge, ihr zerfallender Mund, ihr Körper, dessen eigentümliche Buckel man unter ihren Gürteln ahnt. ›Alte Bälge‹ [*de vieilles peaux*], dachte ich, ›und ich bin in ihrem Alter‹« (MP696f; LMb371; ÜV).

Offenkundiger Selbsthaß, Abscheu, ja Verachtung: Annes Bild vom Körper und von den Wünschen der Frau über Vierzig könnte nicht negativer sein. Derselbe Anflug von Grausamkeit findet sich auch in einer Passage des *Anderen Geschlechts*, in der Beauvoir die sexuellen Täuschungsmanöver »alternder Frauen« beschreibt:

»Alle erklären, sich nie so jung gefühlt zu haben. Sie wollen andere davon überzeugen, daß die Zeit spurlos an ihnen vorübergegangen ist. Sie fangen an, ›auf jung‹ zu machen, kleiden sich entsprechend und legen sich eine kindliche Mimik zu. [...] Die alternde Frau [...] übertreibt ihre Weiblichkeit. Sie schmückt sich, parfümiert sich, gibt sich reizend und anmutig, die reine Immanenz. Sie bewundert den männlichen Gesprächspartner mit naivem Augenaufschlag und kindischem Ton, erzählt redselig von früher, als sie noch ein kleines Mädchen war. Statt zu sprechen, zwitschert sie, sie klatscht in die Hände, bricht in schallendes Gelächter aus« (AG726; DSb459f; ÜV).

Diesen Frauen bleibt gemäß dem *Anderen Geschlecht* nichts anderes übrig, als ihr Schicksal zu akzeptieren, das heißt jeden Gedanken an sexuelles Begehren oder sexuelle Lust aufzugeben: »Ihre Situation ändert sich in dem Augenblick, in dem sie das Älterwerden akzeptiert. [...] Jetzt wird sie ein anderes Wesen, geschlechtslos, aber vollendet: eine alte Frau« (AG732f; DSb466f; ÜV).

In Beauvoirs Memoiren taucht ihre Alters-Obsession schon in bemerkenswert jungen Jahren auf: Sie zeigt sich bereits in den Krisen, die sie als junge Lehrerin in Rouen durchmachte: »Wenn ich einmal abends ein Glas zuviel getrunken hatte, konnte es geschehen, daß ich Ströme von Tränen vergoß«, schreibt sie, »[...] von neuem entdeckte ich die Eitelkeit menschlichen Strebens und die drohende Nähe des Todes« (BJ178; FA239). Nachdem sie ihre Krisen einer allgemeinen existentiellen Angst zugeschrieben hat, fügt sie hinzu:

»Noch eine Sorge drückte mich: Ich wurde älter. Weder meine Gesundheit noch mein Aussehen hatten bis jetzt gelitten; doch von Zeit zu Zeit klagte ich darüber, daß alles um mich her an Farbe verlor. Ich empfinde nichts mehr, seufzte ich. Immer noch konnte ich in Verzückung geraten, und doch hatte ich den Eindruck eines nicht wiedergutzumachenden Verlustes. [...] Diese Melancholie [*cette mélancolie*] beeinträchtigte mein Leben jedoch nicht ernstlich« (BJ179; FA239f; ÜV).

Als das Leben nur noch aus Wiederholungen zu bestehen scheint, farblos, bar jeder Vitalität und Bedeutung, zieht Beauvoir – die damals 27 Jahre alt war – voreilig den Schluß, dies widerfahre ihr, weil sie älter werde. Obwohl sie ihre Gemütsverfassung deutlich als »Melancholie« erkennt, weigert sie sich, andere Gründe dafür in Erwägung zu ziehen, warum sie unter dem Gefühl eines »nicht wiedergutzumachenden Verlustes« leidet. Dabei ist es kein Zufall, daß die Angstzustände in Rouen gerade zu der Zeit auftraten, als Sartre nach neuen Erfahrungen Ausschau hielt, um sie dann in Gestalt eines jungen Mädchens namens Olga zu finden. Depression, Verlust der Sexualität, Liebesverlust, Angst vor dem Tod, Angst vor der Leere des Nicht-Seins: Alle diese Elemente versammeln sich in den stark überdeterminierten Beschreibungen der »Krisen« Beauvoirs.[15]

Keineswegs überraschend werden ähnliche Reaktionen von Situationen hervorgerufen, in denen Beauvoir von Liebesverlust bedroht ist oder ihn wirklich erleidet: Sartres ernstzunehmendes Verhältnis mit Dolorès Vanetti, das Zerbrechen ihrer Beziehung zu Nelson Algren, das Ende ihrer Liaison mit Claude Lanzmann. Wie Beauvoir in ihren Memoiren schreibt, erreichte Sartres

Affäre mit Vanetti, die im Januar 1945 begann, im Sommer 1947 heftigste Gefühlsintensität. Als Beauvoir aus den Vereinigten Staaten nach Paris zurückkehrte, stellte sie fest, daß Vanetti sich immer noch in Paris aufhielt und sich weigerte, das Feld ihrer heimkehrenden Rivalin zu überlassen. Beauvoir flüchtete sich in einen Pariser Vorort und setzte zwei Monate lang kaum einen Fuß in die Innenstadt. Auf ein kleines Hotel beschränkt, der Gesellschaft ihrer Freunde beraubt, voller Sehnsucht nach Algren, von Sartres Leidenschaft für Vanetti gepeinigt und aus dem Gleichgewicht gebracht, durchlitt sie zwei schreckliche Monate der Angst, Depression und wohl auch einen völligen Nervenzusammenbruch:

»[Ich empfand] eine an Geistesgestörtheit grenzende Angst. Um mein Gleichgewicht wiederherzustellen, nahm ich Orthedrin. Es half zwar im ersten Augenblick, ich vermute aber, daß dieses Mittel an den Angstzuständen, die mich damals quälten, nicht ganz unschuldig war. […] Sie waren aber von einer physischen Zerrüttung begleitet, wie sie noch nie durch die schlimmste Verzweiflung – auch dann nicht, wenn der Alkohol sie steigerte – ausgelöst worden war. […] Vielleicht auch waren diese Krisen ein letztes Aufbegehren, bevor ich mich mit dem Alter und meinem Ende abfand: Noch wollte ich das Licht von der Finsternis scheiden. Plötzlich wurde ich zu einem Stein, den der Stahl spaltete: Das ist die Hölle« (LD129f; FCa181; ÜV).

Schließlich verfrachtete Sartre Dolorès Vanetti auf ein Schiff zurück nach New York, doch Vanetti, die sich – sehr zu ihrer Ehre – weigerte, in Sartres Verführungsspielen die Rolle des willfährigen Opfers zu spielen, blieb dabei, daß »er ihr Gewalt angetan habe«. Sartre, der jederart weibliche Anklagen nicht ausstehen konnte, fühlte sich außergewöhnlich unbehaglich. Auf einer sich mühsam dahinschleppenden gemeinsamen Skandinavienreise wurden Sartre und Beauvoir von Depression und

Zweifeln gequält: »Ich fragte mich voll Schrecken, ob wir einander fremd geworden seien« (LD134; FCa188).

Was ihre Affäre mit Nelson Algren betrifft, so nahm Beauvoir sie 1948 wieder auf; als jedoch deutlich wurde, daß sie ihrem Leben mit Sartre in Paris aufrichtig verpflichtet blieb, fühlte sich Algren zu Recht gekränkt und abgewiesen.[16] Die Beziehung kühlte allmählich ab, und nach dem letzten, traurigen und enttäuschenden Sommer des Jahres 1951 sagte sich Beauvoir – nun 43 Jahre alt – wieder einmal, daß ihr Geschlechtsleben zu Ende sei: »›Ich werde nie mehr in die Wärme eines Körpers eingehüllt schlafen.‹ Nie mehr: Welch ein Totengeläut! Als mich diese Gewißheit überfiel, taumelte ich dem Tod entgegen. […] Das war so brutal wie eine Verstümmelung« (LD247; FCa349). Als Claude Lanzmann sie zum erstenmal einlud, weinte sie vor Freude: »Nach zwei Jahren, in deren Verlauf der allgemeine Niedergang für mich mit dem Zusammenbruch einer Liebe und den ersten Vorahnungen körperlichen Verfalls einhergegangen war, gab ich mich rückhaltlos einem neuen Glück hin« (LD277; FCb17; ÜV). Lanzmann wurde also für sie zum Bollwerk gegen die Angst vor dem Altwerden. Er bewahrte sie auch vor ihren Verstimmungen:

»Die Gegenwart Lanzmanns ließ mich auch mein Alter vergessen. Vor allem befreite er mich von meinen Angstzuständen. Zwei- oder dreimal hatte er mich so erlebt, und er war dermaßen erschrocken, daß ich mir fest gelobte, diesen Anwandlungen nie mehr nachzugeben: Ich fand es empörend, ihn jetzt schon mit dem Grauen des Verfalls in Berührung zu bringen« (LD277; FCb17; ÜV).

Trotz aller Gegenbeweise – sie hatte solche Angstzustände schließlich schon seit ihrer Kindheit – gelingt es Beauvoir auch hier, sich selbst davon zu überzeugen, daß diese Zustände allein mit ihrer Angst vor dem Alter zu erklären seien.

1958 konvergieren in Beauvoirs Memoiren persönliche und

politische Verzweiflung. Es war das Jahr, in dem die Vierte Republik zusammenbrach, de Gaulle an die Macht kam und der Algerienkrieg ein Stadium erreicht hatte, in dem es kein Zurück mehr gab. Als sie erfuhr, daß bei der Volksabstimmung im September über 80 Prozent der Franzosen für de Gaulle gestimmt hatten, brach sie in Tränen aus: »Ich fing an zu weinen. Ich hätte nicht geglaubt, daß es mir so nahegehen würde«, schreibt sie in ihr Tagebuch. »Noch heute früh ist mir nach Weinen zumute. [...] Die ganze Nacht hindurch Alpträume. Ich bin ganz zerschlagen. [...] Verhängnisvolle Niederlage. [...] 80 Prozent der Franzosen haben unseren Glauben an Frankreich, unsere Bestrebungen für ihr Land abgelehnt. [...] Es ist ein ungeheurer kollektiver Selbstmord« (LD427f; FCb228f; ÜV). 1958 war aber auch das Jahr, in dem Beauvoir 50 wurde und ihr Verhältnis mit Lanzmann zu Ende ging. Ihr Kummer wuchs noch an, weil der endgültige Bruch mit Lanzmann mit einer bedrohlichen Verschlechterung der Gesundheit Sartres zusammentraf. Als Sartre 1954 knapp einem Schlaganfall entgangen war, hatte Beauvoir bereits den Schauer der eigenen Sterblichkeit gespürt: »Die Krise ging vorüber, aber es war etwas Unabänderliches geschehen. Der Tod hatte mich gestreift. [...] Er war eine greifbare Wirklichkeit, die mein Leben durchtränkte, meine Begierden, die Gerüche, die Lichter, die Erinnerungen, die Pläne färbte: alles« (LD297; FCb45). Als er 1958 erneut erkrankte, war es, als ob ihre ganze Zukunft ausgelöscht worden wäre: »Von nun an war ich [vom Tod] besessen. [...] Alles in allem hatten wir nichts anderes mehr zu erwarten als unseren Tod und den unserer Nächsten« (LD432; FCb236).

Wegen ihrer Einstellung zum Algerienkrieg und aufgrund ihrer Berühmtheit politisch wie persönlich isoliert, war Beauvoir auf den Rückhalt der schrumpfenden »kleinen Familie« angewiesen. In den fünfziger Jahren jedoch bauten sich Spannungen in diesem Kreis auf, und die schützende Nähe, die Beauvoir so dringend brauchte, war nicht mehr so leicht zu finden. So intim, so inzestuös der Clan der *petite famille* auch sein mochte, konnte er sie letzten Endes nicht vor der sinnlosen Leere schützen, die sie im Kern aller Dinge fand. In den fünfziger Jahren war sogar das alte Gefühl der Einheit mit Sartre immer schwerer zu definieren. Die Früchte des Ruhms erwiesen sich als ziemlich bitter: Da man Beauvoir und Sartre auf den Straßen zu erkennen pflegte, mußten sie ihre Lebensweise ändern. Alte Freunde verschwanden, und neue Freundschaften ergaben sich nur schwer. »Sartre schien weiter von mir entfernt zu sein als je zuvor. [...] Ich hatte das Gefühl, man hätte ihn mir geraubt« (LD248; FCa350; ÜV).

Als Simone de Beauvoir älter wurde, holten ihre Depressionen sie ein: »Ich habe die Fähigkeit verloren, das Licht von der Finsternis zu scheiden, mir um den Preis einiger Wirbelstürme einen strahlenden Himmel zu sichern«, schreibt sie am Ende von *Der Lauf der Dinge*. »Der Tod ist nicht mehr ein brutales Abenteuer in weiter Ferne, er verfolgt mich in den Schlaf hinein. Beim Erwachen spüre ich seinen Schatten zwischen der Welt und mir: Das Sterben hat schon begonnen« (LD621; FCb507). Dem Dunkel des Todes und der Depression entspringt der berühmte letzte Satz von *Der Lauf der Dinge*. In ihrem Rückblick auf sich selbst als leichtgläubiges junges Mädchen ist ihre Bitterkeit nicht zu übersehen: »Ich entdecke voller Bestürzung, wie sehr ich geprellt worden bin« (LD623; FCb508). Dem Bürgermädchen, das in den zwanziger Jahren hinaus ins Leben trat, war die Welt verheißen worden: Nun, da sie ihr gehört, findet sie das Elend der Welt kaum erträglich.

Als Beauvoir *Der Lauf der Dinge* beendete, war sie 54. Ihre Autobiographien waren Bestseller in Frankreich; sie hatte als Schriftstellerin internationalen Erfolg und war zweifellos eine der berühmtesten Frauen der Welt. Und doch wiederholte sie unermüdlich, ihr Leben sei zu Ende:

»Jetzt ist der Augenblick gekommen, um zu sagen: Nie mehr! Nicht ich trenne mich von meinem früheren Glück, sondern das Glück ist es, das sich von mir trennt. Die Gebirgswege versagen sich meinem Fuß. Ich werde nie mehr trunken von Müdigkeit in das duftende Heu sinken. Ich werde nie mehr einsam durch den morgendlichen Schnee gleiten. Nie mehr ein Mann. Jetzt hat meine Phantasie ebenso entschieden ihren Entschluß gefaßt wie mein Körper« (LD622; FCb506).

1962 unterschieden sich die gesellschaftlichen Konventionen in bezug auf Frauen über Fünfzig vermutlich von denen der neunziger Jahre. Es ist durchaus wahrscheinlich, daß man von ihnen ein resigniertes, passiveres und weniger sexuell bestimmtes Verhalten erwartete als von Frauen in diesem Alter heute. Aber selbst wenn dem so ist, bleibt Beauvoirs Absage an das Leben rätselhaft: Warum nimmt sie in so jungen Jahren Tod und Verfall so begierig an? Was treibt sie so unüberlegt in Verzicht und Todes-Obsession? Meiner Meinung nach ist die Antwort klar: Jedesmal, wenn sie von Depressionen heimgesucht wird, schreibt sie ihre Gefühle der Sinnlosigkeit, des Vitalitätsverlustes und zunehmender Einsamkeit auf ihre Angst vor dem Alter oder dem Tod zu. Diese Strategie der Gefühlsverlagerung ermöglicht ihr in der Tat, Empfindungen der Depression zuzugeben, ohne sie jemals als solche zu bezeichnen und ohne jemals über andere Ängste nachdenken zu müssen, die sich ebenfalls in ihrer Schwermut offenbaren: ihre ständige Angst vor Einsamkeit und Trennung. In ihren Texten blockieren die gewichtigen, ausführlichen Reflexionen über Alter und Tod eine eingehende Untersuchung der Angst vor Leere und Liebesverlust.

1962 war die Enttäuschung im Leben Beauvoirs offenbar total: Philosophisch, politisch wie persönlich schien ihre Absage endgültig zu sein; Alter und Tod standen unmittelbar bevor; ihr Leben war vorbei. Zehn Jahre später jedoch, in *Alles in allem*, hatte sie ihre Gelassenheit wiedergefunden: »Das, worin ich mich getäuscht habe, war der flüchtige Ausblick auf meine Zukunft«, schreibt sie mit offenkundiger Erleichterung. »Ich habe in sie den während der zuletzt durchlebten Jahre in mir aufgespeicherten Ekel hineinprojiziert: Sie ist weit weniger düster geworden, als ich damals voraussah« (AA125; TCF165).[17] Der Grund für diesen Stimmungswechsel ist nicht schwer auszumachen: »Ich hatte 1962 zu Unrecht geglaubt, mir könne außer Unglück nichts Bedeutsames mehr widerfahren; statt dessen war mir noch einmal eine große Chance zuteil geworden« (AA66; TCF84; ÜV), schreibt Beauvoir 1972 im Rückblick auf ihre Begegnung mit der 33 Jahre jüngeren Sylvie Le Bon.[18] Mit dem betonten Begriff der Wiederholung (»noch einmal«) enthält dieser Satz eine bewußte Anspielung auf ihre Begegnung mit Sartre: »Mir war eine große Chance zuteil geworden: Im Angesicht dieser Zukunft war ich auf einmal nicht mehr allein« (MT331; MJF481).[19] Sartre hatte Beauvoir in ihrer Jugend vor der Einsamkeit geschützt; dieselbe Rolle sollte Le Bon in ihrem Alter spielen.

So wie Sartre in *Memoiren einer Tochter aus gutem Hause* als Beauvoirs Double und Zwilling dargestellt wird, erscheint Le Bon in *Alles in allem* konsequent als ihr Double. Sie hat dasselbe belastete Verhältnis zu ihrer Mutter wie Beauvoir, ist genauso rebellisch wie sie und in der Vergangenheit ebenfalls lesbischer Beziehungen beschuldigt worden[20]; sie schwankt zwischen leidenschaftlicher Bejahung des Lebens und des Glücks und heftigen Anfällen von Zorn und Depression – und sie ist eine Intellektuelle; sie wird sogar in demselben *lycée* in Rouen als Philosophielehrerin angestellt, an dem Beauvoir in den dreißiger Jahren unterrichtet hat: »Das gab mir ein wenig das Gefühl einer Reinkarnation«, kommentiert Beauvoir (AA72; TCF92). Ihrer beider Lebensweise spiegelt auch das Alltagsleben Beauvoirs und Sartres wider:

»Ich hielt sie von da an täglich über mein Leben auf dem laufenden und unterrichtete sie bis ins einzelne über meine Vergangenheit. […] Wir sehen uns täglich. Sie ist aufs engste mit meinem Leben verquickt, so wie ich mit dem ihren. Ich habe sie mit den Menschen meiner Umgebung bekannt gemacht. Wir lesen die gleichen Bücher, wir gehen gemeinsam ins Theater, wir unternehmen gemeinsam lange Autofahrten. Es besteht zwischen uns eine so natürliche Gegenseitigkeit, daß ich mein Alter vergesse: Sie zieht mich in ihre Zukunft hinein, und für Augenblicke erhält die Gegenwart jene Dimension wieder, die sie verloren hatte« (AA71f; TCF92; ÜV).

»Es war Liebe zwischen uns«, sagt Sylvie Le Bon (Bair, S. 640). »Meine Gefühle für Sylvie lassen sich am ehesten mit meiner Freundschaft zu Zaza vergleichen«, erzählte Beauvoir ihrer Biographin Deirdre Bair. »Seit ihrem Tod habe ich mir oft eine innige, kontinuierliche und vorbehaltlose Freundschaft mit einer Frau gewünscht. […] Mit Olga war es nicht möglich, mit Natascha auch nicht, aber jetzt habe ich Sylvie, und es verbindet uns eine absolute, bedingungslose Freundschaft, denn von Anfang an waren wir beide bereit, unsere Lebensweisen aufeinander abzustimmen, ganz füreinander dazusein« (Bair, S. 639 f.). »Beauvoir hat mir oft gesagt: ›Mein Verhältnis mit Ihnen ist fast ebenso wichtig wie das zu Sartre‹«, informiert uns Le Bon (Bair, S. 640). Ob nun Beauvoirs und Le Bons Beziehung sexueller Natur war oder nicht, beide Frauen betrachteten sie zweifellos als bindend, lebenslang und liebevoll.[21]

Die emotionale Stabilität und Nähe, die Le Bon ihr vermittelte, befähigten Beauvoir, es erneut mit erzählender Literatur aufzunehmen: Ihre Bestseller der sechziger Jahre, *Die Welt der schönen Bilder* und *Eine gebrochene Frau*, lesen sich, als sei sie endlich entschlossen, sich ihre Depression und ihren Zorn über böse, besitzergreifende Mütter ein für allemal vom Leibe zu schreiben. Schließlich wurde auch das Alter zu einer Quelle der Kreativität: Mit *Das Alter* (1970) begleicht Beauvoir triumphierend die Rechnung mit ihrem alten Feind. Nun kann sie dem Alter gelas-

sen ins Auge sehen: »Kurz und gut, ich habe mich im Alter ein-
gerichtet«, erklärt sie in *Alles in allem* (AA38; TCF48; ÜV). Sylvie
Le Bon und Simone de Beauvoir blieben einander nahe bis zum
Tod Beauvoirs am 14. April 1986.

Das Schreiben der Depression

Wie nun beeinflussen diese emotionalen Strukturen Beauvoir als
Schriftstellerin? Als sie sich zur Rezeption von *Der Lauf der Dinge* äußert, wundert sie sich über die Reaktionen, die ihr dritter
Memoirenband hervorrief: »Es hat sogar Psychiater gegeben, die
den Schluß meines Buches einem depressiven Zustand zuschrie-
ben [*une crise dépressive*]«, empört sie sich (AA127; TCF167). Diesen Verdacht kategorisch zurückweisend, beharrt die Autorin
von *Alles in allem* darauf, daß Depression nichts mit Schreiben zu
tun habe. »Ein seelisch aus dem Gleichgewicht geratenes – nie-
dergeschlagenes, verzweifeltes – Individuum schreibt überhaupt
nicht: Es hüllt sich in Schweigen« (AA127; TCF167). Doch die
junge Frau, die sich 1930 mit ihrem ersten Roman abmühte, war
überzeugt, daß das Glück sie am Schreiben hindere: »Ich arbeitete ohne Überzeugung. [...] Jedenfalls hatte ich es nicht eilig. Ich
war glücklich, und das genügte für den Augenblick« (BJ55; FA71;
ÜV). Die Autorin von *L'Invitée* ist derselben Meinung: »Literatur entsteht, wenn irgend etwas im Leben aus den Fugen gerät.
[...] Meine Arbeitsmoral blieb lasch bis zu dem Tage, als [mein
Glück] bedroht wurde und ich in der Angst eine gewisse Einsamkeit wiederfand« (BJ310; FA417; ÜV). Am Ende der *Besten
Jahre* versichert Beauvoir erneut, daß ihr Schreiben einer bestimmten Unglückserfahrung entspringe: »Das Unglück war
über die Welt hereingebrochen. Die Literatur wurde mir so
nötig wie die Luft, die ich atmete. Ich bilde mir nicht ein, daß
sie ein Mittel gegen die absolute Verzweiflung ist, aber ich war
noch nie in so große Not geraten« (BJ518; FA694; ÜV).

Es scheint, als ob die Schreibende im Schreiben Zuflucht sucht, weil es ihr in äußerster Verzweiflung hilft und sie stärkt. Ich glaube, daß im Fall Beauvoirs genau dies die Funktion ihres *persönlichen Schreibens* ist. Ich verwende diesen Begriff, um das Schreiben zu persönlichen Zwecken im Gegensatz zum Schreiben mit dem Ziel der Veröffentlichung zu bezeichnen. In Beauvoirs Œuvre besteht der Hauptteil der persönlichen Schriften aus Briefen und Tagebüchern, aber ich schließe in diese Kategorie auch die – ziemlich stark bearbeiteten – Fragmente und Auszüge aus ihren Tagebüchern ein, die sie in ihre Memoiren aufgenommen hat. »In schwierigen Perioden meines Lebens Sätze niederzuschreiben – auch wenn niemand sie je lesen wird –, gewährt mir die gleiche tröstende Kraft wie dem Gläubigen das Gebet«, schreibt Beauvoir in *Alles in allem* (AA128; TCF168f). Nicht umsonst begann sie nach der Trennung von Sartre im September 1939 mit dem Schreiben eines Tagebuchs: »Nun, in der Angst, in der Einsamkeit fing ich an, ein Tagebuch zu führen« (BJ323; FA433). Wenn Sartre nicht da ist und ihre Erlebnisse nicht für sie »verarbeiten« kann, helfen ihr Briefe und Tagebücher, ein kohärentes Bild ihrer selbst herzustellen.[22]

In die *Besten Jahre* hat sie zwei lange, stark bearbeitete Auszüge aus ihren Tagebüchern vom 1. September 1939 bis zum 14. Juli 1940 aufgenommen; in *Der Lauf der Dinge* finden sich zwei längere Folgen von Tagebucheinträgen (vom 30. April bis irgendwann im Mai 1946 und aus der Zeit vom 25. Mai bis zum 28. Oktober 1958, die das politische Debakel der Vierten Republik und verschiedene persönliche Krisen umfassen). Außer diesen längeren Auszügen gibt es eine Fülle kürzerer Tagebuchfragmente. Während ihrer unseligen Skandinavienreise mit Sartre 1947 beispielsweise wurde sie von Alpträumen und Selbstmordgedanken gequält: »Ich versuchte, diese Krise mit Worten zu beschwören«, merkt sie an, bevor sie einige Zeilen aus dem damals Geschriebenen zitiert: »Die Vögel überfallen mich – muß sie mir vom Leibe halten; es ist ein ermüdender Kampf, Tag und Nacht, sie zu vertreiben: den Tod, unsere Toten, die Einsamkeit, die Vergeblichkeit. Nachts lassen sie sich auf mir nieder. Erst wenn der Morgen graut, fliegen sie weg. [...] Machen wir doch Schluß! Ich werde einen Revolver nehmen und schießen« (LD135; FCa189; ÜV). Ein anderes Beispiel datiert aus einer Nacht im Juni 1944. Von einem ihrer Angstzustände überwältigt, schreibt sie:»Wahrscheinlich war ich ein wenig betrunken – in meinem rot tapezierten Zimmer erschien mir plötzlich der Tod. Ich habe die Hände gerungen, ich habe geweint, ich bin mit dem Kopf gegen die Wand gerannt, mit derselben Heftigkeit wie damals, als ich fünfzehn war« (BJ514; Fa689). Sie reagiert darauf, indem sie schreibt, um»den Tod mit Worten zu beschwören« (BJ514; FA689). Damit ist das Schreiben für sie das letzte Gegengift gegen den Tod:»Ich habe den Anfang dieses Buches geschrieben, das meine äußerste Zuflucht vor dem Tod ist« (BJ515; FA690; ÜV). Der Tod, fügt sie hinzu, dürfe hier nicht einfach nur als Nicht-Sein verstanden werden, sondern auch als das »Ärgernis der Einsamkeit und der Trennung« (BJ518; FA695). In diesen Passagen erkennen wir das übliche Ensemble Beauvoirscher depressiver Themen wieder: Tod, Angst, emotionale Einsamkeit, Liebesverlust. Nicht umsonst tauchen diese Themen in ihrem persönlichen Schreiben immer wieder auf: In Beauvoirs Werk weist das bloße Auftauchen der Tagebuchform auf emotionales Leiden hin.

Ihre Briefe und Tagebücher zu bekritteln – wie mehrfach geschehen –, weil sie kein sonderliches Interesse an Kultur oder Politik, ja nicht einmal an Philosophie erkennen lassen, heißt also den Charakter und den Zweck der persönlichen Schriften Beauvoirs zu verkennen.[23] Um mit Hingabe über andere Themen als sich selbst zu schreiben, hätte Beauvoir imstande sein müssen, ihre Affekte in die Welt zu investieren. Aber gerade wenn sie die Absurdität des Seins am stärksten empfindet – das heißt, wenn sie von Angst, Sorge und Depression heimgesucht wird –, widmet sie sich dem persönlichen Schreiben. Wenn sie

für die Außenwelt empfänglicher ist, nimmt sie die schriftstellerische Arbeit wieder auf und läßt das Tagebuch beiseite. Zu solchen Gemütsschwankungen kommt es oft innerhalb kurzer
Zeiträume: Zwei Stunden schriftstellerischer Arbeit führen zu
Kopfschmerzen, Mangel an Inspiration und Tagebuchschreiben
an ein und demselben Vormittag. In meinen Augen zeigen also
die Briefe und Tagebücher Beauvoir in ihrer verletzlichsten psychischen Verfassung: Es wäre ein Irrtum, zu glauben, sie offenbaren das Wesen der ganzen Frau.

Wenn man dies berücksichtigt, ist leicht zu verstehen, warum
ihre Memoiren Tagebuchauszüge von 1939/40 und 1958 enthalten oder warum die Tagebuchform, wie kurz auch immer,
während der schweren emotionalen Krise des Jahres 1947 auftaucht. Aber warum greift sie auf dieses Genre zurück, wenn sie
über den anscheinend völlig belanglosen Mai 1946 berichtet?
Am 12. Dezember 1945 war Sartre zu seiner zweiten Reise nach
New York aufgebrochen, die vor allem einem Wiedersehen mit
Dolorès Vanetti galt (sie hatten einander während Sartres erster
Amerikareise im Januar 1945 kennengelernt). Im Februar 1946
schreibt er an Beauvoir, er werde seine Abreise verschieben und
erst am 15. März zurückfliegen; außerdem teilt er ihr mit, Dolorès sei »ein reizendes und armes Geschöpf [...], wirklich nach
Ihnen das Beste« (*Briefe an Simone de Beauvoir* 2, S. 355), und verkündet: »Die Leidenschaft und die Vorträge machen mich fertig«
(*Briefe an Simone de Beauvoir* 2, S. 357). Nach seiner Rückkehr
konnte Sartre nicht aufhören, von der neuen Frau in seinem Leben zu reden. Wie er Beauvoir erzählte, »teilte [Vanetti] seine
Reaktionen, seine Gefühle, seine Ungeduld, seine Wünsche
rückhaltlos. [...] Vielleicht kennzeichnete das eine tiefere Übereinstimmung – tief in den Quellen des Lebens, in seinen Strö-
men und seinem Rhythmus verwurzelt –, die zwischen Sartre
und mir nicht existierte und die ihm wichtiger war als unser
Einvernehmen« (LD74; FCa102; ÜV). Wenn Vanetti *mehr* wie
Sartre war als Beauvoir, dann wäre *sie* sein eigentlicher Zwilling,

sein eigentliches Double: Kein Wunder, daß Beauvoir in Vanetti die erste ernsthafte Bedrohung ihrer Beziehung zu Sartre sah. Zum erstenmal in ihrem Leben fühlte sich Beauvoir gezwungen, die klassische Frage zu stellen: »Sie oder ich?« Sartres Antwort war ein Meisterstück der Ambiguität – und der Grausamkeit: »Ich hänge ungeheuer an [Vanetti]«, sagte er, »aber ich bin bei Ihnen« (LD74; FCa102). Beauvoir war wie gelähmt: »Ich glaubte zu verstehen, was er damit sagen wollte: ›Ich respektiere unseren Pakt, verlangen Sie nicht mehr von mir.‹ Eine derartige Antwort stellte die ganze Zukunft in Frage« (LD74; FCa102). Wie Beauvoir berichtet, klärte Sartre das »Mißverständnis« noch am selben Tag auf, und Beauvoir beendete die Debatte mit einem knappen »Ich glaubte ihm« (LD75; FCa102).[24] Im folgenden Absatz beschließt sie, ihr Tagebuch aus dieser Zeit in ihren Bericht aufzunehmen, anscheinend nur, um ihre Leser am »täglichen Trott ihres Lebens« teilhaben zu lassen (LD75; FCa102).

Daß Beauvoir die Tagebuchauszüge unmittelbar nach dem kritischen »Sie oder ich«-Gespräch in ihren Text einfügt, weist auf die Ursache ihrer Niedergeschlagenheit hin. Beauvoir, die *Für eine Moral der Doppelsinnigkeit* zu beenden versuchte, wurde von Kopfschmerzen, Erschöpfung und Alpträumen geplagt. Am 5. Mai 1946 fühlte sie sich »wie eine der Schollen, die zuviel gelaicht haben [*qui ont trop baisé*] und auf den Felsen stranden, sterbend, ihrer Substanz entleert« (LD80; FCa110). Sie klagt auch über ihre anhaltende »sonderbare Angst« und »eine Art Kälte um das Herz« (LD80; FCa110; ÜV). Am 18. Mai sollte sie mit Sartre in die Schweiz fahren, und offensichtlich beschloß sie, sich zusammenzunehmen: »Heute abend reise ich in die Schweiz ab. Seit drei Wochen habe ich kaum mein Zimmer verlassen und außer Sartre und Bost fast niemanden gesehen. Das war erholsam und fruchtbar« (LD90; FCa125; ÜV). Ihre gedrückte Stimmung war jedoch nicht so leicht abzuschütteln: In der Schweiz fühlte sie sich noch immer von Sartre getrennt; sie ärgerte sich über die offiziellen Essen und Verpflichtungen wie über eine

Reihe weiterer Unterbrechungen ihrer Zweisamkeit: »Wenn ich mit Sartre zusammen bin, finde ich dergleichen quälender als allein in Portugal oder in Tunis, weil ich an die schönen Stunden denke, die wir ohne die anderen verbringen könnten« (LD92f; FCa129; ÜV). Sosehr sie sich auch selbst davon zu überzeugen versucht, daß sie diese Tage genießt, finden sich in ihrem Text weniger Beweise für »fruchtbare Ruhe« als für die zermürbenden Wirkungen, die das »Ärgernis der Einsamkeit und der Trennung« in ihr hervorruft. Es ist jedoch nicht so sehr das, *was* sie sagt, sondern vielmehr die *Form* – die des Tagebuchs –, in der sie es sagt, die in diesem Monat ihres Lebens die Präsenz von Angst und Kummer signalisieren.

Am 13. Mai blättert Beauvoir lesend in ihrem Tagebuch:

»Während ich hier und da ein Stück lese, stelle ich fest, daß es schon nichts mehr wachruft. Man darf sich nicht der Hoffnung hingeben, diese Worte wären anders als andere, sie hätten die magische Kraft, das Leben zu bewahren und die Vergangenheit wieder aufleben zu lassen. Nein. Für mich sind diese letzten vierzehn Tage schon nichts anderes mehr als hingeworfene Sätze, weiter nichts. Oder man müßte der Erzählweise [*la forme de raconter*] mehr Aufmerksamkeit widmen. Aber das würde ein richtiges Werk [*une œuvre*] werden, und dafür habe ich keine Zeit« (LD86; FCa119; ÜV).

Beauvoir scheint das Gefühl zu haben, daß sich ihr die Sprache versagt, daß sie sich der Bedeutung verweigert und daß nichts weniger als eine ästhetische Bearbeitung ihres Textes notwendig sei, um sie wiederzubeleben und das Erlebte wieder bedeutsam erscheinen zu lassen. Was also versteht Beauvoir unter einem »Werk« (*une œuvre*)? Das Wort bezieht sich zweifellos auf Roman und Autobiographie. Der Essay hat für sie einen etwas anderen Rang: Wenngleich er sich durch Wissen (*par le savoir*) mitzuteilen sucht, schreibt sie, hat er nichtsdestoweniger einen »Stil, eine

Handschrift, einen Aufbau. […] Folglich können bestimmte Essays literarische Werke sein« (*Mon expérience*, S. 441 f.). Während der Essay die Überzeugungen oder Erkenntnisse des Autors so genau und deutlich wie möglich vermitteln will, teilen sich Roman und Autobiographie durch »Nicht-Wissen« (*par le non-savoir*) mit; sie versuchen einen existentiellen Augenblick einzufangen, »eine gelebte Erfahrung in ihrer Ambiguität und in ihren Widersprüchen darzustellen« (*Mon expérience*, S. 442). Obwohl Beauvoir die Form des Essays sehr schätzt, beschäftigt sie sich als Schriftstellerin im Grunde lieber mit den Nuancen und Vielschichtigkeiten des Romans und der Autobiographie (vgl. *Mon expérience*, S. 455).[25] Nach Beauvoirs Verständnis dieser Begriffe zählt ihr größter Essay − *Das andere Geschlecht* − ganz zweifellos als »Werk«, nicht nur weil er das Merkmal ihres persönlichen Stils trägt, sondern auch weil er in der Tat die Nuancen und Vielschichtigkeiten des Frauseins in der patriarchalen Welt zu vermitteln sucht, und dies nicht einfach durch deutliches Mitteilen von »Wissen«, sondern durch das geschärfte − oft autobiographische − Bewußtsein für die Ambiguitäten und Widersprüche der gelebten Erfahrung von Frauen in einer patriarchalen Welt.

Doch ob Romane oder Autobiographien: Beauvoir schreibt ihre »Werke«, um geliebt zu werden. Die 14jährige Simone de Beauvoir, die stundenlang über den Tod Maggie Tullivers weinen konnte, identifizierte sich zugleich mit der Heldin und der Autorin George Eliot: »Eines Tages würde ein anderes junges Mädchen Tränen über einen Roman vergießen, in dem ich meine eigene Geschichte erzählte« (MT134; MJF195; ÜV). Als sie dreißig war, hatte sie sich in dieser Hinsicht nicht geändert:

»Ich wünschte mir leidenschaftlich, daß dem Publikum meine Werke gefielen; wie George Eliot für mich eins war mit Maggie Tulliver, würde auch ich zu einer imaginären Heldin werden, würde deren Notwendigkeit, deren Schönheit und schimmernde Transparenz haben; diese Verklärung war das Ziel meines

Ehrgeizes. [...] Ich träumte davon, mich zu spalten, ein Schatten zu werden, der in die Herzen der Menschen eindringen und sie heimsuchen würde« (BJ310; FA418; ÜV).

Auf phantasmatischer Ebene verhilft das Schreiben der Schriftstellerin zu einem liebenswerten Alter ego; das Schreiben, das ihr entfremdetes Bild für die Nachwelt festhält, läßt sie im Imaginären für alle Zeit bestehen.

Das Schreiben hat für Beauvoir aber noch eine andere, etwas unterschiedliche Funktion. Schreiben, so betont sie wiederholt, hilft den Schriftstellern, aus ihrer Isolation auszubrechen und »ihren Schmerz, ihre Qual, ihre Traurigkeit zu überschreiten« (*Mon expérience*, S. 456 f.). Es sei die wesentliche Aufgabe der Literatur, erklärt sie, »über unsere persönlichsten Erfahrungen wie Einsamkeit, Schmerz, den Tod von Menschen, die wir lieben, über unseren eigenen Tod zu sprechen: Es ist [...] eine Möglichkeit, einander näher zu kommen, einander zu helfen und die Welt weniger dunkel zu machen« (*Mon expérience*, S. 457). In den vierziger und fünfziger Jahren verhalf der Erfolg von *L'Invitée*, *Das Blut der anderen* und *Die Mandarins von Paris* Beauvoir zu einem stärkeren Selbstgefühl als Schriftstellerin, als Intellektuelle und als Frau. Gegen Ende ihres Lebens übernahmen ihre Leser einige der Funktionen, die die »kleine Familie« einst gehabt hatte: Da sie Beauvoir ein idealisiertes Bild ihrer selbst vermittelten, bestätigten sie allein dadurch, daß sie ihr Zuneigung und Bewunderung entgegenbrachten, auch ihren Rang als unabhängige und überaus erfolgreiche Frau: In der Begegnung mit ihren Lesern fand Beauvoir wirklich zu einem fundamentalen emotionalen Gleichgewicht.

Für Beauvoir scheint also die Sprache der verläßlichste Verbündete der Schriftstellerin zu sein, ein treues Arbeitspferd, das stets die gewünschte Botschaft übermittelt. Ihre Auffassung von Romanliteratur ist interessanter: »Manchmal sagte ich mir, daß das Wort die Realität nur dann festhalten kann, wenn es sie vorher ermordet hat; es läßt das Wichtigste entkommen: ihre Präsenz«, schreibt sie in den *Besten Jahren* (BJ36; FA48; ÜV). Während ihrer Vortragsreise in Japan 1966 kam sie auf dieses Thema zurück: »Einen Roman schreiben heißt gewissermaßen die reale Welt zu zerstören [*pulvériser*] und nur an den Elementen festzuhalten, die sich in die neugeschaffene imaginäre Welt einführen lassen: Dann kann alles viel klarer, viel signifikanter sein« (*Mon expérience*, S. 443). Der Roman, der gelebte Erfahrung zerstört, versucht einen Sinn zu vermitteln, der uns *in* der Erfahrung niemals präsent ist. Für Beauvoir wie für Sartre ist Erfahrung niemals »vollständig«: Selbst in den überschwenglichsten Augenblicken unseres Lebens entwerfen wir uns immer in die Zukunft. Der Roman ist für Beauvoir ein Versuch, diese Vollständigkeit *der Erfahrung herzustellen*, die uns stets entgeht: »Für mich persönlich ist einer der Gründe, warum ich schreibe, die *Unvollständigkeit* realer, gelebter Erfahrung: Sie erscheint an meinem Horizont, sie umzingelt mich, ohne daß ich sie je ganz zu fassen bekäme« (*Mon expérience*, S. 443). Über die totale Zerstörung der Erfahrung gelingt es dem Roman, sie in vollständigerer Bedeutung wiederherzustellen, als sie jemals besaß: Der verführerische Reiz des Romans liegt in eben dieser Bewegung, in der aus nichts alles wird, in der sich Leere in Fülle verwandelt.[26] Oder – um es in eher psychoanalytischen Begriffen auszudrücken – da der Roman die existentielle Leere füllt, Vollständigkeit und Sinn verkörpert, wird er zu eben dem Objekt, das Mangel verbirgt: Für Beauvoir ist der Roman ein Fetisch.

Ein Fetisch, schreibt Freud, »bleibt das Zeichen des Triumphes über die Kastrationsdrohung und der Schutz gegen sie« (*Fetischismus*, S. 313). Der Fetisch hat die Funktion, das Fehlen des mütterlichen Phallus zu verdecken – sozusagen die Lücke zu schließen. In den Fetischismus ausweichen heißt, in eine gewisse Verleugnung der Realität auszuweichen. Insofern als der Fetischist oder die Fetischistin den Glauben an die Existenz einer phallischen Mutter aufrechterhalten will, ist dies eine höchst narzißtische Phantasie, die jedoch erst entstehen kann, wenn das Kind zu zweifeln beginnt, ob die Mutter wirklich einen Phallus hat.[27] Die Ambivalenz dieser Phantasie ist bemerkenswert: Das Kind sieht und will nicht sehen, daß die Mutter kastriert ist; insofern als es diesen Mangel wahrgenommen hat, befindet es sich bereits in der symbolischen Ordnung; insofern als es die Realität dieses Mangels verleugnet, weigert es sich, die imaginäre Beziehung zur Mutter aufzugeben. Die Struktur der fetischistischen Verleugnung zeigt dieselbe Ambivalenz in bezug auf die Mutter-Imago wie die ambivalent »hysterische Stufe«, auf der sich Françoise in *L'Invitée* bewegt: In Beauvoirs Verhältnis zum Schreiben findet sich immer dieselbe Oszillation zwischen Fülle und Leere, in der beide Pole unter dem Vorzeichen der phallischen Mutter stehen, die willkürlich ihre Brust grausam entzieht oder großzügig darbietet.

In ihren autobiographischen Schriften sind Beauvoirs emotionale Strukturen auffallend dualistisch: Fülle (Leben, Sein, Liebe, Gemeinsamkeit, Einheit) steht im Gegensatz zu Leere (Tod, Nicht-Sein, Alter, Einsamkeit, Trennung, Schmerz); auf der phantasmatischen Ebene schreibt sie eindeutig für den einen, gespiegelten Anderen, der das entfremdete Bild der Narzißtin zusammenhalten soll: Dieses Schreiben ist vom Imaginären geprägt. Aber Fetischismus ist gerade durch sein doppelsinniges Verhältnis zur Bedeutung definiert. Insofern also Beauvoirs Schreiben von fetischistischer Verleugnung geprägt ist, ist es zwangsläufig in die Freuden der symbolischen Ordnung investiert: Verkörperung, Transzendenz, Unterscheidung. Sosehr das schreibende Subjekt auch in fetischistischen Phantasien schwelgt, ist der Text doch niemals nur ein Fetisch: Er ist auch Bedeutung, symbolische Schöpfung, gesellschaftliches Handeln.[28]

Dieses ambivalente Verhältnis Beauvoirs zur Bedeutung spiegelt sich im bemerkenswerten Spektrum ihres Stils. Als Schriftstellerin ist sie gar nicht imstande, auch nur das geringfügigste Schwanken in ihrem Glauben an die Bedeutungskraft der Sprache zu verbergen: Ihre ironischen Akzente, die Art, wie sie ihre Wendungen angeht, die Energie, mit der sie ihr Erzählen strukturiert, die Intensität ihrer Bildersprache – diese und andere Elemente fluktuieren unaufhörlich über einem Spektrum, das von den düsteren, sinnlosen Tiefen der Verzweiflung bis zur jubelnden – vielleicht kathartischen – Bekräftigung des Sieges über den Tod reicht. In seiner besten Form läßt Beauvoirs Schreiben ihre Gemütsregungen – Freude, Angst, Depression – die Sprache frei durchströmen; in seiner schlechtesten Form wird es zum leblosen Abklatsch des Dargestellten, der beim Leser einzig und allein Langeweile auslöst. Es ist, als ob die bloße Struktur des Beauvoirschen Schreibens die ganze Launenhaftigkeit – aber auch alle Anregung zur Interpretation – offenbart, die von der ermordeten Frau in *L'Invitée* verkörpert wird: In diesem Sinne wird Xavière zur Verkörperung der *écriture* Beauvoirs.

Ich möchte nun die Verbindungen zwischen dieser Art des Schreibens und den Strukturen von Depression und Angst näher betrachten, die ich in diesem Kapitel untersucht habe. »Es gibt keine Imagination, die nicht offen oder verborgen melancholisch wäre«, schreibt Julia Kristeva in *Soleil noir: dépression et mélancolie* (S. 15). Künstlerische Imagination ist stets deshalb melancholisch, weil sie einem verzweifelten Gefühl des Verbanntseins und der Trennung entspringt, das vom unbetrauerten Verlust der Urmutter verursacht wird. Wenn wir ihrer Macht über unsere Imagination erliegen, büßt die Sprache ihre Signifikanz ein: Sie wird unscharf, farblos, verliert ihren Rhythmus und ihre Würze; am Ende geht sie ganz verloren. Wenn es uns jedoch gelingt, unser Aufbegehren gegen diesen Verlust in Worte zu fassen, wird das Sich-Ausdrücken nicht nur möglich, sondern auch heilsam: Sobald wir zugeben, daß die Mutter verloren ist, kann sie endlich in der Sprache »re-präsentiert« werden. »Ich habe ein unentbehrliches Objekt verloren, das sich [...] als meine Mutter erweist«, scheint das sprechende Wesen zu sagen. »Aber nein, ich habe sie in den Zeichen wiedergefunden, oder vielmehr weil ich akzeptiere, sie zu verlieren, habe ich sie nicht verloren [...], ich kann sie in der Sprache wiederfinden« (*Soleil noir*, S. 55).

Das depressive Subjekt ist jedoch nicht ständig in den Tiefen der Verzweiflung gefangen: »Wenn es uns gelungen ist, durch unsere Melancholie so weit hindurchzugehen, daß wir uns für das Leben der Zeichen interessieren«, schreibt Kristeva, »kann uns auch die Schönheit ergreifen« (*Soleil noir*, S. 111). Künstlerische Schönheit verheißt Wiedergutmachung, Vergebung, Heilung. Mit dem Verlangen nach Schönheit – dem Schreiben um der Ästhetik willen, könnte man sagen – sublimiert die depressive Imagination ihren Verlust und ihr Leiden; ein imaginäres Objekt ersinnend, erhebt sich die melancholische Imagination aus seiner Bindung an die todbringende Mutter. Insofern als dieses Objekt der Schönheit die Spuren von Verlust und Trennung enthält, die es überhaupt erst entstehen ließen, vermag es die unaussprechliche Erfahrung der Depression zu *benennen* und öffnet deshalb auch einen »Raum zwangsläufig heterogener Subjektivität«, wie es Kristeva ausdrückt (*Soleil noir*, S. 112). Das schreibende Subjekt wird gleichsam von den verbindenden – metonymischen – Kräften des Signifikanten aus seinen imaginären Dualismen emporgehoben.

Wenn das Werk jedoch darauf hinausläuft, das Leid *zu verleugnen* oder zu *tilgen*, büßt es seine Signifikanz ein; für Beauvoir besiegt solches Schreiben den Tod nicht. Die Kraft ihres Schreibens, meine ich, ist unmittelbar abhängig vom Ausmaß der Verleugnung, auf die sie sich einläßt. Wenn sie sich weigert, sich mit den Ursachen ihres Leids auseinanderzusetzen – sie zu *benennen* –, lesen sich ihre Texte wie Wäschereilisten. Immer wenn unausgesprochenes Leiden die Kreativität Beauvoirs blockiert, wird ihre Sprache unscharf, ihre Akzente werden schwunglos, ihre Syntax verliert ihren Biß.[29] Obwohl Beauvoir in ihren Briefen und Tagebüchern immer wieder von Traurigkeit, depressiver Monotonie und dramatischen Zusammenbrüchen in Bars schreibt, läßt sie sich nicht darauf ein, nach den tieferen Ursachen für ihre

Konflikte zu suchen. Das hat zur Folge, daß sich ihre Briefe und Tagebücher wie eine endlose Verleugnung des Leids lesen, das sie doch so ausführlich beschreiben: Auf jeder Seite ihrer Briefe an Sartre klagt sie über ihre Einsamkeit, über fehlende emotionale Zuwendung *und* versichert ihm, daß sie vollkommen glücklich, mit seiner Liebe zu ihr rundherum zufrieden sei und sich ein besseres Leben nicht wünschen könne. Aber das ist genau das, was Freud unter Verleugnung versteht. So wie der Fetischist sieht und nicht sieht, daß die Mutter kastriert ist, sieht Beauvoir ihr Leid und sieht es nicht.

In ihren veröffentlichten Memoiren ist dieses »Schreiben der Verleugnung« in *Alles in allem* besonders auffallend. Die Einleitung des vierten Bandes ihrer Autobiographie, eigens zu dem Zweck geschrieben, dem melancholischen Eindruck, den *Der Lauf der Dinge* hinterlassen hatte, entgegenzuwirken, versucht nicht nur ihr Leben als Erfolgsgeschichte zu präsentieren – die es natürlich war –, sondern vor allem das Vorhandensein von Einsamkeit und Angst in dieser Geschichte zu leugnen. Soviel Verleugnung macht diesen Band zum leblosen Schatten einer Autobiographie, zu einer bloßen Chronik offizieller Verpflichtungen statt zu einer Erkundung gelebter Erfahrung. Das gilt auch für ihr letztes Buch *Die Zeremonie des Abschieds*, in dem Beauvoirs öde, kraftlose Prosa nicht nur ihre Unfähigkeit verrät, sich aus ihrem Kummer zu erheben, sondern auch ihre unbeirrbare Entschlossenheit, die Konflikte mit Sartre nicht zu erwähnen. Denn es ist nicht nur Sartres Tod, der Beauvoir schmerzt, sondern auch sein Mangel an Loyalität ihr gegenüber in den letzten Jahren seines Lebens, sein Verrat dessen, was sie für ihre gemeinsamen Ideale hielt, und seine sorglose Mißachtung ihrer Gefühle in seinen Affären mit anderen Frauen. Der Preis, den sie dafür zahlt, ist eine fast vollständige Blockierung jeder Gemütsregung in ihrer Sprache: Ihre Prosa in *Die Zeremonie des Abschieds* ist staubtrocken. Der Gegensatz zu *Ein sanfter Tod* könnte nicht größer sein: Als Beauvoir sich endlich dazu zwingt, sich mit den lange begrabenen Gefühlen für ihre Mutter auseinanderzusetzen, bringt sie die pulsierendste, kraftvollste und bewegendste Prosa hervor, die sie je geschrieben hat.

Beauvoirs beunruhigendste und herausforderndste Werke – *L'Invitée, Das andere Geschlecht, Die Mandarins von Paris, Memoiren einer Tochter aus gutem Hause* und *Ein sanfter Tod* – beweisen ihre Fähigkeit, ihr Leid in ihrem Werk mitzuteilen und zu transzendieren. Diese Texte, die von der Großartigkeit ihres endlosen Bemühens zeugen, gegen den Tod anzuschreiben, zeigen sie als die scharfsinnig originelle und überaus einsichtsvolle Schriftstellerin und Intellektuelle, die sie immer sein wollte. In mancher Hinsicht sind jedoch, wie ich meine, die Memoirenbände *In den besten Jahren* und *Der Lauf der Dinge* ihre interessantesten Werke, nicht weil sie immer die besten Handlungen oder die kraftvollste Sprache böten, sondern weil sie in Ton und Stil so zutiefst widersprüchlich sind. Wahre Schlachtfelder im Kampf zwischen Selbsterkenntnis und Verleugnung, fehlt es ihnen nicht an Passagen, die allenfalls den Reiz eines offiziellen Hofalmanachs haben: Der 55 Seiten lange Bericht über den offiziellen Brasilienbesuch des Existentialisten-Paars beispielsweise ist an Langweiligkeit kaum zu übertreffen. Zugleich aber enthalten die Memoirenbände eine ungewöhnlich ehrliche Chronik über das Werden einer intellektuellen Frau im Frankreich der Jahrhundertmitte. Bei ihrem Vorhaben, die eigene Situation mit der Präzision und der Beherztheit eines Chirurgen zu analysieren, verläßt Beauvoir mitunter die Energie. Aber gerade die Instabilität ihres Stils – die monotonen, verstimmten Passagen, die matte Verdrießlichkeit ihrer Tagebuchauszüge, die pulsierenden Berichte über ihre schriftstellerische Arbeit, über glückliche Tage mit Sartre oder Algren – erzählt ihre eigene Geschichte: Durch die Schwankungen ihres Tons hindurch gibt Beauvoir auf erschütternde Weise zu erkennen, welchen Preis sie zu entrichten hatte, um zu jener Frau zu werden, die wegen ihrer Unabhängigkeit in aller Welt bewundert wird.

ANHANG

Nachwort

»[Es gibt] eine Frage, die sich jede denkende Frau in der westlichen Welt gelegentlich gestellt haben muß«, hat Angela Carter einmal geschrieben. »Warum vergeudet ein so nettes Mädchen wie Simone ihre Zeit damit, vor einem langweiligen alten Furz wie J.-P. herumzukriechen? Ihre Memoiren werden überwiegend von ihm handeln; er wird kaum von ihr sprechen« (S. 135). Zeitweilig habe ich Carters Erbitterung über den existentialistischen Schürzenjäger durchaus geteilt, doch frage ich mich, ob sie ihn zu Recht so überzeugt verwirft, wie sie es hier tut. Zunächst einmal muß man anerkennen, daß eine intellektuelle Frau, die ihren Verstand zu schätzen weiß, in der Regel ebenso wegen ihres Denkvermögens wie wegen ihrer reizenden Art oder schönen Beine geliebt werden will. Vorausgesetzt, sie ist heterosexuell, werden ihr intellektuelle Männer immer attraktiv erscheinen. Sie verheißen, zumindest in der Theorie, geistiges Einvernehmen und geistige Unterstützung. Kein Wunder also, daß im Jardin du Luxembourg die erotisch-theoretische Dynamik zwischen Simone und Jean-Paul wirksam wurde.

Zu erklären, warum sich Beauvoir in Sartre verliebte, ist jedoch etwas völlig anderes als die Beantwortung der Frage, warum sie sich nie von ihm getrennt hat. Was hatte ihr das Verhältnis mit Sartre nach den ersten sieben oder zehn Jahren noch Positives zu bieten? Muß man Beauvoir nicht dafür tadeln, daß sie emotional von ihrem Gefährten abhängig blieb? Einerseits hat Beauvoirs Versuch, eine neue Art von Bindung zwischen sich und Sartre zu schaffen, viele bewundernswerte Aspekte. Ihr Engagement für die Freiheit ließ sie vor der traditionellen, der bürgerlichen Ehe zurückschrecken. Damit ermutigte sie zahllose andere Frauen, Freiheit für ihr eigenes Leben anzustreben. Zudem ist klar, daß Beauvoir ihre »notwendige Liebe« als lebenslangen Entwurf verstand. Man gibt einen grundlegenden Entwurf nicht auf, ohne den Sinn des eigenen Lebens aufzugeben, sagt sie wiederholt in *Das Alter.* Ihre eherne Entschlossenheit, diese im Mittelpunkt ihres Lebens stehende Beziehung trotz allem gelingen zu lassen, hat durchaus etwas Heroisches.

Ebenso klar ist jedoch, daß sie einen hohen emotionalen Preis für ihre Bindung an Sartre zahlte. Es scheint, als habe sie zeit ihres Lebens ihre Zyklen von Depression, Angst und Furcht vor dem Verlassenwerden zwanghaft wiederholen müssen. Soviel Schmerz, soviel Eifersucht – und das alles um eines Mannes willen? In diesem Buch habe ich Begriffe wie Hysterie und primärer Narzißmus verwendet, um bestimmte von Beauvoir an den Tag gelegte psychische Strukturen zu beschreiben. Julia Kristeva hat mich nach der Lektüre meines Manuskripts auf den Masochismus der emotionalen Reaktionen Beauvoirs aufmerksam gemacht. Offenbar gab es nichts, was sie hätte veranlassen können, aus dem schädlichen emotionalen Kreislauf auszubrechen, der sie von Leere zu emotionaler Fülle, von emotionaler Fülle zu neuem Verlust und neuem Leid führte. Vielleicht war das Vorhandensein von Schmerz für sie tröstlicher als die schreckliche Leere der existentiellen Freiheit? Doch sosehr Beauvoir auch gelitten haben mag, gab sie doch niemals ihre Bemühungen auf, ebendiese Freiheit zu verkörpern: In dieser Spannung sehe ich den fundamentalen Widerspruch ihres Lebens.

Für mich ist der bemerkenswerteste Aspekt der Entscheidungen Beauvoirs, daß sie es konsequent vermied, ihre eigenen emotionalen Strategien mit annähernd demselben Scharfblick zu analysieren, mit dem sie die anderer Frauen untersuchte. Was wäre mit Simone de Beauvoir geschehen, wenn sie die Psychoanalyse von vornherein ernst genommen hätte? Aber das ist natürlich eine anachronistische Frage. Beauvoir wurde in eine prä-analytische Zeit hineingeboren: Im Frankreich der zwanziger, dreißiger und vierziger Jahre gab es für sie oder andere Intellektuelle wenig Anlaß, der Psychoanalyse einen wesentlichen Einfluß auf ihr Denken oder ihr persönliches Leben einzuräumen.

Im nachhinein klüger, empfehlen einige heutige Leserinnen voller Überzeugung alternative Lebensgestaltungen für Beauvoir: einen völligen Bruch mit Sartre beispielsweise, Emigration nach Chicago, Ehe (mit Sartre oder jemand anderem) und Mutterschaft, offene weibliche Homosexualität. Aber woher nehmen wir überhaupt das Recht, zu erwägen, welche Entscheidungen für Simone de Beauvoir »besser« gewesen wären? Denn trotz aller Konflikte und Schwierigkeiten hat sie das von ihr gewählte Leben immerhin zu einer der einflußreichsten Frauen der Welt gemacht. Wieso liegt soviel Enttäuschung in der Luft? Warum äußern nach der Veröffentlichung ihrer Briefe und Tagebücher so viele Kritikerinnen ihr Mißfallen über Beauvoirs Beziehung zu Sartre? An dieser Reaktion ist Beauvoir natürlich nicht ganz unschuldig. Obwohl sie ihr Verhältnis mit Sartre nie ausdrücklich als ein für andere erstrebenswertes Ideal dargestellt hat, ist ihr Werk doch von narzißtischer Sehnsucht nach absoluter emotionaler Erfüllung durchdrungen. Insofern Beauvoir publiziert, damit sich ihre Leserinnen mit ihr identifizieren, können ihre Memoiren nur dann in ihrem Sinne erfolgreich sein, wenn sie in ihren Leserinnen ähnliche Sehnsüchte erwecken. Zugleich jedoch sind Leserinnen, die verzweifelt nach perfekten – im Gegensatz zu allenfalls »passablen« – Rollenvorbildern Ausschau halten, nur allzu bereit, in die von Beauvoir gestellte psychologische Falle zu gehen. Da sie wollen, daß Beauvoir mit Sartre das ideale Glück erlebt, projizieren solche Leserinnen ihre eigenen narzißtischen Ideale auf sie: Die Schmerzlichkeit vor allem, diesen Standpunkt aufgeben zu müssen, hat in jüngster Zeit die Ausbrüche von Enttäuschung, Zorn und Ablehnung hervorgerufen. Die Entdeckung, wie Beauvoirs Geschlechts- und Gefühlsleben »wirklich« war, macht es schwierig, sich weiterhin vorzustellen, daß vollkommene Befriedigung in dieser Welt zu haben sei: Vielleicht ist es nicht nur für Beauvoir, sondern auch für ihre Leserinnen schwer, mit dem Realitätsprinzip in Einklang zu gelangen.

Unabhängig davon, ob wir Beauvoir akzeptieren oder verurteilen, ist unser intensives Interesse an ihrem Liebesleben gleichwohl nicht zufällig. Ihr Leben drängt uns mehr als das jeder anderen Frau dieses Jahrhunderts das Nachdenken über das Thema »Liebe und die intellektuelle Frau« auf. Seit Mary Wollstonecraft ihre Leserinnen zum erstenmal aufforderte, sich über ihre Zweifel hinweg vorzustellen, daß man aus der Existenz »des Geistes einer Frau, die Denkvermögen besitzt« einen Roman machen könne (*Mary*, S.XXXI), haben sich denkende Frauen mit der Frage abgequält, ob sie imstande seien, Liebe zu erwecken. 1788 erfüllte sich Wollstonecraft alle eigenen Tagträume, als sie Mary, angeregt von den neuesten philosophischen Ideen ihrer Zeit, in eine lange Rede über die Beschaffenheit der Seele und der menschlichen Gefühle ausbrechen läßt, nur um den Augenblick zu genießen, in dem der Auserwählte, Henry, hingerissen flüstert: »Liebes enthusiastisches Geschöpf, […] wie du dich in meine Seele stiehlst« (*Mary*, S.40). Sein leiser Ausruf soll sie jedoch nicht unterbrechen, und Mary darf sich noch weitere eineinhalb Seiten über die unsterbliche Seele ergehen. Für Wollstonecraft wie für Beauvoir will die denkende Frau durch ihr *Denken* verführen, nicht einfach durch ihre Tugend oder ihre Schönheit.

Die Vorstellung, daß ein solches Wagnis im Patriarchat Erfolg haben könne, bedeutete für unsere Vormütter Tagträumerei. In dieser Hinsicht könnte kein Tagtraum herrlicher sein als der Madame de Staëls, die den unwiderstehlichen Lord Nelvil sich in Corinna verlieben läßt, als sie auf dem Kapitol in Rom die Dichterkrone empfängt, das heißt in dem Augenblick, als ihre Talente öffentlich anerkannt werden: Corinna wird danach wenigstens nie mehr vorgeben müssen, sie sei eine dumme Blondine.

Natürlich geht das nicht gut aus. Henry stirbt an Schwindsucht, Corinna siecht allein dahin, und Lord Nelvil heiratet die schöne Lucile. Aufgrund ihrer Überzeugung, daß der intellektuellen Frau stets ein unglückliches Ende bevorsteht, lehnt es Maggie Tulliver einfach ab, Madame de Staëls Roman zu Ende zu lesen: »Sobald ich zu der blonden jungen Dame kam, die im Park las, habe ich es zugemacht und beschlossen, nicht weiterzulesen. Ich sah voraus, daß das Mädchen mit dem zarten Teint alle Liebe zu Corinna für sich gewinnen und sie elend machen würde. Ich bin entschlossen, keine Bücher mehr zu lesen, wo die blonden Frauen all das Glück davontragen« (*Die Mühle am Floss*, S. 463). Maggies eigenes Schicksal, das Simone de Beauvoir so tief beeindruckte, ist eine exzellente Veranschaulichung der Konflikte, die eine liebende intellektuelle Frau erleidet. Intellektuell stimmt Maggie mit Philipp Wakem überein, doch weiß sie, daß sie ihn nicht liebt; in eine höchst sinnliche Leidenschaft für Stephen Guest verstrickt, kann sie mit der überwältigenden Körperlichkeit ihrer Gefühle nicht fertig werden und zieht es vor, ihren Körper ganz zu verleugnen. Die Einstellung der intellektuellen Frau zur Liebe – noch dazu zur geschlechtlichen Liebe – ist ein Problem, das George Eliot unaufhörlich beschäftigt hat: Nachdem sie in *Romola* ihre vollendetste weibliche Intellektuelle in eine unglückliche Ehe mit dem perfiden – aber sexuell beunruhigend attraktiven – Tito gesperrt hat, läßt sie in *Middlemarch* Dorothea Brooke sich buchstäblich in Casaubons Geist verlieben, nur um zu erkennen, daß mehr als die Liebe zweier reiner Geister notwendig ist, um eine intellektuelle Frau zu befriedigen.

Mit ihrer bösartigen Bildersprache von häßlichen Blaustrümpfen und vertrockneten alten Jungfern versucht die patriarchale Ideologie die Trennung zwischen Körper und Geist in bezug auf intellektuelle Frauen besonders rigoros durchzusetzen. Mehr als jeder anderen Frauenkategorie ist ihnen auferlegt worden, zwischen ihrem Denken und ihrem Verlangen nach emotionalem und sexuellem Glück zu wählen. Dorothea Brookes Entscheidung für Casaubon veranschaulicht in bewundernswerter Weise nicht nur den Wunsch intellektueller Frauen, ihren Geist nicht der Ehe zu opfern, sondern auch ihre Fähigkeit, ihre Körperlichkeit von ihren geistigen Passionen zu trennen. Solange Frauen eine formale Ausbildung versagt blieb, wurden sie als Intellektuelle selten ernst genommen: Dorothea zieht niemals eine eigene intellektuelle Laufbahn auch nur in Erwägung. In dieser Hinsicht ist sie für die Frauen des 19. Jahrhunderts repräsentativer als George Eliot selbst.

Simone de Beauvoirs Fall lag anders: Wie viele Frauen heute wurde sie Männern ebenbürtig ausgebildet und konkurrierte mit ihnen auf deren beruflichem Gebiet. Daraus ergab sich, daß ihre erotischen und emotionalen Entscheidungen mit neuen Komplikationen belastet waren. Das emblematische Gespräch im Jardin du Luxembourg stellt zugleich ihre philosophische Vernichtung und ihre Version der Krönung Corinnas auf dem Kapitol dar. So wie Lord Nelvil Corinnas Dichtkunst verehrt, bewunderte Sartre Beauvoirs Intellekt: Indem er drei Stunden lang mit ihr über ihre Ideen diskutierte, erwarb er sich das Recht, ihr Liebhaber zu werden. In diesem Zusammenhang zählte der Umstand nicht, daß er sie in Grund und Boden argumentierte: Von Bedeutung ist allein, daß er sie als Philosophin ernst nahm und seine ganze geistige Leidenschaft, alle seine argumentativen Fähigkeiten einsetzte, um sein Ziel zu erreichen. Im Unterschied zu Corinna oder Maggie erhielt die dunkelhaarige Simone die Chance, mit ihrem Geliebten ein Leben aufzubauen, ohne ihren Intellekt verleugnen zu müssen: Es ist leicht zu verstehen, warum wir so sehnlich wünschen, daß sie danach für immer überglücklich sein möge.

Simone de Beauvoir gehört nun einer vergangenen Generation an. Ihr bahnbrechendes Beispiel hat dazu beigetragen, daß Frauen heute als Intellektuelle und als Frauen ernst genommen – und geliebt – werden. An der Schwelle zum 21. Jahrhundert macht sie es uns nach wie vor leichter, unser Leben ohne Rücksicht auf patriarchale Konventionen nach eigenen Vorstellungen zu leben. Seit ich mir der Kompliziertheiten und Widersprüche ihres Lebens bewußt geworden bin, hat sich meine Bewunderung für Simone de Beauvoir noch verstärkt. Ihre beharrlichen und geduldigen Bemühungen, eine unabhängige Frau zu werden, sich eine schriftstellerische Karriere aufzubauen und sich der einsamen Aufgabe des Schreibens zu widmen, bezeugen ihren Mut, ihre Ausdauer und ihre Standhaftigkeit. Die kategorische Bestimmtheit, mit der sie gegen patriarchale Vorurteile ihr selbstverständliches Recht auf emotionales und sexuelles Glück durchsetzte, ist wahrhaft vorbildlich: Es war kaum zu erwarten, daß sie dies alles hätte tun können, ohne dabei das geringste Anzeichen von Leid oder psychischem Konflikt erkennen zu lassen. Es sollte uns nicht überraschen, daß – wie wir alle – auch sie von den Widersprüchen einer patriarchalen Gesellschaft zerrissen war. Wenn ich ihre Autobiographie lese, beeindrucken mich ihre Kraft, ihre Energie und ihre Vitalität, zugleich aber auch ihre Hilflosigkeit und ihre Zerbrechlichkeit. Wenn ich mir klarmache, wie schwer es für sie war, ein Gefühl der Autonomie und Unabhängigkeit zu erlangen, finde ich ihre Leistungen um so bewundernswerter. Bewundern heißt jedoch nicht anbeten. Wir brauchen nicht vollkommen zu sein, lehrt uns Simone de Beauvoir, wir dürfen nur niemals aufgeben. Für mich ist das eine ebenso tröstliche wie erschreckende Aussicht.

Anmerkungen

Anmerkungen zur Einleitung

1 Außer dem *Anderen Geschlecht* (1949) könnte man Alva Myrdals und Viola Kleins *Women's Two Roles* (1956; dt. *Die Doppelrolle der Frau in Familie und Beruf*) erwähnen; ferner Åse Gruda Skard, *Kvinnesak: tredje akt* (1953); Mary McCarthy, *The Group* (1963; dt. *Die Clique*; einige Kapitel dieses Buches wurden bereits in den fünfziger Jahren entworfen und/oder veröffentlicht). Margaret Mead und Hannah Arendt beschäftigten sich schon lange vor dem Krieg mit Frauenfragen. Mead veröffentlichte *Coming of Age in Samoa* 1928 (dt. *Kindheit und Jugend in Samoa*), *Growing Up in New Guinea* 1930 (*dt. Kindheit und Jugend in Neuguinea*) und *Sex and Temperament in Three Primitive Societies* 1935 (dt. *Geschlecht und Temperament in drei primitiven Gesellschaften*). Arendt begann ihr »frauenbezogenstes« Werk, die Biographie *Rahel Varnhagen*, bereits 1932, beendete es 1939, veröffentlichte es aber erst 1958 (s. Engelstad et al., Dahl et al., May, Bok, Gelderman).

2 Dies ist schwerlich auf weibliche Dummheit zurückzuführen. Am englischen Seminar der Universität Birmingham sind 80 Prozent der Studierenden Frauen. »1991 erhielten eine Frau und vier Männer Bestnoten, 1992 fünf Frauen und ein Mann«, schreibt Katherine Viner. »Wie kam dieser Unterschied zustande? 1992 wurden die schriftlichen Arbeiten zum erstenmal numeriert und blieben damit anonym.«

3 *Anm. d. Ü.*: Name einer Football-Liga und anderer Sport-Teams der prominenten Universitäten des amerikanischen Nordostens Cornell, Harvard, Yale, Princeton, Columbia, Brown, Colgate, Dartmouth und University of Pennsylvania.

4 Die aktuellen Zahlen weisen ein durchschnittliches Monatseinkommen von 4915 $ für Männer und 3162 $ für Frauen aus (vgl. Tabelle in *The New York Times*, 28. Januar 1993, S. 11).

5 Vgl. Le Doeuff, *L'imaginaire philosophique*.

6 *Anm. d. Ü.*: Der Titel der deutschen Übersetzung *Sie kam und blieb* entspricht dem der englischen (*She Came to Stay*). Da Toril Moi mit diesem

Titel nicht einverstanden ist, wird der Roman – wie im englischen Original – hier und weiterhin als *L'Invitée* zitiert.

7 Biddy Martin teilt in ihrer Studie über Lou Andreas-Salomé *Women and Modernity: The (Life)styles of Lou Andreas Salomé* meinen Unmut über die generischen Beschränkungen von Biographie und Literaturkritik, ohne allerdings einen alternativen Standpunkt herauszuarbeiten.

8 Dieses Bild habe ich Roland Barthes' berühmtem Essay *Le mort de l'auteur* entnommen.

9 *Anm. d. Ü.:* Den Begriff *politics* erläutert Toril Moi im Vorwort zur deutschen Ausgabe ihres Buches *Sexual / Textual Politics* (*Sexus, Text, Herrschaft*, Bremen [Zeichen + Spuren] 1989, S. 9) folgendermaßen: »Im allgemeinen benutze ich das Wort ›Politik‹, um eine Beschäftigung mit *Macht und Machtstrukturen* anzuzeigen.«

10 Vgl. Saint Martin, *Les »femmes écrivains« et le champ littéraire*, S. 53. Sie bezieht sich auf Christophe Charle, *Naissance des »intellectuels«, 1880–1900*.

Anmerkungen zu Kapitel 1

1 Michèle Le Doeuffs Interpretation der Begegnung im Jardin du Luxembourg hat meine Aufmerksamkeit zuerst auf diese Passage gelenkt. Le Doeuff zitiert auch den Eintrag zu Beauvoir im *Petit Larousse*, den ich als Motto für dieses Kapitel gewählt habe (vgl. *L'étude et le rouet*, S. 153–157). Ihre Arbeit über Beauvoir und Sartre im allgemeinen (nicht zuletzt ihr früher Essay *Operative Philosophy*) sowie ihre bahnbrechende Untersuchung *L'imaginaire philosophique* sind wichtige Quellen der Anregung für mich gewesen. – Einige Feministinnen wie Sonia Kruks (1988) und Margaret Simons sind für Beauvoirs philosophische Originalität eingetreten und haben ihren Einfluß auf Sartre betont.

2 Ich benutze die Begriffe »subjektiv« und »objektiv« hier ganz im Sinne Pierre Bourdieus. »Subjektiv« darf hier keinesfalls als »nicht verläßlich« oder »nicht verifizierbar« verstanden werden. Für Bourdieu ist alles, was *öffentlich gemacht* wird, ein »objektiver« Faktor. Zur weiteren Behandlung dieses Gesichtspunkts vgl. meine Untersuchung *Appropriating Bourdieu*.

3 Zur Eifersucht in der Erzählung *Eine gebrochene Frau* vgl. meine Untersuchung *Feminist Theory and Simone de Beauvoir*. Zur Interpretation von *L'Invitée* s. Kap. 3.

4 Ich will damit keineswegs sagen, daß Simone de Beauvoir eine heterosexuelle Frau *war*, was immer das heißen mag. Ihre komplexen Beziehungen zu Frauen werden in den Kapiteln 6 und 7 behandelt. Hier un-

tersuche ich lediglich Beauvoirs Darstellung ihrer selbst zu der Zeit, als sie Sartre kennenlernte. Und in diesem Kontext stellt sie sich selbst als heterosexuell dar.

5 Eine eingehende Analyse der Wechselwirkung von Weiblichkeit mit verschiedenen Formen von gesellschaftlichem Kapital und Ausbildungskapital, intellektuellem und litararischem Kapital enthält meine Untersuchung *Appropriating Bourdieu*.

6 Die hier benutzten spezifischen Sprachbilder fallen in *L'Invitée* besonders auf. Eine genauere Untersuchung solcher Schilderungen quälender Angst ermöglicht ein besseres Verständnis der *crises de larmes*, die Simone de Beauvoir als Erwachsene lebenslang heimsuchten. Zur Interpretation von Beauvoirs Schreiben der Depression s. Kap. 7.

7 Von 1935 bis 1937 schrieb sie ein drittes Buch, das von mehreren Verlegern umgehend abgelehnt wurde. Das Manuskript erschien 1979 unter dem Titel *Quand prime le spirituel* (dt. *Marcelle, Chantal, Lisa… Ein Roman in Erzählungen*).

8 *Anm. d. Ü.:* Dt. *Der Existentialismus und die Volksweisheit*. Der Sammelband *Privilèges* enthält drei Essays; daraus dt.: *Soll man de Sade verbrennen?* und *Rechtes Denken, heute*.

9 Vgl. Jean-Louis Fabiani, *Les philosophes de la république*, besonders die Einleitung (S. 7–18). Deutsche Beauvoir-Leser sollten bedenken, daß »Lehrer« eine unzulängliche Übersetzung des französischen Begriffs *professeur* ist, der vom Hochschullehrer bis zum Lehrer an höheren Schulen alles bezeichnet, aber nicht für Grundschullehrer (*instituteurs*) gilt.

10 Für Anna Boschetti verkörpern Gide, Proust und Valéry den Typ des *créateur* (*Sartre et »Les temps modernes«*, S. 29). Victor Karady bestätigt in seiner Untersuchung *Normaliens et autres enseignants à la Belle Époque* Georges de Beauvoirs Hypothese vom etwas unfeinen Klassenhintergrund der damaligen Lehrer an höheren Schulen.

Anmerkungen zu Kapitel 2

1 Die psychologischen Aspekte habe ich in Kap. 1 behandelt.

2 Vgl. dazu Deirdre David, *Intellectual Women and Victorian Patriarchy*.

3 Die Zahlen wurden nach Tab. XXI (gegenüber S. 200) in Edmée Charrier, *L'évolution intellectuelle féminine*, extrapoliert.

4 Die Informationen über den familiären Hintergrund Simone de Beauvoirs sind Francis und Gonthier entnommen. Die neuere und im allgemeinen weit bessere Biographie von Deirdre Bair enthält wenig neue

Informationen zu diesem Thema. Bairs Darstellung der Universitäts-
ausbildung Beauvoirs ist ziemlich oberflächlich und stellenweise völlig
unklar.

5 *Daughters of de Beauvoir*, BBC 2, 22. März 1989.

6 Zur Kritik Simone de Beauvoirs an der Biographie von Francis und
Gonthier s. *Simone de Beauvoir: le désaveu*.

7 Die finanzielle Situation und der Lebensstil der Beauvoirs waren nach
1919 sicher nicht ganz so trostlos, wie Francis und Gonthier sie darstellen. Vgl. dazu Hélène de Beauvoir, *Souvenirs*, S. 26.

8 Weitere Informationen über die weiblichen *agrégations* bietet Marguerite Cordier, *Le difficile accès*, S. 11.

9 Es überrascht also nicht, daß Colette, aus kleinbürgerlich-ländlichem
Milieu stammend, diese Prüfung ablegte. Eine Schilderung ihrer Erfahrungen mit dieser Ausbildung findet sich in *Claudine à l'école* (dt. *Claudine erwacht*).

10 Eine Liste der rasch zunehmenden Zahl katholischer Mädchenschulen
in Paris von 1903 bis 1916 findet sich in Langlois, *Aux origines de l'enseignement secondaire catholique des jeunes filles*, S. 88. Es gab auch eine
nicht-kirchliche private Akademie, die Mädchen auf das *bac* vorbereitete, das sogenannte Collège Sévigné, das 1905 von Mathilde Salomon
gegründet wurde (vgl. Mayeur, S. 388).

11 Das Zitat in der Zwischenüberschrift ist MT160; MJF234 entnommen.

12 Zur ersten Generation der in Sèvres ausgebildeten Frauen vgl. Jo Burr
Margadant, *Madame le Professeur: Women Educators in the Third Republic*.

13 Die Informationen in diesem Absatz sind Charrier, *L'évolution intellectuelle féminine*, S. 222 f., entnommen. Die Anzahl der Frauen an der ENS
wurde aus dem *Annuaire de l'ENS* von 1986 errechnet.

14 Zu den ersten Frauen an der ENS in den zwanziger und dreißiger Jahren vgl. Jean-François Sirinelli, *Génération intellectuelle*, S. 208–215.

15 Interview mit Madame Martinet (geb. Keim) im Juni 1988 in Paris.

16 Zu Madeleine Daniélou, geb. 1880 und in Sèvres ausgebildet, s. Jeanne
Caron, *Les débuts de Sainte-Marie*.

17 *Anm. d. Ü.*: Umgangssprachlich für die Universitäten Oxford und
Cambridge.

18 Im Frühjahr 1914 bestanden zwei Frauen ihre *doctorats d'État* mehr oder
weniger gleichzeitig. Die andere Wegbereiterin war Jeanne Duportal,
die eine Dissertation mit dem Titel *Étude sur les livres à figures édités en
France de 1601 à 1660* und eine ergänzende Dissertation mit dem Titel
Contribution au catalogue général des livres à figures du XVIIe siècle
(1601–1633) vorlegte.

19 Die Zitate in diesem Absatz sind Rocheblave, S. 6, entnommen.

20 Material über Léontine Zanta ist schwer zu finden. Françoise d'Eaubonne schreibt in ihrem Erinnerungsbuch an Simone de Beauvoir *Une
femme nommée Castor*, der Name Zanta sei im Frankreich der zwanziger
Jahre den gebildeten Frauen vertraut gewesen: »Alle Feministinnen hat-
ten sich ihren Namen auf ihre Fahne geschrieben« (Fußnote S. 85).
Zantas wichtigste Veröffentlichungen: *La renaissance du stoïcisme au XVIe
siècle* (Dissertation); *La science et l'amour: Journal d'une étudiante* (Paris,
Plon 1921, Roman); *Psychologie du féminisme*, Préface de Paul Bourget
(Paris, Plon 1922, Essays); *La part du feu* (Paris, Plon 1927, Roman);
Sainte Monique et son fils, Préface du R. P. Sertillanges (Paris, Plon 1941,
Essay). Zanta arbeitete als Redakteurin für den *Écho de Paris* und war
Mitglied der Jury des Prix Fémina, eines der angeseheneren Literatur-
preise in Frankreich (vgl. Marthe Bertheaume, *L'activité féminine* in *Forces nouvelles,* der Zeitschrift einer feministischen Gruppe, die sich »Co-
mité de propagande féministe« nannte. Der betreffende Zeitungsaus-
schnitt im »Dossier Zanta« in der Bibliothèque Marguerite Durand ist
undatiert, muß jedoch aus den späten zwanziger Jahren stammen). Zanta war im 1901 gegründeten Conseil national des femmes aktiv und
hielt 1929 zu deren »États Généraux du féminisme« die programmati-
sche Rede (abgedruckt in *La Française* am 23. Februar 1929).

21 Die erste weibliche *agrégée* in Philosophie war Mademoiselle Baudry,
die 1905 als zweite eingestuft wurde (vgl. Cordier, S. 11).

22 Vgl. Tab. III in Charrier, S. 113; Cohen-Solal, S. 137. Gemäß den Zahlen Charriers gab es in Frankreich bis einschließlich 1928 acht weibliche
agrégées in Philosophie. Sie bestanden in den Jahren 1905 (1), 1920 (1),
1921 (2), 1922 (1), 1923 (1), 1925 (1), 1926 (1) und 1929 (4).

23 Vgl. Cordier, S. 11.

24 *Anm. d. Ü.*: Die hier zitierte Passage, die in der deutschen Übersetzung
(s. Literaturverzeichnis) fehlt, wurde nach der französischen Ausgabe
übersetzt.

25 Einige meiner anekdotischen Belege verdanke ich Siân Reynolds, der
freundlicherweise zu einem frühen Entwurf dieses Kapitels hilfreiche
Kommentare sowie Fotokopien aus dem »Dossier Zanta« in der Bibliothèque Marguerite Durand beisteuerte.

26 In Paris hatte *nur* die Sorbonne das Recht, Prüfungen für die verschiedenen in diesem Kapitel erwähnten akademischen Grade (*licence, diplôme, agrégation*) abzunehmen. Alle Studenten schrieben sich an der Sorbonne ein und hatten die Möglichkeit, dort Vorlesungen zu besuchen.
Da die Teilnahme nicht zwingend vorgeschrieben war, stand es den
Kandidaten frei, sich in der Form auf die Sorbonne-Examen vorzubereiten, die sie für die geeignetste hielten. Deshalb konnte das Institut

catholique Studenten auf die Sorbonne-Examen vorbereiten, und deshalb nahmen Studenten der ENS gelegentlich an Sorbonne-Vorlesungen teil oder zogen es vor, die Seminare der ENS zu besuchen.

27 In einem späten Interview mit Margaret Simons spricht Beauvoir über ihre Studienerfahrungen (vgl. *Two Interviews*, bes. S. 35 f.).

28 Hier läßt Sartre sein Gedächtnis im Stich. Wegen seines Scheiterns in der *agrégation* 1928 verbrachte er fünf Jahre an der ENS.

29 Beispiele für Sartres sexuelle und sexistische Metaphern finden sich in *Das Sein und das Nichts*, Teil IV, Kap. 2/II »Handeln und Haben«, und in *Was ist Literatur?*, Kap. 1. Margery Collins und Christine Pierce (*Holes and Slime*) haben als erste Sartres rhetorischen Sexismus dokumentiert, der von Le Doeuff in *L'étude et le rouet*, in *Operative Philosophy* und in *Sartre: l'Unique Sujet parlant* eingehender beleuchtet und analysiert wurde.

30 Vgl. Hélène de Beauvoir, *Souvenirs*, S. 122.

31 Die »Akademie am Ende des Lebens« ist vermutlich eine Anspielung auf die *Académie française*; offenbar führt Giraudoux' Phantasielaufbahn von der Weihe in der Rue d'Ulm zur höchsten Ehre *sous la coupole* – unter der Kuppel der Akademie.

32 Ein Großteil dieser Untersuchung wurde 1989 in Bourdieus umfassendere Studie *La noblesse d'état* übernommen.

33 Zitiert in Cohen-Solal, S. 122.

34 *Anm. d. Ü.*: S. Anm. 24.

35 Studentenzeitung der zwanziger Jahre, zitiert in Pierre Jeannin, *École Normale Supérieure: livre d'or*, S. 140.

36 Dieser und der folgende Abschnitt sind Pierre Bourdieus Analyse des Ausbildungsfeldes und des intellektuellen Feldes in Frankreich *Die feinen Unterschiede* verpflichtet. Eine umfassende Darstellung der Vorteile und Schwierigkeiten, Bourdieu für feministische Zwecke in Anspruch zu nehmen, enthält meine Untersuchung *Appropriating Bourdieu*.

37 Der Einfluß des Ausbildungssystems auf den künftigen Schriftsteller Sartre läßt sich sogar an höchst spezifischen rhetorischen Mitteln ablesen. Vgl. dazu Geneviève Idt, *Modèles scolaires dans l'écriture sartrienne*.

38 Eine Analyse dieser Lehrer-Rhetorik findet sich in Bourdieu und Saint Martin, *Les catégories de l'entendement professoral*.

39 *Anm. d. Ü.*: Der Nebensatz »[die] nirgendwo sonst ihre Entsprechung findet, am allerwenigsten in bezug auf die Arroganz ihrer kulturellen Urteile« ist in Bourdieus Vorwort zur deutschen Ausgabe nicht enthalten und wurde nach dem Vorwort zur englischen Ausgabe (S. XI) übersetzt.

40 Ich will damit nicht sagen, daß Beauvoir eine *petite bourgeoise* war. Ihr deklassierter gesellschaftlicher Status, verbunden mit ihrem Bildungs-

und intellektuellen Kapital, macht sie zu einem typischen Mitglied der
– um einen für Bourdieu typischen Ausdruck zu benutzen – »dominierten Fraktionen der dominierenden Klassen«.

Anmerkungen zu Kapitel 3

1 *Anm. d. Ü.*: Vgl. Einleitung, Anm. 6.

2 Karen McPherson (*Criminal Passion*) teilt mein Interesse an der *raison
d'être* des finalen Mordes wie am Exzeß der Sprache Beauvoirs. Obwohl ich nicht in einen umfassenden Dialog mit anderen Kritikerinnen
von *L'Invitée* eintreten will, möchte ich doch meine Wertschätzung
signalisieren sowohl der ausgezeichneten Interpretation des Romans
von Elizabeth Fallaize (in *Simone de Beauvoir*) als auch des wertvollen
Versuchs von Jane Heath, den Text vom Standpunkt psychoanalytisch
angeregten Poststrukturalismus aus zu deuten. Feministinnen wie Mary
Evans, Martha Noel Evans und Jane Leighton haben sehr kritische Darstellungen des ersten Romans von Beauvoir vorgelegt: In vielen Fällen
unterscheiden sich meine Interpretationen von den ihren erheblich.

3 Eine nützliche Einführung in feministische Interpretationen des Melodramas findet sich in Christine Gledhills Anthologie *Home is Where the
Heart Is*.

4 Eine Untersuchung dieses Phänomens in der Philosophie liefert
Michèle Le Doeuff in *L'étude et le rouet*. Zur sexistischen Wirkung bestimmter existentialistischer Metaphern vgl. unten Kap. 5.

5 *Anm. d. Ü.*: Englisch im Original.

6 Interessante psychoanalytische Interpretationen des Sartreschen Œuvres
liefern Andrew Leak (*The Perverted Consciousness*) und Josette Pacaly
(*Sartre au miroir*). Das von mir angedeutete Projekt kommt methodolo-
gisch dem Michèle Le Doeuffs nahe, die dargelegt hat, wie Sartres im-
pliziter Sexismus gelegentlich die Logik seiner Beweisführung zerstört;
vgl. besonders ihre unterhaltsame Diskussion der Sartreschen Darstellung von Unaufrichtigkeit bei frigiden Frauen, die nichtsdestoweniger
»objektive Zeichen« von Lust« zeigen (*L'étude et le rouet*, S. 79–82).

7 Vgl. dazu Merleau-Ponty in seiner scharfsinnigen Interpretation von
L'Invitée (*Le roman et la métaphysique*, S. 52).

8 In ihrer Studie über *Das andere Geschlecht* betont Eva Lundgren-Gothlin, daß Beauvoir an dieser Auffassung nicht festhält, sondern die Möglichkeit der Gegenseitigkeit zwischen Bewußtseinen ausdrücklich
bejaht. Auf Gegenseitigkeit als utopisches Ideal menschlicher Beziehungen in *Das andere Geschlecht* gehe ich in Kap. 6 ein.

9 Vgl. z.B. *Briefe an Simone de Beauvoir und andere*, Bd. 1, S. 374 und 407,
   sowie Bd. 2, S. 74. Zur weiteren Erörterung der problematischen »Einheit« s. unten Kap. 7.

10 Auch Beauvoirs *Lettres à Sartre* beweisen ihr kühles Verhältnis zu Wanda im Jahr 1939/40. Während Olga bis dahin einfach eine enge, oft hei-
   tere Freundin geworden war, scheint Wanda Beauvoir gegenüber beträchtliche Feindseligkeit und Eifersucht an den Tag gelegt zu haben.

11 *Grouiller* bedeutet wörtlich »wimmeln«, »sich rühren«, »sich drängen«,
   »kriechen« und wird meist – aber nicht immer – im Zusammenhang
   mit Ungeziefer, Würmern und dergleichen gebraucht.

12 Zu einer eingehenden Interpretation der Verführungsszene s. Kapitel 8.

13 Der Begriff »Familienroman« mag hier etwas unpräzise sein. Strenggenommen faßt Freud den »Familienroman« des Kindes als die Phantasie
   auf, andere Eltern zu haben (vgl. den Aufsatz *Der Familienroman der
   Neurotiker*, 1909). Hier benutze ich ihn lediglich in bezug auf das Phantasieren einer beliebigen Familienkonstellation.

14 *Anm. d. Ü.:* Engl. *stage*, das hier mit »Stufe« (Stadium) übersetzt wird,
   bedeutet auch Bühne.

15 Zu einer Deutung Doras in diesem Sinne vgl. meine Untersuchung *Representation of Patriarchy: Sexuality and Epistemology in Freud's Dora*.

16 Zu einem ganz ähnlichen Fall der Idealisierung von Männern in *Das
   andere Geschlecht* s. Kap. 5.

17 In diesem Punkt stimmt meine Interpretation mit der Alice Jardines
   überein, die in *Death Sentences* darlegt, daß in *Ein sanfter Tod* und *Die
   Zeremonie des Abschieds* Sartre für Beauvoir eine phallische Mutterfigur
   darstellt (s. Jardine, S. 215).

18 Zum Modernismus dieser Heldinnen s. Susan Rubin Suleiman, *Nadja,
   Dora, Lol V. Stein*.

Anmerkungen zu Kapitel 4

1 Vgl. Margaret Simons, *Beauvoir and Sartre*, S. 169.

2 In *L'étude et le rouet* hat Michèle Le Doeuff als erste auf die merkwürdi-
   ge Politik Sartres bei der Darstellung von Unaufrichtigkeit aufmerksam
   gemacht. Nach Le Doeuff neigt Sartre dazu, Unaufrichtigkeit vornehmlich Frauen und untergeordneten oder marginalen Männern wie
   Kellnern, Studenten und Homosexuellen zuzuschreiben (S. 85–90).

3 Wie Michèle Le Doeuff in *L'étude et le rouet* gezeigt hat, ist Sartres Darstellung der Frigidität bei Frauen (SN131f; EN93) ein noch bemerkens-

werteres Beispiel für seinen Glauben an die eigene epistemologische Überlegenheit.

4 Zu den Diskrepanzen und Schwierigkeiten des Sartreschen Begriffs der Unaufrichtigkeit s. Dominick LaCapra, *A Preface to Sartre*, bes. S. 130–134.

5 Beauvoirs Darstellung des männlichen Körpers behandle ich ausführlich in Kap. 5.

6 Vgl. Claude Chabrols Film *Une affaire de femmes* (1988; dt. *Eine Frauensache*), eine aufrüttelnde Rekonstruktion des Lebens von Marie-Anne Latour.

7 Ich behaupte natürlich nicht, daß *ich*, im Unterschied zu Sartre, *weiß*, daß die Frau einen eigenen Entwurf hat. Schließlich dient diese »Frau« nur der philosophischen Veranschaulichung, die Sartres Standpunkt beweisen soll. Mir geht es eher darum, die Grenzen der philosophischen Vorstellungskraft Sartres aufzuzeigen: Das Ärgernis besteht darin, daß Sartre sich nie auch nur damit aufhält, alternative Erklärungen für das Verhalten der Frau in *Erwägung zu ziehen*.

8 Lorna Sage merkt in einer kurzen Erörterung dieser Szene an, daß »Beauvoirs Frau [...] sehr viel trauriger ist als die Sartres« (S. 6).

9 Hazel Barnes macht in einer Fußnote ihres Buches *The Literature of Possibility* auf die Unaufrichtigkeit des Mannes aufmerksam: »Merkwürdig finde ich«, schreibt sie, »daß weder Sartre noch Beauvoir die Unaufrichtigkeit auch auf seiten des Mannes aufzeigen. Seine bewußt mehrdeutige Redeweise soll ihm ermöglichen, sich rasch wieder auf die Ebene höflicher Freundschaftlichkeit zurückzuziehen, falls er die Situation falsch beurteilt haben sollte« (S. 52).

10 In seinem Aufsatz *Le mort saisit le vif* liefert Bourdieu eine brillante Analyse von Sartres zweitem Beispiel für Unaufrichtigkeit, dem Kellner im Café, der die Rolle eines Caféhaus-Kellners spielt. Für Bourdieu könnte Sartres Darstellung als ein anthropologisches Dokument gelesen werden, das mehr über Sartre aussagt als über Caféhaus-Kellner (s. S. 9).

11 Auf die Frage, ob dies eine Verführungsszene *ist*, komme ich noch zurück.

12 *Anm. d. Ü.*: Eine deutsche Übersetzung liegt (noch) nicht vor.

13 Beauvoir nennt sie in den *Besten Jahren* »Cécilia Bertin«. Angesichts dieses Überangebots an Namen ist schwer zu sagen, welchen man benutzen soll. Ich habe mich für den häufiger benutzten entschieden und mich mit »Martine Bourdin« in Anführungszeichen begnügt. Sartres Briefe sind nicht immer datiert, aber wenn man sie mit den sorgfältig datierten Briefen Beauvoirs vergleicht, ist es nicht schwer, die Chronologie der Ereignisse zu rekonstruieren.

14 Offenbar hatte »Martine Bourdin« geglaubt, sie habe eine ernstzunehmende Affäre mit Sartre. In einem kritischen Stadium zeigte sie Moloudji die Briefe, die Sartre ihr geschrieben hatte; Gerüchte, daß Sartre sich immer noch mit »Bourdin« treffe, lösten bei Wanda einen Anfall von Eifersucht aus. Erbost über »Bourdins« Versuch, ihre Version der Geschichte zu verbreiten, schreibt Sartre einen offenen Brief an »Bourdin« und läßt ihn ihr von Wanda übergeben. Beauvoir erhält eine Abschrift und Anweisungen, dafür zu sorgen, daß sich Sartres Version der Ereignisse durchsetzt. Sein Brief an »Bourdin« würde Valmont vor Neid erblassen lassen: »Ich habe Dich nie geliebt, ich habe Dich körperlich angenehm, wenn auch vulgär gefunden, aber ich habe einen gewissen Sadismus, der gerade von Deiner Vulgarität angezogen war« (*Briefe an Simone de Beauvoir*, Bd. 2, S. 96). Was seine Briefe an sie betreffe, so seien sie nichts weiter gewesen als »Übungen in leidenschaftlicher Literatur […], über die wir, Castor und ich, sehr gelacht haben« (S. 96 f.). Nachdem er die Sexualität der bedauernswerten Frau ebenso geschmäht hat wie ihre Sentimentalität, verwirft er auch ihre Intelligenz (»Martine Bourdin« war Philosophiestudentin): »Und dann mußte man obendrein noch Dein erhabenes Gewäsch, Dein philosophisches Kauderwelsch ertragen« (S. 97). Michèle Le Doueff liefert in ihrer Rezension von Sartres *Lettres au Castor* eine hervorragende Analyse der sexuellen und diskursiven Politik (s. Anm. 17, d. Ü.) dieser Episode (*Sartre: l'Unique Sujet parlant*).

15 Im letzten Kapitel des *Anderen Geschlechts* beschäftigt sich Beauvoir ebenfalls ausführlich mit der sexuellen Situation der unabhängigen Frau.

16 Ich denke an zwei verwandte Vorläuferinnen. Rachildes *Monsieur Vénus*, 1887 erschienen, liefert die faszinierende Beschreibung der adeligen Heldin Raoule de Vénérande, die den jungen und armen Jacques Silvert sexuell begehrt. Die zweite in diesem Zusammenhang relevante Schriftstellerin ist natürlich Colette. Obwohl Colette häufig die Beziehung einer älteren Frau zu einem jüngeren Mann beschreibt, werden die Beziehungen entweder aus der Perspektive des jungen Mannes geschildert (*Le blé en herbe*; dt. *Erwachende Herzen*), oder die Romane beginnen *in medias res*, wenn die Beziehung bereits besteht (*Chérie*). Die älteren Frauen in diesen Büchern sind nie berufstätig. Der Roman Colettes, der der Problematik Beauvoirs geistig am nächsten steht, ist *La vagabonde* (dt. *Renée Néré*), dessen Heldin sich bemüht, als unabhängige Frau selbst für ihren Lebensunterhalt zu sorgen; das Geld ihres reichen Geliebten empfindet sie als Bedrohung ihrer Freiheit.

17 *Anm. d. Ü.*: Engl. *sexual politics*. Im Vorwort zur deutschen Ausgabe ih-

rer Studie über feministische Literaturtheorie *Sexual/Textual Politics* erläutert Toril Moi diesen von ihr häufiger verwendeten Begriff: »Im allgemeinen benutze ich das Wort ›Politik‹, um eine Beschäftigung mit *Macht und Machtstrukturen* anzuzeigen. *Sexual politics* hat für mich fast die gleiche Bedeutung wie für Kate Millett. [...Sie benutzt] den Begriff, um die sozialen, institutionellen und persönlichen Machtverhältnisse zwischen den Geschlechtern anzuzeigen« (*Sexus, Text, Herrschaft*, Bremen [Zeichen + Spuren] 1989, S. 9).

18 In ihrem Brief vom 27. Juli 1938 liefert Beauvoir folgenden Bericht über das Gespräch: »Schließlich lachte ich albern und sah ihn an, so daß er fragte: ›Warum lachen Sie?‹ Und ich antwortete: ›Ich versuche mir Ihr Gesicht vorzustellen, wenn ich Ihnen vorschlüge, mit mir zu schlafen‹, und er sagte: ›Ich dachte, Sie denken, ich wollte Sie küssen, wagte es aber nicht.‹ Danach haben wir noch eine Viertelstunde herumgetan, bis er sich entschloß mich zu küssen« (LSa62f).

19 Interessanterweise räumt Beauvoir selbst einen gewissen Hang zu sentimentalen und leicht romantischen Texten ein. 1930 begann sie mit der Arbeit an einem Roman, der von Alain-Fourniers *Le Grand Meaulnes* (dt. *Der große Kamerad*) und Rosamond Lehmanns *Dusty Answer* (dt. *Dunkle Antwort*) angeregt war. »Ich hatte das dumpfe Gefühl, daß das Wunderbare [*le merveilleux*] mir nicht von der Hand ging. Das hinderte mich im übrigen nicht, mich lange Zeit darauf zu versteifen. Eine Prise ›Delly‹, die sich in meinen ersten Romanentwürfen sehr bemerkbar macht, ist mir davon zurückgeblieben« (BJ55; FA71). »Delly« war das Pseudonym von Jeanne und Frédéric Petitjean de la Rosière, deren sentimentale Bücher den Markt für volkstümliche Liebesromane beherrschten.

20 »Alle volkstümliche romantische Romanliteratur«, schreibt Radway in *Reading the Romance*, »entspringt dem Versäumnis der patriarchalen Kultur, die Bedürfnisse ihrer weiblichen Mitglieder zu befriedigen. Deshalb fungiert der Liebesroman immer als eine utopische Wunscherfüllungs-Phantasie, durch die sich Frauen so zu sehen versuchen, wie sie im täglichen Leben oft nicht sind, das heißt glücklich und zufrieden« (S. 151). Letztlich, argumentiert Radway, liefere der »ideale Liebesroman« Frauen die Darstellung einer »ausschließlichen, intensiven emotionalen Beziehung mit einem liebevollen, Leben schenkenden Menschen«, das heißt mit der prä-ödipalen Mutter (S. 151). – In ihrem interessanten Essay *Resisting Romance: Simone de Beauvoir, »The Woman Destroyed« and the Romance Script* behandelt Elisabeth Fallaize die Beziehung zwischen Beauvoirs Text und dem Plot des Liebesromans.

21 Auf diesen Gesichtspunkt gehe ich in Kap. 5 ausführlich ein.

22 Pierre Bourdieu legt dies in seinem kurzen Aufsatz *Sartre* überzeugend dar.

Anmerkungen zu Kapitel 5

1 Sartre, der die Frage nach der Beziehung zwischen Freiheit und der Situation des Individuums aufwirft, schreibt: »Alle diese Fragen, die uns auf die reine und nicht komplizenhafte Reflexion verweisen, können nur im Bereich der Moral beantwortet werden. Wir werden ihnen unser nächstes Buch widmen« (SN1071; EN723). Seine Aufzeichnungen und Entwürfe wurden 1983 postum unter dem Titel *Cahiers pour une morale* veröffentlicht (dt. *Aufzeichnungen zu einer Moral*, in Vorb.).

2 Nach Beauvoir machte die besondere historische Situation Frankreichs in den Jahren, als der kalte Krieg Europa erfaßte, eine Beschäftigung mit Moral nahezu unvermeidlich: »Nach einem Krieg, der alles in Frage gestellt hatte, war es normal, daß man versuchte, Regeln und Grundlagen zu überprüfen. Frankreich befand sich zwischen zwei Machtblöcken, unser Schicksal wurde ohne uns entschieden; diese Passivität hinderte uns daran, die Praxis zum Gesetz zu erheben; ich wunderte mich also nicht über meinen Moralismus« (LD73; FCa100). Auch Sartre arbeitete in den vierziger Jahren über Moral. Sein Vortrag *Ist der Existentialismus ein Humanismus?* von 1946 hat eine viel deutlicher »moralische« Tendenz als *Das Sein und das Nichts*, und alle seine Theaterstücke der Nachkriegszeit befassen sich hauptsächlich mit moralischen Themen. Beauvoir stellte schon in *Pyrrhus und Cineas* (1944) die Frage nach dem ethischen Gebrauch der Freiheit. 1945 und 1946 schrieb sie für *Les temps modernes* mehrere Essays über bestimmte Fragen der Moral (über die Bestrafung von Kollaborateuren, die Rolle des Engagements in der Literatur und so weiter). Diese Essays wurden 1948 unter dem Titel *L'existentialisme et la sagesse des nations* neu aufgelegt. Im Juni 1946 veröffentlichte Beauvoir den ersten Entwurf einiger einleitender Abschnitte ihres Essays *Für eine Moral der Doppelsinnigkeit* in einem Aufsatz mit dem Titel *Introduction à une morale de l'ambiguïté*, der in *Labyrinthe* 20 (1. Juni 1946) erschien. Dieser Text ist.in Francis und Gonthier, *Les Écrits de Simone de Beauvoir*, S. 337–343, abgedruckt.

3 Beauvoirs Interesse an der gesellschaftlichen Situation des Subjekts war immer größer als das Sartres. Etliche Feministinnen haben vorzügliche Deutungen dieses Aspekts im Werk Beauvoirs geschrieben. Vgl. besonders Simons, *Beauvoir and Sartre*, sowie Lundgren-Gothlin.

4 Ich definiere Metapher als eine Sprachfigur, die auf dem Prinzip der Gleichheit oder Ähnlichkeit beruht.

5 Ich betrachte Metonymie als eine Sprachfigur, die auf dem Prinzip der Nähe oder Nachbarschaft beruht. Die Synekdoche (auch bekannt als *pars pro toto*) ist eine Sonderform der Metonymie, in der ein Teil für das Ganze steht.

6 *Anm. d. Ü.*: Deutsch im Original.

7 Ich entnehme diese Information Lundgren-Gothlin, S. 324. Zu einer eingehenden Erörterung des Gegensatzes zwischen Transzendenz und Immanenz vgl. Lundgren-Gothlin, S. 322–340. Lundgren-Gothlin macht auch darauf aufmerksam, daß Beauvoir in *Das andere Geschlecht* dazu neigt, statt »Unaufrichtigkeit« den Begriff »Immanenz« zu verwenden.

8 Auf dieses Thema komme ich in Kap. 7 zurück.

9 *Anm. d. Ü.*: Deutsch im Original.

10 *Anm. d. Ü.*: Deutsch im Original.

11 Vigdis Songe-Møller hat dazu beigetragen, daß ich die komischen Aspekte in Beauvoirs Hegel-Anwendung schätzengelernt habe.

12 Wie es Charlene Haddock Seigfried in ihrer aufschlußreichen Analyse der Biologie in *Das andere Geschlecht* ausdrückt, ist gar nicht daran zu zweifeln, daß »[Beauvoirs] Beschreibungen biologischer Fakten Werturteile enthalten« (S. 308).

13 In meiner Darstellung halte ich mich eng an Beauvoirs Kapitel »Einführung in die Sexualität«, in dem sie sich ausschließlich mit heterosexuellen Beziehungen befaßt. Auf ihre Darstellung weiblicher Homosexualität komme ich in Kap. 6 zurück; ihre eigenen lesbischen Beziehungen behandele ich in Kap. 7.

14 Dieser Frage will ich hier nicht nachgehen. Zu einer ausführlichen Erörterung der ambivalenten Beziehung zur Mutter-Imago in *L'Invitée* vgl. Kap. 3; auf Beauvoirs Beziehungen zu anderen Frauen gehe ich in Kap. 7 ein.

15 *Anm. d. Ü.*: Zur Übersetzung von *trouble* vgl. SN 1109/Anm. 265.

16 Beauvoirs Beziehung zu Merleau-Ponty ist interessanter, als diese knappe Darstellung vermuten läßt. Beauvoir lernte Merleau-Ponty während ihres Philosophiestudiums an der Sorbonne kennen, und durch sie begegnete er Zaza, Beauvoirs bester Freundin. In den *Memoiren einer Tochter aus gutem Hause* unter dem Namen »Pradelle« dargestellt, war Merleau-Ponty der junge Mann, in den sich Zaza leidenschaftlich verliebte. Weil ihre Familie sich einer Heirat unerbittlich widersetzte, erkrankte Zaza schließlich schwer und starb im Alter von 21 Jahren. Ihre bewegende Korrespondenz wurde 1991 von ihrer Familie

veröffentlicht (Elisabeth Lacoin, *Zaza: correspondance et carnets d'Elisabeth Lacoin 1914–1929)*. Als Redakteur von *Les temps modernes* war Merleau-Ponty von 1945 bis 1952 Sartres und Beauvoirs engster Mitarbeiter. In der politisch bedrängten Lage, in der sich die Existentialisten zu dieser Zeit befanden, konnte Beauvoir kaum irgendwelche öffentlichen Meinungsverschiedenheiten mit ihm signalisieren. In den fünfziger Jahren änderte sich die Situation. Mit seinem Entschluß im Sommer 1952, sich der Kommunistischen Partei anzuschließen, entfremdete sich Sartre von Merleau-Ponty, der sich unauffällig aus den *Temps modernes* zurückzog. Als Merleau-Ponty 1955 *Les aventures de la dialectique* (dt. *Die Abenteuer der Dialektik*) publizierte, war es Beauvoir, nicht Sartre, die in *Les temps modernes* eine scharfe Erwiderung veröffentlichte (abgedruckt in *Privilèges* bzw. *Faut-il brûler Sade?*). 1952 hatte es Sartre noch Francis Jeanson überlassen, Camus' *L'homme révolté* (dt. *Der Mensch in der Revolte*) zu attackieren; diesmal zögerte Beauvoir nicht, ihm die schmutzige Arbeit abzunehmen: *Merleau-Ponty et le pseudo-sartrisme* ist – unter jedem Gesichtspunkt – das Erbärmlichste, was Beauvoir je geschrieben hat. In *Der Lauf der Dinge* (1963) hebt Beauvoir ihre alte Freundschaft mit Merleau-Ponty hervor, erwähnt die persönlichen Unterschiede und endet mit einer leicht kritischen Bemerkung: »Ich schätzte seine Bücher und Essays, fand aber, daß er Sartres Gedanken schlecht verstanden hatte« (LD67; FCa91). Im Lichte ihrer Attacke von 1955 ist dies eine ziemliche Untertreibung. Ihr zurückhaltender Ton ist zweifellos auf Merleau-Pontys vorzeitigen Tod 1961 zurückzuführen.

17 In den fünfziger und frühen sechziger Jahren wurde das Problem der weiblichen Frigidität unter Ärzten und Psychologen unterschiedlichster Art vornehmlich als Problem für Männer diskutiert. Bemerkenswerterweise zitieren Sartre, Beauvoir und Merleau-Ponty in ihren philosophischen Hauptwerken *alle* das nicht eben achtbare *Die Geschlechtskälte der Frau* (1920) von Wilhelm Stekel, einem Exschüler Sigmund Freuds, der in den Kreisen der Wiener Psychoanalyse weitgehend ein Abtrünniger war. Trotz seines Titels kommt Stekels Essay als halb pornographische Sammlung von Geschichten über den weiblichen Orgasmus daher, die locker um das Thema Geschlechterkampf arrangiert sind. Wenn man *Die Geschlechtskälte der Frau* mit Stekels Autobiographie vergleicht, kann man sich des Verdachts nicht erwehren, daß Stekel die Geschichte seines Werbens um seine zweite Frau als eine Fallgeschichte maskiert. Keineswegs überraschend, verhilft in dieser spezifischen Geschichte der verständnisvolle Analytiker der »frigiden« Frau buchstäblich zu weltbewegenden Orgasmen (vgl. Stekel, *The Autobiography of Wilhelm Stekel*).

Die »Stekel-Connection« im Existentialismus wäre eine eingehende Untersuchung wert.

18　In diesem Punkt folgt sie Sartre, der in *Das Sein und das Nichts* darlegt, daß die drei Kategorien Sein, Haben und Handeln auf die Kategorien des *Habens* reduziert werden können (vgl. Vierter Teil »Haben, Handeln und Sein«).

19　Natürlich will ich nicht behaupten, Philosophie sei der *einzige* vom Unbewußten gezeichnete Diskurs oder philosophische Texte seien stärker von Unausgesprochenem geprägt als etwa literarische oder historische.

20　Auf diese Kernfragen komme ich in Kap. 6 zurück.

21　Auf die Rezeption von *Das andere Geschlecht* gehe ich in Kap. 6 kurz ein. Beauvoir selbst berichtet in *Der Lauf der Dinge* (LD183–190; FCa258–268) ausführlich über die Reaktionen in Frankreich.

22　Politisch machte in den frühen siebziger Jahren das Vorhandensein einer großen und militanten Frauenbewegung dies zu einer praktikablen Möglichkeit. Intellektuell gab die zunehmende Herausforderung der Psychoanalyse den Anstoß, Fragen der Sexualität und der geschlechtlichen Differenz zu erforschen.

Anmerkungen zu Kapitel 6

1　Judith Okely beispielsweise zitiert positive weibliche Reaktionen auf *Das andere Geschlecht* aus dem Mittleren Osten und Indien (S. 3 f.).

2　Jacqueline Roses *The Haunting of Sylvia Plath* und Diane Wood Middlebrooks *Anne Sexton* dokumentieren das traumatische Leiden zweier außergewöhnlich kreativer junger Frauen, die in den fünfziger und frühen sechziger Jahren den ihnen von der patriarchalen Ideologie zugewiesenen Rollen gerecht zu werden versuchten.

3　*Anm. d. Ü.*: In der gekürzten deutschen Ausgabe (vgl. Literaturverzeichnis) fehlt diese Passage. Übersetzt nach dem Original.

4　Auf das Fehlen von Beauvoirs Namen in *Le rire de la Méduse* bzw. dessen Bedeutung gehe ich in meiner Untersuchung *Appropriating Bourdieu* ausführlicher ein (S. 1040–1043).

5　In *Stabat Mater* widerspricht Kristeva ausdrücklich Beauvoirs Interpretation der »Geburt Christi« von Piero della Francesca in der National Gallery in London (s. *Stabat Mater*, S. 171). Dieses Gemälde habe ich vor allem deshalb für den Umschlag meines *Kristeva Reader* (1986) ausgewählt, weil es auf ein seltenes Zusammentreffen der beiden bahnbrechenden intellektuellen Frauen anspielt.

6　Claire Duchens *Feminism in France* und ihre Textedition zur Frauenbewegung in Frankreich, *French Connections*, enthalten wertvolle Informationen über die gesellschaftliche und politische Konstellation des französischen feministischen Feldes in den siebziger und achtziger Jahren.

7 Zum Anti-Essentialismus Beauvoirs s. Judith Butler, *Sex and Gender in Simone de Beauvoir's »Second Sex«*.

8 Um ganz genau zu sein: Beauvoir benutzt in *Das andere Geschlecht* niemals das Wort *Feministin*, um ihre eigene Position zu bezeichnen. Das geschah erst, als sie sich im November 1971 der französischen Frauenbewegung anschloß.

9 Der erste Band erschien im Juni 1949 in Paris, der zweite im November desselben Jahres. Auszüge aus dem ersten Band wurden im Mai, Juni und Juli 1948 sowie im Februar 1949 in *Les temps modernes* veröffentlicht; Auszüge aus dem zweiten Band erschienen 1949 in den Mai-, Juni- und Juliausgaben.

10 Kap. 2 enthält eine eingehende Untersuchung dessen, was ich als Beauvoirs legitime und marginale Sprechposition betrachte.

11 Die Informationen zu diesem Absatz finden sich in Huguette Bouchardeau, *Pas d'histoire, les femmes...*, und Eva Lundgren-Gothlin, *Kön och existens.–* Claude Chabrols Film *Une affaire de femmes* (1988, dt. *Eine Frauensache*) erzählt die Geschichte Marie-Jeanne Latours (im Film Isabelle Huppert).

12 Die Informationen in diesem Absatz basieren auf Albисturs und Armogathes Studie über den Feminismus in Frankreich.

13 Die Zahlen sind Jean-Pierre Rioux' offizieller Untersuchung der Vierten Republik entnommen.

14 Im Novemberheft 1949 von *Les temps modernes* veröffentlichte Beauvoir eine Rezension der Studie von Lévi-Strauss.

15 Einen Überblick über Ideologie-Theorien vermittelt Eagleton, *Ideology*. Weitere Anmerkungen zu Beauvoirs begrenztem Verständnis von Ideologie und Sprache finden sich in Kap. 4 und 5.

16 Als Beispiele zieht Beauvoir Maggie Tulliver in George Eliots *The Mill on the Floss* (dt. *Die Mühle am Floss*), Olivia in Rosamond Lehmanns *Invitation to the Waltz* (dt. *Aufforderung zum Tanz*), Judy in Lehmanns *Dusty Answer* (dt. *Dunkle Antwort*) und Tessa in Margaret Kennedys *The Constant Nymph* (dt. *Die treue Nymphe*) heran.

17 In ihrem 1966 in Japan gehaltenen Vortrag *La Femme et la création* betont Beauvoir nach wie vor, daß es wirklich große Schriftstellerinnen nicht gegeben habe. Sogar *Die Geschichte des Prinzen Genji* der Dame Murasaki wird als zu wenig »universal« abgewertet.

18 »Es gibt ein statistisches Gesetz, das besagt, je größer die Gruppe, desto

größer die Wahrscheinlichkeit, daß eines ihrer Mitglieder sich auszeichnen wird«, schreibt Beauvoir in *La femme et la création* (S. 460).

19 Claire Etcherelli liefert in ihrem Roman *Elise ou la vraie vie* (1967) eine
eindringliche Schilderung der Situation von Frauen und eingewander-
ten nordafrikanischen Arbeitern in den Citroën-Werken zur Zeit des
Algerienkriegs. Wegen ihrer Bewunderung für diesen Roman nahm
Beauvoir die Autorin in das Redaktionskomitee von *Les temps modernes*
auf.

20 Einige der relevanten amtlichen Akten sind in Gilbert Josephs ansonsten äußerst sensationslüsternem, historisch ungenauem und absolut
bösartigem *Une si douce Occupation* (S. 197–222) zitiert.

21 Margaret Simons' Untersuchung *Lesbian Connections: Simone de Beauvoir
and Feminism* enthält eine nützliche Zusammenfassung zugänglicher Informationen über Beauvoirs lesbische Beziehungen.

22 Ich finde in *Das andere Geschlecht* kein weiteres Kapitel, in dem sich das
Politische und das Philosophische so deutlich mit dem Persönlichen mischen, kein Kapitel auch, in dem Beauvoirs Zensur persönlicher Aspekte massiver wäre.

23 Irene L. Gendzier hebt in ihrer Untersuchung über Fanon die Bedeutung von *Les temps modernes* für Fanon in der Zeit von 1947 bis 1952
hervor: »[*Les temps modernes*] brachte Artikel zu Themen, mit denen
sich Fanon im Lauf der Zeit befassen sollte: Kommunismus und Terror,
die Politik der Unterdrückten, schwarz-weiße Beziehungen, die Dritte
Welt und die europäische Linke« (S. 20 f.).

24 Meine Behauptung stützt sich auf folgende Quellen: Bhaba, Caute,
Feuchtwang, Gates, Gendzier, Mudimbe und Taylor. Für diese bibliographische Unterstützung danke ich Faith Smith und José Muños.

25 In diesem Sinne ist Monique Wittigs utopischer Roman *Les guérillières*
ein exzellenter – und höchst dialektischer – Kommentar zu *Das andere
Geschlecht*.

26 *Anm. d. Ü.*: Toril Moi bezieht sich nach eigener Auskunft hier auf Luce
Irigaray, für die Frauen mehr von durchlässigen Grenzen, von Verschmelzung von Gegensätzen, also von größerer »Fluidität« geprägt sind
als Männer (vgl. Irigaray, *Ein Geschlecht, das nicht eins ist*, Berlin [Merve],
1979).

27 Eine nützliche Sammlung von Essays, in denen die Grundsätze der *écriture féminine* erläutert werden, bieten Wilcox et al. Morag Shiach liefert
eine hervorragende Darstellung der Positionen Hélène Cixous'.

28 Eine scharfsinnige Analyse der französischen Frauenbewegung in den
siebziger und achtziger Jahren findet sich in Sandrine Garcias *Le féminisme, une révolution symbolique?*.

Anmerkungen zu Kapitel 7

1 Die kleine Meerjungfrau muß ihre Zunge opfern, damit sich ihr Fischschwanz in Beine verwandelt. In selbstloser Hingabe akzeptiert sie ihre
   eigene Vernichtung: Wenn der Prinz sie nicht heiratet, wird sie zu
   Schaum auf dem Meer; sie wird niemals eine unsterbliche Seele haben.
   Wie vielen von uns ist es vielleicht auch Beauvoir entgangen, daß Andersen die kleine Meerjungfrau eigentlich für ihr liebendes Herz be-
   lohnt, indem er sie in eine »Tochter der Luft« verwandelt, ein Luftwe-
   sen, das von eben jenem Geist beseelt ist, den Beauvoir so beklagt: »Du
   arme kleine Meerjungfrau hast mit deinem ganzen Herzen nach dem
   gleichen gestrebt wie wir [die Töchter der Luft], du hast gelitten und
   geduldet, dich zu der Welt der Luftgeister emporgeschwungen, nun
   kannst du dir selbst durch gute Taten in dreihundert Jahren eine unsterbliche Seele erringen« (Andersen, S. 53).

2 *Anm. d. Ü.*: Deutsch im Original.

3 Vgl. z. B. Beauvoirs auf den 10. Oktober 1939 datierten Brief an Sartre:
   »Am Samstag genau ist unser Jubiläum« (LSa175), oder den Eintrag in
   ihrem Kriegstagebuch am 10. Oktober 1939: »Zwei Briefe von Sartre,
   der eine über unser Jubiläum, das wir so herrlich feiern wollten«
   (KTB103; JG82). Der aktuelle Eintrag am 14. Oktober geht ebenfalls auf
   dieses Datum ein: »Trauriges Jubiläum unserer morganatischen Hoch-
   zeit« (KTB115; JG92).

4 Sartre war im Herbst 1929 bereits 24 Jahre alt.

5 Entstehung und Funktion dieses Mythos in *Memoiren einer Tochter aus
   gutem Hause* habe ich in Kap. 1, seine literarische Verarbeitung in *L'Invitée* in Kap. 3 behandelt.

6 Mein Thema ist nicht Sartre, und ich zögere, in diesem Zusammenhang über seine emotionalen Reaktionen zu spekulieren. Der einzige
   Eintrag in seinen *Tagebüchern November 1939 – März 1940*, der sich auf
   den berühmten Pakt bezieht, ist jedoch äußerst interessant: »Einmal fiel
   ich bei diesem Spiel herein«, schreibt Sartre am 1. Dezember 1939. »Castor akzeptierte diese Freiheit und behielt sie. Das war 1929. Ich war
   töricht genug, mich darüber zu grämen: Statt meine außerordentliche
   Chance zu begreifen, versank ich in eine gewisse Melancholie« (*Tagebücher*, S. 114).

7 Beauvoirs Reaktion auf Todds beiläufige Zerstörung ihrer wertvollsten
   Überzeugungen war durchaus vorauszusehen. In ihrem Buch *Die Zeremonie des Abschieds*, das nur wenige Monate nach Todds *Un fils rebelle* erschien, widerspricht sie seiner Behauptung, er sei für Sartre eine Art Er-
   satzsohn gewesen, und fügt hinzu: »Sartre betrachtete Todd um so weni-

ger als seinen Sohn, als er keinerlei Sympathie für ihn empfand, und hatte – im Gegensatz zu dem, was Todd in seinem Buch zu unterstellen sucht – nur eine sehr oberflächliche Beziehung zu ihm« (ZA44; CA48).

8 Vgl. vor allem meine Erörterung der Xavière umgebenden Bildersprache in *L'Invitée* (Kap 3), der Bildersprache kindlicher Verzweiflung in *Memoiren einer Tochter aus gutem Hause* (Kap. 1) und der Bildersprache im Zusammenhang mit weiblicher Sexualität in *Das andere Geschlecht* (Kap. 5).

9 Diese Passage bezieht sich auf ihr Leben in Rouen 1934, als sie 26 Jahre alt war. Im selben Zusammenhang bezeichnet Beauvoir diese Krisen als ihre »Melancholie« (*ma mélancholie* – BJ179; FA240).

10 Daß Beauvoir diesen Aspekt der Geschichte in den *Besten Jahren* aussparte, überrascht nicht. 1960 waren fast alle beteiligten Personen noch am Leben. Wenn sich Beauvoir im präfeministischen Frankreich zu lesbischen Beziehungen bekannt hätte, wären daraus nicht nur ihr selbst, sondern auch ihren Partnerinnen Schwierigkeiten und Kummer erwachsen.

11 Weitere einschlägige Beispiele finden sich in Kap. 1 und 3. Noch 1972 bezeichnet Beauvoir im ansonsten allzu optimistischen Einführungsteil zu *Alles in allem* ihre Mutter als »taktlos« und »tyrannisch« (*tyrannique*) (AA23; TCF29) und klagt: »Meine Mutter war von Natur aus so ängstlich und despotisch, daß sie uns keine Vergnügen hätte schaffen können; andererseits hätte sie nicht geduldet, daß wir uns etwa ohne sie amüsierten« (AA24; TCF29).

12 »Kos.« ist hier Olga Kosakiewicz.

13 *Anm. d. Ü.*: Zitiert nach der englischen Ausgabe, da diese Anmerkung in der deutschen Übersetzung fehlt.

14 *Anm. d. Ü.*: Ein neunstündiger Dokumentarfilm über den Völkermord an den Juden, in dem Lanzmann überlebende Zeugen – Opfer und Täter – interviewte.

15 Kathleen Woodward vertritt in ihrer Untersuchung über das Alter im Werk Beauvoirs einen ähnlichen Standpunkt: »Beauvoir verbindet das Alter im allgemeinen mit Melancholie, schrecklicher Einsamkeit und Verlust, besonders mit dem Tod Sartres, der für sie eine Katastrophe wäre«, schreibt sie (S. 106). Woodward interpretiert Beauvoirs »Krisen« ebenfalls als Angstzustände (vgl. S. 108 f.).

16 Zu Beauvoirs Verhältnis mit Algren s. Deirdre Bair und Bettina Drew sowie Algren selbst in *Who Lost an American?*, *Conversations with Nelson Algren*, *I Ain't Abelard* und *The Question of Simone de Beauvoir*.

17 Die optimistische Neubewertung ihres Lebens am Anfang von *Alles in allem* dient meiner Meinung nach deutlich dem Zweck, den am Ende

von *Der Lauf der Dinge* so offenkundigen Eindruck depressiver Verstimmung zu zerstreuen. »Sicher ist, daß ich mit meinem Schicksal zufrieden bin und es in keiner Hinsicht anders haben möchte« (AA11; TCF13). »Ich habe seit meinem 21. Lebensjahr keine Einsamkeit kennengelernt« (AA37; TCF46). »Was mich anbelangt, so habe ich bis zum Alter von zehn oder zwölf Jahren sozusagen keine Probleme gehabt« (AA16; TCF19) und so weiter.

18 Obwohl Beauvoir und Le Bon einander schon 1960 zum erstenmal begegnet waren, entwickelte sich erst im Herbst 1963 eine engere Beziehung.

19 In beiden Fällen lautet der französische Text: »une grande chance m'a été donnée.«

20 Ich beziehe mich auf die Anschuldigungen der Mutter Nathalie Sorokines gegen Beauvoir, die 1943 zu ihrer Entlassung führten.

21 Eine eingehendere Erörterung der Beziehungen Beauvoirs zu Elisabeth Lacoin und Sylvie Le Bon findet sich in Margaret Simons, *Lesbian Connections*.

22 Ihre Briefe an Sartre haben noch einen weiteren Zweck: sein starkes Interesse am neuesten Klatsch vom linken Seine-Ufer zu befriedigen.

23 Zur Kritik an den 1990 postum veröffentlichten Briefen und Kriegstagebüchern Beauvoirs vgl. z.B. Paul Webster, Marianne Alphant und Josyane Savigneau.

24 Deirdre Bair behauptet, dieses Gespräch habe im Mai 1945 und nicht im April oder Mai 1946 stattgefunden (vgl. S. 372), aber außer dem Vorwurf, Beauvoir biete in ihren Memoiren keine »exakte Chronologie [und] textuelle Einheitlichkeit« (S. 371), liefert sie für diese Behauptung keinen Beweis. Deshalb setze ich voraus, daß Beauvoir die Chronologie der Ereignisse weitgehend richtig darstellt, vor allem weil ihre Daten durchaus glaubwürdig erscheinen, während sich Bair in bezug auf einige andere Daten dieser Zeit als ungenau erweist.

25 Martha Noel Evans behauptet nicht nur, Beauvoir halte den Roman für eine »weniger angemessene Form des Schreibens« als den Essay, sondern auch, Beauvoir klassifiziere den Essay als »männlich« und den Roman als »weiblich« (*Murdering »L'invitée«*, S. 69). Für diese Behauptungen finde ich keinerlei Beweise. Das einzige von Evans zur Untermauerung ihres Standpunkts herangezogene Zitat bezieht sich auf die Vorliebe *anderer Autoren* für den Essay, nicht auf die Beauvoirs (vgl. Alice Jardines Interview mit Beauvoir 1979, S. 234).

26 Als junges Mädchen, schreibt Beauvoir, sei sie davon überzeugt gewesen, *alles* sagen zu müssen; als junge Schriftstellerin habe sie plötzlich entdeckt, daß sie *nichts* zu sagen hatte (vgl. *Mon expérience*, S. 440).

27 Für Freud sind alle Fetischisten männlich. Naomi Schor plädiert in *Female Fetishism* überzeugend für eine Interpretation weiblichen Fetischismus, nach der er besonders von sexueller Ambivalenz oder Bisexualität geprägt ist (vgl. vor allem S. 367 ff.).

28 Diesen Gesichtspunkt entnehme ich Julia Kristeva, die in *Die Revolution der poetischen Sprache* fragt: »Schließlich: Ist die Kunst nicht der Fetisch *par excellence*, der seine Archäologie schwerlich verbergen kann: den Glauben, daß die Mutter den Phallus besitzt, daß das nicht eindeutig identifizierte *ego* sich nie von ihm wird lösen können und daß kein Symbol in der Lage ist, die Abhängigkeit von der phallischen Mutter zu unterbrechen?« (S. 74) Obwohl Kristeva der Meinung ist, das schreibende *Subjekt* könne sich »an den Balken [klammern], den ihm der Fetischismus entgegenstreckt« (S. 74), betont sie nichtsdestoweniger, daß der Text niemals einfach ein Fetisch ist: »[…] weil [der Text] *bedeutet*, ist er alles andere als ein Fetisch; er ist kein *Versatzstück*, sondern Zeichen« (S. 75).

29 An dieser Stelle möchte ich meine Bewunderung für Elaine Marks' Beauvoir-Studie von 1973 zum Ausdruck bringen: Obwohl ich mit ihren allgemeinen ästhetischen Standpunkten und ihren rüden persönlichen Attacken gegen Beauvoir nicht einverstanden bin, finde ich ihre Bestimmung der verschiedenen Stilformen Beauvoirs ganz ausgezeichnet.

Zitierte Werke

I Werke von Simone de Beauvoir

Die Werke sind in chronologischer Reihenfolge nach dem Erscheinungsjahr der französischen Originalausgabe aufgeführt. Die Seitenverweise im Text beziehen sich auf diese Ausgaben.

Bücher

Französisch
L'Invitée. Coll. Folio. Paris (Gallimard) 1943
Pyrrhus et Cinéas. Paris (Gallimard) 1944
Le sang des autres. Coll. Folio. Paris (Gallimard) 1945
Les bouches inutiles. Coll. Le manteau d'Arlequin. Paris (Gallimard) 1945
Tous les hommes sont mortels. Coll. Folio. Paris (Gallimard) 1946
Pour une morale de l'ambiguïté. Coll. Idées. Paris (Gallimard) 1947
L'existentialisme et la sagesse des nations. Paris (Nagel) 1948
L'Amérique au jour le jour. Paris (Morihien) 1948; Paris (Gallimard) 1954
Le deuxième sexe. Coll. Folio. Paris (Gallimard) 1949
Les mandarins. Coll. Folio. Paris (Gallimard) 1954
Privilèges. Paris (Gallimard) 1955 (auch in der Collection Idées unter dem Titel *Faut il brûler Sade?* erschienen)
La longue marche. Essai sur la Chine. Paris (Gallimard) 1957
Mémoires d'une jeune fille rangée. Coll. Folio. Paris (Gallimard) 1958
La force de l'âge. Coll. Folio. Paris (Gallimard) 1960
Djamila Boupacha. Avec Gisèle Halimi. Paris (Gallimard) 1962
La force des choses. Coll. Folio. Paris (Gallimard) 1963
Une mort très douce. Coll. Folio. Paris (Gallimard) 1964
Les belles images. Coll. Folio. Paris (Gallimard) 1966
La femme rompue. Coll. Folio. Paris (Gallimard) 1968
La vieillesse. Coll. Folio. Paris (Gallimard) 1970

Tout compte fait. Coll. Folio. Paris (Gallimard) 1972

Quand prime le spirituel. Paris (Gallimard) 1979

La cérémonie des adieux. Suivi de *Entretiens avec Jean-Paul Sartre.* Coll. Folio. Paris (Gallimard) 1981

Lettres à Sartre. 2 Bde. Paris (Gallimard) 1990

Journal de guerre. Paris (Gallimard) 1990

Deutsch

Sie kam und blieb. Übersetzt von Eva Rechel-Mertens. Reinbek bei Hamburg (Rowohlt), Taschenbuchausgabe 1972, rororo 1310

Pyrrhus und Cineas. Übersetzt von Alfred Zeller. In: *Soll man de Sade verbrennen? Drei Essays zur Moral des Existentialismus,* 193–264. Reinbek bei Hamburg (Rowohlt), Taschenbuchausgabe 1983, rororo 5174

Das Blut der anderen. Übersetzt von Klaudia Rheinhold. Reinbek bei Hamburg (Rowohlt), Taschenbuchausgabe 1963, rororo 545

Alle Menschen sind sterblich. Übersetzt von Eva Rechel-Mertens. Reinbek bei Hamburg (Rowohlt), Taschenbuchausgabe 1970, rororo 1302/03

Für eine Moral der Doppelsinnigkeit. Übersetzt von Alfred Zeller. In: *Soll man de Sade verbrennen? Drei Essays zur Moral des Existentialismus,* 77–192. Reinbek bei Hamburg (Rowohlt), Taschenbuchausgabe 1983, rororo 5174

Der Existentialismus und die Volksweisheit. Übersetzt von Eva Groepler. In: *Auge um Auge. Artikel zu Politik, Moral und Literatur 1945–1955,* 35–59. Reinbek bei Hamburg (Rowohlt), Taschenbuchausgabe 1992, rororo 13066

Amerika – Tag und Nacht. Reisetagebuch 1947. Übersetzt von Heinrich Wallfisch. Reinbek bei Hamburg (Rowohlt), Taschenbuchausgabe 1988, rororo 12206

Das andere Geschlecht. Sitte und Sexus der Frau. Neuübersetzung von Uli Aumüller und Grete Osterwald. Reinbek bei Hamburg (Rowohlt) 1992, rororo Sachbuch 9319

Die Mandarins von Paris. Übersetzt von Ruth Ücker-Lutz und Fritz Montfort. Reinbek bei Hamburg (Rowohlt), Taschenbuchausgabe 1965, rororo 761

China. Das weitgesteckte Ziel. Jahrtausende – Jahrzehnte. Übersetzt von Karin von Schab und Hanns Studniczka. Hamburg (Rowohlt) 1957

Memoiren einer Tochter aus gutem Hause. Übersetzt von Eva Rechel-Mertens. Reinbek bei Hamburg (Rowohlt), Taschenbuchausgabe 1968, rororo 1066

In den besten Jahren. Übersetzt von Rolf Soellner. Reinbek bei Hamburg (Rowohlt), Taschenbuchausgabe 1969, rororo 1112

Der Lauf der Dinge. Übersetzt von Paul Baudisch. Reinbek bei Hamburg (Rowohlt), Taschenbuchausgabe 1970, rororo 1250

Ein sanfter Tod. Übersetzt von Paul Mayer. Reinbek bei Hamburg (Rowohlt), Taschenbuchausgabe 1968, rororo 1016

Die Welt der schönen Bilder. Übersetzt von Hermann Stiehl. Reinbek bei Hamburg (Rowohlt), Taschenbuchausgabe 1971, rororo 1433

Eine gebrochene Frau. Übersetzt von Ulla Hengst. Reinbek bei Hamburg (Rowohlt), Taschenbuchausgabe 1972, rororo 1489

Das Alter. Übersetzt von Anjuta Aigner-Dünnwald und Ruth Henry. Reinbek bei Hamburg (Rowohlt), Taschenbuchausgabe 1977, rororo Sachbuch 7095

Alles in allem. Übersetzt von Eva Rechel-Mertens. Reinbek bei Hamburg (Rowohlt), Taschenbuchausgabe 1976, rororo 1976

Marcelle, Chantal, Lisa… Ein Roman in Erzählungen. Übersetzt von Uli Aumüller. Reinbek bei Hamburg (Rowohlt) 1981, rororo 4755

Die Zeremonie des Abschieds und Gespräche mit Jean-Paul Sartre. Übersetzt von Uli Aumüller und Eva Moldenhauer. Reinbek bei Hamburg (Rowohlt) 1986, rororo 5747

Kriegstagebuch. September 1939 – Januar 1941. Übersetzt von Judith Klein. Reinbek bei Hamburg (Rowohlt) 1994

Essays, Rezensionen und Interviews

»La phénoménologie de la perception« de Maurice Merleau-Ponty. In: *Les temps modernes* 1, 2 (November 1945), 363–367

Auge um Auge. 1946. Übersetzt von Eva Groepler. In: *Auge um Auge. Artikel zu Politik, Moral und Literatur 1945–1955*, 61–85. Reinbek bei Hamburg (Rowohlt), Taschenbuchausgabe 1992, rororo 13066

Introduction à une morale de l'ambiguïté. 1946. In: Francis und Gonthier, *Écrits*, 335–343

»Les structures élémentaires de la parenté« par Claude Lévi-Strauss. In: *Les temps modernes* 5, 40 (November 1949), 943–949

Merleau-Ponty et le pseudo-sartrisme. 1955. In: *Faut-il brûler Sade?*, 183–250

Mon expérience d'écrivain. 1966. In: Francis und Gonthier, *Écrits*, 438–457

La femme et la création. 1966. In: Francis und Gonthier, *Écrits*, 458–474

Ich bin eine Feministin. 1972. Interview mit Alice Schwarzer. In: Schwarzer, 25–44

Das Ewig Weibliche ist eine Lüge. 1976. Interview mit Alice Schwarzer. In: Schwarzer, 63–81

Interview with Simone de Beauvoir. Mit Alice Jardine. In: *Signs* 5, 2 (Winter 1979), 224–236

Frausein genügt nicht. 1982. Interview mit Alice Schwarzer. In: Schwarzer, 109–126

Simone de Beauvoir: le désaveu. Mit Cathy Bernheim und Antoine Spire. In: *Le matin,* 5. Dezember 1985

Two interviews with Simone de Beauvoir. 1982 und 1985. Mit Margaret Simons. In: Fraser und Bartky, 25–41

II Weitere Literatur

Alain-Fournier, Henri: *Le grand Meaulnes.* 1913. Dt. *Der große Kamerad.* Übersetzt von Arthur Seiffhart. Hamburg und Stuttgart (Rowohlt) 1946

Albistur, Maïté, und Daniel Armogathe: *Histoire du féminisme français du moyen âge à nos jours.* Paris (des femmes) 1977

Algren, Nelson: *Who Lost an American?* New York (Macmillan) 1963

–: *Conversations with Nelson Algren.* Mit H. E. F. Donohue. New York (Hill and Wang) 1964

–: *I Ain't Abelard.* In: *Newsweek,* 29. Dezember 1964, 58f.

–: *The Question of Simone de Beauvoir.* In: *Harper's Magazine* (Mai 1965), 134ff.

al-Hibri, Azizab Y., und Margaret Simons (Hrsg.): *Hypatia Reborn. Essays in Feminist Philosophy.* Bloomington (Indiana University Press) 1990

Alphant, Marianne: *L'album de la mère Castor.* Rezension der *Lettres à Sartre.* In: *Libération,* 22. Februar 1990, 19–21

Andersen, Hans Christian: *Die kleine Meerjungfrau.* In: *Drei Märchen.* Mit 32 Zeichnungen von Alfred Kubin. Übersetzt von Thyra Dohrenburg. München (dtv) 1979, 25–60

Annuaire de l'Association amicale des anciens élèves de l'École Normale Supérieure. Paris 1986

Appignanesi, Lisa: *Simone de Beauvoir.* Harmondsworth (Penguin) 1988

Armogathe, Daniel: *Le deuxième sexe: Simone de Beauvoir.* Paris (Hatier) 1977

Ascher, Carol: *Simone de Beauvoir: A Life of Freedom.* Brighton (Harvester) 1981

Atack, Margaret, und Phil Powrie (Hrsg.): *Contemporary French Fiction by Women: Feminist Perspectives.* Manchester (Manchester University Press) 1990

Audet, Jean-Raymond: *Simone de Beauvoir face à la mort.* Lausanne (L'âge d'homme) 1979

Bair, Deirdre: *Simone de Beauvoir. Eine Biographie.* Übersetzt von Sabine Lohmann. München (Knaus) 1990

Barnes, Hazel A.: *The Literature of Possibility: A Study in Humanist Existentialism.* Lincoln (University of Nebraska Press) 1959

Barthes, Roland: *Mythen des Schicksals.* Übersetzt von Helmut Scheffel. Frankfurt a. M. (Suhrkamp) 1964

—: *Le mort de l'auteur.* In: *Le bruissement de la langue.* Essais critiques IV. Paris (Seuil) 1984, 61–67

Beauvoir, Hélène de: *Souvenirs.* Receuillis par Marcelle Routier. Paris (Séguier) 1987

—: *Entretien avec Hélène de Beauvoir à Trebiano, 22 juin 1986.* Mit Yolanda Astarita Patterson. In: *Simone de Beauvoir Studies* 5 (1988), 12–31

—: Interview. *Daughters of de Beauvoir.* BBC 2, 22. März 1989

Benda, Julien: *Der Verrat der Intellektuellen.* Übersetzt von Arthur Merin. München (Hanser) 1978

Benstock, Shari (Hrsg.): *The Private Self: Theory and Practice of Women's Autobiographical Writings.* Chapel Hill (UNC Press) 1988

Berghe, Chr. L. van der: *Dictionnaire des idées dans l'œuvre de Simone de Beauvoir.* Den Haag (Mouton) 1966

Bernheimer, Charles, und Claire Kahane (Hrsg.): *In Dora's Case: Freud – Hysteria – Feminism.* 2. Aufl. New York (Columbia) 1990

Bertheaume, Marthe: *L'activité féminine.* In: *Forces nouvelles,* Ende der 20er J.

Bhaba, Homi: *What Does the Black Man Want?* In: *New Formations* 1 (Frühjahr 1987), 118–124

Bieber, Konrad: *Simone de Beauvoir.* Boston (Twayne) 1979

Boisdeffre, Pierre de: *Une histoire vivante de la littérature d'aujourd'hui, 1938–1958.* Paris (Le livre contemporain) 1958

Bok, Sissela: *Alva. Ett kvinnoliv.* Stockholm (Bonniers) 1987

Bonner, Thomas Neville: *To the Ends of the Earth: Women's Search for Education in Medicine.* Cambridge/Mass. (Harvard) 1992

Boschetti, Anna: *Sartre et »Les temps modernes«.* Paris (Minuit) 1985

Bouchardeau, Huguette: *Pas d'histoire, les femmes … 50 ans d'histoire des femmes: 1918–1968.* Paris (Syros) 1977

Bourdieu, Pierre: *Die feinen Unterschiede. Kritik der gesellschaftlichen Urteilskraft.* Übersetzt von Bernd Schwibs und Achim Russer. Frankfurt a. M. (Suhrkamp) 1987, suhrkamp taschenbuch wissenschaft 658

—: *Le mort saisit le vif.* In: *Actes de la recherche en sciences sociales* 32–33 (April–Juni 1980), 3–14

—: *Sartre.* In: *London Review of Books* 2, 22 (20. November 1980), 11 f.

—: *Épreuve scolaire et consécration sociale: les classes préparatoires aux grandes écoles.* In: *Actes de la recherche en sciences sociales* 39 (1981), 3–70

–: La noblesse d'état. Paris (Minuit) 1989

–, und Monique de Saint Martin: Les catégories de l'entendement professoral. In: Actes de la recherche en sciences sociales 3 (1975) 68–93

Bourdoiseau, Yannick: Sous les couvertures. In: Minute, 25. April 1986

Breton, André: Nadja. 1928. Übersetzt von Max Hölzer. Pfullingen (Neske) 1965

Brooks, Peter: The Melodramatic Imagination: Balzac, Henry James, Melodrama, and the Mode of Excess. 1976. New York (Columbia) 1985

Brosman, Catherine Savage: Simone de Beauvoir Revisited. Boston (Twayne) 1991, Twayne's World Authors Series 820

Butler, Judith: Sex and Gender in Simone de Beauvoirs »Second Sex«. In: Yale French Studies 72 (1986), 35–49

Campbell, James: Experiencing Egoism. Rezension von The Tongue Set Free, by Elias Canetti. In: Times Literary Supplement, 26. August 1988, 926

Card, Claudia: Lesbian attitudes and »The Second Sex«. In: Women's Studies International Forum 8, 3 (1985), 209–214 (abgedruckt in al-Hibri und Simons)

Carlomusso, Jean: L Is For The Way You Look. Videokassette. Ohne Jahr

Caron, Jeanne: Les débuts de Sainte-Marie. In: Mayeur und Godille, 123–129 Carrefour, 24. Oktober 1957

Carter, Angela: Colette. In: London Review of Books Anthology One. Hrsg. von Michael Mason. London (Junction Books) 1981, 129–139

Cau, Jean: Croquis de mémoire. Paris (Julliard) 1985

Caute, David: Fanon. London (Fontana) 1970

Cayron, Claire: La nature chez Simone de Beauvoir. Paris (Gallimard) 1973

Celeux, Anne-Marie: Jean-Paul Sartre, Simone de Beauvoir: Une expérience commune, deux écritures. Paris (Nizet) 1986

Chabrol, Claude: Une affaire de femmes (dt. Eine Frauensache). MK2 Productions, Films A2, Films du Camelia und La Sept, 1988

Chaigne, Louis: Simone de Beauvoir: Prix Goncourt. In: Le Courrier Français, 11. November 1954

Charle, Christophe: Naissance des »intellectuels« 1880–1900. Paris (Minuit) 1990

Charrier, Edmée: L'évolution intellectuelle féminine. Paris (Mechelinck) 1931

Chasseguet-Smirgel, Janine: Die weiblichen Schuldgefühle. Über einige spezifische Aspekte des weiblichen Ödipuskomplexes. In: Chasseguet-Smirgel (Hrsg.), Psychoanalyse der weiblichen Sexualität. Übersetzt von Grete Osterwald. Frankfurt (Suhrkamp) 1974, 134–191

Cheverny, Julien: Une bourgeoise modèle: Simone de Beauvoir. In: Figaro magazine, 17. Februar 1979, 57

Choderlos de Laclos, Pierre Ambroise François: Les liaisons dangereuses.

1782. Dt. *Gefährliche Liebschaften.* Übersetzt von Hans Kaudern. München (Winkler) 1970

Chrestien, Michel: Rezension von *La force des choses.* In: *La nation française,* 13. November 1963 (abgedruckt in Julienne-Caffié, 229 f.)

Cixous, Hélène: *Le rire de la Méduse.* In: *Simone de Beauvoir et la lutte des femmes.* L'Arc 61, 1975, 39–54

Cohen-Solal, Annie: *Sartre.* Übersetzt von Eva Groepler. Reinbek bei Hamburg (Rowohlt) 1989

Colette: *Claudine à l'école.* 1900. Dt. *Claudine erwacht.* Übersetzt von Lida Winiewicz. Wien (Zsolnay) 1958

–: *La vagabonde.* 1910. Dt. *Renée Nerée.* Übersetzt von Rosa Breuer-Lucka. Wien (Zsolnay) 1951

–: *Chérie.* 1920. Dt. *Chérie.* Übersetzt von Hans Jacob. Wien (Zsolnay) 1955

–: *Le blé en herbe.* 1923. Dt. *Erwachende Herzen.* Übersetzt von Stefanie Neumann. Wien (Zsolnay) 1952

Collins, Margery, und Christine Pierce: *Holes and Slime: Sexism in Sartres Psychoanalysis.* In: Gould und Wartofsky, 112–127

Cordero, Anne D.: *Simone de Beauvoir Twice Removed.* In: *Simone de Beauvoir Studies* 7 (1990), 49–56

Cordier, Marguerite: *Le difficile accès des femmes à l'instruction et aux carrières ouvertes par l'enseignement supérieur.* In: *Bulletin de l'association amicale des anciennes élèves de l'ENS de Fontenay-aux-Roses* 102 (1977), 3–15

Cottrell, Robert: *Simone de Beauvoir.* New York (Ungar) 1975

Crosland, Margaret: *Simone de Beauvoir: The Woman and Her Work.* London (Heinemann) 1992

Culler, Jonathan: *Flaubert: The Uses of Uncertainty.* London (Elek) 1974

Dahl, Hans Fredrik, Jon Elster, Irene Iversen, Siri Norve, Tor Inge Romøren, Rune Slagstad und Mariken Vaa (Hrsg.): *Pax Leksikon* Oslo (Pax) 1980

David, Deirdre: *Intellectual Women and Victorian Patriarchy. Harriet Martineau. Elizabeth Barrett Browning. George Eliot.* London (Macmillan) 1987

Dayan, Josée, und Malka Ribowska: *Simone de Beauvoir.* Text des Films. Paris (Gallimard) 1979

Delphy, Christine: *Pour un féminisme matérialiste.* In: *Simone de Beauvoir et la lutte des femmes.* L'Arc 61, 1975, 61–70

DePalma, Anthony: *Rare in Ivy League: Women Who Work as Full Professors.* In: *The New York Times,* 24. Januar 1993, 1 und 11

Descartes, René: *Discours de la méthode.* 1637. Franz. u. dt. Mit einem Vorwort von Karl Jaspers und einem Beitrag über die Freiheit von Jean-Paul Sartre. Mainz (Internat. Universum Verlag) 1948

Descubes, Madeleine: *Connaître Simone de Beauvoir.* Paris (Resma) 1974

Deux morts sans importance. In: *Minute*, 18. April 1986

Domaize, Pierre: Rezension von *La Force des Choses.* In: *La Nation*, 30. Januar 1964. Abgedruckt in Julienne-Caffié, 233

Drew, Bettina: *Nelson Algren: A Life on the Wild Side.* London (Bloomsbury) 1990

Duchen, Claire: *Feminism in France From May '68 to Mitterrand.* London (Routledge) 1986

– (Übers. u. Hrsg.): *French Connections: Voices From the Women's Movement in France.* London (Hutchinson) 1987

Duportal, Jeanne: *Étude sur les livres à figures édités en France de 1601 à 1660.* Dissertation. Sorbonne 1914

–: *Contribution au catalogue général des livres à figures du XVIIe siècle (1601–1633).* Dissertation. Sorbonne 1914

Duras, Marguerite: *Le ravissement de Lol V. Stein.* Paris (Gallimard) 1964. Dt. *Die Verzückung der Lol V. Stein.* Übersetzt von Katharina Zimmer. Frankfurt (Suhrkamp) 1984

Duval, Nathalie: *Étude de la réception littéraire du »Deuxième Sexe« de Simone de Beauvoir au Québec francophone et au Canada anglophone.* Maîtrise. Université Paris X Nanterre 1990

–: *Simone de Beauvoir: rejets, controverses et légitimation ou la réception de Simone de Beauvoir en Amérique du Nord francophone et anglophone (Québec, Canada et États Unis).* DEA Dissertation. Université Paris X Nanterre 1990

Eagleton, Terry: *Ideology. An Introduction.* London (Verso) 1991

Eaubonne, Françoise d': *Une femme nommée Castor. Mon amie Simone de Beauvoir.* Paris (Encre) 1986

Eliot, George: *The Mill on the Floss.* 1860. Dt. *Die Mühle am Floss.* Übersetzt von Eva-Maria König. Stuttgart (Reclam) 1983

–: *Romola.* 1863. Dt. *Romola.* Übersetzt von H. Riesch. Regensburg (Habbel) 1908

–: *Middlemarch.* 1872. Dt. *Middlemarch.* Übersetzt von Ilse Leisi. Zürich (Manesse) 1962

Ellmann, Mary: *Thinking About Women.* New York (Harcourt) 1968

–: *The Dutiful Simone de Beauvoir.* In: Marks, *Critical Essays*, 94–101

Engelstad, Irene, Jorunn Hareide, Irene Iversen, Torill Steinfeld und Janneken Øverland (Hrsg.): *Norsk kvinnelitteraturhistorie.* Bd. 3. Oslo (Pax) 1990

Etcherelli, Claire: *Elise ou la vraie vie.* Paris (Denoël) 1967

Evans, Martha Noel: *Murdering »L'Invitée«: Gender and Fictional Narrative.* In: *Yale French Studies* 72 (1986), 67–86

–: *Masks of Tradition: Women and the Politics of Writing in Twentieth Century France.* Ithaca (Cornell) 1987

Evans, Mary: *Simone de Beauvoir. Ein feministischer Mandarin.* Übersetzt von Brigitte Heinrichs. Rheda-Wiedenbrück (Daedalus) 1986

Fabiani, Jean-Louis: *Les philosophes de la république.* Paris (Minuit) 1988

Fallaize, Elizabeth: *The Novels of Simone de Beauvoir.* London (Routledge) 1988

—: *Resisting Romance: Simone de Beauvoir, »The Woman Destroyed« and the Romance Script.* In: Atack und Powrie, 15–25

Faludi, Susan: *Backlash: The Undeclared War Against American Women.* New York (Doubleday) 1991

Fanon, Frantz: *Schwarze Haut, weiße Masken.* Übersetzt von Eva Moldenhauer. Frankfurt a. M. (Syndikat) 1980

Ferguson, Ann: *Lesbian Identity: Beauvoir and History.* In: *Women's Studies International Forum* 8, 3 (1985), 203–208 (abgedruckt in al-Hibri und Simons)

Feuchtwang, Stephan: *Fanonian Spaces.* In: *New Formations* 1 (Frühjahr 1987), 124–130

Fitch, Brian T.: *Le sentiment d'étrangeté chez Malraux, Sartre, Camus et Simone de Beauvoir.* Paris (Minard) 1964

Forster, Penny, und Imogen Sutton (Hrsg.): *Daughters of de Beauvoir.* London (The Women's Press) 1989

Foucault, Michel: *Sexualität und Wahrheit.* Bd. 1: *Der Wille zum Wissen.* Übersetzt von Ulrich Raulf und Walter Seitter. Frankfurt (Suhrkamp) 1977

Fouque, Antoinette: *Notre ennemi n'est pas l'homme, mais l'impérialisme du phallus.* Interview mit Cathérine Clément. In: *Le matin,* 16. Juli 1980, 13

—: Interview. In: *Libération,* 15. April 1986, 5

Fox-Genovese, Elisabeth: *Feminism Without Illusions: A Critique of Individualism.* Chapel Hill (UNC Press) 1991

Francis, Claude, und Fernande Gonthier: *Les écrits de Simone de Beauvoir.* Paris (Gallimard) 1979

—: *Simone de Beauvoir. Die Biographie.* Übersetzt von Sylvie César und Friedmar Apel. Reinbek bei Hamburg 1989, rororo 12442

—: *Simone de Beauvoir et ses biographes. Polémique.* In: *Le matin,* 16. Dezember 1985

Francis, Claude, und Janine Niepce: *Simone de Beauvoir et le cours du monde.* Paris (Klincksieck) 1978

Fraser, Nancy, und Sandra Lee-Bartky (Hrsg.): *Revaluing French Feminism: Critical Essays on Difference, Agency, Culture.* Bloomington (Indiana University Press) 1992

Freud, Sigmund: *Die Traumdeutung.* 1900. Gesammelte Werke II/III. Frankfurt a. M. (S. Fischer) ^{3}1961

−: *Bruchstück einer Hysterie-Analyse* (»Dora«). 1905. Gesammelte Werke V. Frankfurt a. M. (S. Fischer) ³1961, 161–286

−: *Der Witz und seine Beziehung zum Unbewußten.* 1905. Gesammelte Werke VI. Frankfurt a. M. (S. Fischer) ³1961

−: *Der Dichter und das Phantasieren.* 1908. Gesammelte Werke VII. Frankfurt a. M. (S. Fischer) ⁴1966, 211–223

−: *Der Familienroman der Neurotiker.* 1909. Gesammelte Werke VII. Frankfurt a. M. (S. Fischer) ⁴1966, 225–231

−: *Zur Einführung des Narzißmus.* 1914. Gesammelte Werke X. Frankfurt a. M. (S. Fischer) ³1963, 137–170

−: *Fetischismus.* 1927. Gesammelte Werke XIV. Frankfurt a. M. (S. Fischer) ³1963, 309–317

Friedan, Betty: *It Changed My Life. Writings on the Women's Movement.* New York (Norton) 1985 (zuerst 1963). Dt. in Auswahl: *Das hat mein Leben verändert. Beiträge und Reflexionen zur Frauenbewegung.* Auswahl und Redaktion von Angela Praesent. Übersetzt von Angela Praesent, Vera Staynova, Andreas Kern, Hermann Gieselbusch, Holger Fließbach und Lieselotte Mietzner. Reinbek bei Hamburg (Rowohlt) 1977

Gagnebin, Laurent: *Simone de Beauvoir ou le refus de l'indifférence.* Paris (Fischbacher) 1968

Galey, Mathieu: *Simone de Beauvoir: le temps vaincu.* In: *L'express,* 4. September 1972, 87 f.

Garcia, Sandrine: *Le féminisme, une révolution symbolique? Étude des luttes symboliques autour de la condition féminine.* Dissertation. École des hautes études en sciences sociales 1993

Gatens, Moira: *Feminism and Philosophy: Perspectives on Difference and Equality.* Cambridge (Polity) 1991

Gates, Henry Louis Jr.: *Critical Fanonism.* In: *Critical Inquiry* 17 (Frühjahr 1991), 457–470

Gelderman, Carol: *Mary McCarthy: A Life.* London (Sidgwick & Jackson) 1989

Gendzier, Irene L.: *Frantz Fanon: A Critical Study.* New York (Pantheon) 1973

Gennari, Geneviève: *Simone de Beauvoir.* Paris (Ed. Universitaires) 1958

−: Rezension von *Mémoires d'une jeune fille rangée.* In: *Arts,* 8. Oktober 1958

Gerassi, John: *Jean-Paul Sartre: Hated Conscience of His Century.* Chicago (University of Chicago Press) 1989

Gibon, Fénelon: *L'enseignement secondaire féminin.* Paris (Société générale d'éducation et d'enseignement) 1920

Girard, René: *Memoirs of a Dutiful Existentialist.* In: Marks, *Critical Essays,* 84–88

Giraudoux, Jean: *Sur l'esprit normalien*. Vorwort zu Reignup, *L'esprit de Normale*

Gledhill, Christine (Hrsg.): *Home is Where the Heart Is: Studies in Melodrama and Woman's Film*. London (BFI Publishing) 1987

Gould, Carol C., und Marx W. Wartofsky (Hrsg.): *Women and Philosophy. Toward a Theory of Liberation*. New York (Putnam) 1976

Greene, Naomi: *Sartre, Sexuality, and »The Second Sex«*. In: *Philosophy and Literature* 4, 1 (Herbst 1980) 199–211

Guillaumin, Colette: *The Question of Difference*. In: Duchen, *Connections*, 64–77

Hardwick, Elizabeth: *The Subjection of Women*. In: Marks, *Critical Essays*, 49–58

Hatcher, Donald L.: *Understanding »The Second Sex«*. New York (Peter Lang) 1984

Hayman, Ronald: *Jean-Paul Sartre. Leben und Werk*. Übersetzt von Bernd Lenz und Sonja Hanser. München (Heyne) 1988

Heath, Jane: *Simone de Beauvoir*. Brighton (Harvester) 1989

Henric, Jacques: *Pourquoi ces biographies aseptisées?* In: *Art Press* 104 (Juni 1986), 3

Henry, A.M., OP: *Simone de Beauvoir ou l'échec d'une chrétienté*. Paris (Fayard) 1961

Hewitt, Leah D.: *Autobiographical Tightropes*. Lincoln (University of Nebraska Press) 1990

Hibbs, Françoise Arnaud: *L'espace dans les romans de Simone de Beauvoir: son expression et sa fonction*. Stanford French and Italian Studies 59. Saratoga, Calif. (Anma Libri) 1989

Hourdin, Georges: *Simone de Beauvoir et la liberté*. Paris (Cerf) 1962

Howells, Christina: *Sartre: Desiring the Impossible*. Unveröffentlichtes Manuskript

Huvos, Kornel: *Cinq mirages américains*. Paris (Didier) 1972

Idt, Geneviève: *Modèles scolaires dans l'écriture sartrienne: La nausée ou la »narration« impossible*. In: *Revue des sciences humaines* 174 (1979), 83–103

Irigaray, Luce: *Speculum: Spiegel des anderen Geschlechts*. Übersetzt von Xenia Rajewsky. Frankfurt (Suhrkamp) 1991

–: *Je, tu, nous: pour une culture de la différence*. Paris (Grasset) 1990

Jaccard, Annie-Claire: *Simone de Beauvoir*. Zürich (Juris Druck) 1968

Jannoud, Claude: *L'œuvre: une vulgarisation plus qu'une création*. In: *Le monde*, 15. April 1986

Jardine, Alice: *Death Sentences: Writing Couples and Ideology*. In: Marks, *Critical Essays*, 207–218

Jeannin, Pierre: *École Normale Supérieure: livre d'or*. Paris (Office français de diffusion artistique et littéraire), 1963

Jeanson, Francis: *Simone de Beauvoir ou l'entreprise de vivre*. Paris (Seuil) 1966

Joseph, Gilbert: *Une si douce Occupation…: Simone de Beauvoir et Jean-Paul Sartre 1940–1944*. Paris (Albin Michel) 1991

Julienne-Caffié, Serge: *Simone de Beauvoir*. Paris (Gallimard) 1966

Karady, Victor: *Normaliens et autres enseignants à la Belle Époque. Notes sur l'origine sociale et la réussite dans une profession intellectuelle*. In: *Revue française de sociologie* 13, 1 (Jan.–März 1972), 35–58

Keefe, Terry: *Simone de Beauvoir: A Study of her Writings*. London (Harrap) 1983

Kennedy, Margaret: *The Constant Nymph*. 1924. Dt. *Die treue Nymphe*. Übersetzt von Edith Lotte Schiffer. Linz, Pittsburgh und Wien (Ibis) 1948

Kohon, Gregorio: *Reflections on Dora: The Case of Hysteria*. In: *The British School of Psychoanalysis: The Independent Tradition*. Hrsg. von Gregorio Kohon. London (Free Association Books) 1986, 362–380

Kristeva, Julia: *Die Revolution der poetischen Sprache*. Übersetzt und mit einer Einleitung versehen von Reinold Werner. Frankfurt a. M. (Suhrkamp) 1978, edition Suhrkamp 949

–: *Stabat Mater*. 1976. In: *The Kristeva Reader*. Hrsg. von Toril Moi. Oxford (Blackwell) 1986, 160–186

–: *Soleil noir: dépression et mélancolie*. Paris (Gallimard) 1987

–: *Lettre ouverte à Harlem Désir*. Paris (Rivages) 1990

–: *Quand les Samouraïs répondent aux Mandarins*. Interview mit Josyane Savigneau. In: *Le monde*, 9. März 1990, 19 f.

–: *Les Samouraïs*. Paris (Fayard) 1990

Kruks, Sonia: *Simone de Beauvoir: Between Sartre and Merleau-Ponty*. In: *Simone de Beauvoir Studies* 5 (1988), 74–80

Lacan, Jacques: *Les complexes familiaux dans la formation de l'individu: essai d'analyse d'une fonction en psychologie*. 1938. Paris (Navarin) 1984

–: *Schriften*. Bd. 1–3. Ausgew. und hrsg. von Norbert Haas. Übersetzt von Rodolphe Gasché. Olten und Freiburg i. Br. (Walter) 1973, 1975, 1980

LaCapra, Dominick: *A Preface to Sartre*. 1978. Ithaka (Cornell) 1987

Lacoin, Elisabeth: *Zaza: correspondance et carnets d'Elisabeth Lacoin 1914–1929*. Paris (Seuil) 1991

Lagrave, Rose Marie: *Recherches féministes ou recherches sur les femmes?* In: *Actes de la recherche en sciences sociales* 83 (Juni 1990) 27–39

Lalou, Étienne: *La raison n'a pas toujours raison*. In: *L'express*, 12. Dezember 1966, 107 f.

Lamblin, Bianca: *Memoiren eines getäuschten Mädchens*. Übersetzt von Gerhard Döhler. Reinbek bei Hamburg (Rowohlt) 1994, rororo 13521

Langlois, Claude: *Aux origines de l'enseignement secondaire catholique des jeunes filles. Jalons pour une enquête 1896–1914.* In: Mayeur und Godille, 81–94

Lasocki, Anne-Marie: *Simone de Beauvoir ou l'entreprise d'écrire: essai de commentaire par les textes.* Den Haag (Nijhoff) 1970

Leak, Andrew N.: *The Perverted Consciousness: Sexuality and Sartre.* London (Macmillan) 1989

Le Doeuff, Michèle: *L'imaginaire philosophique.* Paris (Payot) 1980

–: *Sartre: l'Unique Sujet parlant.* In: *Esprit* (Mai 1984), 181–191

–: *Operative Philosophy: Simone de Beauvoir and Existentialism.* In: Marks, *Critical Essays,* 144–154

–: *L'étude et le rouet: des femmes, de la philosophie, etc.* Paris (Seuil) 1989

Lehmann, Rosamond: *Dusty Answer.* 1927. Dt. *Dunkle Antwort.* Übersetzt von Herberth E. Herlitschka und Ernst E. Stein. Frankfurt a. M. (Fischer) 1986, Fischer Taschenbuch 23771

–: *Invitation to the Waltz.* 1932. Dt. *Aufforderung zum Tanz.* Übersetzt von Christine Frick-Gerke. Frankfurt a. M. (Fischer) 1990, Fischer Taschenbuch 3773

Leighton, Jean: *Simone de Beauvoir on Woman.* Rutherford (Fairleigh Dickinson) 1975

Leiris, Michel: *L'âge d'homme.* 1939. Dt. *Mannesjahre.* Übersetzt von Kurt Leonhard. Neuwied (Luchterhand) 1963.

Levaux, Michèle: *Simone de Beauvoir, une féministe exceptionnelle.* In: *Études* (April 1984), 493–498

Lévi-Strauss, Claude: *Die elementaren Strukturen der Verwandtschaft.* 1949. Übersetzt von Eva Moldenhauer. Frankfurt a. M. (Suhrkamp) 1981

–: *Traurige Tropen.* 1955. Übersetzt von Susanne Heintz. Köln und Berlin (Kiepenheuer & Witsch) 1960

Lilar, Suzanne: *Le malentendu du Deuxième Sexe.* Paris (PUF) 1969

Lundgren-Gothlin, Eva: *Kön och existens: studier i Simone de Beauvoirs Le Deuxième Sexe.* Göteborg (Daidalos) 1991

Lydon, Mary: *Hats and Cocktails: Simone de Beauvoir's Heady Texts.* In: Marks, *Critical Essays,* 234–246

Macey, David: *Lacan in Contexts.* London (Verso) 1988

Madsen, Axel: *Jean-Paul Sartre und Simone de Beauvoir. Die Geschichte einer ungewöhnlichen Liebe.* Übersetzt von Pauline Schulz. Düsseldorf (Claassen) 1980

Malraux, Clara: *Nos vingt ans.* Paris (Livre de Poche) 1966

Margadant, Jo Burr: *Madame le Professeur: Women Educators in the Third Republic.* Princeton, N.J. (Princeton University Press) 1990

Marks, Elaine: *Simone de Beauvoir: Encounters with Death.* New Brunswick, N.J. (Rutgers) 1973

–: *Transgressing the (In)cont(in)ent Boundaries: The Body in Decline.* In: *Yale French Studies* 72 (1986), 181–200

– (Hrsg.): *Critical Essays on Simone de Beauvoir.* Boston (Hall) 1987

–, und Isabelle de Courtivron (Hrsg.): *New French Feminisms.* Brighton (Harvester) 1980

Martin, Biddy: *Women and Modernity: The (Life)styles of Lou Andreas Salomé.* Ithaka (Cornell) 1991

May, Derwent: *Hannah Arendt.* Harmondsworth (Penguin) 1986

Mayeur, Françoise: *L'enseignement secondaire des jeunes filles sous la Troisième République.* Paris (Presse de la fondation nationale des sciences politiques) 1977

–, und Jacques Godille (Hrsg.): *Éducation et images de la femme chrétienne en France au début du XXème siècle.* Lyon (L'Hermès) 1980

McCarthy, Mary: *Mlle. Gulliver en Amérique.* In: Marks, *Critical Essays,* 44–49

McPherson, Karen: *Criminal Passions in Simone de Beauvoirs »L'Invitée«.* In: *Simone de Beauvoir Studies* 5 (1988), 32–39

Merleau-Ponty, Maurice: *Phänomenologie der Wahrnehmung.* 1945. Übersetzt von Rudolf Boehm. Berlin (de Gruyter) 1966

–: *Le roman et la métaphysique.* In: *Sens et non-sens.* Paris (Nagel) 1948, 51–81

Middlebrook, Diane Wood: *Anne Sexton: A Biography.* Boston (Houghton Mifflin) 1991

Miller, Nancy K. (Hrsg.): *The Poetics of Gender.* New York (Columbia) 1987

Moi, Toril: *Representation of Patriarchy: Sexuality and Epistemology in Freud's Dora.* 1981. In: Bernheimer und Kahane, 181–199

– (Hrsg.): *The Kristeva Reader.* Oxford (Blackwell) 1986

– (Hrsg.): *French Feminist Thought.* Oxford (Blackwell) 1987

–: *Feminism, Postmodernism, and Style: Recent Feminist Criticism in the United States.* In: *Cultural Critique* 9 (Frühjahr 1988) 3–22

–: *Feminist Theory and Simone de Beauvoir.* The Bucknell Lectures. Hrsg. von Michael Payne. Oxford (Blackwell) 1990

–: *Appropriating Bourdieu: Feminist Theory and Pierre Bourdieu's Sociology of Culture.* In: *New Literary History* 22 (1991), 1017–1049

Moubachir, Chantal: *Simone de Beauvoir.* Paris (Seghers) 1971

Mudimbe, V. Y.: *The Invention of Africa: Gnosis, Philosophy, and the Order of Knowledge.* Bloomington (Indiana University Press) 1988

Nahas, Hélène: *La femme dans la littérature existentielle.* Paris (PUF) 1957

Neuhoff, Eric: *Jean-Paul, Tintin et Milou.* In: *Le Quotidien de Paris,* 14. Dezember 1981

Nizan, Paul: *Aden. Die Wachhunde. Zwei Pamphlete.* Übersetzt von Traugott König. Reinbek bei Hamburg (Rowohlt) 1969

Okely, Judith: *Simone de Beauvoir.* London (Virago) 1986

Ophir, Anne: *Regards féminins: Beauvoir/Etcherelli/Rochefort. Condition féminine et création littéraire.* Paris (Denoël/Gonthier) 1976

Oulhiou, Yvonne: *L'ENS de Fontenay-aux-Roses à travers le temps 1880–1980.* Fontenay (ENS) 1981

Pacaly, Josette: *Sartre au miroir. Une lecture psychanalytique de ses écrits biographiques.* Paris (Klincksieck) 1980

Patterson, Yolanda Astarita: *Simone de Beauvoir and the Demystification of Motherhood.* Ann Arbor und London (UMI Research Press) 1989

Peyrefitte, Alain (Hrsg.): *Rue d'Ulm: chronique de la vie normalienne.* Paris (Vigneau) 1950; 3. Aufl. Paris (Flammarion) 1977

Peyrefitte, René: *L'École et les Sévriennes.* In: Alain Peyrefitte, 3. Aufl., 334–339

Pivot, Bernard: *Simone de Beauvoir: une vraie femme de lettres (pour le courrier du cœur).* In: *Figaro littéraire,* 30. Oktober 1967, 29

Plaza, Monique: *»Phallomorphic Power« and the Psychology of »Woman«.* In: *Ideology & Consciousness* 4 (Herbst 1978), 4–36

Poulet, Robert: *La lanterne magique.* Paris (Debresse) 1956

Questions féministes. Editorial. In: Marks und Courtivron, 212–230

Rachilde: *Monsieur Vénus.* 1887. Paris (Flammarion) 1977

Radway, Janice: *Reading the Romance: Women, Patriarchy, and Popular Literature.* 1984. London (Verso) 1987

Reignup, J.: *L'esprit de Normale.* Paris (SPES), 1935

Reuillard, Gabriel: *Simone de Beauvoir – »papesse« de l'existentialisme.* In: *Paris-Normandie,* 17. Februar 1954

Rimmon-Kenan, Shlomith (Hrsg.): *Discourse in Psychoanalysis and Literature.* London (Methuen) 1987

Rioux, Jean-Pierre: *La France de la Quatrième République.* 2 Bde. Paris (Seuil) 1980, 1983

Robert, Marthe: *Roman des origines et origines du roman.* Paris (Grasset) 1972

Rocheblave, Samuel: *Mlle. Zanta soutient sa thèse de philosophie en Sorbonne.* In: *Le temps,* 27. Mai 1914, 6

Rose, Jacqueline: *The Haunting of Sylvia Plath.* London (Virago) 1991

Roudinesco, Elisabeth: *La bataille de cent ans. Histoire de la psychanalyse en France. 2: 1925–1985.* Paris (Seuil) 1986

Sage, Lorna: *Women in the House of Fiction: Post-War Women Novelists.* London (Macmillan) 1992

Said, Edward: *Representing the Colonized: Anthropology's Interlocutors.* In: *Critical Inquiry* 15 (Winter 1989), 205–225

Saint Martin, Monique de: *Les »femmes écrivains« et le champ littéraire.* In: *Actes de la recherche en sciences sociales* 83 (Juni 1990), 52–56

Sankovitch, Tilde A.: *French Women Writers and the Book: Myths of Access and Desire.* Syracuse N.Y. (Syracuse University Press) 1988

Sarraute, Claude: *Féminisme = humanisme.* In: *Le monde,* 6./7. April 1975, 11

Sartre, Jean-Paul: *La nausée.* Paris (Gallimard) 1938. Dt. *Der Ekel.* Übersetzt von Uli Aumüller. Reinbek bei Hamburg (Rowohlt), Taschenbuchausgabe 1963, rororo 581

−: *Les mouches.* Paris (Gallimard) 1943. Dt. *Die Fliegen.* Neu übersetzt von Traugott König. Reinbek bei Hamburg (Rowohlt), Taschenbuchausgabe 1988, rororo 12942

−: *L'être et le néant: essai d'ontologie phénoménologique.* Paris (Gallimard) 1943. Dt. *Das Sein und das Nichts. Versuch einer phänomenologischen Ontologie.* Neu übersetzt von Hans Schöneberg und Traugott König. Reinbek bei Hamburg (Rowohlt), Taschenbuchausgabe 1993, rororo 13316

−: *L'âge de raison.* Paris (Gallimard) 1945. Dt. *Zeit der Reife.* Übersetzt von Uli Aumüller. Reinbek bei Hamburg (Rowohlt), Taschenbuchausgabe 1986, rororo 5813

−: *L'existentialisme est un humanisme.* Paris (Nagel) 1946. Dt. *Ist der Existentialismus ein Humanismus?* Ohne Übersetzervermerk. Zürich (Europa Verlag) 1947

−: *Morts sans sépulture.* 1946. Dt. *Tote ohne Begräbnis.* Neu übersetzt von Traugott König. Reinbek bei Hamburg (Rowohlt), Taschenbuchausgabe 1988, rororo 12487

−: *Les mains sales.* 1948. Dt. *Die schmutzigen Hände.* Neu übersetzt von Eva Groepler. Reinbek bei Hamburg (Rowohlt), Taschenbuchausgabe 1990, rororo 12485

−: *Orphée noir.* In: *Situations III.* Paris (Gallimard) 1949. Dt. *Schwarzer Orpheus.* Übersetzt von Traugott König. In: *Schwarze und weiße Literatur. Aufsätze zur Literatur 1946–1960.* Reinbek bei Hamburg (Rowohlt), Taschenbuchausgabe 1984, rororo 5199, 39–85

−: *Avant-propos* zu *Aden-Arabie* von Paul Nizan. 1960. Paris (Maspero) 1971. In: Nizan, *Aden. Die Wachhunde*

−: *Les mots.* Paris (Gallimard) 1964. Dt. *Die Wörter.* Übersetzt von Hans Mayer. Reinbek bei Hamburg (Rowohlt), Taschenbuchausgabe 1968, rororo 1000

−: *Cahiers pour une morale.* Paris (Gallimard) 1983. Dt. Ausgabe unter dem Titel *Aufzeichnungen zu einer Moral* bei Rowohlt, Reinbek, in Vorb.

−: *Les carnets de la drôle de guerre.* Paris (Gallimard) 1983. Dt. *Tagebücher. November 1939 – März 1940.* Übersetzt von Eva Moldenhauer. Reinbek bei Hamburg (Rowohlt) 1984

−: *Lettres au Castor et à quelques autres.* Hrsg. von Simone de Beauvoir. Paris (Gallimard) 1983. Dt. *Briefe an Simone de Beauvoir und andere.* Bd. 1:

1926–1939; Bd. 2: 1940–1960. Übersetzt von Andrea Spingler. Reinbek bei Hamburg (Rowohlt), Taschenbuchausgabe 1988, rororo 5424 und 5570

–: *Vérité et existence*. Hrsg. von Arlette Elkaïm-Sartre. Paris (Gallimard) 1989

Savigneau, Josyane: *Cher petit vous autre*. Rezension der *Lettres à Sartre*. In: *Le monde*, 28. Februar 1990, 21 und 26

Schor, Naomi: *Female Fetishism: The Case of George Sand*. In: Suleiman, *Female Body*, 363–372

Schwarzer, Alice: *Simone de Beauvoir heute. Gespräche aus zehn Jahren 1971–1982*. Reinbek bei Hamburg (Rowohlt) 1983

Seigfried, Charlene Haddock: *»Second Sex«: Second Thoughts*. In: al-Hibri und Simons, 305–322

Senart, Philippe. Rezension von *La force des choses*. In: *La table ronde*, Dezember 1963. In: Julienne-Caffié, 231 f.

Senghor, Léopold Sédar (Hrsg.): *Anthologie de la nouvelle poésie nègre et malgache de langue française*. Paris (Presses universitaires de France) 1948

Shiach, Morag: *Hélène Cixous: Politics of Writing*. London (Routledge) 1991

Simons, Margaret A.: *The Silencing of Simone de Beauvoir: Guess What's Missing from »The Second Sex«*. In: *Women's Studies International Forum* 6, 5 (1983), 559–564

–: *Beauvoir and Sartre: The Philosophical Relationship*. In: *Yale French Studies* 72, (1986), 165–179

–: *Lesbian Connections: Simone de Beauvoir and Feminism*. In: *Signs* 18, 1 (Herbst 1992), 136–161

Sirinelli, Jean-François: *Génération intellectuelle. Khâgneux et normaliens dans l'entre-deux guerres*. Paris (Fayard) 1988

Staël, Madame de: *Corinne ou L'Italie*. 1807. Dt. *Corinna oder Italien*. Übersetzt von Dorothea Schlegel (1808). Neuausgabe München (dtv) 1985

Stekel, Wilhelm: *Die Geschlechtskälte der Frau. Eine Psychopathologie des weiblichen Liebeslebens*. Berlin und Wien (Urban & Schwarzenberg) 1920

–: *The Autobiography of Wilhelm Stekel: The Life Story of a Pioneer Psychoanalyst*. Hrsg. von Emil A. Gutheil, MD. New York (Liveright) 1950

Suleiman, Susan Rubin (Hrsg.): *The Female Body in Western Culture: Contemporary Perspectives*. Cambridge, Mass. (Harvard) 1986

–: *Nadja, Dora, Lol V. Stein: Women, Madness and Narrative*. In: Rimmon-Kenan, 124–151

Taylor, Patrick: *The Narrative of Liberation: Perspectives on Afro-Caribbean Literature, Popular Culture, and Politics*. Ithaca (Cornell) 1989

Thibaudet, Albert: *La république des professeurs*. 1927. Paris (Ressources) 1979

Todd, Olivier: *Un fils rebelle*. Paris (Grasset) 1981

Viner, Katherine: *In the Finals Analysis*. In: *Guardian*, 8. Juli 1992, 19

Webster, Paul: *Second Sex in Person*. Rezension der *Lettres à Sartre*. In: *Guardian*, 24. Februar 1990, 3

Whitford, Margaret: *Luce Irigaray: Philosophy in the Feminine*. London (Routledge) 1991

Whitmarsh, Anne: *Simone de Beauvoir and the Limits of Commitment*. Cambridge (CUP) 1981

Wilcox, Helen, Keith McWatters, Ann Thompson und Linda R. Williams (Hrsg.): *The Body and the Text. Hélène Cixous, Reading and Teaching*. Hemel Hempstead (Harvester) 1990

Winegarten, Renée: *Simone de Beauvoir: A Critical View*. Oxford (Berg) 1988

Winnicott, Donald W.: *Fear of Breakdown*. In: *Psycho-analytic Explorations*. Hrsg. von Clare Winnicott, Ray Shepherd und Madeleine Davis. Cambridge, Mass. (Harvard) 1989, 87–95

Winston, Jane: *Forever Feminine: Marguerite Duras and her French Critics*. In: *New Literary History* 24, 2 (Mai 1993), 467–482

Wittig, Monique: *Les guérillères*. Paris (Minuit) 1969

–: *The Mark of Gender*. In: Miller, 63–73

–: *The Straight Mind and Other Essays*. Boston (Beacon) 1992

Wollstonecraft, Mary: *Mary*. 1788. *Mary and the Wrongs of Woman*. Oxford (Oxford University Press) 1988

–: *A Vindication of the Rights of Woman*. 1792. Hrsg. von Carol H. Poston. 2. Aufl. New York (Norton) 1988

Woodward, Kathleen: *Simone de Beauvoir. Ageing and Its Discontents*. In: Benstock, 90–113

Zanta, Léontine: *La renaissance du stoïcisme au XVIe siècle*. Dissertation. Sorbonne 1914

–: *La traduction française du Manuel d'Épictète d'André de Rivaudeau au XVIe siècle, publiée avec une introduction*. Dissertation. Sorbonne 1914

–: *La science et l'amour: journal d'une étudiante*. Paris (Plon), 1921

–: *Psychologie du féminisme*. Préface de Paul Bourget. Paris (Plon) 1922

–: *La part du feu*. Paris (Plon) 1927

–: Interview. In: *La Française*, 29. Oktober 1927

–: *Les États-Généraux du féminisme. Discours de Mlle. Zanta*. In: *La Française*, 23. Februar 1929

–: *Sainte Monique et son fils*. Préface du R. P. Sertillanges. Paris (Plon) 1941

Zéphir, Jacques J.: *Le néo-féminisme de Simone de Beauvoir: trente ans après Le deuxième sexe: un post-scriptum*. Paris (Denoël/Gonthier) 1982

Zola, Émile: *Tous des pions*. In: Alain Peyrefitte, 3. Aufl., 368 f.

Register

Werke ohne Verfasserangabe sind von Simone de Beauvoir. In Sacheinträgen erscheint ihr Name abgekürzt als SDB.

Die Frau in der Gesellschaft

Bonnie S. Anderson/
Judith P. Zinsser
**Eine eigene
Geschichte**
Frauen in Europa
**Band 1: Ver-
schüttete Spuren**
Frühgeschichte bis
18. Jahrhundert
Band 12049
Band 2: Aufbruch
Vom Absolutismus
zur Gegenwart
Band 12050

Elisabeth
Beck-Gernsheim
**Das halbierte
Leben**
Männerwelt Beruf –
Frauenwelt Familie
Band 3713

Jessica Benjamin
**Die Fesseln der
Liebe.** Psychoana-
lyse, Feminismus
und das Problem der
Macht. Band 11087

Jessica Benjamin
**Phantasie
und Geschlecht**
Psychoanalytische
Studien über Ideali-
sierung, Anerken-
nung und Differenz
Band 12858
(*in Vorbereitung*)

Susan Brownmiller
**Gegen unseren
Willen**
Vergewaltigung und
Männerherrschaft
Band 3712
Weiblichkeit
Band 4703

Roswitha Burgard
Mut zur Wut
Befreiung aus
Gewaltbeziehungen
Band 12222

Anne Campbell
**Zornige Frauen,
wütende Männer**
Geschlecht und
Aggression
Band 12381

Andrea Dworkin
Pornographie
Männer beherr-
schen Frauen
Band 4730

Herausgegeben von
A. Ebbinghaus
**Opfer und
Täterinnen**
Frauenbiographien
des National-
sozialismus
Band 13094

Sylvia Fraser
Meines Vaters Haus
Geschichte
eines Inzests
Band 4751

Fischer Taschenbuch Verlag

Die Frau in der Gesellschaft

Nancy Friday
Wie meine Mutter
My Mother my self
Band 3726

Chaika Grossman
Die Unter-
grundarmee
Der jüdische
Widerstand in
Bialystok
Ein autobiographi-
scher Bericht
Band 11598

Signe Hammer
Töchter
und Mütter
Über die
Schwierigkeiten
einer Beziehung
Band 3705

Gertrud Heise
Reise in die
schwarze Haut
Ein Tagebuch
Band 3762

Claudia Heyne
Tatort Couch
Sexueller Miß-
brauch in der
Therapie
Ursachen, Fakten,
Folgen und
Möglichkeiten
der Verarbeitung
Band 12543

I. Hülsemann
Ihm zuliebe?
Abschied vom weib-
lichen Gehorsam
Band 10407
Mit Lust
und Eigensinn
Die weibliche Er-
oberung des Glücks
Band 11857

Monika Jonas
Behinderte Kinder-
behinderte Mütter?
Band 4756

Gisela Kramer
Wer ist die Beste
im ganzen Land?
Konkurrenz unter
Frauen. Band 11292

Karin Kraus/
Gudrun Reinke
Von der Pubertät
bis zu den
Wechseljahren
Band 12536

Ilse Lenz/
Ute Luig (Hg.)
Frauenmacht
ohne Herrschaft
Geschlechterver-
hältnisse in nicht
patriarchalischen
Gesellschaften
Band 12827

Linda Leonard
Töchter
und Väter
Heilung einer ver-
letzten Beziehung
Band 4745

Fischer Taschenbuch Verlag

Die Frau in der Gesellschaft

Harriet G. Lerner
**Das mißdeutete
Geschlecht**
Falsche Bilder
der Weiblichkeit
in Psychoanalyse
und Therapie
Band 11842
**Was Frauen
verschweigen**
Warum wir täu-
schen, heucheln,
lügen müssen
Band 12030
**Wohin mit
meiner Wut?**
Neue Beziehungs-
muster für Frauen
Band 4735
Zärtliches Tempo
Band 10115

H. Lightfoot-Klein
**Odyssee einer
Frau in Afrika**
Eine Lebensgeschi-
chte. Band 12324

H. Lightfoot-Klein
**Das grausame
Ritual**
Sexuelle Verstüm-
melung afrika-
nischer Frauen
Band 10993

Karen Lison/
Carol Poston
**Weiterleben
nach dem Inzest**
Traumabewältigung
und Selbstheilung
Band 10422

C. Meier-Seethaler
**Ursprünge
und Befreiung**
Die sexistischen
Wurzeln der Kultur
Band 11038

Silke Mertins
Zwischentöne
Jüdische Frauen-
stimmen aus Israel
Band 12829

M. Mitscherlich
**Die fried-
fertige Frau**
Eine psychoanalyti-
sche Untersuchung
zur Aggression
der Geschlechter
Band 4702
**Über die Mühsal
der Emanzipation**
Band 12473

Toril Moi
**Simone
de Beauvoir**
Die Psychographie
einer Intellektuellen
Band 12823

Sybil Oldfield
**Frauen gegen
den Krieg**
Alternative zum
Militarismus
1900-1990
Band 12009

Fischer Taschenbuch Verlag

Die Frau in der Gesellschaft

Marina Pino
**Im Dienst
der ›Familie‹**
Weibliche Drogen-
kuriere der Mafia
Band 12697

Ulla Roberts
**Starke Mütter –
ferne Väter**
Töchter reflektieren
ihre Kindheit im
Nationalsozialismus
und in der Nach-
kriegszeit
Band 11075

Helke Sander/
Barbara Johr (Hg.)
**BeFreier und
Befreite**
Krieg, Verge-
waltigung, Kinder
Band 12644

Penelope Shuttle/
Peter Redgrove
**Die weise Wunde
Menstruation**
Band 3728

Ingrid Strobl
**»Sag nie, du gehst
den letzten Weg«**
Frauen im
bewaffneten Wider-
stand gegen den
Faschismus
Band 4752

Gerda Szepansky
**»Blitzmädel«,
»Heldenmutter«,
»Kriegerwitwe«**
Frauenleben im
Zweiten Weltkrieg
Band 3700
**Frauen leisten
Widerstand:
1933 - 1945**
Band 3741
**Die stille
Emanzipation**
Frauen in der DDR
Band 12075

Jutta Szostak/
Suleman Taufiq
**Der wahre
Schleier ist
das Schweigen**
Arabische
Autorinnen melden
sich zu Wort
Band 12422

Mariana Valverde
**Sex, Macht
und Lust**
Band 12223

Florence Weiss
**Die dreisten
Frauen**
Eine Begegnung in
Papua-Neuguinea
Band 12831

Jule Wolf
**Tochterfrau,
nannte er mich**
Geschichte eines
Mißbrauchs
Band 11868

Fischer Taschenbuch Verlag

Josyane Savigneau
Marguerite Yourcenar
Die Erfindung eines Lebens

Aus dem Französischen von Rolf und Hedda Soellner
Band 12559

Marguerite Yourcenar, 1903 geboren, wuchs in der Obhut ihres verwitweten Vaters Michel de Crayencourt auf, eines vielseitig gebildeten Mannes, der ihr Vorhaben unterstützt, Schriftstellerin zu werden. Ihr erster Roman ›Alexis oder der vergebliche Kampf‹, 1929 erschienen, wird von der Kritik wohlwollend aufgenommen. In den folgenden Jahren, in denen sie viel auf Reisen ist und die durch ihre Beziehung zu André Fraigneau, ihrem Lektor bei Grasset geprägt sind, macht sie durch weitere Veröffentlichungen in der Pariser Literaturszene auf sich aufmerksam. 1937 findet ihre Begegnung mit der Amerikanerin Grace Frick statt, mit der sie bis zu deren Tod zusammenleben wird. Weltweite Anerkennung wird ihr 1950 durch ihr Buch über den römischen Kaiser Hadrian ›Ich zähmte die Wölfin‹ zuteil. 1981 wird sie als erste Frau in die Academie Française aufgenommen.

Fischer Taschenbuch Verlag

Louise DeSalvo

Virginia Woolf

Die Auswirkungen sexuellen Mißbrauchs
auf ihr Leben und Werk

Aus dem Amerikanischen
von Elfi Hartenstein

Band 10566

Von anderen Biographen bisher gerne übersehen oder ver-
harmlost, steht in Louise DeSalvos Studie über Leben und
Werk Virginia Woolfs eine Tatsache im Zentrum: Virginia
Woolf war ein Opfer sexuellen Mißbrauchs. Ihre angebliche
Geisteskrankheit, ihre Zusammenbrüche und Phobien erscheinen so als eine Reaktion auf ein Kindheits- und Jugend-
trauma. Die Autorin zeigt, wie die viktorianische Gesellschaft mit ihren patriarchalischen Strukturen sexuellen Miß-
brauch ermöglicht, ihn sogar strukturell vorbereitet. Mit
großer Sensibilität schildert sie die Schicksale der Frauen in
Virginias Familie und schreibt damit eine bedrückende Geschichte der viktorianischen Frau. Vor diesem Hintergrund
werden Virginia Woolfs prophetische Kraft und klarsichtige
Analyse der Ungleichbehandlung der Geschlechter und deren Konsequenzen im Politischen wie im Privaten mit neuer
Intensität sichtbar. Louise DeSalvos engagierte und span-
nend geschriebene Studie regt dazu an, die Werke Virginia
Woolfs neu zu lesen und in ihrer abgründigen Vielschichtigkeit erst wirklich zu begreifen.

Fischer Taschenbuch Verlag

«Wenn man einem einzigen Menschen das Verdienst zuschreiben kann, die gegenwärtige internationale Frauenbewegung inspiriert zu haben, dann ist das Simone de Beauvoir.» *Gloria Steinem*

Das andere Geschlecht

Sitte und Sexus der Frau
(rororo sachbuch 9319)
Das berühmte Standardwerk in einer vollständigen Neuübersetzung. Die brillante Scharfsichtigkeit ihrer Analyse hat nichts seit ihrem Erscheinen in den fünfziger Jahren von ihrer Faszination und Aktualität eingebüßt.

Das Alter

(rororo sachbuch 7095)
Simone de Beauvoirs Buch über das Alter ragt durch die einzigartige Fülle des Materials wie durch die Vielfalt neuer Einsichten und Perspektiven heraus. «Ein einzigartiges Dokument.» *L'Express*

Amerika Tag und Nacht

Reisetagebuch 1947
(rororo 12206)
Eine glänzende, intime Reportage über das geistige Amerika.

Soll man de Sade verbrennen?

Drei Essays zur Moral des Existentialismus
(rororo 5174)
Simone de Beauvoir beweist sich nicht nur als geistreiche Schriftstellerin, sondern versteht es glänzend, der Kantischen und Hegelschen Philosphie neue Blickwinkel abzugewinnen.

Simone de Beauvoir

Das andere Geschlecht

Sitte und Sexus der Frau

Neuübersetzung

Auge um Auge *Artikel zu Politik, Moral und Literatur 1945-1955*
(rororo 13066)
«Die Texte zeigen eine Essayistin mit scharfem Unterscheidungsvermögen, eine schlagfertige Polemikerin, eine Schriftstellerin, die entschlossen ist, nach einem Krieg, der alles in Frage gestellt hatte... Regeln und Grundlagen zu überprüfen.» *Die Zeit*

Simone de Beauvoir

mit Selbstzeugnissen und Bilddokumenten dargestellt von Christiane Zehl Romero (rowohlts bildmonographien 260)

Kriegstagebuch *September 1939 – Januar 1941*
Herausgegeben von Sylvie Le Bon de Beauvoir.
Deutsch von Judith Klein
480 Seiten. Gebunden

Memoiren einer Tochter aus gutem Hause
(rororo 1066)

In den besten Jahren
(rororo 1112)
Simone de Beauvoirs Erinnerungen an jenes glückliche Dezennium, in dem sich die junge Lyzeal-Lehrerin mit Sartre befreundet und zur Schriftstellerin entfaltet.

Der Lauf der Dinge
(rororo 1250)
Die Beziehung und die Reisen mit Sartre, ihre Liebesaffäre mit dem amerikanischen Romancier Nelson Algren, ihre Freundschaften und Zerwürfnisse mit Camus, Koestler, Giacometti, Merleu-Ponty, Aaron – ein faszinierendes Zeitdokument über das Leben europäischer Intellektueller des 20. Jahrhunderts.

Alles in allem *Memoiren IV.*
Deutsch von Eva Rechel-Mertens
480 Seiten. Gebunden und als rororo 1976
Freimütig und unerschrocken hält Simone de Beauvoir Rückschau auf ein Stück Lebens- und Zeitgeschichte: die sechziger Jahre.

Die Zeremonie des Abschieds und Gespräche mit Jean-Paul Sartre
(rororo 5747)

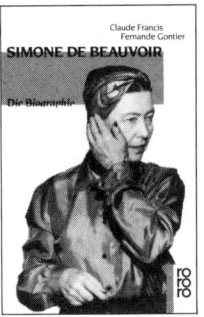

Axel Madsen
Jean-Paul Sartre und Simone de Beauvoir *Die Geschichte einer ungewöhnlichen Liebe*
(rororo 4921)
«Ein vielschichtiges, ungeheuer farbiges Bild dieser beispiellosen Beziehung, das sich liest wie ein fesselnder Roman.» *Darmstädter Echo*

Claude Francis / Fernande Gontier
Simone de Beauvoir *Die Biographie*
(rororo 12442)
«Wer mit wem und wie und wann – Claude Francis und Fernande Gontier haben sich viel Mühe gemacht, das genau herauszufinden.» *Frankfurter Allgemeine Zeitung*

«Ich bin keine virtuose Schriftstellerin gewesen. Ich wollte mich existent machen für die anderen, indem ich ihnen auf unmittelbarste Weise mitteilte, wie ich mein eigenes Leben empfand: Das ist mir in etwa geglückt.» *Simone de Beauvoir*

Simone de Beauvor
Die Mandarins von Paris
Roman
(rororo 761)
Ein Schlüsselroman des
intellektuellen Lebens im
Paris der dreißiger und
vierziger Jahre, in dessen
Figuren wir Arthur Koestler,
Jean-Paul Sartre, Albert
Camus und Simone de
Beauvoir selbst zu erkennen
glauben – ein europäisches
Zeitdokument voll immenser
erzählerischer Kraft und
schockierender Wahrheiten.
Ausgezeichnet mit dem Prix
Goncourt, der höchsten lite-
rarischen Ehrung Frank-
reichs.

Sie kam und blieb *Roman*
(rororo 1310)

Das Blut der anderen *Roman*
(rororo 545)
Simone de Beauvoir erzählt
mit dramatischer Spannung
über die Zeit der Résistance,
in der die junge Intelligenz
Frankreichs das Bewußtsein
der Verantwortung für die
anderen gewann.

Eine gebrochene Frau
(rororo 1489)
«Ich habe in diesem Buch
drei Frauen sprechen lassen,
die sich aus ausweglosen
Situationen mit Worten zu
befreien versuchten.»
Simone de Beauvoir

Alle Menschen sind sterblich
Roman
(rororo 1302)
Ein tiefgründig-phantasievol-
ler, kulturgeschichtlich-far-
biger und in seinen menschlichen Konflikten beeindruk-
kender Roman.

Marcelle, Chantal, Lisa...
(rororo neue frau 4755)
Ihr «Gesellenstück» nannte
Simone de Beauvoir den
Roman über fünf Töchter
aus gutem Hause – ihr erstes
erzählerisches Werk, das sie
jahrzehntelang unveröffent-
licht aufbewahrte.

Die Welt der schönen Bilder
Roman
(rororo 1433)
Mit Schärfe und Ironie
erzählt Simone de Beauvoir
von der Gesellschaft der
Neureichen, in der Gefühle
zu Werbespots werden.

Ein sanfter Tod
(rororo 1016)
Mit äußerster Genauigkeit
schildert Simone de Beauvoir
das Sterben ihrer Mutter –
und legt sich selbst Rechenschaft ab über ihr Verhältnis
zu Leben und Tod.

**Mißverständnisse an der
Moskwa** *Eine Erzählung*
(rororo 13597)
Bisher unveröffentlichte Er-
zählung aus dem Nachlaß
Simone de Beauvoirs.